AF513657

GRöLS Verlage

„Bücher sind wie Fallschirme. Sie nützen uns nichts, wenn wir sie nicht öffnen."

Gröls Verlag

Redaktionelle Hinweise und Impressum

Das vorliegende Werk wurde zugunsten der Authentizität sehr zurückhaltend bearbeitet. So wurden etwa ursprüngliche Rechtschreibfehler regelmäßig *nicht* behoben, denn kleine Unvollkommenheiten machen das Buch – wie im Übrigen den Menschen – erst authentisch. Mitunter wurden jedoch zum Beispiel Absätze behutsam neu getrennt, um den Lesefluss zu erleichtern.

Um die Texte zu rekonstruieren, werden antiquarische Bücher von Lesegeräten gescannt und dann durch eine Software lesbar gemacht. Der so entstandene Text wird von Menschen gegengelesen und korrigiert – hierbei treten auch Fehler auf. Wenn Sie ebenfalls antiquarische Texte einreichen möchten, finden Sie weitere Informationen auf www.groels.de

Viel Freude bei der Lektüre wünscht Ihnen das Team des Gröls-Verlags.

Adressen

Verleger: Hermann-Josef Gröls,

Im Borngrund 26, 61440 Oberursel

Externer Dienstleister für Distribution & Herstellung:

BoD, In de Tarpen 42, 22848 Norderstedt

Unsere „Edition | Werke der Weltliteratur“ hat den Anspruch, eine der größten und vollständigsten Sammlungen klassischer Literatur in deutscher Sprache zu werden. Nach und nach versammeln wir hier nicht nur die „üblichen Verdächtigen“ von Goethe bis Schiller, sondern auch Kleinode der vergangenen Jahrhunderte, die – zu Unrecht – drohen, in Vergessenheit zu geraten. Wir kultivieren und kuratieren damit einen der wertvollsten Bereiche der abendländischen Kultur. Kleine Auswahl:

Francis Bacon • Neues Organon • **Balzac** • Glanz und Elend der Kurtisanen • **Joachim H. Campe** • Robinson der Jüngere • **Dante Alighieri** • Die Göttliche Komödie • **Daniel Defoe** • Robinson Crusoe • **Charles Dickens** • Oliver Twist • **Denis Diderot** • Jacques der Fatalist • **Fjodor Dostojewski** • Schuld und Sühne • **Arthur Conan Doyle** • Der Hund von Baskerville • **Marie von Ebner-Eschenbach** • Das Gemeindekind • **Elisabeth von Österreich** • Das Poetische Tagebuch • **Friedrich Engels** • Die Lage der arbeitenden Klasse • **Ludwig Feuerbach** • Das Wesen des Christentums • **Johann G. Fichte** • Reden an die deutsche Nation • **Fitzgerald** • Zärtlich ist die Nacht • **Flaubert** • Madame Bovary • **Gorch Fock** • Seefahrt ist not! • **Theodor Fontane** • Effi Briest • **Robert Musil** • Über die Dummheit • **Edgar Wallace** • Der Frosch mit der Maske • **Jakob Wassermann** • Der Fall Maurizius • **Oscar Wilde** • Das Bildnis des Dorian Grey • **Émile Zola** • Germinal • **Stefan Zweig** • Schachnovelle • **Hugo von Hofmannsthal** • Der Tor und der Tod • **Anton Tschechow** • Ein Heiratsantrag • **Arthur Schnitzler** • Reigen • **Friedrich Schiller** • Kabale und Liebe • **Nicolo Machiavelli** • Der Fürst • **Gotthold E. Lessing** • Nathan der Weise • **Augustinus** • Die Bekenntnisse des heiligen Augustinus • **Marcus Aurelius** • Selbstbetrachtungen • **Charles Baudelaire** • Die Blumen des Bösen • **Harriett Stowe** • Onkel Toms Hütte • **Walter Benjamin** • Deutsche Menschen • **Hugo Bettauer** • Die Stadt ohne Juden • **Lewis Caroll** • *und viele mehr….*

Inhalt

Theodor Birt

Alexander der Große und das Weltgriechentum bis zum Erscheinen Jesu

Leitwort:

οὔ φημι πόῤῥω τετάχθαι ἱστορίαν
ποιητικῆς, ἀλλὰ ἄμφω ταῦτα εἶναι
ἀδελφὰ καὶ ὁμόφυλα.

Agathias

Einleitung

Jedes Geschichtsbild ist ein Bruchstück; denn wo wäre eine Geschichte ohne Vorgeschichte? Soll der Historiker mit Adams Apfel oder dem Ei der Leda beginnen? Ein ins Endlose gedehnter Bilderfries ermüdet, und es ist gut, daß wir ihn in eng gerahmte Bilder zerlegen können, die mehr Rast und die der Versenkung den Raum, nach dem sie verlangt, gewähren. So ist auch, was ich jetzt hier gebe, nur ein dürftig behauener Block aus dem Steinbruch der Zeiten. Was dazu an Vorgeschichte zu wissen nötig ist, findet man in meinem Buch über die alten Griechen dargelegt, das den Leser von Homer bis Sokrates führt. Dort endete die Darstellung mit dem Zusammenbruch Athens, dem Scheitern der Einheitsbestrebungen, dem Sturz des Alkibiades, dem neuen Zerfall in die Kleinstaaterei, die das Griechentum nach außen hin wehrlos machte. Gleichzeitig aber wurde der Höhepunkt des griechischen Geisteslebens erreicht in Plato und Praxiteles und ihren Konkurrenten, in der philosophischen Durchdringung und Wertung des Ichs und des Alls, die sich bis zur Offenbarung hochschwang, und in den Offenbarungen absoluter Schönheit durch die Hand der Bildmeister, die spielend die Menschengestalt zum Gott verklärten. In den Schöpfungen des Denktriebes und Künstlertriebes war Vollkommenheit, Größe und Ewigkeitswert, im politischen Handeln Schwäche und kläglicher Unverstand, wie sie der kurzsichtigen Masse eignet, die da Staaten bildet und leitet.

Jetzt treten wir in die Zeiten, wo Menschen wirklich Götter werden, und in das rein Menschliche des älteren Hellenentums beginnt sich das Glaubenswunder des Orients zu mischen, in die Kriege der Könige und stillen Kämpfe der Buchgelehrten der Fanatismus der Gläubigen.

Alexander ist der entscheidende Name; er heißt der Große. In der Tat: das ganz Großartige setzt mit Vollakkord plötzlich ein. Man müßte ein Epos schreiben oder mit Beethovens Tönen reden, um es sich recht zu vergegenwärtigen. Der monarchische Absolutismus beginnt durch Alexander das Bürgerleben zu bändigen und zu umfassen; alle Ländergrenzen fallen; das Kleinleben ist zu Ende; die Weltmonarchie Roms bereitet in ihm sich vor.

Die südländische Phantasie ist zur Vergöttlichung bereit, wo das Außerordentliche und Übergroße auf sie eindringt. Schon die Helden der Sage, Herkules, Achill, sollten einst Göttersöhne gewesen sein. Was aber hatten sie geleistet? Herkules erwürgte Löwen und holte die Äpfel der Hesperiden aus dem Märchenland; dem Achill gelang es nicht einmal, die Tore Trojas zu durchbrechen. Wie anders Alexander, der, Hunderte von Städten erobernd, als Sieger durch ganz Asien bis zum Himalaja ging, der, was mehr ist, das Antlitz der Weltgeschichte völlig veränderte, indem er das Nationalitätsprinzip zerbrach, den Menschheitsbegriff aufgriff und kühn verwirklichte, sein Reich zu einem Reich von Weltbürgern erweiterte, das alle Kulturgüter aller Länder zum Gemeingut aller machte. Das Weltreich Roms, in dem das ganze Altertum gipfelte und ausruhte, war nur das Nachbild dessen, was Alexander gewollt. Das kam aber auch der Religion zugute; für Christus wurde so der Weg gebahnt, ihm selbst wurde der Boden auf Erden bereitet.

Man fürchte also nicht, daß dies Buch nur von Schlachten erzählen wird. Kriegsberichte sind wir im Anfang unseres unseligen 20. Jahrhunderts bis zum Überdruß zu lesen gewohnt. Die militärischen Ereignisse machten in den Zeiten, von denen ich handeln will, nur den Boden frei für ein neues Geistesleben, das überraschend groß und reich und üppig aufwucherte in Wissenschaften, Künsten und Darbietungen der Frömmigkeit. Auf Alexanders Siege folgte das Weltgriechentum, der Hellenismus. Wir wollen auch sehen, was er der Welt gegeben hat. Astronomie und Christenlehre, sie allein schon zu nennen genügt. Beide erschlossen damals für alle Zeiten den Himmel, jede in anderer Weise. Und so umgrenzt sich meine Aufgabe, ein wunderbarer Aufstieg: Alexander der Anfang, Christus das Ende; von Gottessohn zu Gottessohn. Man wundere sich nicht über diese Formel, die entheiligend klingt. Wer weiter liest, wird sie verstehen.

Alexander selbst lebte nur so kurz; er starb 32jährig, da er kaum ins Mannesalter eingetreten, nach einem Regiment von nur 13 Jahren. Blendend wie ein grelles Blitzlicht auf dunkler Strecke taucht er vor dem Wanderer auf, um zu verschwinden. Um so wunderbarer schien dieser Mensch allen, den Zeitgenossen und den nachlebenden Jahrhunderten, und nicht nur allerlei Fabeln und Wundermärchen hängten sich früh an ihn; auch die eigentliche Geschichtsschreibung wurde sofort pathetisch und begann in Superlativen aufzuschweben, wo sie von ihm redete. Wir dagegen wollen schlicht im Positiven verharren (es bleibt dies immer noch erstaunlich genug) und Alexander den Großen, mit dem wir zu beginnen haben, als Produkt seiner Zeit und seines Landes zu begreifen suchen.

Der Sohn eines Reitervolkes: er trägt den Typus des mazedonischen Landadels, den wir auch sonst kennen, aber schwer geladen mit Energien, ein Mensch, in dem Intelligenz und Wille gleich stark entwickelt und urwüchsig zu raschester Wirksamkeit ineinander hingen; sein Denken schon ein Handeln. Er war ein Genie der Tat. Die Namen der berühmten Griechen der Vorzeit, Perikles, Epaminondas, selbst Themistokles verblassen vor ihm; diese feinen Menschen sind neben ihm wie die Windspiele neben dem Panther, wie die Schwalben neben dem Falken. Woher der Unterschied? Alexander war eben kein Grieche wie jene; er war Mazedone, seine Mutter Epirotin; sein Blut war anders gemischt. Er stammte aus frischem Erdreich, von einer noch unverbrauchten Rasse, die in ihm ihr Höchstes gab.

So hat er im großen Stil Epoche gemacht, den großen Strich durch das Gewesene.

Dasselbe taten nach ihm auch andere; ich nenne nur Julius Cäsar, Konstantin und Karl den Großen, Alexanders Fortsetzer; so auch Napoleon, und ihn zu vergleichen liegt für uns am nächsten. Denn wir Deutschen spüren noch immer persönlich dieses Korsen unheimliche Nähe, und wir können also an ihm am besten ermessen, was einst Alexander bedeutet hat: beide Heermeister ersten Grades, beide gleich ehrgeizig ohne Maß, gleich rastlos, unersättlich und unermüdlich und sieggewohnt bis zur Überhebung, aber voll Geist und so, daß sie sich tragen ließen von den Ideen ihrer Zeit, die sich durch sie erfüllten. Dabei beide fremdblütig und Außenseiter, der Korse und der Mazedone; im Mazedonen erfüllt sich die griechische Sendung, so wie der Korse italienischen Bluts die Ergebnisse der französischen Revolution nach Osten trug. Auch der Zug nach Osten ist beiden gemeinsam; beide haben unter den Pyramiden Ägyptens gestanden. Beide von ihrer Umgebung gefürchtet bis zur Angst, bitter ernst bis zum Jähzorn, als könnten sie nie lachen; Vollsoldaten und darum auf den Männerverkehr angewiesen, und sie wußten zu imponieren, angebetet von ihren Truppen, Offizieren und Gemeinen, aber auch unbedingte Herren der ausgezeichneten Generäle, die sie selbst erzogen. Zu den Frauen standen sie verschieden; aber beide blieben ohne Nachkommen ihres eignen Bluts, die, als sie von der Bühne abtraten, ihr Schwert und ihre Krone hätten fassen können. Sie ließen beide die Leere hinter sich.

Wer war der größere? Es scheint untunlich sie zu vergleichen. Denn Bonaparte kennen wir durch unzählige Memoiren, intime Briefschaften und Bildnisaufnahmen genau; er lebt vor uns, der kleine korpulente Mann mit dem Dreieckhut, den bleichen Wangen und brennenden Augen, und wir wissen, wie er blickte und sprach, schalt und tobte, die Schlachten persönlich führte, dabei schlecht zu Pferde saß usf. Dazu sein Verhältnis zu den Weibern. Hätten wir nur ähnliche Schilderungen, die wie Momentaufnahmen wirken, von Alexander. Er ist leider, wie die ganze Antike, unendlich weit von uns abgerückt und seine Züge, wenn nicht erloschen, so doch durch gewissenlose Skribenten stark übermalt; es gehört ein Studium dazu, sie freizulegen.

Trotzdem aber ist kein Zweifel: der größere Mann war Alexander. Das liegt schon in ihrem Wesen; Napoleon ein völlig moderner Mensch, daher reflektiert und ganz unnaiv, Alexander ein echter Ritter im Stil Rolands von Kaiser Karls Tafelrunde; der eine stets nüchtern und in jedem Wort und Blick kühl berechnend; auch sein Jähzorn gemacht, wo er zweckdienlich schien; der andere enthusiastisch, warmblütig, unverstellt, oft weinestoll als Zecher und auf Leben und Tod in unverhüllter Leidenschaft sich auslebend.

Aber auch der größere Erfolg war bei dem Mazedonen. Weltmonarchien sind freilich allemal vergänglich, sie sind ein Provisorium, das die unterjochten Nationen wieder beseitigen, sobald ihre natürlichen Instinkte die nötige Kraft gewinnen. Die Weltmonarchie Napoleons zerfiel *vor* seinem Tod, die Alexanders *durch* seinen Tod. Alexanders Politik hat einen folgenschweren Fehler nie begangen; Napoleon rechnete falsch, als er nach Moskau zog, und die Sonne von Austerlitz erlosch. So überlebte Napoleon sein Werk als Privatmann und Gefangener Englands, Alexander als Gott. Napoleon hatte keine Erben; als Erben Alexanders fühlten sich mit Stolz der Senat Roms und die Cäsaren, die seine universale Idee, die Idee der Völkerversöhnung durch Zwang, mit Wucht aufgenommen und durch Jahrhunderte zum Segen der Welt verwirklicht haben.

***

Mazedonien

Suchen wir Alexanders Heimat auf. Man beachtet einen Fluß erst, wenn er schiffbar wird, eine Nation erst, wenn sie anfängt Träger der Geschichte zu sein, sagt Friedrich der Große. Wir haben also allen Grund, auf Mazedonien achtzugeben.

Mazedonien liegt unter dem Balkan; seine Front aber weist nach Osten. Die ganze Balkanhalbinsel ist Asien offen zugewandt; sie stößt unmittelbar an Kleinasien an, auch dies Kleinasien eine Halbinsel, die gierig sich vorstreckt. Das ist bedeutsam. So wie Rußland und die Ukraine, war und ist auch die Balkanhalbinsel bestimmt, den Einfluß des übermächtigen asiatischen Riesen, gegen den Westeuropa sich wehrt, abzufangen. Daher kehrt sie Italien und Westeuropa gleichgültig den Rücken zu, und wer vom adriatischen Meer herkommt, sieht nur den klotzigen Schildkrötenrücken des durch unwohnliche, kalkige Gebirgsmassen verschlossenen Landes.

Nach Kleinasien zu dagegen tut die Halbinsel ihr Inneres weit auf mit offenen Buchten und Hafenplätzen und wohnlichen Tiefebenen, zu denen die Hochgebirge sich freundlich niedersenken, und so drang allezeit hierher über den schmalen Wasserstrang der Dardanellen der lastende Hauch des Orients und der Machtanspruch seiner Despoten, Sultane und Tschingiskane. Der Mazedone war, wie der Grieche in Byzanz, des persisch-babylonischen Weltreichs nächster Nachbar und seine Geschichte damals mit der Persiens so eng verflochten wie heute mit der Geschichte der asiatischen Türkei.

Im Norden ist die Halbinsel durch die breit flutende Donau, die zur Mündung strebt, von Europa abgesperrt, und unter der Donau her streicht nun der breite Kamm des Balkan als Ausläufer der österreichischen Alpen bis zum Schwarzen Meer hin, wie ein starker Balken, an dem die Halbinsel wie ein großer steinerner Handschuh hängt: ein massiver Stulphandschuh, wie die Fechter ihn tragen. Hellas selbst, das im Süden mit dem Peloponnes ins blaue Mittelmeer greift, das klassische Land der Städte Sparta, Athen und Theben, ist die fein fingernde Hand des Handschuhs, der im Norden weitauseinandergestreckte Teil der breite Stulpen; die Hand arbeitet, der Stulpen scheint wertlos, reglos und seelenlos. Aber ein starker Arm, voll strotzender Kraft, steckte darin. Es kam die Zeit, daß der Arm sich regte und die schwache Hand zu lenken begann.

Nehmen wir die Landkarte. Wer sie betastet, glaubt die Rauhheit der Gebirge zu fühlen, die sie dicht erfüllen. Am adriatischen Meer entlang – kaum ein Vergnügungsreisender setzt dorthin den Fuß – hausen in den Felsenwildnissen heute Albanesen, Montenegriner und Dalmatier, damals die griechischen Ätoler und Akarnanen, weiterhin auch Epiroten und Illyrier: rauflustige Bergvölker so damals wie heut'; die Epiroten unter Königen, die bald genug auch in Griechenlands Geschichte eingriffen.

Das Unbehagen vertreibt uns, und wir steigen ostwärts über den Pindus; da liegt in fruchtreicher Tiefebene das waldreiche Thessalien, das glückliche, nach dem griechischen Inselmeer offen, ein schönes Stück echtesten Griechenlands, das Vorland Mazedoniens. Wer von Athen durch die Thermopylen nordwärts ritt, kam dorthin. Über dem Land aber ragt wie ein Eck- und Grenzpfeiler der Olymp, der riesige Götterberg und Hochsitz des Zeus, der Thessalien von Mazedonien trennt.

Mazedonien war unlängst noch europäische Türkei. Unsere deutschen Soldaten kennen es; sie haben dort jüngst im Weltkrieg im Bund mit den Bulgaren bei Saloniki gekämpft. Kein Laut aber, kein Stein erinnerte sie da mehr an Alexander.

Für die Griechen war Mazedonien Fremdland, barbarisch. In der ganzen Ilias erscheint kein mazedonischer Held, wohl aber Achill, der Thessalier. Und so blieb es. Kein Mazedone durfte an den olympischen Nationalspielen teilnehmen. Auch noch Alexander selbst galt nur als Mazedone, nicht als Hellene, und auch ich werde mich darum diesem Sprachgebrauch fügen, so unberechtigt er ist. Die Ethnographie belehrt uns eines anderen. Der Grenzpfeiler des Olymp trug die Schuld; durch ihn war das Land wie abgeriegelt. Unter den nördlichen Abhängen des Olymp liegt freilich das Musenland Pïerien, wo man das Grab des Sängers Orpheus zeigte und dessen Rosen Sappho besang; Pïerien gehörte schon zu Mazedonien, und die Musen, die da sangen, sprachen sicher griechisch. Aber das nützte nichts.

Grabstein

Makedonische Familie. Grabstein aus Marmor, gefunden in Aiane, jetzt im Louvre zu Paris. Um 300 v. Chr. Nach Photographie.

Wirkliche Barbaren, die Triballer und Geten, wohnten an der Donau; Barbaren auch im unwegsamen Balkan, die Päonen und Dardaner, und so waren auch die Thrazier und Odrysen an der Maritza und in der Gegend Adrianopels Barbaren. Das Geblüt der Mazedonen war dagegen so echt griechisch wie das Achills. Aber schon in vorgeschichtlicher Zeit hatten sie sich von den Thessaliern, ihren nächsten Blutsverwandten, getrennt, waren in die lockende, vom Meer bespülte Ebene jenseits des

Olymp ausgerückt und dort bald dem Griechentum durch Isolierung völlig entfremdet. Ihr Götterglaube blieb zwar derselbe, ihr Dialekt aber differenzierte sich stark. Die Trennung hatte aber weiter die Folge, daß die früh entwickelte Hochkultur der Griechen die Mazedonen lange Zeit nicht erreichte, und so blieben sie rückständig, lebten, in Dörfer verstreut, als Bauern oder Banditen der Jagd und dem Ackerbau oder dem Krieg, in häufiger Grenzfehde mit den Barbaren, die ich nannte; ohne Marine, ohne Handel, sogar ohne Schrift. Kein Stein mit Inschrift im mazedonischen Dialekt ist dort bisher aus dem Boden gehoben worden.

Heute fährt, wer nach Saloniki will, mit dem Orientexpreßzug Paris-Konstantinopel bequem und rasch über Wien und Pest, durch Serbien und Bulgarien zum Ziel. Moltke hatte es dereinst, im Jahre 1835, nicht so bequem. Mit dampfenden Pferden, die im Schnee versanken, so erzählt er, ging es im Herbst über die schlechten Wege, die den Balkan allmählich bis zur Paßhöhe bei Grabowa ersteigen. Nach Süden dagegen fällt der Balkan mit kahlen Steinwänden schroff ab, und der Reisende sieht dann in berauschendem Weitblick unter sich die Niederlande Thraziens und Mazedoniens hinausgedehnt bis ins glitzernde Meer. Im wilden Zug rauschen die Ströme im Frühling nach der Schneeschmelze vom Gebirge daher, so wild wie die jungen Thrazier und Mazedonen einst selber waren.

Ober-Mazedonien erstreckt sich noch weiter ins Gebirge hinauf, und die Üppigkeit der Vegetation steigert sich dort. Weinberge über Weinberge, Rosenfelder mit Millionen Blüten, die Heimat des Rosenöls. Der Wein ein schwerer Rotwein. Dazu Obsthaine und Maulbeerpflanzungen, Ölmühlen, Wasser- und Windmühlen stets im Betrieb. Kirschen, Nüsse, Feigen, Quitten, Granatäpfel in dichten Anlagen. Saftige Wiesen; große Herden von Pferden. In Wald und Unterholz aber hausen noch Bären, Schakale und Eber, und die Jagd ist noch Kampf. Das Klima gesund; am Tage Sonnenglut, die Nächte kalt. Im Winter gefrieren die Ströme; man bewahrt das Eis in Eisgruben für den Sommer. Thrazien und die Maritza waren das Sibirien der Antike, und man sprach von ihm, wenn man sich alle Schauer des Winters ausmalen wollte.

Begreiflich, daß da dereinst ein starker Menschenschlag wohnte, ein gesundes kernfestes Bauerntum; die Adligen flotte Reiter und hochgemut und wohlverpflegt auf ihren Höfen. An die heutige Bevölkerung Mazedoniens darf man nicht denken, eine Mischbevölkerung, vielfach zigeunerhaft; nur ab und an tauchen noch stattliche Männer dort auf, echt griechischer Prägung, bisweilen auffallend schön. Tagelöhner aber arbeiten auf den Gütern, deren Besitzer in den Städten das Wohlleben genießen; sie pflügen mit dem erbärmlichen Holzpflug, den sie mit Ochsen bespannen. In ihren elenden Lehmhütten nicht Tisch und nicht Stuhl; nur Bänke aus gestampfter Erde gibt's, auf denen man unausgekleidet schläft. Auch die besseren Landhäuser nur Fachwerkbau; auf dem Dach fehlt das Storchennest nicht. Man speist Schafskäse und hartgesottene Eier und Pilaw, der mit ranziger Butter zubereitet ist.

So klagt der Tourist, der heute dort reitet. Er reitet suchend durch Ebene und Höhen: wo war einst die Residenz Alexanders? und findet in der Fläche zunächst die Stadt *Beröa*, heute Karaferia; aber sie war es nicht. Wohl aber *Ägä;* wundervoll liegt Ägä mit steilen Gassen hoch am Gebirgsrand (heute Wodena); es war die ältere Residenz Mazedoniens mit den Königsgräbern. Da hat Alexander also seinen Vater begraben. Die Gräber sind indes schon im Altertum ausgeraubt worden. Reste des antiken Theaters aber sieht man dort wirklich noch; und da also hat Alexander einst des Euripides Dramen spielen sehen. Die eigentliche Residenz dagegen war *Pella*, das im Flachen hart an der Küste lag. Da wurde Alexander geboren. Heute ist da nur noch ein armseliges Dorf von 150 Häusern. Aber wir wissen: Pella zerfiel einst in zwei Teile; die Stadt selbst, die von Sümpfen umgeben war, und die königliche Burg, Phakos genannt, von der man nur auf einer Brücke zur Stadt gelangte. Auf der Burg war die Schatzkammer der Könige.

Prachtbauten fehlten ohne Zweifel. Die Schlichtheit herrschte. Aller Prunk wäre auch verblaßt vor der beispiellos großartigen Landschaft, die den armseligen Tagelöhner dort noch heute umgibt wie damals die Könige und Königssöhne. Eine abenteuerlich hochpathetische Landschaft: Stromschnellen und Meeresbrandung, und die wogenden Gebirgszüge ringsum wie erfrorene Leidenschaft. Gleich vorn aber das Riesenhafte, die Bergriesen Olymp und Athos, alles überschattend.

Die Marmorpyramide des Athos, 1935 Meter hoch, wurzelt mit ihren schweren Füßen unmittelbar im Meer. Heut hört man von den Athosklöstern, die auf der Höhe nisten, die Glocken hallen; im Altertum gab es keine Glocken und keinen Uhrenschlag, und die Himmelshöhe hüllte sich zeitlos in ein großes Schweigen und Feierstille. Ebenso nahe, aber noch riesiger der Olymp; er steht gegen Abend, auf massige Vorberge sich aufstützend, überschwänglich erhaben, ewiger Schnee sein Mantel; der glitzert und glüht in allen Farbenspielen, ein tägliches Schauspiel, und funkelt in purpurner Lohe unter dem Abendstrahl.

Die Giganten wollten den Olymp einst stürmen, um den Gottvater von seinem Thron zu werfen, so geht die Sage, und stülpten darum den Berg Ossa auf den Pelion; aber es war vergeblich; und auch Pelion und Ossa sieht man noch in der Ferne über dem Strand. Sie sind seit Urzeiten da stehen geblieben.

Die Abenteuerlust, der Wunderglaube, die Sehnsucht nach dem Übergroßen, hier, gerade hier konnte sie sich in Alexanders leidenschaftlicher Seele entzünden. Damals wohnten dort noch keine Türken und Muselmanen, deren Glaube die Seele stumpf macht und in Apathie einlullt und Schwunglosigkeit.

Auf den Berg Athos aber blickten die älteren mazedonischen Könige mit Grimm und Neid; denn er stand auf der Halbinsel Chalkidike, die, reich an Handelshäfen, dicht vor ihrer Küste lag, und die Halbinsel war in griechischen Händen. Die Könige waren nicht Herren ihrer eigenen Küste. So war ihr bescheidenes Reich eingeengt, blockiert von

Barbaren und von Griechen. Nur am Strand entlang fuhren die mazedonischen Fischer auf ihren Booten, um das Netz zu werfen.

In der Tat, die Griechen: fast an allen Rändern des Mittelmeeres bis Marseille und weiter hatten sie ihre Kolonien, Kolonialstädte, größtenteils alte Gründungen, die fest in ihren Mauern steckten; so auch an den Rändern des Schwarzen Meeres bis nach Trapezunt und zur Krim, erst recht an den Küsten Thraziens und Mazedoniens. Am denkwürdigsten Byzanz, das noch heut die Dardanellen beherrscht.

Dies wunderbar betriebsame Kulturvolk, die Griechen, es war von Natur ein Wasservolk, das auf seiner kleinen Erdscholle nicht stillsitzen mochte. Sie waren wie die Möwen, die am Land nur ihre Brutplätze haben. Richtiger: ein betriebsames Kaufmannsvolk, das sich sagte: daheim haben wir nur Industrie, nur fleißige Hände, aber kein Rohmaterial. Holen wir es von draußen, von allen Küsten: Import und Export, Umsatz, Bewegung, mit fliegenden Segeln. Es lohnt sich. Die Barbaren, diese Landratten, sind dankbar, auch wenn wir sie übervorteilen. Erz und Getreide, Leder und Bauholz. Die Geldstücke kamen in den Truhen nicht zur Ruhe, und an den Wechslertischen rechnete man nach Zehntausenden.

Sollten die Barbaren dem wehrlos zusehen? Sie lernten vielmehr allmählich von den Griechen. Das Griechentum, das an den Küsten saß, färbte ab ins Innere des Landes und drang sachte durch alle Poren, wie der Purpur die Wolle durchdringt oder die Lippe sich färbt von der Frucht, an der sie naschte. Griechische Ware, griechisches Silbergeld, griechische Sprache drang in täglichem Austausch zu ihnen, und sie sahen das Treiben der klugen Leute aus nächster Nähe. So ging es überall, so auch den Thraziern, erst recht den Mazedonen. Auf der Halbinsel des Athos, von der ich sprach, lagen dicht beieinander die Griechenstädte Potidäa, Methone, Stagira, Olynth; hart daneben und weiterhin Amphipolis, Saloniki (damals Therma genannt) u. a. Stark befestigt wie Stachelmuscheln lagen sie da, für den Mazedonen lockend, aber unantastbar; auch hielt Athen, solange es das Meer beherrschte, seine Hand schützend über diese Städte.

Da an Eroberung nicht zu denken war, faßten die Könige Mazedoniens den Plan, die Gräzisierung ihres Volkes energisch durchzuführen, bis die Zeit kam, wo man die Griechen mit ihren eigenen Waffen schlagen konnte. Dabei wirkte der Instinkt der Rasse mit ein; denn im Grunde waren sie ja ihresgleichen. Lernen, hieß es. Es ist dies einer der rühmlichen Fälle, wo wir sehen, wie ein intelligentes Königtum sein Volk erzieht.

So konstruierten die Könige sich denn auch früh einen Stammbaum, der ihr Haus auf Herkules zurückleitete. Das war offizieller Schwindel, aber nützlich und bedeutete ein Programm, das man den griechischen Staaten vor die Augen hielt. Es besagte: ihr schließt uns aus? Wartet nur, bis wir unser Hausrecht in Griechenland geltend machen.

Athen war anerkanntermaßen die Hochschule aller Bildung. Eine Anlehnung an Athen war also notwendig; und auch die Pietät wirkte darauf mit ein. Denn Xerxes, der Perser, hatte, als er zum Angriff gegen die Thermopylen zog, unterwegs Mazedonien besetzt und ausgeraubt, und nur den Siegen Athens verdankte das Land damals seine Befreiung. So blieb, obschon unterbrochen durch Schwankungen während des peloponnesischen Kriegs, ein nahes Verhältnis bestehen. Auch als Athens Macht zerbrochen war, wagten die Mazedonen sich nicht daran, Olynth, Potidäa, Amphipolis für sich zu erobern. Das wäre verfrüht gewesen

Intelligent vor allem der König Archelaos, des Alkibiades Zeitgenosse, der nicht nur aus seinen Landbauern sich eine Infanterie schuf, Heerstraßen baute und aggressiv schon einen Vorstoß gegen Hellas, gegen Thessalien wagte, sondern der, was mehr, seine Hauptstadt schon damals zu einem Hauptsitz griechischer Bildung zu erheben unternahm. Geistige Eroberung! So trat er in Beziehung zu Hippokrates, dem berühmtesten aller griechischen Ärzte, dem Schöpfer der medizinischen Wissenschaft, Abkömmling einer thessalischen Adelsfamilie, den auch die heutige Medizin immer noch mit aller Ehrfurcht nennt. Grundlegende Schriften schrieb Hippokrates wie auch sein Sohn Thessalos, und dieser Thessalos wurde des Königs Archelaos Leibarzt, hernach ein Enkel desselben der Leibarzt der Roxane, der Gattin Alexanders des Großen. Aber auch die modernsten Theaterdichter, Tragöden, zog Archelaos nach Pella. Theaterspiele waren stets mit Gottesdienst verbunden, und sie hatten durchaus ethisch-religiös erziehenden Zweck. So kamen aus Athen Agathon, vor allem aber Euripides dorthin; Euripides gab dort sein Bestes; denkwürdig genug: er starb als Hofdichter in Pella. Aber auch die modernste Musik zog der König heran; Timotheos mußte sie ihm liefern, der sensationellste Komponist für Vokalmusik in jenen Tagen. Das setzt viel voraus, Hingebung an die Schicksalsprobleme der tragischen Dichtkunst, Musikverständnis für eine raffinierte Melodik und Harmonik: schon damals ein Hochstand der Bildung in den Kreisen des mazedonischen Adels und Hofes. Der Theaterbau in Pella wird ein Publikum von mindestens Zehntausend vorausgesetzt haben. Man sprach dort jetzt auch schon attisches Griechisch; das Mazedonisch war gut genug für die Rekruten. Daß man sich schönklingende griechische Eigennamen gab, wie Alexander und Archelaos, war ohnehin selbstverständlich.

Die Athener selbst blickten natürlich hochnäsig auf diese Bestrebungen herab. Vom Maler Zeuxis ließ sich Archelaos in Pella seine Saalwände mit Fresken schmücken; da hieß es in Athen: um des Zeuxis Bilder zu sehen reist wohl jeder gern auf eigene Kosten nach Mazedonien, um den König selbst zu sehen niemand, es sei denn, daß der König seine Gäste mit Geld lockt. Das Land schien immer noch halbwegs ein Grönland oder Kamtschatka.

Gleichwohl erschien in der Tagesliteratur Athens damals doch auch eine Schrift, die sich nach Archelaos selbst betitelte und in seinem Interesse über die Prinzipien der monarchischen Staatsform gehandelt zu haben scheint. Denn die staatlichen Einrichtungen waren in Mazedonien, etwa wie bei den Germanen des Tacitus, noch sehr unentwickelt, vor allem im Gerichtswesen. Die Mazedonen waren eben ein Land- und Reitervolk und keine Städter.

Der Verfasser jener Schrift hieß Antisthenes. In diesem Mann und seiner Schule keimte aber ein neuer Zeitgeist, und wir werden von seinen Gesinnungsgenossen noch mehr zu erwähnen haben. Man nannte diese Schule die kynische oder cynische; vom Hund (kyon) nahm sie ihre Bezeichnung. Der Hund, der immer international ist, war gleichsam ihr Wappentier. Es sollte dahin kommen, daß ein König Mazedoniens die übervölkischen Ideen dieser Schule in die weite Welt hinaustrug.

Auf des Archelaos gewaltsamen Tod folgten Thronwirren, die weitere Erfolge der mazedonischen Politik zunächst verhinderten. Dann kam die Zeit, wo Plato, der Athener, sein berühmtes Lehrbuch vom besten Staate schrieb. Da war es der König Perdikkas, der sich unmittelbar an Plato, den Meister der Staatstheorie, um Rat und Hilfe wandte, und wir sehen, wie Plato ihm rät, an der Erbmonarchie unbeirrt festzuhalten; nur müsse natürlich philosophisch gerecht, d. h. unter Schonung des Rechtsgefühls regiert werden, und Plato schickt dem König einen seiner rechtskundigen Schüler als Ratgeber zu. Das ist nur wieder ein Symptom, aber ein bedeutsames, für das Hochstreben der Vorgänger Alexanders.

Dann kam Philipp, Alexanders Vater (der Name Philipp war in Mazedonien beliebt, denn er bedeutet den Pferdefreund). Philipp wurde der Unterjocher Griechenlands. Der greise Plato erlebte das nicht mehr; er hätte sonst ratlos staunend mit seinen alten Augen um sich geblickt. Seine gutherzige Staatslehre rechnete nicht mit so großen Verhältnissen, wie sie jetzt plötzlich sich einstellten. Das staatsmännische Genie war völlig überraschend in Mazedonien erwacht, das sich ins Große reckte, da es nach hohen Zielen griff. Ich rede nur von Philipp, noch nicht von seinem Sohne. Mit diesem Menschen konnte kein Themistokles, kein Alkibiades sich vergleichen. Denn Themistokles war als Retter Griechenlands nur Defensivpolitiker gewesen; hier dagegen setzte die entschlossenste Offensive ein, und ihre Erfolge waren verblüffend. Was Xerxes nicht erreicht hatte, erreichte Philipp. Noch weniger verträgt Alkibiades den Vergleich; denn er war zwar Offensivpolitiker gleich großen Stils, aber er konnte sich die Mittel nicht sichern, seine Pläne durchzuführen. Es ist günstiger, König zu sein als Beamter einer launisch wetterwendischen Demokratie der sog. klugen Leute. Der Athener pflegte seine besten Führer im Stich zu lassen. Wie anders stand der Mazedone da! Da galt noch Vasallentreue, Gefolgschaftsdienst. Das Volk war in der Hand seines Königs.

So vollzog sich jetzt der Sieg des schlichten Soldatentums über die disziplinlose Masse der Hochgebildeten.

***

Griechenland und König Philipp

Griechenland im vierten Jahrhundert v. Chr.

Zunächst gilt es, einen Blick auf die Zustände in Hellas zu werfen. Sie sind unendlich verwickelt und an Mißklängen reich, und es ist ermüdend und betrübend, dabei zu verweilen; betrübend in der Tat, der Selbstzersetzung und Dekadenz eines edlen, eines der gottbegnadetsten Völker zuzusehen.

Panhellenismus, Einigung des gesamten zerspaltenen Griechentums mit geschlossener Front gegen äußere Feinde, das war bisher das große Ziel der besten Politiker im Lande gewesen. Nur mit Gewalt war das durchzusetzen. Athen hatte es vor 50 Jahren angestrebt; Alkibiades, der Athener, war der letzte, kühnste und befähigtste Vertreter dieser vaterländisch ausgreifenden Politik gewesen. Diese Politik war erledigt durch den 27jährigen Peloponnesischen Krieg und die Niederwerfung Athens im Jahre 404. Schon dieser Ausgang bedeutete eine Knickung der Volkskraft, eine Vorstufe des Untergangs. Was jetzt folgte und die nächsten 50–70 Jahre erfüllte, war nichts als Steigerung des Ruins, die Fortsetzung des traurigen Bruderkriegs von Griechen gegen Griechen. Aus dem dreißigjährigen Krieg wurde der hundertjährige. Es lohnt nicht, diese Dinge im einzelnen zu erzählen; schon die Abneigung gegen alles Vergebliche lähmt mir die Feder; denn es war ein vergebliches Kämpfen und Ringen.

Im Schoß der Zeiten schlummerte noch das Schicksal, ungeboren. Was würde es sein? Man ahnte das Verhängnis, und die Nervosität der Volksseele war groß; sie wirkte zerrüttend. Neid, Haß und Hader, eine Balgerei der Staaten ohne Aufhören, jener Kleinstaaten, die nun seit Jahrhunderten, auf sich angewiesen, eng nebeneinander lagen. Die Pest hört einmal auf zu wüten, nicht aber die Seuche der Zanksucht, wenn sie einmal ausgebrochen. Auch wir Deutschen wissen davon. Es gibt nur ein Heilserum, das hilft: die Knechtschaft. Knechtschaft bis zur Entwaffnung. Im großen römischen Reich ist dies wirklich späterhin zur Durchführung gekommen.

Und es war nicht nur Grenzhader; der Parteihaß in den Städten selbst kam hinzu; ewiger Umsturz; sahen sich die Demokraten in der Übermacht, so schlugen sie die Optimaten, die sog. besseren Leute, in der Gasse mit Knüppeln tot oder jagten sie doch aus der Stadt, und umgekehrt. Die Verbannten verschworen sich dann zur Rache, zur gewaltsamen Rückkehr; und so fühlte sich keine Stadt vor Putschen und Krawallen, vor blutigen Überfällen sicher.

Unter den Staaten waren Sparta, Athen und Theben jetzt die drei konkurrierenden größeren Gemeinwesen, die ehrgeizig nach der Vorherrschaft strebten; denn auch Athen hatte sich von seinem schweren Fall wieder aufgerichtet; aber sobald eines von ihnen zu mächtig wurde, fielen die übrigen Kleinstaaten, die sie als sog. Bundesgenossen um sich sammelten und auf die sie sich stützten, von ihnen ab. Es war nicht nur Angst vor der Ohnmacht, sondern auch Angst vor der Macht.

Das Hellenenland war zu klein; der Raum fehlte, sich auszudehnen. Man saß wie in einer engen Schachtel und trat sich ständig auf die Füße. Es war just so wie heut mit der Wohnungsnot, wo im Haus zu viel Zwangsmieter sitzen, die sich gegenseitig die Türen einrennen. Die Moral gewinnt dabei nicht; vielmehr gedeiht die Verrohung und wuchert wie scheußliches Unkraut mit geilen Trieben: Zersetzung und Niedergang, damals ohne Frage noch ärger als nach dem unseligen Dreißigjährigen Krieg, der unser Deutschland vor nun 300 Jahren physisch und moralisch verwüstet hat. Man lasse sich durch die edlen Töne nicht täuschen, die uns aus der griechischen Literatur der Zeiten, da ein Plato lebte, umrauschen. Gewiß, der Idealismus der Auserlesenen steigerte sich damals noch; aber die von Idealen getragene Sittlichkeit schloß sich jetzt ab und zog sich in die Schulen, in die Klubs der Weisheitsfreunde zurück. Das städtische Leben draußen sank ins Gemeine, die politische Moral erst recht. Auch die Satire des Aristophanes war verstummt, und kein gesundes Lachen scholl mehr herzbefreiend in die verbissene, verhetzte Stimmung der Massen. Glaubte man, man wäre allein auf der Welt?

Der Mazedone freilich sah noch dem allen gelassen zu; der Perser aber rieb sich die Hände, denn er hatte davon zunächst den Vorteil. Die persischen Statthalter oder Satrapen im nahen Kleinasien waren seine Diplomaten; sie gaben acht; ja, sie hatten seit langem schon ihre Hände im Spiel, und das Spiel schien zu gelingen: auro, non ferro; es zeigte sich jetzt, daß das persische Gold siegreicher war als die persischen Waffen.

Freiheit, das Recht der Selbstbestimmung fordert die Ehre der Nation. Sie zu wahren und zu hüten, ist ihr Stolz. Unauslöschlich glorreich war der Sieg der Griechen über Xerxes, den Perser, gewesen; er ist in der Weltgeschichte das vielgepriesene Muster aller Freiheitskämpfe geblieben wie hernach der Sieg der Schweizer über Burgund, der Niederlande über Philipp, den Spanier. Nun aber waren seit der Schlacht bei Salamis hundert Jahre vergangen, und das Ehrgefühl war völlig dahin. Persien war Trumpf. Gold, Gold! Man kämpfte jetzt blindlings mit persischen Hilfsgeldern für persische Zwecke. Schon der Ausgang des peloponnesischen Kriegs war ja in Wirklichkeit ein Sieg Persiens gewesen; denn ohne das persische Gold hätte der Spartaner Lysander sich die Flotten nie bauen können, die Athen schließlich bezwangen; es waren somit persische Flotten und die Rache, die einst Darius den Athenern geschworen, war also damit endlich vollzogen. Als danach Sparta zu mächtig zu werden drohte (denn spartanische Truppen wagten sich zum Kampf gegen Persiens Satrapen nach Kleinasien), wurde Athen alsbald mit Hilfe von persischem Gold neu befestigt; vor allem mußte ein athenischer Admiral daher, Konon hieß er, um die Spartaner mit persischen Galeeren von der See zu vertreiben Es gelang. Vor allem aber wurde Theben gegen Sparta gehetzt, und Theben gehorchte gern; es hatte ja landesverräterisch einst schon zu des Leonidas Zeit auf des Xerxes Seite gegen Hellas gefochten. Inzwischen stellte sich Athen wieder, wie in seinen besseren Zeiten, an die Spitze eines „Seebundes", kam aber immer nur zu halber Kraft, und Persien sorgte nun dafür, daß die drei genannten Mächte andauernd sich möglichst balancierten, ein ewiger Kampf von zweien gegen einen, bei wechselndem Bündnis. Die drei Mächte waren wie die drei Personen im Lustspiel, wo immer zwei Personen sich lieben und die dritte Person dann voll Eifersucht dazwischen fährt. Für den Perser ein Lustspiel, für den Beteiligten eine Handlung von erbärmlicher Tragik.

Trat in diesen Kämpfen, die schließlich 70 Jahre andauern sollten, Erschlaffung ein, so gab es wiederholt Friedensschlüsse, aber sie waren wie ein halber Takt Pause im wilden Presto; Bestand hatten sie nie. Der Perserkönig in Susa aber – er hieß jetzt Artaxerxes – mußte diese Friedensschlüsse jedesmal genehmigen und zu garantieren versprechen, als wäre er oberste Instanz, aller Griechen Souverän und der eigentliche Beherrscher der Weltlage; denn kein Grieche traute dem Jawort und Eidschwur des andern Griechen mehr. Begreiflich genug, daß der König nun auch sogleich seine Bedingungen stellte; d. h. alle kleinasiatischen Griechenstädte, wie Milet und Ephesus, ließ er zunächst sich wieder ausliefern. Die alte Macht des Darius war damit glücklich wiedergestellt, die Großtaten des Themistokles und Kimon annulliert, und breit aufgestützt kauerte der asiatische Riese nun wieder dort am Küstenrand und starrte selbstzufrieden und drohend über das Inselmeer zu den kleinen Griechen hinüber, die nicht begriffen, wo ihr Feind war.

Aber auch sein eignes Militärwesen, das Soldatentum, wurde dem Griechen zur Plage. In der Art, wie sich ein Volk bewaffnet, verrät sich sein Charakter, sein Kulturstand. Die Geschichte aber lehrt, daß die allgemeine Wehrpflicht erziehend, das Söldnertum nur zu leicht demoralisierend wirkt. Damals aber hatte sich das Söldnerwesen, das wir in den Landsknechtshaufen Karls V., das wir bei Wallenstein und noch in der Armee Friedrichs des Großen wiederfinden, zum erstenmal ausgebildet, und es wurde alsbald zum Unwesen. Zu des Leonidas Zeit war es noch anders; da fochten nur die Bürgermilizen, und Hausväter und -söhne griffen, wenn der böse Feind anrückte, rasch zu Helm und Harnisch, der über dem Herd hing, und traten brav zum Gefecht an. Aber solche Miliz hält die großen Dauerkriege nicht aus; der Bauer muß endlich wieder zu seinem Pflug, der Schuster zu seinem Pfriemen zurück; der Bürger zahlt also jetzt vielmehr Kriegssteuer, um nicht selber zu fechten, und der Staat wirbt nun kampflustiges junges Volk, er wirbt Landsknechte für Geld an aus der Nähe und Weite, die dauernd von dem Solde leben und für den sich schlagen, der am besten zahlt.

Eine folgenschwere Neuerung; der Waffendienst wurde hinfort zum Beruf; es gab jetzt einen Soldatenstand, der sich breitmachte und nichts wollte, als schlagen und verdienen; ein abenteuerlustig vaterlandsloses Vagantentum. Heermeister und Truppe verwachsen zur Gemeinde, zum Korps, bis morgen alles wieder auseinander läuft. Der Korpsgeist ersetzt den Vaterlandssinn. Besonders aus Arkadien, dem bärenhaft wilden Bergland, das der Moderne sich gern als Heimat des seligen Friedens und zärtlichen Schäferglücks denkt, strömten die Burschen, stämmige Kerle, massenhaft zu den Werbeplätzen, da die Heimaterde zu wenig bot. Arkadien war kaum ein „Staat" zu nennen. Aber auch in den Handelsstädten gab es, da die sog. Sklaven, die Unfreien die Fabrikarbeit taten, eine Menge untätigen Menschenmaterials. Früher schickte man die überschüssige junge Mannschaft zu Kolonialgründungen aus; aber das war vorbei; die Erde war längst verteilt. Und so lagen die rüden Gesellen jetzt zu Tausenden in den Städten herum. Ein Glück, wenn es Krieg gab; dann zogen sie ab, womöglich ins Ausland, nach Thrazien, Ägypten; denn die dortigen Könige zahlten gut. Schon im Jahre 401 führte Kyros, der aufständische persische Kronprätendent, 12 000 solcher Griechen mit sich zum Kampf nach Babylon. Wehe, wenn sie unbeschäftigt waren! Bis zum 40. Lebensjahr unter den Waffen, ohne Haus und Hof und unbeweibt: das gab das wüsteste Treiben, Radau, Säbelrasseln, Gassieren, Suff und Weiberschändung; „daß Gott erbarm"! Wir brauchen es uns nicht auszumalen. Man lese Wallensteins Lager, und man ist im Bilde.

Wenden wir uns hiernach zu den Soldatenführern. Da lassen sich allerlei glänzende Namen wie Agesilaos und Epaminondas nennen, die wir einst in der Schule lernten und die gesperrt gedruckt in den Geschichtstabellen stehen. Cornelius Nepos hat einst ihre Biographien geschrieben, freilich so dürftig, als ob er für unsern Brockhaus schriebe. Wozu indes ihre Siege aufzählen, die verpufften und wie die Schaumkrone auf der Welle in Nichts zergingen? Wichtiger als ihre Erfolge sind für uns die Fortschritte der Kriegskunst und Kriegswissenschaft, die man in der Tat ihnen verdankte und die auch den Mazedonen zugute kamen. Der Grieche war schon von vornherein ein viel besserer Soldat als der Orientale; denn schon seine Bewaffnung war besser, wie sie ein Industriestaat liefert; und dazu kam nun die sich immer weiter steigernde Fechtkunst. Die unseligen Zustände, die ich schilderte, waren denn doch die beste Kriegsschule. Die Kriegskunst ist die Schützerin aller andern Künste, und man muß sie verehren, vorausgesetzt, daß sie für die Freiheit der Völker und daß sie für den Frieden kämpft.

In König Agesilaos sehen wir einen der ehrwürdigsten oder doch achtbarsten Vertreter des Spartanertums. Xenophon, der Sokratesschüler, hat ihn verherrlicht; Agesilaos war also, obschon ganz nur Kriegsmann und allen philosophischen Phrasen abhold, doch ein rechter Mensch im Sinne des Sokrates; dabei bewußt altmodisch und unmodern; auch seine Erfolge verdankte er der altbewährten Tradition seiner Heimat; denn das Kriegswesen alten Stils gipfelte ja im Militarismus Spartas. Der aber wurde eben jetzt überholt.

Wie anders in der Tat die eleganten Strategen Konon und Iphikrates, Chabrias und Timotheos, die Athen damals aufstellte: Söhne der Weltstadt und moderne Weltkinder, Kondottieren flott, üppig, genial und durch keine Skrupel behindert. Athen selbst mit seinem feigen Bürgertum, dem Geschacher der Händler, dem Geschrei der Volksversammlungen, dies ewige Einerlei war ihnen zuwider, und sie entzogen sich nach Möglichkeit seiner Kontrolle. Sie liebten die Gefahr und kämpften natürlich gemeinhin für Athen, doch aber auch für Persien, für Ägypten. Wenn nur gut gezahlt wurde! Blieb von Athen das Geld aus, so brandschatzten und räuberten sie, wo sie konnten. War Muße, so lebten die Herren draußen als Gast des Königs von Cypern oder auf Lesbos oder auf ihren thrazischen Besitzungen.

Iphikrates war der imposanteste unter ihnen von nahezu fürstlichem Gepräge, und es soll mir genügen, kurz nur von ihm zu reden. Der Thrazierkönig Kotys nahm ihn zum Schwiegersohn. Als in Mazedonien Thronwirren ausbrachen, ist er es, der die flüchtige Königin Eurydike mit ihren Söhnen in seinen persönlichen Schutz nimmt. Als der Perserkönig gegen Ägypten marschieren läßt, führt Iphikrates in Athens Auftrag ihm zur Hilfe 20 000 griechische Söldner dorthin; denn Athen suchte ängstlich die Fühlung mit Persien zu wahren. Persien aber mußte natürlich zahlen. Um so kecker erscheint der andere der athenischen Kondottieri, Chabrias, der umgekehrt nach eigenem Belieben mit seinen Schiffen und Söldnern in den Dienst des Ägypterkönigs Nektanebos trat, des Königs, der eben damals Ägyptens Freiheit *gegen* Persien verfocht. Athens Demagogen machten dem Chabrias darum den Prozeß. Aber er ließ sie schreien und war nicht zu fassen. Die thrazische Hochzeit des Iphikrates aber wurde in Athen mit Hohn auf die Bühne gebracht, jene Hochzeit, wo es Butter, wirkliche Butter von Kuhmilch zu essen gab (etwas durchaus barbarisch-ungriechisches) und wo der Schwiegervater, der König Kotys, angeblich selbst die Suppe im Gußgefäß auftrug, eine Küchenschürze vorgebunden. Dabei wurden dem athenischen General zu Ehren von griechischen Solisten Festlieder politischer Tendenz gesungen, aber, was unerhört, nicht etwa zum Lob Athens, sondern Spartas und Thebens.

Hätte Athen nur schon früher solch geniale Leute, und in solcher Anzahl gehabt! Konon war vor allem Meister des Seekriegs; aber auch im Landgefecht ordnete er eine originelle Kampfstellung an, die sich bewährte; man redete davon, und Konon selbst ließ sich sogar in dieser Stellung porträtieren; natürlich als Statue; es fehlte nur, daß er sie auf dem Kasernenhof aufstellte. Iphikrates aber stellte das ganze Militärwesen auf einen neuen Boden, als er an Stelle der bisherigen schwerfälligen „Hopliten" die leichte Infanterie schuf Das Fußvolk der „Hopliten" schritt in erdrückender Eisenrüstung schwerfällig wie Schildkröten oder wie wandelnde Festungen einher; es stand vortrefflich, war aber manövrierunfähig. Jetzt mußten die Waffenfabriken kleine Rundschilde liefern, die leicht im Arm hingen; der schwere Eisenpanzer fiel ganz fort; statt dessen wurden für den Nahkampf die Spieße erheblich verlängert, ebenso die Degenklingen. Damit entstanden fliegende Korps; auf Überraschung, schnellen Bewegungswechsel, Laufschritt bei der Verfolgung kam es an. Und so erlebte Sparta, das bisher, wie es sich rühmte, noch niemals eine Feldschlacht verloren, durch Iphikrates die erste empfindliche Schlappe bei Korinth (im Jahre 394). Das war ein Omen.

Agesilaos war schon zu alt geworden; Sparta, das stolze, lernte nicht um; es blieb bei seinem alten System, indes schon Epaminondas heranwuchs. Spartas Macht und

Ansehen in Hellas zerbrach endgültig in der katastrophalen Schlacht bei Leuktra des Jahres 371, und sie war des Epaminondas Werk.

Dies führt uns nach Theben. Epaminondas war Thebaner; als Idealmensch wird er uns geschildert und ist eine der gern gefeierten Gestalten des Griechentums geblieben; denn er war, sein Ich vertiefend, auch den Musen zugewandt und als Musiker, Philosoph und Redner durchgebildet; erst 40jährig schwang er sich zum Staatsdienst, zur Führung Thebens auf. Unvermählt; die Vaterstadt nannte er seine Geliebte, den Ruhm der Schlachten seine Nachkommenschaft. So hat er in der Tat für zwanzig Jahre (371–351) Theben zur Großmacht erhoben; sein Genosse im Ruhm war Pelopidas. Bis in die Länder Thessalien und Mazedonien hinein griffen die thebanischen Waffen aus; dabei geschah das Bedeutsame, daß der nachmalige König Philipp, der noch Knabe war, aus Mazedonien nach Theben entführt wurde.

Was war es, wodurch Epaminondas in der Schlacht bei Leuktra Sparta niederwarf? Seine eigenartige Strategie, die wiederum Epoche machte. Denn er stellte seine Angriffsfront nicht, wie bisher üblich, gradlinig vor den Feind, sondern schief; den einen Flügel ließ er vorspringen, der dabei doppelte Tiefe der Aufstellung hatte. Er ballte also schon damals, wie später Napoleon es tat, die Masse auf einen Punkt zusammen, um den Durchbruch zu erzwingen. Von Pelopidas aber hören wir, daß er auch schon die seitliche Überflügelung des Feindes durch Kavallerie aufbrachte; das war die Form des Angriffs, die danach auch Alexander der Große befolgt hat. Thessalien lieferte seine Pferde. Die Bedeutung der Kavallerie wuchs; auch Xenophon schrieb darüber; die Reiterschlachten Alexanders bereiteten sich vor.

Aber auch der Fortschritte des Belagerungswesens sei endlich noch beiläufig gedacht. Achill war einst siebenmal vergeblich um Troja gerannt. Aber auch Athens berühmte lange Mauern, die Perikles gebaut hatte, schienen noch unersteiglich, und nur durch Aushungerung bezwang Lysander bekanntlich die Stadt. Jetzt arbeitete der erfinderische Grieche schon mit Sturmböcken, Minen und Gegenminen, mit Geschützen, die Steine oder Bleikugeln schleuderten. Die Historiker berichteten damals schon sorglich über diese Dinge, und eine militärische Fachliteratur entstand, von der uns wertvolle Reste erhalten sind. Als Verfasser erscheint ein Mann aus dem Söldnerlande Arkadien. Jene Reste handeln von Kundschafterwesen, Fernmeldungen, Lichtsignalen, chiffrierten Geheimbriefen. Der Belagerte spannt Segeltücher gegen die anfliegenden Wurfgeschosse aus und bestreicht alles Holzwerk gegen Feuerbrand mit Essig.

So bildete das kluge Griechenland damals die Kriegskunst für seine Gegner aus, die es hernach mit ihrer Hilfe knechteten (denn auch Rom waffnete sich mit dieser Kunst). Griechenland starrte in Waffen wie ein Igel, wie ein Nest von Igeln, und Persien hütete sich wohl, mit seiner großen Hand in das Nest zu greifen; es wartete, bis Griechenland an langsamem Selbstmord zugrunde ginge.

Sparta war, wie wir sahen, so gut wie erledigt. Als Epaminondas starb – er fiel schon i. J. 362 bei Mantinea –, schrumpfte sogleich auch Thebens Übermacht wieder zusammen. Daneben stand nur noch Athen, das sich zwar, um seinen Großhandel zu sichern, durch Erneuerung seines Seebundes zur Herrin des Inselmeers gemacht hatte, das aber doch die alte Vollkraft nie wieder gewann; es war kurzatmig wie ein Bergsteiger mit pfeifender Lunge geworden, und keinen seiner gelegentlichen Erfolge wußte es mit Nachdruck auszubeuten. Seine ausgezeichneten Feldherrn, die ich nannte, starben hinweg. Handels- und Industriestadt, dazu Metropole und Lieferungsstelle für Kunst und Philosophie und sonstige schöne Dinge, wollte es außerdem immer noch ein bißchen herrschen und siegen, steckte aber in ständiger Finanznot, die man begreift, wenn man hört, daß der Staat jedem Mann im Volk, damit er von seinem Handwerk abkommen und hübsch im Parlament mit abstimmen könne, seine Tagegelder zahlte. Wozu war man auch sonst demokratisch? Jeder Mann im Volk bekam seine Diäten. Das war mehr, als wenn wir den Volksvertretern Diäten zahlen. Die Kriegsgewinnler aber gediehen in Athen natürlich trotz allem. Die Stadt war stolz, wenn sie ihren Feldherren einmal Statuen errichtete; sie errichtete gelegentlich auch ein Standbild des Friedens; Kephisodot ersann das rühmenswert schöne Bildwerk, und wer in München war, kennt es: Eirene, die Friedensgöttin, einfach, schlicht und edel, als junge Mutter steht sie da, die ihren Knaben im Arm hält; der Knabe aber ist der Reichtum. Es ist dies einer der seltenen Fälle, wo das Motiv der Madonna mit dem Kinde im Altertum auftritt. Die Meinung aber ist, daß der Weltfriede den Nationalwohlstand gebiert und nährt. Der Sinn war gut. Aber es sollte keinen Frieden geben. Das Schicksal setzte ein.

Große Teile des Publikums gaben gar nicht acht, und die Gleichgültigkeit war groß. Von den Künstlern ist nicht erst zu reden. Nehmen wir nur Plato, den Großmeister der Staatslehre; in all seinen Schriften steht auch kein Wort, keine Silbe der Furcht vor einer Katastrophe der Vaterstadt. Plato war gar nicht nationalpolitisch, er war bloß sozial orientiert. Aber auch die vaterlandslos-internationale Gesinnung verbreitete sich schon, und das Militär, die vaterlandslosen Söldner, waren davon die ersten Urheber; eine regelrechte Arbeiterinternationale; es waren freilich nur Arbeiter des Krieges. Und die Sekte der Straßenphilosophen griff das auf; schon Antisthenes, Platos Nebenbuhler, predigte offen das Weltbürgertum: wir sind nicht besser als Perser und Mazedonen! Hundsphilosophen (Cyniker) nannten sich diese Leute, wie schon anfangs erwähnt ist; der Hund war ihr Ideal, der gleichfalls keine Landesgrenzen kennt. Dazu kam aber auch noch die Kaufmannschaft, und, wollen wir ein Bild jener Zeiten gewinnen, gilt es auch bei ihr noch kurz zu verweilen.

Der Piräus war zunächst immer noch der Hauptstapelplatz der weiten Griechenwelt: großer Geschäftsumsatz; dazu Freihandel, der von Sizilien und Südfrankreich, von Ägypten und Cypern her anlief und vom Asowschen Meer durch die Straße der Dardanellen ging. Die Frachtschiffe drängten sich auf den Wasserstraßen mit hohen Segeln. Wer mitmachte, wurde reich, und was ist schöner als im Luxus zu leben? Das durfte nicht aufhören. Der Staat selbst mußte das wünschen; denn der Betrieb sicherte den Nationalreichtum. Persien und die Balkanländer, die seit langem die griechischen Industriewaren kauften, bezahlten, wie wir sahen, jetzt auch die Söldnerhaufen, und die trugen das Bargeld alljährlich in vollen Beuteln heim. So vermehrten die Umlaufsmittel sich stark, und auswärtiges Gold strömte als Zahlmünze schon damals reichlich an die griechischen Plätze, die sonst nicht mit Gold, sondern nur mit Silberkurant arbeiteten. Die persische Golddareike gewann schon über den athenischen Geldmarkt die Herrschaft.

Denn auch der Geldhandel war voll entwickelt, das Bank- und Wechselgeschäft. Wer Kapitalien vorschoß, nahm zum mindesten 12 Prozent Zinsen. Die Finanzmänner gründeten Kompaniegeschäfte, freilich ohne Haftpflicht, wie wir sie fordern. Eine Fülle von Prozeßreden sind uns aus Athen erhalten, die uns in diese Dinge, Kreditwesen, Differenzen der Käufer und Verkäufer, Einblick gewähren.

Begreiflich nun aber, daß alle diese Geschäftsleute die ewigen Kriege verabscheuten wie der Landbauer den Hagelschlag; allein schon das Kapern der Handelsschiffe brachte, wenn es Seekrieg gab, ärgste Verluste und steigerte für den Transport ins Unberechenbare das Risiko. Wenn dagegen Persien herrschte und den Dauerfrieden unter den Griechen und auf dem Meer erzwang, war der Handel gesichert, alle Fahrstraßen frei, das Geschäft garantiert. Es wäre Erlösung; denn man wußte, daß die Regierung des Großkönigs dem Kaufmann überall freieste Hand ließ. Wozu noch viel von Nationalehre reden?

Man begreift die Trauergefühle der echten Patrioten, wenn sie den verhaßten Bruderkrieg, der nicht abriß, und wenn sie zugleich dies Publikum sahen mit seiner Gleichgültigkeit bis zum Pazifismus. Denn es gab immer noch Patrioten alten Stils, die mit heißem Herzen panhellenisch dachten und zu Themistokles und Kimon zurück wollten. Auch wir Deutschen kennen solche Stimmungen. Ihre Verzweiflungsrufe tönten in die Massen. Wenn zu den großen Festspielen Olympias aus allen Stämmen die Jugend zusammenströmte, traten jene Männer als Wanderredner auf, das Volksgewissen aufzurütteln mit dem Ruf: „Verwerflich die Trägheit, verwerflich aber auch der Bruderkrieg! Seid einig! Persien allein unser Feind! Wir brauchen ein neues Salamis." Vor allem galt Theben seit alters als die sündhafte Stadt der Verräter; denn auch jetzt stand es, wie einst zu des Xerxes Zeit, mit Persien in besonders enger Fühlung; war doch Pelopidas persönlich als Thebens Gesandter auf der berühmten Königsstraße nach Susa gefahren, um seine Pläne durch persischen Druck zu sichern. Den Fußfall mußte man tun, wenn der Großkönig Audienz gewährte. Welche Schande!

Jene Reden gingen auch als Bücher um, aber wir hören leider nicht, daß sie wirkten; nur die Schönheit der Worte wußte man zu preisen, und nur die Ästheten lasen sie, nicht die Politiker. Die triviale Menge blieb, wie sie war; die Frivolität siegte.

Worte halfen nicht; es half nur der Zwang. Um das Jahr 372 tat sich im Land Thessalien, dem Vorland Mazedoniens, ein Zwingherr auf; die Geschichte nennt ihn *Jason* von Pherä; der geniale Mensch unterwarf sich als Tyrann das ganze thessalische Land; Pherä seine Residenz. Das Schwergewicht der Geschichte verschob sich für kurze Zeit nach Thessalien durch ihn, und er plante nun wirklich schon, wie wir hören, als Vorkämpfer aller Griechen einen Rachezug und Einbruch in das Perserreich. Aber ihn traf der Dolch, der jedem Tyrannen drohte: ein glänzendes Meteor, das früh erlosch.

So war denn ein anderer Zwingherr nötig. Mehr als zwanzig Jahre vergingen noch, da wandte ein Athener – der Mann war ein 90jähriger Greis und hieß *Isokrates* – seinen Blick auf Mazedonien. In einem öffentlichen Sendschreiben, das uns noch vorliegt, forderte er Philipp von Mazedonien auf, die Rolle Jasons zu übernehmen. Gütlich einigen sollte er die Griechen und sie so gegen Persien führen. Es war nur eine Einzelstimme, und 90 Jahre alt mußte man damals werden, um solchen Gedanken zu fassen. Würde Philipp auf den Ruf des Alten hören? und würde er wirklich die sammetweichen Hände haben, von denen der Schreiber träumte? Wir werden glauben, daß dem König sein gefährlicher Plan längst feststand, bevor er die musterhaft stilisierten Worte des Alten las. Denn er war weitsichtig und höchst unverlegen. Isokrates aber hatte das Unglück, 98 Jahre alt zu werden und die schmähliche Katastrophe noch zu erleben, den Untergang der griechischen Freiheit.

Wie der Schulmeister mit dem Stock unter die balgenden Schüler fährt, so schwang jetzt das Schicksal die Geißel über das heillos verzankte Hellenenvolk; Philipp war die Geißel. Das Selbstmorden sollte aufhören; jetzt kam der Scharfrichter von außen.

***

König Philipp

Nun also Philipp von Mazedonien. Was wir bisher gehört, war wie die wüste Rauf- und Prügelszene in Wagners „Meistersingern“; man sehnt sich, endlich eine Solostimme zu hören.

Es war für die Stadt Theben, es war für Hellas das Verhängnis, daß Philipp, dies begabte Raubtier, als Knabe für drei Jahre nach Theben kam, das eben damals sich Großmacht dünkte. Der Bengel war frühreif, wach und schlau, dazu herzgewinnend und mutmaßlich auch bei Gelde. Dem Epaminondas und Pelopidas sah er da als gelehriger Schüler genau auf die Finger, lernte das neue Kriegswesen, aber auch die Schwächen der Einzelstaaten gründlich kennen, wie schwerfällig ihre Politik, wie brüchig ihre Bündnisse; dazu die Habgier und Käuflichkeit des Durchschnittsbürgertums.

Als er wider alles Erwarten, 23 Jahre alt, die Regierung Mazedoniens übernahm (im Jahre 359), fand der junge Mensch sein Land durch Wirren unter seinen königlichen Verwandten, mehr noch durch den Einbruch barbarischer Nachbarvölker bis zur Ohnmacht geschwächt und kläglich zerstückelt. Für die Herren in Theben und Athen war Mazedonien damals geradezu eine Niete geworden, mit der man nicht mehr rechnete. Philipp aber überblickte mit kaltem Hirn die Lage, und sein Genie begann sofort zu spielen; er organisierte sofort ein Heer als Mustertruppe nach modernstem Vorbild, warf die Barbaren, Illyrier, Päonier, Thraker in raschen Feldzügen oder auch durch Verhandlung aus dem Land und trieb die etlichen Prinzen, die ihm seine Machtstellung bestritten, ins Exil oder brachte sie ums Leben. So war er Alleinherrscher, das Gebiet Mazedoniens überraschend schnell in seinem früheren Umfang wiederhergestellt, an Bodenfläche annähernd so groß wie unsere Provinz Hannover, doppelt so groß wie Thessalien, viermal so groß wie die Gebiete, die damals noch unter Athens Oberhoheit standen. Im Heere hatte er die berühmte mazedonische Phalanx eingeführt, den Kerntruppen die alles überbietende, fast 16 Ellen lange Stoßlanze, die Sarissa, in die Hand gegeben. Dabei war er gar nicht einmal rechtmäßiger König. Dies wäre vielmehr sein Neffe *Amyntas* gewesen. Amyntas war noch Knabe; Philipp sein Vormund; aber Amyntas wagte auch später sein Herrscherrecht dem Onkel gegenüber nie geltend zu machen. Erstaunlich, daß Philipp ihn nicht umbrachte.

Denn der Verwandtenmord grassierte seit langem und durch Generationen in dem Königshaus just so wie in den Königshäusern der alten Germanen; man denke an die Merowinger oder an Shakespeares englische Königsdramen. So hatte man auch Archelaos, den Gönner des Euripides, den intelligentesten der früheren Herrscher, durch Mord beseitigt. Vettern und Stiefbrüder waren ihres Lebens nie sicher. Die Vielweiberei der Könige kam dazu; man hielt es damit wie der Held Gideon im Buch der Richter. Daher eben die vielen Stiefbrüder; daher aber auch die ewige Eifersucht, der Rachedurst der Königinnen. Die Frauen treten hier in Mazedonien dramatisch auf die Bühne, an Blut gewöhnt wie die Gotin Brunhilde oder wie Fredegunde bei den Franken. Auch *Olympias*, Alexanders Mutters, war solcher Gewaltmensch.

Philipp hatte sein Kronland errettet, das Vaterland wiederhergestellt, und nicht nur der junge Amyntas wird darum in dankbarer Verehrung zu ihm aufgeblickt haben, sondern auch die Männer des Landadels, die wieder sicher auf ihren Höfen saßen, zum Teil hochbegabte und willensstarke Recken und Herrenmenschen, hielten fortan unbedingt zu ihm, trotz aller Selbständigkeit, die dieser Adel dem König gegenüber behauptete. Die Majestät konnte sich hinter kein steifes Zeremoniell verschanzen; völlige Redefreiheit herrschte vielmehr in ihrem Verkehr. Jene Herren hießen des Königs Gefährten (ἑταῖροι). Es war Kameradschaft. Freilich dienten die Söhne der Edelherren als Knappen oder Pagen am Hof, wo sie stramm in Zucht gehalten wurden; auf Vergehen stand die Peitsche. Die human erzogenen Griechen berichten uns das mit

Schaudern. Ein derbes Leben. Derb oder roh und gänzlich unsentimental. Später rückten die Knaben dann in hohe Stellungen, zum Heermeister oder Statthalter, auf.

Aber auch ganz Griechenland war für den so sympathischen jungen Monarchen, der aus schwierigster Lage sich so rasch hochgehoben, begeistert und voll Bewunderung; und Philipp verneigte sich auf das liebenswürdigste und dankbar für die Anerkennung wie ein guter Schauspieler nach allen Seiten. Es ist nichts praktischer als beliebt zu sein. Er spielte die Sirene, die betört und würgt. In Wirklichkeit war sein Lebensplan schon jetzt in ihm fertig. Eroberung. Er hatte es als Knabe den Thebanern abgelauscht. Er wollte es besser als sie machen; denn er war in viel günstigerer Lage als sie.

Die ganze Balkanhalbinsel wollte er haben, den ganzen Fausthandschuh bis in die Fingerspitzen. Sein Arm war stark, und er konnte damit selbst Persien bedrohen.

Aber gemach. Es galt die kleinen Griechenstaaten einzeln zu schlucken, Bündnisse unter ihnen zu verhindern, freundlich gegen alle zu sein bis auf den einen, dem er gerade zuleibe ging.

Zunächst Stärkung der Hausmacht. Weithin erobernd griff er im Balkangebirge und über den Balkan bis ins heutige Serbien und Albanien aus. Festungen oder Burgen sicherten gleich den neuen Besitz. Die unterjochten Stämme stellten Hilfstruppen, für Gebirgskriege trefflich zu verwenden. Aber auch an den lieben Griechen vergriff er sich schon ohne Besinnen. Sie saßen in ihren festen Mauern an seiner mazedonischen Küste unter dem Athos und Olymp, sowie jenseits des Olymp in Thessalien. Er wußte ihnen beizukommen. Nur nicht mit dem Säbel rasseln! Mit Lüge und Bestechung kämpft sich besser. Er selbst hat über sich geurteilt: nicht seiner siegreichen Schlachten wolle er sich rühmen, denn das Verdienst um sie teile er mit anderen; wohl aber seiner Diplomatie, seiner Kunst der Gesprächsführung, die ihm die größten Erfolge brachte; denn dabei habe ihm keiner geholfen. Was die Lüge im Kampf der Völker vermag, haben wir auch heute erfahren; damals war sie Philipps persönlichste Gabe.

In Thessalien waren Unruhen; freundschaftlich griff er, Ruhe schaffend, als Protektor im Lande ein und behielt dort sogleich einige Plätze besetzt. Welch freundliche Fürsorge! Dann überfiel er die erwähnten griechischen Küstenstädte einzeln. Diese Städte hatten sich dem athenischen Seebund, der sie noch hätte schützen können, eigensinnig entzogen. Denn Athen steckte all sein überschüssiges Geld in seine Kriegsflotte, und diese konnte Schutz gewähren, da sie damals noch ohne alle Nebenbuhler das ganze Inselmeer beherrschte. Plötzlich belagert Philipp Amphipolis; Athen runzelt die Stirn; denn Athen selbst erhob auf den Besitz dieser Stadt Anspruch; Philipp beteuert: „Bei den Göttern, ich nehme sie nur, um sie euch, ihr Teuren, zu überliefern." Die Athener glaubten das, sandten der Stadt keine Hilfe. Philipp hatte die Beute. Ein Narr gibt heraus, was er hat (i. J. 358).

Und so ging es weiter. Ganz Griechenland erschrak. Unter dem Athos lagen auf der Halbinsel Chalkidike, vom Meer mm spült, 32 Handelsstädte dicht beieinander, Heimstätten alter griechischer Kultur. Philipp beschloß kurzerhand ihre Vernichtung und überrumpelte und zerstörte sie sämtlich. Sie existierten nicht mehr. Die stärkste und stolzeste unter ihnen war die Stadt Olynth, einst von Athen kolonisiert. Philipp verstand sie zuvor zu ködern; er spielte den Großmütigen, wendete ihr neues Gebiet zu (es war das Gebiet einer der Nachbarstädte, die er vor kurzem zerstört hatte), beschenkte die führenden Personen in Olynth mit Geld oder Geldeswert, wie mit Rinderherden, die aus Mazedoniens Weiden herbeigetrieben wurden. Als die Stadt eingeschläfert ist, steht er plötzlich vor ihren Toren, Unterwerfung fordernd. Jetzt rufen die Olynthier nach Athen. Als die athenischen Kriegsschiffe anliefen, war es zu spät. Die Stadt fiel durch schmählichen Verrat und wurde dem Erdboden, auf dem sie stand, gleichgemacht, die Frauen und Kinder auf dem Sklavenmarkt verhandelt (i. J. 348). Würden sich für sie Käufer finden? Gewiß. Sogar reiche Athener kauften sich die jungen Töchter Olynths und prahlten damit, indem sie sie mißbrauchten. Philipp rieb sich indes die Hände und trank einige Schläuche Weins leer vor Vergnügen. Er wußte jetzt, wie's gemacht wird. Die Offiziere, die Kommandanten der belagerten Städte selbst waren von ihm bestochen. Auf ihre Anordnung fuhr sich im Stadttor ein Lastwagen voller Bausteine fest, das Tor war nicht mehr zu schließen, und der Mazedone drang ein; und ähnliches mehr.

Ein Charakterbild Philipps ist schwer zu geben. Diese Mazedonenkönige gleichen in mancher Hinsicht Peter dem Großen, der auch sein Rußland groß machte, indem er sich die Kultur von auswärts holte, von ihr aber nur sehr äußerlich bestrichen wurde. Auch an die Könige von Serbien, die Balkanbewohner, kann man denken, die sich neuerdings ihre Bildung aus Paris holten. Listig und lauernd war Philipp und doch wild impulsiv und der Sklave seiner Instinkte; die Gastlichkeit selbst; er brauchte Leute, muntere Gesellen, und sah ihnen so treuherzig jovial ins Auge. Griechen und wieder Griechen, Gesandte, Mimen, Dichter und sonstige Künstler, Clowns und allerhand Ehrgeizige sonst strömten nach Pella, die es schmeichelte, mit einem wirklichen König auf du und du zu stehen und sich zuzutrinken. Man staunte über die Weinorgien, die Waffentänze, über das wüste Leben sonst; es war geradezu unflätig; „Athleten der Unanständigkeiten“ in Gunst. Auch Philipp, auch seine Generäle sprangen da im Tanz mit, wenn sie bezecht waren.

Wir wollen in des Königs Schlafkammer nicht hineinleuchten. Gewisse Dinge sind dazu da, daß man von ihnen schweigt. In Kampf und Strapazen vergingen sonst so viel Tage. Dies Gesaufe war für die Festtage. Man denke sich die Korona toller Kriegsleute, die sich mit dem heißen mazedonischen Rotwein vollschlemmten; sie verlangten ihn, wie die Thrazier, pur, ohne Wasser. Das war strammer Komment, den der sittige Grieche grundsätzlich verwarf. Solche Völlerei bricht alle Schranken.

Man staunte, wie ich sagte. Wie brutal und doch, wie bestrickend war dieser Mann! Stattlich an Wuchs, im Wortwechsel schneidig und geschmeidig zugleich, ein Haudegen im Gefecht, der seinen Mann stand, zugleich Intrigant und Held. Dabei für jeden Spaß zu haben. Tragödien ließ er pflichtgemäß im Theater spielen und gab die besten Konzerte für seine feinhörigen Gäste. Er selbst aber lachte gern, und der Parasit und Possenreißer, der mit dem leeren Ranzen an der königlichen Tafel herumlungerte, um Speisenabfälle bettelte und dazu dumme Witze machen mußte, hatte es gut bei ihm. Man schrieb die Witze für die Nachwelt auf; sie sind aber so schwach, daß unsere „Fliegenden Blätter" sich ihrer schämen würden. In Athen gab es nicht nur Philosophen, sondern auch eine Gilde von Berufswitzbolden, die, wie wir hören, 60 Mitglieder zählte; Philipp schickte Geld, und ihre neuesten Einfälle mußten für ihn gebucht werden. Solch Sammelheft entsprach dann allerdings ungefähr unsern heutigen Witzblättern oder Bierzeitungen.

Mit dem Geld warf er um sich wie ein echter Hazardspieler. Alle Ministerien vereinigten diese Könige noch in ihrer Person; so war auch Philipp sein eigner Minister des Auswärtigen, sein eigner Kriegs- und Kultusminister, sein eigner Finanzmann. Das gab eine geniale Wirkschaft. Aber die Vergeudung war zweckmäßig. Er brauchte Agenten, Stimmungsmacher in Athen, Theben, Megalopolis, in allen Nestern; also galt es zu schenken, zu schenken; die nötigen Personalien hatte er, Beziehungen überall, und er fand die richtigen Leute; geradezu Jahresgelder zahlte er den Schuften, käuflichen Demagogen, die breite Ellenbogen zu machen und gehörig zu brüllen verstanden, wenn sie sein Lob sangen. Überall entstanden in den Demokratien Parteigruppen der Philippfreunde. Nahm er unversehens irgendeinen Platz mit Gewalt weg, wie die reichen Goldbergwerke bei Amphipolis, so war zunächst die Bestürzung groß. „Wer hätte das gedacht!" stammelte man in Athen. „Hätten wir vorgesorgt, aufgepaßt!" usf. Aber man blieb untätig, wie hypnotisiert. Denn die Philippfreunde riefen dazwischen: „Nur keine Angst! Uns tut er nichts. Er liebt uns ja so unbeschreiblich, der herrliche!" Faßten die Athener trotzdem irgendeinen Beschluß, der auf Abwehr ging, so geschah es nach langem Gerede vor den Bänken des Volks mit Angabe aller Ziffern an Geld und Kriegsapparat, und Philipp erfuhr durch seine Zuträger gleich alles wie durch Funkentelegraphie. Was er selbst dagegen plante, erfuhr niemand vorher; denn seine Volksversammlung tagte verschlossen in seinem Busen, und seine Worte waren dazu da, seine Gedanken zu verbergen.

So wurde er groß und größer. Je mehr er hatte, je mehr nahm er. Sein Griff wurde immer stärker, und die Griechen, an das Kleine gewöhnt, standen gelähmt und staunten und glaubten so lange nicht an die Wirklichkeit, bis der Hai sie faßte und zwischen die Kinnladen nahm.

Diogenes, der Hundsphilosoph, der vor seinem Fasse lag, wußte, was kommen würde. Er sagte: „wenn ihr mich begrabt, begrabt mich, den Kopf nach unten." Warum? „Weil doch nächstens bei uns alles auf dem Kopfe steht", war seine Antwort.

Gewiß, Bestechung vermag viel. Daß sich aber so rasch überall mazedonisch gesinnte Parteien bildeten, hatte gewiß einen tieferen Grund: das sehnsüchtige Verlangen nach Rast und Ruhe, das in den breiten Massen steckte, und die vage Hoffnung, der mächtige König könne einmal irgendwie den allgemeinen Frieden erzwingen. Dazu kam die weltbürgerliche Gesinnung, wie jener Diogenes sie predigte: „jedes Land ist mir Vaterland". Es war bequem und ausruhend, das zu glauben. Der alte Lokalpatriotismus wurde dadurch langsam entwurzelt, schon damals. Philipp war so beliebt, daß man in Athen sogar schon im krausen mazedonischen Dialekt zu sprechen versuchte.

Gleichwohl regte sich, empörte sich doch das Ehrgefühl (wie konnte es anders sein?), das Staatsgewissen. *Demosthenes*, der Athener, durchschaute Philipp, Demosthenes der Advokat: wie ein Detektiv war er hinter dem Verbrecher: die Knechtung drohte. Ganz unmilitärisch war dieser Mann, der letzte große Wortführer der Freiheit, grollend und ätzend bitter, Verächter des Weins, des Lachens unkundig und ungesellig, ein dürrer Abstinenzler und Antialkoholiker, aber zäher Patriot, dazu geschäftskundig und des Wortes mächtig wie kein anderer. Er hatte es schwer; denn der Volksredner stand jetzt gegen den Despoten. Der *eine* konnte nur überreden, der *andere* befehlen. Würde es dem Demosthenes gelingen, Athen, ja, Griechenland zu bewaffnen? und würde es nicht zu spät sein?

Das schreckliche Wort: „Zu spät!"

Demosthenes

Demosthenes. Metallnachformung der Marmorstatue des Vatikanischen Museums mit richtig ergänzten Händen im Städtischen Museum zu Stettin. Die Marmorstatue im Vatikan ist eine antike Kopie der 280 v. Chr. in Athen dem Redner errichteten Bronzestatue des Polyeuktos. Nach Photographie.

Der Stadt Olynth hatte Athen Hilfe gebracht. Demosthenes hatte das durchgesetzt. Es war zu spät gewesen. Dadurch aber befand sich Athen jetzt mit Philipp wohl oder übel in Kriegszustand. Das war peinlich. Die Zaghaften jammerten: wozu noch Krieg? Ein schmählicher Friedensschluß folgte, der dem König alle bisherigen Eroberungen und Annexionen beließ. Athens Gesandte mußten darum wiederholt nach Pella. Geschickt aber schob Philipp den Abschluß des Friedens, die übliche Eidesleistung, hinaus, um zuvor noch rasch an der nahen Küste einige weitere griechische Häfen wie Abdera und Aenos wegzunehmen (i. J. 346). Athen war wieder völlig düpiert. Schon war Athens Handelsstraße zum Schwarzen Meer bedroht; Philipps Machtbereich ging fast schon bis zum Bosporus, wo Athen von allen Handelsschiffen den Sundzoll erhob. Er begann sich schon eine eigne Kriegsmarine zu schaffen: Kampfschiffe! wie bedrohlich! Wenn er athenische Handelsschiffe zu kapern anfing, was dann?

Ein klägliches Schauspiel war es, wie eben damals am Königshof Gesandte aus allen kleinen Staaten von Hellas zusammenströmten, die dem mazedonischen Herrn ihre Anliegen vortrugen, sich gegenseitig vor ihm beschimpften und ihn zum Schiedsrichter ihrer Differenzen anriefen. Und da geschah zugleich das Entscheidende. Der Einmarsch in Hellas wurde ihm freiwillig eröffnet. Der Fuchs sollte als Vertrauensmann in Griechenland Banditenbanden zu vernichten helfen, deren selbst Theben nicht Herr werden konnte. Die Thermopylen waren das einzige Tor Griechenlands. Demosthenes hatte zeitweilig durchgesetzt, daß das Tor militärisch verschlossen blieb. Jetzt zog Philipp hindurch mit Roß und Mann.

Ein genialer Bandenführer *Onomarch*, aus Phokis, der Landschaft des Parnaß, hatte gottlos frech das heilige Delphi geplündert, die unermeßlichen Tempelschätze im Werke von 10 000 Talenten oder 45 Millionen Mark eingeschmolzen und damit Söldner über Söldner angeworben: die größte Schmach für Hellas; alle heilige Scheu war dahin, der Religionsfrevel beispiellos. Eine Streitmacht kam damit in des Onomarch Hand, so stark, daß sie alles, was sich ihr entgegenstellte, niederwarf. Auch als er starb, hielten die Banden zusammen. Das währte nun schon zehn Jahre.

Ein Heiliger Bund der Nachbarstaaten, der sog. Amphiktyonen, bestand seit Urzeiten, dessen Aufgabe war, die Unantastbarkeit Delphis, der hochehrwürdigen Weihestätte Apolls, zu sichern, die Prozessionsstraße zu schützen, der heiligen Festspiele zu walten.

Der Bund hatte sich völlig ohnmächtig gezeigt. Jetzt wurde von ihm Philipp als Strafvollzieher aufgerufen, und er nahm die Miene des frommen Mannes an. Sein Erfolg war gleich vollkommen (im Juli d. J. 346), und er, der Ausländer, wurde dort jetzt im Herzen von Hellas Vorsitzender des Heiligen Synod, Vorsitzender der delphischen Festspiele. Gegen Theben war er besonders gnädig, indem er ihm griechisches Gebiet zuwies, das es selbst sich nicht hatte erkämpfen können. Das wurde als Schmach empfunden. Die altberühmte Kleinstadt Orchomenos entvölkerte Philipp, Theben zuliebe; denn Theben haßte Orchomenos. Die Bewohner wurden als Sklaven verhandelt. Auch das blieb unvergessen.

Athen fühlte sich völlig isoliert, und die Angst befiel jetzt die Stadt: wie, wenn der König zum Angriff heranzog? Er stand mit seiner Phalanx so nah, und er zürnte gewiß; denn Demosthenes hatte die phokischen Banditenhaufen zum Widerstand gegen Philipp ermutigt. Man war, heißt es, seekrank vor Erregung. „Wenn er sich doch erhängte!“ schrie man. Schon setzte Philipp dreist erobernd den Fuß auf die nahe Insel Euböa. Schon wuchsen auch im Peloponnes, Arkadien, Elis die mazedonischen Parteien an. Er wurde Schutzherr von Olympia, und überall sah man seine verwünschten Porträts in Bronzebildern.

Es war höchste Zeit, sich zur Abwehr zu rüsten, zu kämpfen. Jetzt endlich hörte Athen auf Demosthenes. Dröhnender als je schlug er Alarm und warb auch auf Reisen bis zu den fernen Illyriern unermüdlich aufhetzend Verbündete. Philipp war der neue Xerxes. „Aber Philipp lügt. Eine Herrschaft, die sich auf Lüge gründet, kann nicht bestehen“. Das war sein Glaube. Es fragte sich, ob der frivole Gang der Weltgeschichte ihm recht gab.

Philipp ließ den Demosthenes ruhig reden und reisen. Er hatte zuvor unendlich Wichtigeres zu tun, im Westen und Osten, und ließ Athen liegen, wo es lag. Er machte sich zum Herrn von Epirus als Vormund des dortigen jungen Königs; er kämpfte im Tal der Maritza, um sich die schwelgerisch schönen Gefilde Thraziens, das heutige Rumelien, zu erobern. Als Herr von Epirus stand er im Westen am Adriatischen Meer, als Herr Thraziens näherte er sich im Osten von der Landseite her schon dem Bosporus und bedrohte den Schlüssel des Pontus, Byzanz (i. J. 340). Die ganze obere Balkanhalbinsel war jetzt endlich sein.

Die Byzantiner schicken Gesandte vor's Tor: sie hätten nichts verschuldet; weshalb er sie belagert? Er erwidert: „ihr seid dumm und gleicht dem, der eine schöne Frau hat und sich wundert, daß man ihr nachstellt“.

Byzanz bedroht! Philipp erdreistet sich so weit. Das ging den athenischen Großkaufleuten nun doch ans Leben. Die Selbsttäuschung ist zu Ende. Die große Entscheidung muß fallen. Unerbittlich Krieg! Es ging jetzt um Griechenlands Schicksal. Athen schickt rechtzeitig Flotte und Mannschaft und entsetzt wirklich Byzanz. Großer

Jubel! Philipp muß abziehen. Es gelang. Athen konnte wirklich noch siegen. Es war des Demosthenes Werk.

Die Kampfreden, die Demosthenes damals gegen Philipp hielt, heißen die Philippiken. Durchschlagend war die dritte Philippika. „Wehe uns, Mitbürger! Wohin ist der alte Geist der Marathonkämpfer? Ausverkauft ist er wie eine gute Marktware und vom Markt verschwunden. Bestochene sind unter uns. Wir sind zu Tode krank an Verrat und blaß vor Neid jeder, der von Philipp kein Geld bezieht. Daher wird es uns wie Olynth gehen. Aber lieber tot sein als nachgeben! Strafen wir diesen König, den Verbrecher, der gar kein Grieche, nein, ein Barbar des verworfensten Gelichters, ein nichtswürdiger Mazedone ist. Untätig zusehen wollt ihr seinen Raubtaten wie der Bauer dem Hagelschlag, der Bauer, der nur froh ist, wenn es nicht ihn, sondern den andern trifft? Den Göttern Dank: unser Staatsschiff ist noch stark und gesund. Alle Mann an die Riemen! und stramm in den Dienst! Das Schiff wird nicht umschlagen." Wir hören, daß Philipp sich Nachschriften dieser Reden verschaffte und sie mit Bewunderung las. Der große Gauner sah sich in ihnen entlarvt und wie im Spiegel.

Byzanz war glücklich befreit. Auch blockierte Athen energisch die ganze mazedonische Küste, und kein feindliches Schiff konnte mehr auslaufen. Aber Philipp ließ das kalt. Er erkannte, weiter konnte ihm Athen nichts anhaben; denn mit Kriegsschiffen kann man nicht auf dem Lande fechten, und ein Vorstoß ins Herz Mazedoniens war ausgeschlossen. So verschwand er mit seinem Heer plötzlich jenseits des Balkan im fernen Norden (i. J. 340); es gab eine große Diversion an die Donau gegen die fremdvölkischen Szythen. Er wollte, bevor er zur letzten Entscheidung nach Süden zog, sein Reich an der Nordgrenze sichern. Der Mann der Überraschungen: nichts mißlang ihm.

Und schon stand er wieder im nahen Thessalien und rückte in Hellas ein. Er tat es in Sachen des Amphiktyonenbundes; aber das war nur Vorwand.

Er war da, forcierte die Thermopylen, zur Entscheidung drängend, und bedrohte jetzt zunächst Theben. Denn auch Theben war jetzt *gegen* ihn. Auch da bäumte sich der Griechenstolz endlich gegen ihn auf. Die Thebaner konnten die großen Zeiten des Epaminondas nicht vergessen, als dieser, der bessere Mann, noch die Rolle Philipps spielte. Demosthenes selbst eilte jetzt zur Stelle; denn er war schon immer Vertrauensmann, der Interessenvertreter der Thebaner in Athen gewesen, und man hörte auch in Theben auf ihm Freiheit und Ehre! Seine Suada zwang allen Widerspruch nieder. Es galt in der Feldschlacht zu siegen. Ein enthusiastischer Glaube erfaßte alle. Erbfeindschaft war bisher zwischen Athen und Theben gewesen, wer weiß, wie lang? Jetzt standen sie wie Brüder zusammen. Es war wie ein Wunder. Der Zuzug aus andern Städten war gering; aber sie allein würden es schaffen. Sie waren dem Feind numerisch gewachsen: 30 000 Mann standen auf beiden Seiten. Die Priesterin in Delphi ließ

Demosthenes töten, weil sie offen zum Landesfeind hielt und die Stimme des delphischen Orakels, auf das alles hörte, zu Philipps Gunsten lenkte.

Es war der Sommer des Jahres 338. Philipp wählte sich das Schlachtfeld; an den Nordhängen des Helikon, des gewaltigen Musenbergs, lag Chäronea im wasserreichen stillen Tal, wo in den Wiesen und Weihern Narzissen und Iris blühten und Lilien und Rosen in Üppigkeit. Die Blumen wurden zerstampft, zertreten, aber auch die letzte Hoffnung Griechenlands.

Man sieht sich nach den Heerführern um. Neben Philipp reitet sein Sohn, der junge *Alexander*, damals 17jährig; dazu *Antipater*, ein wohlbewährter Stratege. Auf griechischer Seite ordnen unbekannte Männer die Schlachtreihen, deren Namen man liest, um sie wieder zu vergessen. Das mazedonische Heer ist einheitlich und erprobt, durch Gebirgsvölker aus dem Balkan verstärkt; bei den Griechen stehen nur in Landsmannschaften zerspaltene städtische Milizen unter den Waffen, keine Söldner. Die Bürger selber, alt und jung, langten nach Schwert und Spieß, um für ihre Heimstätten zu kämpfen. Demosthenes selbst stand als gemeiner Hoplit, als Fußkämpfer in schwerem Harnisch mit in der Reihe.

Es wurde wacker gefochten, aber die Schlacht ging verloren. Der Bürger gab im Angriff sein letztes her; aber er ermüdete zu früh in den ungewohnten schweren Waffen. Der junge Alexander entschied vorstürmend den Sieg. Die heilige Schar der Thebaner, 300 der vornehmsten Jünglinge, lag erschlagen. Der Schlag genügte. Die Entscheidung war gefallen, und das Schicksal nahm seinen Lauf.

Die ewig denkwürdige Stätte, das Schlachtfeld von Chäronea, wurde von neugierigen Reisenden schon im Altertum viel besucht; so geschieht es auch noch heute. Ein Massengrab der damals Gefallenen hat man neuerdings wirklich gefunden, sogar die Reste der Toten gehoben. Ein hockender Riesenlöwe, aus grauen Marmorblöcken aufgebaut, bezeichnet noch heute den Ort. Es ist ein stummes Denkmal, stumm wie der Tod, da ihm jede Inschrift fehlt; kein Wort der Klage, Weh- und Anklage. Und das Verstummen griff um sich. Auch die Musen auf dem Helikon schwiegen, und das Tal, wo einst der Frühling blühte, liegt heut verödet und versteint, als trauerte es noch immer dem Tode nach, dem Tode der alten Freiheit.

Demosthenes floh, wo alles floh. Er war der Besiegte; er hatte die Schlacht verloren. Im großen Haufen der Fliehenden mußte auch er sich in Laufschritt setzen. Zu sterben wäre ihm besser gewesen. Ein Wunder, daß er nicht verzweifelte. Ein Cato tötete sich selbst; für Demosthenes war die Zeit dazu noch nicht gekommen.

Eine Menge wohlhabender Athener hatte Philipp gefangen genommen, die als gute Bürger ihre Pflicht getan, nun aber doch froh waren, daß sie noch lebten. Philipp nahm sie gnädig mit an seine Tafel; denn mitten auf dem Leichenfeld gab es ein Siegesmahl. Er sprang hoch vor Jubel. Bezecht taumelte er durch die Haufen der Toten: da lagen sie! Er mußte lachen und trällerte wie ein Bänkelsänger, indem er dazu den Takt schlug, des Demosthenes Namen immer vor sich hin. Hätte er ihn gegriffen, wer weiß, was geschehen wäre? „Willst du statt des Agamemnon den Thersites spielen?" rief ein kühner Mensch ihm entrüstet zu. Da änderte er sofort die Haltung. Und in der Tat: er wollte diese Griechen, die nun erledigt waren, nicht weiter reizen; denn er brauchte sie für seine Zukunftspläne.

Theben belegte er freilich mit Besatzung; auch eine Anzahl von Bluturteilen wurde vollstreckt. Darum kam über Athen grenzenlose Bestürzung. Philipp aber dachte nicht daran, diese Riesenfestung zu belagern. Ihm war Athen wie eine alte vornehme Respektsperson, der man nicht wehe tut, wenn sie nur den Mund hält. Er strömte vielmehr von Edelmut über. Sein General Antipater mußte die Leichen der gefallenen Athener in aller Feierlichkeit persönlich von Chäronea nach Athen überführen. Gleichzeitig mit ihm betrat auch der Königssohn Alexander die Stadt. Alexander ist damals in Athen gewesen. Ob er die Stadt später noch einmal betreten hat, ist unsicher. Und Athen bedankte sich: Philipp wurde ebenso wie sein Sohn Ehrenbürger Athens, Philipps Standbild auf dem Markt aufgestellt.

Das waren unerhörte Huldigungen. Hoffte man, daß sie verfingen? Der neue Ehrenbürger Athens ließ sich durch nichts zurückhalten. Er löste vielmehr den athenischen Seebund herrisch auf, und Athens Bedeutung auf See war damit für immer zu Ende. In den Peloponnes rückte Philipp ein; auch da fällt ihm alles zu Füßen. Auch Byzanz am Bosporus unterwarf sich jetzt. So konnte nun an alle der Befehl ergehen. Einen *Kongreß in Korinth* gab es auf Philipps Befehl, und der Sieger diktierte dort seinen Willen: sämtliche Staaten, ob klein, ob groß, mußten zum dauernden Friedensbund zusammentreten; ewiger Landfriede sollte gelten. Das klang herrlich; aber jede selbständige Politik war ihnen allen damit genommen. Die Hauptsache aber folgte: der Bund war dem König Mazedoniens unterstellt und hatte diesem in allen auswärtigen Kriegen Heeresfolge zu leisten. Wer hiergegen verstieß, sollte der Strafe verfallen. Die Knechtung war fertig. Den ersehnten Landfrieden hatte man nun, aber man war Untertan eines Bastardgriechen geworden.

Nur Sparta allein schloß sich trotzig aus. Philipp zuckte die Achseln und ließ die Stadt, die kaum noch etwas bedeutete, gewähren. Sie war für ihn wie der Bodensatz in der Flasche. Man muß ihn nicht schütteln, dann stört er den Genuß und die Freude nicht.

Der Krieg aber, den Philipp plante, war der Perserkrieg. Der Fausthandschuh der Balkanhalbinsel erhob sich drohend gegen Asien. Wie der Türke an beiden Seiten der Dardanellen geherrscht hat, so wollte es damals der Mazedone. Das üppige Kleinasien, das Land des alten Krösus, lockte ihn mächtig. Den Griechen predigte er den Nationalkrieg: „es ist der Krieg, den ihr längst gewollt"; die Losung: „Rache für das, was einst Xerxes getan" schien immer wirksam und bot sich von selber dar. So würden aber auch die Massen der Landsknechte, die müßig sich umtrieben, endlich Ablenkung und auswärtige Beschäftigung finden. Demosthenes freilich dachte anders; er hatte vielmehr ein Bündnis Athens mit Persien gegen Philipp angestrebt. Ihm schien Philipp unendlich hassenswerter. Seine Verwünschungen begleiteten hernach auch Alexanders Siege in Persien, und breite Schichten in Griechenland empfanden wie er.

Es war das Jahr 336. Philipp warf schon Truppenteile zum Angriff über die Dardanellen. Ihn selbst hielt noch seine Tochter zurück. Er vermählte in der alten Königsstadt Ägä seine Tochter Kleopatra, Alexanders Schwester, mit dem jungen König von Epirus, dessen Vormund Philipp bisher gewesen: eine Hochzeit mit geziemendem Gepränge, Theaterspiel und Festgesang. Es fiel auf, daß, als die Figuren der zwölf Götter, schön gewandet und mit Schmuck beladen, in Prozession einhergetragen wurden, auch Philipps Bild sich mitten dazwischen befand, als wäre er Gott und ihresgleichen. Als er sich vormittags zur Festvorstellung zu Fuß ins Theater begab, in schimmernd weißem Talar und unbewaffnet, stand seine Garde wie immer zum Dienst bereit. Doch er winkte ab; er wollte zeigen, daß er sie nicht brauchte, daß er sich sicher fühlte in der Menge der Einheimischen und Fremden. Das Theater war schon von Publikum überfüllt. Gelassen schritt er zwischen Sohn und Schwiegersohn. Da trat in der Enge des Theatereingangs ein Kerl an ihn heran und stach ihn nieder.

Philipp ermordet! Der Mann hatte ein keltisches Schwert.

Es war die Zeit der umstürzenden Überraschungen. Diese war die allerunerwartetste. Der Mörder warf sich auf ein Pferd; seine Mitverschworenen sollten ihn retten. Aber man griff ihn gleich und schlug ihn nieder. Pausanias hieß er.

War es ein Grieche in des Demosthenes Sold? und rächte sich Griechenland so an seinem Unterdrücker? Keineswegs. Eine Dichtung würde so endigen; das wirkliche Leben ist trivialer

Der Mensch stand dem König persönlich nahe; denn er war einer der jungen Leute, die persönlich bei Philipp Dienst hatten, d. h. der sogenannten Leibwächter, ja, er war als der Liebling des Königs bekannt. Diese Leibwächter mußten besonders schöne Menschen sein, was zu allerlei Schändlichkeiten Anlaß gab. So hatte sich auch dieser Pausanias in solchem Anlaß durch üble Reden bei seinen Kameraden verhaßt gemacht, war darum in der Trunkenheit von ihnen auf das schmählichste vergewaltigt worden und hatte in heller Wut für die erlittene Schande von seinem König selbst Genugtuung gefordert. Vornehme Mazedonen, die den König persönlich haßten, hetzten ihn überdies dazu auf; ja, auch persische Agenten sollen irgendwie mit im Spiel gewesen sein. Philipp nahm des Pausanias Auftreten leicht; er rechnete nicht mit dem Ehrgefühl des jungen Mannes. Er begütigte ihn umsonst. So fiel er dem Knecht, der sein Freund war, zum Opfer. Ein unsauberes Gefühl bleibt für den, der davon liest, zurück. Wie anders wirkt sonst der Tyrannenmord! wie anders Julius Cäsars Ende!

Gerade die schöpferisch genialen Naturen wurzeln oft genug in starker Sinnlichkeit, und selbst das erniedrigend Gemeine ist ihnen nicht fremd, aus dem sie ihre urwüchsigen Kräfte ziehen. Kein Zweifel. Philipp aber zählte nicht zu denen, die die Hoheit ihrer Ziele mit in die Höhe reißt und auf die das Glück der Mitmenschen, das sie schaffen, läuternd wirkt. Er stand immer noch mit einem Fuß im Sumpfe.

24 Jahre hatte er regiert; er war nur 47 Jahre alt geworden. Griechenland fuhr aus der Betäubung jählings auf. Es war ein großes Staunen. Sollte es doch noch die alte Freiheit wiederfinden? und wer würde Philipps Nachfolger sein? Im Goldglanz neu aufstrahlender Hoffnung schien auf einmal alles dumpfe Gewölk, das über Hellas hing, sich zu verzehren. Ein blendender Glanz. Ob er nicht täuschte?

***

Alexanders Jugend

Seinen Sohn Alexander hatte Philipp zu seinem Nachfolger bestimmt und erzogen; denn dies war sein einziger legitimer Sohn. Nur ein Bastard, von dem wir wenig hören, stand daneben.

So begleitete Alexander den Vater denn auch demonstrativ auf dessen letztem Gang; er schritt vor allem Volk neben ihm, als der Vater sich zum Festakt im Theater zeigen wollte. Der Mörder kam. Philipp fiel. Alexander stand über seiner Leiche. Was nun? Der Sohn hatte des Vaters Asche kaum gesammelt und in den Königsgräbern beigesetzt, da schlug schon das Chaos über ihm zusammen: Thronwirren und Aufstand von allen Seiten, wie einst, als sein Vater die Herrschaft begann. Es schien so, als müßte Alexander dessen Werk noch einmal tun.

Pausanias, der Mörder Philipps, war zu dem Entschluß, sich an seinem Herrn und Gönner zu vergreifen, von hochgestellten Verschwörern aufgehetzt worden; denn Amyntas, Alexanders älterer Vetter, dem Philipp dereinst in der Rolle des Vormundes das Königtum weggenommen hatte, sollte jetzt endlich zu seinem Recht gelangen; Lokalfürsten aus dem gebirgigen Obermazedonien, die Philipp einst gleichfalls ihrer Souveränität beraubt hatte, unterstützten des Amyntas Ansprüche augenscheinlich in der Hoffnung, unter diesem Herrscher, der wenig Willenskraft verriet, wieder zur Macht zu gelangen. Sie waren darum auch die Mitverschworenen des Pausanias gewesen. Was kümmerten diese Leute die großen imperialistischen Ziele, die der Ermordete seinem Volk gesteckt, die persischen Pläne, für die eben jetzt alles gerüstet war? Mochte Mazedonien wieder Winkelstaat werden, wenn nur ihr Weizen blühte.

Alexander überblickte, durchschaute alles. Er war, wie es heißt, melancholisch und blutgewohnt, das eine von Natur, das andere durch Erziehung, wobei „melancholisch" nicht etwa das, was wir heute darunter verstehen, sondern den Menschen mit schwarzer Galle bedeutet, der sich leicht bis zur Wut erbittert. Wehe dem, der ihm widerstand! Rasch ging er mit Blut und Eisen vor. Er konnte sich im Land auf die Tradition, die sein Vater hinterlassen, stützen (die besten Generäle und auch sonst breite Massen hielten zu ihm), und so beseitigte er rasch – das war das Erste – durch Hinrichtung oder durch Mordbefehl alle Widersacher. Radikal war er, wie sich schon hier zeigte, in allem. Das Unerläßliche tat er ohne Freude, aber gründlich.

Natur und Erziehung machen den Mann. Auch Alexander wuchs nicht frei heran wie der Baum auf dem Felde. Wie war der Hergang? Wir fragen nicht, wie man nach dem Alltäglichen frägt. Es gilt ein Phänomen zu erklären, das nicht seinesgleichen hat.

Man fabelte sonst, daß Wunderkinder bei der Geburt mit Lachen das Licht der Welt begrüßen. Held Herkules tötete sogar Schlangen schon in der Wiege. Aus Alexanders Kindheit teilt man uns keine Wunder mit; man könnte fast sagen, sie ist für uns zugedeckt wie die unentdeckten Quellen des Nil, der plötzlich stark und breit über die Katarakte sich stürzt und ein großes Wüstenland befruchtet, bis er sich im Meer verliert. Und doch ist einiges zu berichten. Die Schriftsteller jener Zeit gaben sich noch nicht die Mühe, auf das Treiben von Kindern achtzugeben; zum erstenmal wurde im Hinblick auf dieses Kind eine Ausnahme gemacht, und wir erhalten ein paar dürftige Notizen.

Das Kind der Olympias hat überhaupt im Leben wenig gelacht; Gewaltsamkeiten genug aber mag es schon im Spiel verübt haben, gutartig, aber trotzig und in brennendem Ehrgeiz auffahrend. Erinnern wir uns, daß unter dem hocherhabenen Gottesberg Olymp Alexanders Wiege stand; sein Auge war weit offen für das Größte. Olympias, die Epirotin, war seine Mutter, und Waffenlärm, das Triumphgeschrei der siegreichen Soldateska seines Vaters scholl fast täglich in seine Knabenspiele. So schleppten sich seine kleinen Hände gewiß schon früh mit Spieß und Säbel, und Reitergefechte waren seine Träume, wir mögen es glauben.

Olympias hatte ihn erst spät geboren. Sie selbst war schwerlich echt griechischen Blutes, vielmehr den heutigen Albanesen artverwandt, nicht hervorragend klug, aber großzügig stark, heftig, gewaltsam, leidenschaftlich wie Kriemhilde, ein echter Barbarentyp, eine Wölfin, die ihr Gebiß zeigte, wenn sie haßte. Durch Erziehung aber wurde des Knaben Natur gebändigt; seine Seele zeigte sich außerordentlich bildsam und eindrucksfähig, und die ideale griechische Sittlichkeit durchdrang ihn ganz und prägte sich gleichsam in ihm ab, wie das Gemmenbild in heißer Siegelerde sich abprägt. Die Seele, so lehrte Plato, ist ein Gespann; die Intelligenz soll aufrecht im Wagenstuhl stehen und die zwei Rosse, die durchs Leben jagen, den Mut und die Begier, unter der Peitsche halten. Alexander war ein Menschenexemplar, das sich nach diesem Vorbild bildete, schon als Junge. Die Rosse seiner Seele waren stark bis zur Unbändigkeit; aber die

Intelligenz hielt sie dauernd fest im Zügel und war und blieb die überlegene. Der rechte Rosselenker gibt nach; er gibt den Tieren Raum, so oft es nützlich ist; so tat auch er. Um so ergreifender wirken die Fälle, wo Wagemut oder Sinnengier ihn einmal wirklich schmählich übermannten; er verging dann selbst in Reue. Er war eine im Grunde intensiv moralische, eine hoch pathetische Natur.

Als kleines Kind hatte er eine vornehme Frau als Wärterin, sie hieß Lanike, deren er auch noch nach dreißig Jahren, als er im fernsten Asien focht, in Verehrung gedachte. Dann waren seine Zuchtmeister und Aufseher möglichst strenge Leute, keine glatten Großstädter; der eine ein Grieche aus den Gebirgen, der andere ein Verwandter der Königin selbst. Die mochten mit Leidenschaft mit ihm klettern und reiten; aber sie gebrauchten gewiß auch den Stock oder die Rute; denn die fehlte in der Pädagogik des Altertums nie. Nur von einer Unart des Bübchens wird uns erzählt: er durfte oder sollte beim Hausgottesdienst die üblichen Weihrauchkörner aus dem Kästchen in die Herd oder Altarflamme werfen; aber er griff zu tief hinein und vergeudete den kostbaren Weihrauch ungebührlich, ja, grenzenlos. Er kannte keine Grenzen. Das war symbolisch. Später, als er der große Sieger war, schickte Alexander dann dem Pädagogen seiner Kindheit ein ganzes Lastschiff voll Weihrauch zu beliebiger Verwendung.

Für den Unterricht im Schreiben und Buchstabieren gab man ihm einen blutjungen Lehrer; der aber mußte natürlich ein Anfänger der cynischen Weltweisheit sein, von der ich früher gesprochen; wir kennen seinen Namen: Philiskus.

So wuchs er vielversprechend heran. Der Vater gab acht. Das Genie des Vaters schien sich in ihm zu wiederholen, die Kunst, mit Menschen umzugehen, die Kunst zu herrschen. „Schaffe dir Freunde“, hatte der Vater schon früh gemahnt. Er tat es. Es ist dies einer der seltenen Fälle, daß in der erblichen Monarchie auf einen solchen Vater ein solcher Sohn folgt, der dem Vater ebenbürtig ist, ja, ihn noch überbietet. Nur die Heldensage kennt ähnliches: Hadubrand überbietet den Hildebrand bei den Germanen, Suhrab den Rostem bei den Indern.

Daß aber der Vater sich das Zutrauen des Sohnes gewann, ist gleichwohl schwer zu glauben. Denn er war so anders! Philipp der Täuscher, glattfreundlich und tückisch, für den Psychologen in seiner Verworfenheit, in der biegsamen Vielseitigkeit seines Wesens interessant genug; Alexander im Grunde ganz uninteressant. Er fährt wie ein Pfeil immer nur auf gerader Linie dahin, offen und ohne alle List, und bleibt sich in jeder Lage, in seinem Handeln, in den Wallungen des Herzens gleich und stets derselbe. Philipp würde in jedem Roman oder Theaterstück eine abenteuerlich fesselnde Figur machen; Alexander hat sich nie wirksam auf die Bühne bringen lassen.

Hephästion hieß sein Jugendfreund, ein Mensch, in der Erscheinung stattlicher als Alexander, im Temperament friedfertig und von einer wohltätig gleichmäßigen Ruhe. Es war ein in der Knabenzeit schwärmerisch geschlossener Freundschaftsbund, der bis zu ihrem Tod fast ohne jede Trübung und Irrung bestanden hat. Das Schicksal wollte, daß beide Freunde und Zeltgenossen schließlich im selben Jahre starben. Achill und Patroklos nahmen sie sich zum Vorbild. Denn schon als Junge las Alexander Homers große Heldendichtung, die Ilias, mit Gier und streckte seine Seele, um Achill zu gleichen, dem ritterlichen, aber dem Mann des Zorns. Darauf hat gewiß die Mutter Olympias Einfluß gehabt, die nach der offiziellen Legende von Achill selbst ihr Königsgeschlecht herleitete. Achill sollte sich in Alexander wiederholen, Hephästion aber sollte der Patroklos sein.

Alexander war Muttersohn. Gewisse Gemeinheiten, die am Hof, im Verkehrskreis des Vaters, gang und gäbe und in die er wohl früh Einblick bekam, lagen ihm nicht, waren seinem reineren Naturell zuwider. Die Frauen standen ihm hoch, und er ist zeitlebens ein ritterlicher Mensch, Kavalier im edlen Sinn des Wortes, gewesen. Auch das muß seine Mutter in ihn gelegt haben. Er konnte zu ihr aufblicken; denn ihr Ruf als Ehefrau war tadellos und unbefleckt.

Daher tat Philipp den Sohn, als dieser 14 oder 15 Jahre zählte, vom Hofe weg, aufs Land, nach Mïeza, einer Landstelle, die in einem stillen Bergtal lag, wie eingebettet in Einsamkeit. Ein schönes Brunnenhaus, das den Nymphen heilig, befand sich da. Dort mochte Alexander jagen, reiten, baden, aber auch dem Studium sich widmen. Denn der Elementarunterricht lag nun hinter ihm; die höhere Bildung mußte folgen. Da wurde ihm *Aristoteles*, der berühmte Philosoph und Schüler Platos, zum Lehrer gegeben.

Man hat immer viel Aufhebens davon gemacht, daß so Aristoteles, der größte Wissenschaftler jener Zeit, dessen Namen alle Jahrhunderte im Munde führen, den größten Praktiker des öffentlichen Lebens, von dessen Ruhm gleichfalls der Erdkreis widerhallt, unterrichtet, ja, erzogen habe. Man zeigte hernach in Mïeza den Durchreisenden noch lange die steinerne Bank, auf der da Alexander neben Aristoteles gesessen habe. Und König Philipp glaubte auch gewiß damit etwas Großes zu tun. Er war gleißnerisch freundlich. Wir haben eine Stelle aus dem Brief, den er damals an Aristoteles schrieb. Es stand darin: „Ich freue mich nicht so sehr, daß Alexander geboren ist, als daß er zu deinen Lebzeiten geboren ist." Eine klotzige Schmeichelei; als ob Philipp überhaupt in der Lage gewesen wäre, die Bedeutung des Aristoteles zu ermessen.

In Wirklichkeit ist von diesem Unterricht nicht allzuviel Aufhebens zu machen; denn er währte höchstens zwei oder drei Jahre, und Aristoteles hatte lediglich den Auftrag, Alexander in die Redekunst einzuführen, was mit Lektüre der besten Schriftsteller verbunden war. Von Philosophie kann nicht die Rede gewesen sein; denn der Lehrauftrag ging nicht dahin; auch war ja der Knabe dafür noch nicht reif. Übrigens nahmen auch andere junge Mazedonen, Söhne des Landadels, mit an den Lehrstunden teil Die ganze Iliade ließ damals Aristoteles für Alexander neu ins Reine schreiben, wobei er den vielfach schwankenden Text nach seinem Gutdünken gestaltete. Das dankte ihm sein Schüler gewiß. Er dankte ihm auch die Einfühlung in alles, was damals sonst die Dichter darboten und wovon Alexanders Seele durchtränkt war. Aber Alexanders Charakter hat Aristoteles nicht gebildet; er hat seinem Schüler schwerlich imponiert.

Nehmen wir diesen unbändig verehrten Weltphilosophen, wie er damals wirklich war. Aristoteles war erst etwa 38 Jahre alt und hatte von den wissenschaftlichen Leistungen, die ihn heute mit allem Recht so groß erscheinen lassen, noch nichts aufzuweisen. Seine Schriftstellerei, wie er sie damals betrieb, behandelte allerlei populärphilosophische Themen, wie über Recht und Unrecht, über den Wert der Redekunst, gemeinverständlich, überdies in elegantem Stil, ja, wohl oft prickelnd im Ton. Die Schriften waren z. T. Gespräche; er führte sich darin aber sogar selbst als Hauptsprecher dramatisch ein und widerlegte sarkastisch die Toren, die er gleichfalls reden ließ und die anders dachten als er. Das war eine starke Selbstbetonung; es nahm sich aus wie Selbstreklame (man wird Steine auf mich werfen, wenn ich dies sage; aber die Sache ist so). Als eleganter Mensch trat Aristoteles auch äußerlich auf, wohlgepflegt und lecker, berüchtigt durch seine scharfe Zunge, ein echter Höfling, der Wert darauf legte, mit Königen und Tyrannen befreundet zu sein. Sein Vater war Hofarzt am mazedonischen Königshof gewesen; also lag es für König Philipp äußerst nahe, gerade ihn zu berufen, und Aristoteles kam wirklich, obschon er von Geburt doch Grieche war und eben erst erlebt hatte, wie schmählich dieser Philipp seine Griechenheimat verwüstet hatte. Denn Aristoteles stammte von jener Halbinsel Chalkidike, die vor der mazedonischen Küste lag und auf der Philipp, wie wir sahen, alle Griechenstädte, über dreißig an der Zahl, darunter Olynth, zerstörte, die Bewohner kaltherzig vertrieb, verkaufte; ein Akt planmäßiger Ausrottung. Ein Schrei der Entrüstung, des namenlosen Jammers muß damals durch die Griechenwelt gegangen sein. Würde heute ein Mensch aus unsrem Ruhrgebiet, das die Franzosen mißhandelten, sich dazu hergegeben haben, in Paris Hauslehrer im Palais des Präsidenten der französischen Republik zu werden?

Um Aristoteles zu begütigen, ließ Philipp des Aristoteles Heimatnest, die Kleinstadt Stagira, dortselbst notdürftig wieder aufbauen. Genügend Lehmziegel waren dazu wohl vorhanden. Sein Gemüt aber hätte das nicht beruhigen dürfen. Er hatte kein Rückgrat. Als er später dem Alexander nach Persien seinen Schüler und Neffen Kallisthenes zum Begleiter mitgab, riet er diesem, dem Alexander nie zu widersprechen. Er wird es selbst schwerlich besser gemacht haben.

Es lohnt, da es sich um diese Personen handelt, noch etwas länger hierbei zu verweilen. Blicken wir in des Philosophen Moralschriften hinein, die er erst in späterer Zeit abgefaßt hat. Bekannt ist, daß Aristoteles in seiner „Ethik" alle menschlichen Tugenden als das günstige Mittlere zwischen zwei ungünstigen Beanlagungen bezeichnet. Als erstes Beispiel für diesen Satz führt er da gleich die Tapferkeit an und verbraucht einige Seiten, um ihr Wesen wissenschaftlich zu bestimmen. Das hätte einen Alexander gewiß interessiert; denn die Tapferkeit konnte er immerhin für sich in Anspruch nehmen. Da hören wir nun, daß diese Tugend zwischen Furchtsamkeit und Kühnheit in der Mitte steht; nur sie ist lobenswert, tadelnswert also die andern beiden. Eine Fülle von Überlegungen folgen: ist z. B. auch derjenige tapfer, der sich vor Krankheit nicht bangt oder vor Verarmung? Das sei nur im übertragenen Sinn des Wortes zutreffend, usf. Wer gepeitscht werden soll und sich dann noch frech zeigt, sei gleichfalls nicht tapfer; aber auch wer kühn ist, so heißt es da, ist tadelnswert, um so mehr, da der Kühne zugleich Renommist zu sein pflegt. Auch wen der Zorn zur Bravour hinreißt, macht es noch nicht richtig; ebensowenig der, der zuviel Selbstvertrauen hat und sich wegen früherer Erfolge selbst überschätzt; ein solcher Mensch gleicht vielmehr dem Bezechten. Merkt man die Spitze nicht? Alles das klingt wie eine philisterhafte Zensur über Alexander selbst und seine Siegeslaufbahn; denn Alexander war tapfer und kühn zugleich, ob im Zorn oder nicht; er stützte sich dabei auf seine früheren Erfolge, und er berühmte sich auch gern in aller Naivität dessen, was er vollbracht hatte. Ob kühn oder tapfer: nur am Schreibtisch kann der Büchermensch solch tiftelige Unterscheidungen machen. Hätte der Lehrer das alles dem jungen Alexander in der Brunnenhalle zu Mïeza vorgetragen, der Junge wäre ihm davongelaufen oder hätte dem weisen Mann ins Gesicht gelacht.

Befremdend ist noch, wenn wir bei Aristoteles den Satz lesen: „Junge Leute sind noch nicht geeignet, etwas von Politik oder Staatskunde zu hören, da ihnen noch alle Erfahrung abgeht.“ Wird man hiernach glauben, daß Aristoteles seinem Schüler damals von Politik vortrug, die sonst sein Lieblingsthema war? Auch taugte seine ganze rückständige Weisheit nicht für Alexander; denn Aristoteles blieb erstlich zeitlebens noch auf dem Standpunkt stehen, als seien die Griechen das einzige erlesene, für das Staatsleben geeignete Volk; er blieb zweitens Kleinstädter, d. h. seine Theorien betrafen immer nur Kleinstaaten, Stadtstaaten, und waren auf Weltreiche, wie Philipp und Alexander sie im Gedanken trugen, gar nicht zugeschnitten. Der Horizont des Schülers war damals schon unendlich viel weiter als der seines Lehrmeisters.

Auf diesem wichtigsten Gebiet sind die mazedonischen Könige seit Archelaos und unbedingt so auch der junge Alexander vielmehr Schüler und Anhänger der cynischen Menschheitslehre gewesen, die schon Antisthenes vortrug und nach Mazedonien brachte, der Lehre, daß alle Rassen gleichwertig und daß der Mensch Mensch und somit nicht Staatsbürger, sondern Weltbürger sei. Dadurch wurde eben der Mazedone dem Griechen gleichgestellt. Es scheint, Aristoteles hielt sich die Ohren zu, wenn er davon hörte.

Es war eben bedeutsam, daß Alexander einst zum Elementarlehrer für das Buchstabieren einen Cyniker, den jungen Philiskus erhalten hatte. In dem lebte die kosmopolitische Propaganda. Die mit Ideen belasteten Menschen sprudeln nur zu leicht über, und der Knabe wurde an solche Ideen früh gewöhnt und lernte sie nachzusprechen. Aber noch mehr: überdies hörte Alexander da auch schon die Lehre von der Frauenemanzipation, das „Ehret die Frauen“: das Weib steht dem Manne gleich und fordert gleiche Rechte. Auch das war cynische Weisheit, und auch sie blieb haften in der Seele des Zöglings.

Gleichwohl hat sich Aristoteles damals um Alexander ohne Frage ein Verdienst, das gewaltig bedeutsam und unvergeßlich ist, erworben; er erschloß ihm das All und übte ihn in der Beobachtung der Erscheinungen der physischen Welt, vor allem im Dienste der Erdkunde und der Naturwissenschaft. In den Einsamkeiten der großen Natur wanderten die beiden, Lehrer und Schüler, Sommer und Winter, zur Nacht die Sternenwelten über sich, tags von der Bergeshöhe des Weitblicks froh zum Olymp, zum Athos und über den Rücken des Meeres nach Asien hinüber. Wo sind die Grenzen dieser Erde? Suche! suche! Bahnbrechend sind bald hernach des Aristoteles Arbeiten zum Kosmos und zur Naturkunde gewesen. Er regte den Prinzen an zum Forschen und Entdecken. Alexanders Siegeszüge waren zugleich Entdeckungsreisen im Dienst der Wissenschaft, und zwar mit bewußter Absicht. Alexander suchte das Ende der Welt. In der Brunnenhalle zu Mïeza festete sich zuerst der Gedanke, der ihn nie losließ.

Bei wem Alexander Geometrie oder Landmessung lernte, steht dahin. Der Prinz war in diesem Fall ungeduldig und verlangte: „gib mir leichtere Aufgaben als den andern“, worauf der Lehrer zurückgab: „Unmöglich! sie sind alle gleich schwer.“ Ob man bei diesen Worten des Jünglings nicht aufhorchte? Landmessung! Erdmessung! Er war es ja, der die ganze Erde, die Gê, ausmessen sollte und kein Ende fand.

Auch seiner Musikstunden sei hier noch gedacht. Alle griechischen Jungen mußten auf der Leier klimpern lernen, so auch er. Aber er war offenbar nicht allzu musikalisch und fragte den Lehrmeister: „Ist es für die Melodie nicht einerlei, ob ich an dieser oder der andern Saite zupfe?“ „Für einen König gewiß“, sagte darauf der Lehrer, „nicht aber für einen Musikanten.“

Was Aristoteles betrifft, so gab er seinem Schüler beiläufig auch allerlei medizinische Winke (wie der Kentaur Chiron dem Achill), die für den Gesundheitszustand seines Heeres dem König später zugute kamen. Denn das Sanitätswesen im Heeresdienst war noch wenig ausgebildet.

Aristoteles war die große Verstandeskapsel, die leidenschaftslos in ihr leeres Gefach die Welt aufnahm, wohlgeordnet und registriert nach Qualitäten und Quantitäten, Kategorien und Energien ihrer Teile, ob Tiere, Meteore, Denkgesetze oder Tugenden. Alexander dagegen war das Leben selbst; in seiner werdenden Person pulsierte der treibende Zeitgeist, der Lebenstrieb der Zeit, vulkanisch heiß aufsprudelnd und unberechenbar. Aristoteles hat für Alexander nie eine Formel gefunden. Dieser aber war seinerseits viel zu klug und großherzig, um an dem für ihn so fremdartigen Gelehrten das Hochbedeutsame nicht zu würdigen und sich nicht dankbar zu zeigen. Beide waren Eroberer; der jüngere hat dem älteren seinen Respekt stets bewahrt. Ja, er tat mehr; er trieb ihn an, als Wissenschaftler hinfort von schriftstellerischen Erfolgen bei der großen

Masse abzusehen und vielmehr sich forschend in systematisch strenger Arbeit ganz nur seinen Schülern und Mitforschern zu widmen

Dieser Brief war nach Plutarch i. J. 334 von dem König, als er schon in Kleinasien stand und den Perserkrieg begann, geschrieben. Worauf geht nun das Gesagte? Fälschlich deutet Plutarch es auf die Metaphysik. Unmöglich kann Alexander hier schon an die sog. esoterischen Schriften des Aristoteles, die man Pragmatien oder Akroasen nannte, gedacht haben. Aristoteles hat ja auch in Wirklichkeit seine Akroasen nie publiziert; sie bildeten vielmehr den ausdrücklichen Gegensatz zu seinen ἐξωτερικοὶ oder ἐκδεδομένοι λόγοι, d. h. zu den publizierten Schriften, den Dialogen (s. Das antike Buchwesen S. 436; 437, 2; 458; irrig hierüber H. Diels in d. Abhandl. d. Berl. Akad. 1883). Eine Erklärung findet die Sache also nur, wenn wir speziell an des Aristoteles Schriften Ἀλέξανδρος ἢ περὶ βασιλείας und περὶ ἀποικιῶν denken. Es ist anzusetzen, daß Aristoteles dem Alexander, bevor dieser gegen Persien auszog, auf Wunsch in Pella Lehrvorträge über Monarchie und über Neugründung von Städten gehalten hatte. Auch das letztere war ein höchst aktuelles Thema. Diese Lehrvorträge gestaltete Aristoteles darauf zu Dialogen, in welchen er den Alexander hübsch Fragen stellen ließ und er selbst dann tiefgründig belehrende Antworten erteilte. Der Titel der Schrift Ἀλέξανδρος κτλ., der dem platonischen „Alkibiades“ und ähnlichen analog ist, macht es sicher, daß, wie ich ansetze, eben solche Gespräche, Unterrichtsszenen, in denen der Titelheld mitsprach, den Inhalt bildeten. Alexander ärgerte sich natürlich über die Veröffentlichung, wahrte aber die Höflichkeit und den Respekt und schrieb nur, er wolle vor den andern doch etwas voraushaben. Das bedeutete die höchste Wertschätzung der aristotelischen Weisheit. Aristoteles aber erwidert darauf: „Du schreibst, ich sollte die betreffenden Ausführungen, die du hörtest, geheim halten. Wisse denn, daß sie zwar von mir veröffentlicht, aber doch nicht Gemeingut geworden sind; denn verstanden werden sie nur von dem, der sie mündlich von mir gehört hat.“ Darin liegt eine Huldigung für Alexander, die nicht deutlicher sein kann; aber sie ist zugleich mit starkem Selbstgefühl verbunden. Sein Durchschnittspublikum verachtet der Philosoph.

Nachdem Aristoteles diesen Alexanderbrief erhalten, scheint er tatsächlich keine seiner literarischen Arbeiten mehr veröffentlicht zu haben, und es begann alsbald seine Schultätigkeit im Lyzeum zu Athen. (Daß Aristoteles doch etwa seine Ἀθηναίων πολιτεία publizierte, glaube ich nicht. Oder er müßte auch all die unzähligen andern Politien veröffentlicht haben, die auf gleichem Boden standen. Wer aber sollte sich diese Massen kaufen? Kein Bibliograph hätte es unternommen, sie in den Handel zu geben. Auch ist jene Schrift des großen Namens des Aristoteles keineswegs würdig. Ihre Minderwertigkeit als Geschichtswerk ist längst nachgewiesen, und er hätte sich damit vor dem Publikum arg bloßgestellt. Daß sie sich glatter liest als die Pragmatien, liegt daran, daß sie eben keine Pragmatie, sondern Erzählung ist; der Gegenstand bringt die Schreibweise mit sich, die ihm angemessen ist. Übrigens möchte ich nicht einmal beschwören, daß Aristoteles eigenhändig der Verfasser war. Die Schrift ist Institutsfabrikat, ging als solches aber selbstverständlich unter dem Namen des Chefs.)

. Danach erst erhob sich Aristoteles in der Tat zu seiner wahren Größe, die ihn unsterblich machte. Der erstaunliche Wandel im Leben und Wirken des Aristoteles kann nur auf eine entscheidend einwirkende äußere Ursache zurückgeführt werden. Alexander war es; er hat nicht nur Heere kommandiert, sondern liebte es auch, den Gelehrten und Künstlern ihre Aufgaben zu stellen.

Es bleibt noch übrig zu sagen, daß der Jüngling schon früh auch Geschichtslektüre trieb, insbesondere Herodot und Xenophon, die mit ihrem Blick beide weit über Griechenlands Grenzen hinausschauten, las. Aus Herodot entnahm er die genauere Kenntnis Ägyptens und des Perserreichs, auch die Bewunderung für die Herrschergröße der sagenhaften Semiramis, aus Xenophon die Begeisterung für Kyros, den Gründer des Perserreichs. Xenophons Buch von der Art, wie Kyros zum Muster aller Könige erzogen wurde, war wie für ihn geschrieben; es ist ihm unbedingt ein Vorbild gewesen.

Schon aber begann eine andere Erziehung: die Praxis des Lebens. Der Vater Philipp bemächtigte sich seines Sohnes. Für den König wurde der nun etwa 17jährige Prinz schon zu einer wichtigen Größe, und er fand ihn frühreif und brauchbar. In jenen Tagen mag es geschehen sein, daß Alexander dem Vater den Bukephalos vorritt. Wegen seines großen Kopfes führte das Pferd den Namen. Niemand sonst in diesem Reitervolk konnte das Tier reiten. Es war ein ganz junger Hengst aus thessalischen Gestüten, der noch scheute vor seinem eigenen Schatten. Alexander warf den Mantel ab, schwang sich auf und ritt ihn in losem Galopp gleich ohne Sattel, Peitsche und Sporen vor. Großes Staunen! Das Tier wurde hernach der Begleiter seines Lebens und fand erst am fernen Indus sein Grab. Es gehört dies zu den bekanntesten Alexanderanekdoten, die wir schon auf der Schulbank hörten. Man weiß: der Vater Philipp weinte dann Tränen der Rührung, küßte den Sohn und schwang sich zu den Worten auf: „Suche dir ein Königreich, das dir gleich, mein Knabe; Mazedonien ist für dich zu klein.“ Die Worte sind hübsch ersonnen; das Tier aber ist echt, echt gewiß auch der Proberitt.

Der junge Mensch wurde aber noch ganz anders in den Sattel gehoben. Er mußte jetzt schon als Statthalter das Land regieren. Er war immer noch 17jährig. Philipp warf sich damals ausgreifend in den langwierigen thrakischen Krieg, der mit der vergeblichen Belagerung von Byzanz anhob. Drei Jahre lang hat Philipp da an der Maritza bis zur Küste des Schwarzen Meeres gekämpft, um sich das wichtige weite Land zu sichern, und drei Jahre hat Alexander indes selbständig Mazedonien verwaltet, ohne Anstoß, die Autorität im Land, am Hof, bei der Truppe gewahrt, auch schon einen kleinen Bergkrieg geführt, und, während Philipp im Lande Thrazien die Festung Philippopel gründete, die er nach seinem Namen nannte, erlaubte er, daß gleichzeitig Alexander in den Bergen ein Alexandropel baute. Der Sohn hatte damit, noch nicht im Studentenalter, seine

„Staatsprüfung“ zu des Vaters Befriedigung bestanden; sein Frühling war schon Erntezeit, mochte Aristoteles sagen, was er wollte.

Die politischen Ereignisse gingen weiter. Es folgte der Entscheidungskampf in Hellas. In der Schlacht bei Chäronea führte da Alexander auf dem Rücken seines Bukephalos die Reiterei zum Sieg. Der Vater hatte seine Truppe in Defensivstellung zurückgehalten; seine Absicht war, den Feind zu ermüden; Alexander jedoch sprengte ungeduldig vor und beschleunigte die Entscheidung. Die Zufriedenheit Philipps steigerte sich noch; aber sie hielt nicht an, und es sollte doch noch zu einem ernsten Konflikt zwischen Sohn und Vater kommen. Es kam dahin, daß Alexander zwischen Mutter und Vater wählen mußte.

Philipp, der Weiberfreund, hatte, wenn ich nicht irre, sechs Frauen, die Kebsweiber nicht gerechnet. Königin war auf alle Fälle nur Olympias. Er hatte Olympias aber nicht ans Liebe geheiratet, sondern aus politischen Gründen; denn sie war Prinzessin und Erbtochter im Königshaus von Epirus, und auf die Heirat mit ihr gründete sich der Machteinfluß, den Philipp im Land Epirus alsbald gewann. Jetzt verfiel er in Liebe zu einer vornehmen jungen Mazedonin, Kleopatra. Kleopatras Vater hieß *Attalos*, ein Mann hoher Stellung. Unverlegen, ja hochgemut, als Herr von Hellas und Thrazien und im Begriff gegen Persien den Weltkrieg zu beginnen, feierte Philipp mit dem jungen schönen Weibe die Hochzeit im Angesicht der Olympias in Saus und Braus. Bei dem Bankett sprach Attalos in der Trunkenheit herausfordernde Worte: „Hoffentlich wird dir, Philipp, nunmehr endlich ein würdiger Thronfolger geboren.“ Der Wein schäumte in den Gemütern. Alexander fuhr auf: „Ich wäre ein Bastard?“ und schmiß den Becher nach dem Beleidiger. Philipp wollte den Sohn schlagen, fiel aber kläglich zu Boden; da höhnte Alexander den Vater: „Nicht einmal von einem Stuhl zum andern kannst du gelangen? wie willst du von Europa nach Asien kommen?“ Das warf Philipp in helle Wut. Olympias entwich in ihr Stammland Epirus und nahm ihren Sohn mit sich. Auch Alexanders Freunde wurden aus dem Land gejagt. Attalos wollte Alexander enterbt wissen, seinen Einfluß im Land untergraben. Alexander selbst aber glaubte sich nicht einmal in Epirus vor Nachstellungen sicher und flüchtete nach Illyrien, nahezu dem einzigen Winkel der Balkanhalbinsel, der noch nicht in Philipps Händen war. Dort konnte kein Dolch ihn erreichen. Aber Philipps Zorn schwoll ab; Kleopatra kam nieder und gebar nur eine Tochter. Die Aussöhnung zwischen Vater und Sohn geschah; auch Olympias kehrte nach Pella zurück, und Philipp gedachte nun endlich mit dem Sohn zusammen den Angriff auf die Macht des Perserkönigs in Kleinasien zu beginnen. Noch dreißig, ja, vierzig Jahre hätte er ja leben und mit seinem Sohn vereint die großen Gebiete Asiens erst erobern und dann in Verwaltung nehmen können. Denn der Orient hatte für zwei Herrscher, die gemeinsam wirkten, Raum genug; ja, man kann sagen, er brauchte sie. Da erlag Philipp dem Mordstahl, und das Königtum Alexanders begann. Er zählte jetzt 20 Jahre.

Es war kein jubelnder Anfang; die Heiterkeit fehlte, und die Huldigungen, die er fand, fielen spärlich aus. Das Frauengemach im Palast war leer; während sonst die Jünglinge so früh heirateten, war es mit ihm so anders; und er hatte vor allem in heißem Ringen um seine Existenz zu kämpfen. Dabei wurden seine Jugendgespielen seine Helfer; auch *Parmenion* und *Antipater*, des Vaters bewährte Heermeister, standen dienstbereit zu ihm. Aber wir sahen schon, wie bedroht seine Stellung war. Die schwarze Galle regte sich in ihm, und er mußte mit Blut und Eisen vorgehen, rücksichtslos. Todfeindschaft bestand zwischen jenem Attalos und ihm. Jetzt bewarb sich Attalos, um Alexander wegzuräumen, um Athens, um Persiens Hilfe. Alexander ließ den Mann niederstechen, es war Notwehr. Dann ging es um das väterliche Erbe.

Denn in allen Griechenstädten gärte es; man wollte wieder von Mazedonien los. „Dies Jüngelchen, dieser Milchbart“, „dieser Tapps“, hatte Demosthenes von Alexander gesagt. Aber der Milchbart rückte rasch heran, an Athens Mauern vorüber (ob er damals etwa auch Athen selbst betreten hat, wissen wir nicht) nach Korinth, dem Sitz des griechischen Bundesrats. Leutselig, aber in entschiedenem Ton verpflichtete er sich im Kongreß zu Korinth den Bundesrat aufs neue zur Heeresfolge und Gehorsam, wobei die Eidesleistung genügen mußte. Besatzungen legte er – außer in Theben – in keine der Städte. Der Bundesrat sank alsbald zur bloßen Publikationsstelle für die Befehle Alexanders herab.

Es war ein Hin und Her. Er mußte sich tummeln; denn die Balkanvölker standen auf. Der junge Löwe brüllte nicht; er schlug nur mit der Tatze. Es galt durchzugreifen, sich gründlich in Respekt zu setzen, das Erbe des Vaters zu sichern, und so begann nun seine Siegeslaufbahn, zunächst in Europa, die fortan ohne Unterbrechung weiterging. Sogar jenseits der Donau warf er im heutigen Rumänien die Geten nieder, da sie seine Grenzen bedrohten. Gefährlich und mühsam ward der Kampf mit den Illyriern in den fern abgelegenen Bergen des nördlichen Albanien, beim Bergsee Ochrida. Ein Überfall bei Nacht brachte glücklich die Entscheidung. Übrigens dankte er diesen Erfolg zugleich der Treue des starken Bergvolkes der Agrianer, die er sich sicherte, indem er ihren Fürsten Longaros reich beschenkte, ja, ihm seine eigene Schwester Kynna zur Ehe versprach.

In Griechenland aber, Athen und Theben, gärte es noch immer. Die Lage wurde kritisch. Der Nachrichtendienst hatte ausgesetzt. Alexander war so fern und offenbar in Not: über den Ausgang des Kriegsgangs in jenen Bergen fehlte, so scheint es, in Griechenland jede Meldung. Ob er noch lebte? Die Nachricht kam auf: Alexander sei tot. Man glaubte, was man hoffte. Man schwor darauf. Ein König ohne Erben! Das war wie der Funke im Pulverfaß. Nun konnte alles gut werden. In Wut über die mazedonische Besatzung, die noch immer in der Stadtburg (der Kadmea) lag, erhob sich Theben zum Freiheitskampf. Es warb Bundesgenossen. Demosthenes war bereit; Athen wollte schon Hilfstruppen schicken. Berge und Täler hallten wider von Mazedonenhaß. Gewiß, es würde jetzt anders gehen als bei Chäronea. Da stand Alexander vor Theben; er war da; er lebte; ganz plötzlich war er erschienen; in Rapidmärschen war er gekommen. Der Schreck war unaussprechlich. Noch furchtbarer der Eindruck, als Theben fiel. Die sagenreiche Stadt des Ödipus, die seit den Zeiten Homers und der „Sieben gegen Theben" kein Feindesfuß je betreten hatte, lag in Asche.

König Philipp hatte jüngst Byzanz nicht nehmen können; Alexander nahm Theben in zwei Tagen. Niemand wollte es glauben. Er selbst freilich hatte zurückgehalten. Er wollte den Thebanern Frist zum Ausgleich geben, eine Versöhnung ermöglichen. Aber sein Feldherr Perdikkas griff an, der Ungeduld der Truppe gehorchend, und gleichzeitig mit den weichenden Thebanern drangen die mazedonischen Speermänner durch das Tor. Ein Morden in den Stadtgassen folgte; Verzweiflungskampf.

Was sollte hiernach aus Theben werden? Alexander wälzte die Entscheidung von sich ab und ließ die lokalen Leidenschaften spielen, den Haß, mit dem Griechen Griechen verfolgten. Die Meinung der führenden Männer der umliegenden griechisch-bötischen Kleinstädte, die alle Theben, das mächtige, seit Jahrhunderten haßten, holte er ein. „Zerstören!" hieß es. Und Theben verschwand; es wurde dem Erdboden gleichgemacht. So hatte einst Xerxes Athen zerstört. Es war schlimmer als die Zerstörung Magdeburgs durch Tilly, als der Brand Moskaus zu Napoleons Zeiten, da nach der Gewaltpolitik jener alten Zeiten die Weiber und Kinder verkauft, zahllose Männer massakriert wurden. Wir hören, daß auch die Spartaner als Käufer auftraten; auch sie freuten sich über den Ausgang und sättigten so ihren Thebanerhaß.

Athen und Theben waren damals die zwei Augen Griechenlands, oder, wie die Griechen sagten, Athen war die Sonne, Theben der Mond von Hellas. Das eine Auge war nun ausgestochen, der Mond aus dem Himmel gerissen, der da machte, daß selbst die Nacht noch hell war. Das Ereignis wirkte wie ein jäher Schlag ins Genick, und so ergab sich Griechenland dem Sieger, dem Mann der Schrecken, in völliger Betäubung. Vor allem zitterte Athen, da es die Rebellion Thebens offenkundig unterstützt hatte. Aber Alexander dachte nicht daran, Athen zu kränken. Er forderte von der Stadt nur die Auslieferung der Hetzer, vor allem die Auslieferung des Demosthenes, und als Athen sich weigerte – der alte Athenerstolz regte sich doch noch, und der Name des Demosthenes bedeutete ein Programm –, da gab Alexander gutwillig nach. Er bestand nicht auf seiner Forderung. Hatte er doch jetzt die Balkanhalbinsel fest in der Hand, ungleich fester als sein Vater, und er konnte an anderes denken; das große Abenteuer konnte beginnen, für das schon sein Vater gerüstet hatte, die Eroberung Asiens. Er wollte nicht zaudern, als ahnte ihm, daß er wie Achill jung sterben würde. Im Jahre 335 fiel Theben. Schon im folgenden Jahre ging Alexander über die Dardanellen. Er ging, um nie wiederzukehren.

Er war keineswegs eine Reckengestalt, zwar muskulös, aber sein Wuchs noch nicht von Mittelgröße. Als er später auf den Thron der Perserkönige sich setzte, der offenbar sehr hoch war, mußte ihm statt des üblichen Schemels ein Tisch unter die Füße geschoben werden, wobei man aber wiederum wissen muß, daß die Tische in jenen Ländern wie heute in Persien und China sehr niedrig waren. Dieser Mangel wurde jedoch aufgewogen durch die hinreißende Wucht seines Wesens: sein Gesicht beseelt, seine stahlblauen Augen groß und von wundervollem Glanz, etwas Himmelstrebendes im Ausdruck. Tausend Künstlerhände regten sich bald, um seine durchaus ungewöhnliche Erscheinung nachzubilden. Er machte in der Kunst Epoche.

Bisher gehörte der Bart zur Würde des Mannes. Alexander ging bartlos, zeitlebens, wie in ewiger Jugend; ja, er setzte durch, daß auch seine Mazedonen hinfort ohne Bart gingen, angeblich, damit der Gegner im Kampf sie nicht am Bart packen könne. Das wurde Mode, die Mode schlug durch, und alle Griechen und Römer, die etwas auf sich hielten, gingen seitdem mit ausrasiertem Gesicht, Cäsar und Pompejus usw., wie bei uns in der Zeit des Rokoko und Empire Leibniz und Voltaire, Napoleon und Goethe. Das währte damals volle 400 Jahre, und erst Kaiser Hadrian schaffte es ab.

Eine Verkürzung am Halsmuskel bewirkte, daß Alexander den Kopf schräg hielt, nach links geneigt. Das gab seinem Ausdruck eine fesselnde Mischung, und in die gespannte Energie seiner Züge trat etwas elegisch Träumerisches. Auch das war neu; das Sentimentale begann; das Auge in feuchtem Glanz schwimmend und doch mannhaft wild funkelnd wie mit dem Blick des raubenden Löwen; das Haar lockig wallend, mit steilem Haarbüschel über der hohen und fein gewölbten Stirn. So etwa reden die alten Zeugen von ihm. Man beobachtete, wie frauenhaft weiß seine Haut schimmerte, wenn er Arm und Nacken entblößte; nur im Gesicht stand ihm die Wangenröte. Das fiel auf, da sonst alle jungen Griechen durch das Nacktturnen gebräunt waren; Alexander verachtete eben den Turnsport und das Athletentum. Er war ganz nur Soldat und Jäger. Die Dienerschaft redete auch von dem wundersamen Duft seines Körpers, der an den abgelegten Gewändern haftete, ein Umstand, den die Naturforscher und Ärzte alsbald wissenschaftlich erörterten und aus seinem Heißblut und der Fülle seiner Jugend zu erklären suchten. Dann kamen die Schmeichler dazu, die sagten, wenn ihn die Mücken stachen: „das müssen Mücken bester Rasse werden, die von deinem Blut gekostet".

Einer der schönsten Büstenköpfe, die wir von Alexander erhalten haben, zeigt uns das Antlitz jünglinghaft, den Ausdruck ernst gesammelt und denkend, den Mund klein und sprechend belebt. Aber auch als halbwüchsiger Ephebe, fast noch Knabe, ist er in Marmor verewigt worden, gewiß von dem berühmten Bildmeister Lysipp, und auch dieser Kopf, das köstliche Originalwerk, ist erhalten; es wirkt noch faszinierender in großer Lieblichkeit und Geisteshelle. Man begreift danach, daß dieser Alexander zugleich Furcht und Liebe erweckte. Der Griffel der Schönheit schrieb den Zorn in seine Mienen. Seine Stimme war mächtig, wenn sie übers Feld schrie, und seine Erscheinung, der jähe Übergang aus Lieblichkeit in das Wilde, den man an ihm erlebte, wirkte faszinierend auf die rohen Massen der Soldaten, die er über Schneegebirge und durch Wüsten führte.

Schon warf er, im Frühling des Jahres 334, seine ersten Truppen über die Dardanellen. Die Rache Europas an Asien sollte beginnen. Seine rasche, stets auf Entscheidung drängende Natur wollte nicht warten, obschon Parmenion und Antipater voll Besorgnis um das Bestehen der Dynastie ihm rieten, noch zu warten; er sollte erst heiraten, durch einen Thronerben ihren Bestand sichern. Sein Trieb aber stand nicht danach. Um ihn zu wecken, hatten seine Eltern den Jüngling schon früh mit einem schönen Weibe zusammengebracht. Aber wir hören weiter nichts davon. Als er in Athen war, las ihm dort einer der flotten Theaterdichter (er hieß Antiphanes) eins seiner frech-frivolen Lustspiele vor, in denen ohne Frage das Behagen oft den Witz ersetzte, und sah zu seinem Verdruß, daß der Königssohn daran durchaus kein Gefallen fand. „Ja freilich, wer nicht selbst mitmacht," räsonnierte da der Poet, „wer nicht wie wir um Hetären sich mit andern prügelt und dabei Schläge versetzt und Schläge bezogen hat, der verdient, daß er sich langweilt". Sehr anders war in der Tat Alexanders Kunstgeschmack in den Jugendjahren. In Theben, der Stadt, die er hernach zerstörte, sah er einst allerlei schöne Gemälde moderner Meister, die ihn fesselten, verliebte sich aber nur in eins, das er alsbald nach Pella schaffte. Was stellte es dar? eine tote, junge Frau, die dalag mit blutender Wunde, indes der Säugling, den sie geboren, zu ihr herankroch Man merkt: es reizte ihn, Blut zu sehen, und ihn rührte zugleich die Hilflosigkeit des Kindes.

Er steckte voll Poesie und wußte auch später, als er im fernen Asien sich umtrieb, noch ganze Partien aus des Euripides Tragödien auswendig zu deklamieren Nur das Pathetische lag ihm. Ob er sich, als er in Athen war, auch den Philosophen der platonischen Richtung persönlich genähert hat, erfahren wir nicht. Wohl aber fühlte er ein instinktives Interesse für jenen *Diogenes*, den herben Straßenphilosophen und Sonderling, den so viele belächelten oder mißachteten. Der Grund dafür war gewiß nicht das bloße Behagen am Kontrast, im königlichen Aufzug vor den Mann zu treten, der angeblich nur im abgerissenen Zustand auftrat und programmäßig ein „Hundeleben" führte. Beide Männer waren ja im Grunde Gesinnungsgenossen. Dieser Diogenes war sogar der Lehrer seines Jugendlehrers Philiskus gewesen. Es lohnte sich ihn kennen zu lernen.

Alexander traf den Alten in den Gassen Korinths. Da kauerte der Kauz vor seinem Tonfaß, in dem er nachts zur Ruhe ging, beobachtete die Passanten und schalt und tröstete nach Laune die Leute, die ihn ansprachen, immer kurz angebunden und meistens weidlich grob. Er war es, der das Wort „Kosmopolit" erfunden hatte, ein Wort von großartigem Klang, aber gefährlich, das seitdem nie verklungen ist und noch unser Jahrtausend überdauern wird. Auch Alexander der Große aber war Kosmopolit. Die Sympathie zog ihn, und so plauderten da die beiden Männer auf du und du; das Du-Sagen brachten die noblen griechischen Verkehrsformen mit sich. Der junge Monarch wollte denn doch den Gnädigen spielen und bat den Diogenes, sich etwas von ihm zu wünschen; das gehört zu den bekanntesten Geschichten. „Geh mir aus dem Sonnenlicht", war die lakonische Antwort. Ebenso bekannt ist auch das Wort Alexanders, das er sprach, als sie sich trennten: „Wäre ich nicht Alexander, ich möchte Diogenes sein." Warum sollen solche Aussprüche, die man uns überliefert, nicht auch einmal echt sein? Zuverlässige Kolporteure gab es damals wie heute, wo es sich um erste Größen der Gegenwart handelte; und jene Worte charakterisieren die Männer unübertrefflich; sie verdienen es, echt zu sein.

So zog nun der König aus, um mit dem Schwert den Traum des Mannes in der Tonne zu verwirklichen. Man kann sagen: er wurde der Vollstrecker der Forderungen der griechischen Internationale. Asien sollte in Europa überfließen. Er durchstach den Damm, der Orient und Okzident bisher auseinanderhielt. Aber kein Zweifel: er wird gelächelt haben, als des Diogenes bellende Stimme hinter ihm verklang. Er, Alexander, war denn doch der größere. Sein Stolz und Selbstgefühl reckte sich hoch wie der Regenbogen, der über Bergen und Meeren steht. Seine Mutter konnte von ihm sagen:

In Zedernwipfeln nistet meine Brut
Und tändelt mit dem Wind und trotzt der Sonne.

***

Das Perserreich

Wir schlagen ein neues Blatt auf im Bilderbuch der Welt. Die Steppen und Hochländer Asiens sollen sich uns auftun, weit über den Euphrat hinweg bis nach Pamir und zu den Mündungen des Indus Der Zug gegen Persien soll beginnen.

In der Zeit des Xerxes und Themistokles war die Angst vor Persien groß gewesen. Jetzt predigten die Stimmungmacher bei den Griechen, der Großkönig sei im Grunde leicht zu besiegen, und die Überlegenheit der griechischen Kriegskunst sprang in der Tat in die Augen. Unvergessen blieb vor allem der Aufstand des jungen persischen Prinzen Kyrus vom Jahre 401, der sein Heer mit 13 000 griechischen Söldnern verstärkte und so gegen seinen Bruder, den Großkönig, zu Felde zog, bis zum Tigris drang und mit Hilfe dieser Griechen wirklich siegte. Der Prinz selbst fiel in der Schlacht, das Ganze war nur ein Schlag ins Wasser, des Großkönigs Heer aber wagte hernach nicht, die griechischen Hilfstruppen von immer noch 10 000 Leuten abzufangen, und sie führten ihren berühmten Rückzug über Armenien nach Trapezunt sicher aus und ungefährdet. Xenophon beschrieb den Rückzug, und, wie sich von selbst versteht, hat auch Alexander das allgemein beliebte Buch des Xenophon gelesen. Gleichwohl war Alexanders Vorhaben weit schwieriger, als die Schönredner glaubten. Vorderasien ließ sich allerdings bei günstigen Verhältnissen leicht überrumpeln, Persien nicht. Auch die erfolgreichsten Römer wie Kaiser Trajan sind immer nur bis nach Arbela und wenig über den Tigris hinaus gelangt. Jene 10 000 Griechen, von denen Xenophon berichtet, wären bis dahin auch gewiß nicht gelangt, hätten sie nicht unter persischer Führung gestanden. Das asiatische Reich ins Herz zu treffen, d. h. Persien selbst zu unterjochen oder auch nur zu betreten gelang keinem außer Alexander und 800 Jahre später den vorstürmenden Arabern unter der grünen Fahne des Propheten; Omar, der Kalif, war damals der Sieger, aber er hatte es leicht; denn die Länder, die er nahm, waren damals von arabischen Bevölkerungsmassen erfüllt, die seiner kriegerischen Propaganda halfen.

Man fragt sich verwundert, was sich die griechischen Hetzredner dachten, wenn sie Griechenland zur Besiegung des Großkönigs aufriefen. Hätte ein Bandenführer der Republik Athen wie Iphikrates oder der Spartaner Agesilaos wirklich das Wunder vollbracht, den Großkönig zu stürzen und seine Hauptstadt zu nehmen, wie hätte Sparta oder Athen das Riesenreich alsdann verwalten sollen? Ein Taschenkrebs kann keinen Walfisch umspannen. Das Siegen ist für den besser Bewaffneten leicht; schwer, das Eroberte festzuhalten und dauernd zu regieren.

Kolosse sind im Kampf ungelenk und leicht in Nachteil zu setzen; Odysseus blendet den Zyklopen, David besiegt den Goliath. Ein Riesenreich, das annähernd so groß wie Europa, hat es schwer, seine Kraft auf einen Punkt zu sammeln, noch schwerer, seine sämtlichen Grenzen zu schützen.. Gleichwohl hatte das persische Reich damals Hilfen genug: es war stark bevölkert und konnte sein eigenes Menschenmaterial verschwenden, es strotzte von Reichtum an Gold und Goldeswert und konnte Flotten bauen, fremde Truppen, die käuflichen griechischen Söldner, anwerben in unbegrenzter Zahl; es war geographisch gesichert durch sein eigenes Volumen, die Riesendimensionen, an denen die Phantasie erlahmt, durch hundert Hochgebirgsgürtel und Wüsten, die unter der Tropensonne glühen, Terrainschwierigkeiten, die jedem größeren Heerestransport zu spotten scheinen.

Versuchen wir einen Überblick zu gewinnen. Dies ist nicht leicht; denn es handelt sich um Strecken Asiens, die für den Modernen nahezu unerschlossen sind, und kein Bädeker gibt über sie hinreichend Aufschluß. Man muß sich an die großräumigen Verhältnisse erst gewöhnen. Der Finger gleitet suchend über die Landkarte; das kleine zackige Griechenland läßt er links liegen. Er gleitet, nach Osten zu, wie nichts über Tausende und wieder Tausende von Kilometern hinweg bis nach Afghanistan. Asien, Asien und immer noch Asien! Wie viele leere unbedruckte Stellen auf dem Papier! Uferlose Wüsten. Dazwischen ein paar große Ströme, dicke Gebirgsstränge in Massen. In Griechenland alles eng und kompreß, hier alles zerdehnt ins Unendliche, als gäbe es keinen Horizont; und alles so fremd und unbekannt. In Kanada, Kalifornien, Ohio ist heute ungefähr jeder mit seiner Phantasie zu Hause, ebenso in Mexiko, Bolivia, Chile usf. Ostindien, China und Japan sind uns fast benachbarte Länder geworden; sogar Sibirien in seiner gräßlichen Größe, der unheimliche Versteck für Rußlands Staatsverbrecher, ist heute durch die sibirische Bahn ein Land geworden, das die Geschäftsleute täglich durchqueren. Wie anders das Morgenland, der Teil Asiens, den einst Alexander eroberte!

Erst durch den letzten Weltkrieg, den Existenzkampf der Türkei, die diesseits und jenseits der Dardanellen die Hilfe des Deutschen Reiches heranzog, aber wohl auch schon durch den Bau der Bagdadbahn, die Konstantinopel womöglich mit Indien verbinden sollte, ist es uns etwas näher gerückt, und Smyrna, Angora, Armenien, Beirut, Sinai, Tigris und Euphrat, Teheran, Afghanistan, Pamir, all die Namen schwirrten uns seitdem oft um die Ohren.

Aber wir haben dabei zugleich erfahren, wie schwer es für europäische Mächte ist, im Orient politisch umgestaltend einzugreifen, d. h. die Türkei aufzuteilen. Das haben schon die Kreuzzüge des Gottfried von Bouillon und seiner Nachfolger gelehrt; dasselbe lehrten eben jetzt die Friedensverhandlungen in Lausanne des Jahres 1923. Die türkischen Nationalisten haben sich erhoben, und England fühlt sich als sog. Mandatar in Irak, am Euphrat, wo es die Petroleumquellen für sich ausbeuten will, keineswegs sicher, Frankreich in Syrien noch weniger; denn Syrien ist von allen Seiten leicht zu fassen, und die Araber grollen.

Es handelt sich also auch in dem Kampf Alexanders mit Darius zunächst um das Machtgebiet der Türkei, das türkische Vorderasien der Gegenwart. Wir erleben es eben jetzt, daß Europa, wie ich sagte, das Unternehmen Alexanders des Großen, dies Vorderasien zu unterjochen, erneut. England und Frankreich dringen dabei im Wettkampf vor. Die Eisenbahn ist die neue Angriffswaffe. Die Durchdringung des Orients durch Eisenbahnen hat begonnen. Nicht nur Ägypten und Palästina wimmeln heut von Europäern; auch Kleinasien und Syrien kann der Reisende jetzt auf dem Schienenweg bis Bagdad durchqueren, und von Jerusalem aus trägt die Hedschasbahn die Mekkapilger bis Medina in Arabien. Der sausende D-Zug spottet der Karawane, aber er ist und bleibt doch nur ein Fremdling, und der Kamelreiter und der auf arabischem Roß schweifende Beduine gehört immer noch wie zu Jesu Zeiten zum Bild des Morgenlandes.

Alle diese Länder, die ich nannte, ohne Persien (denn Persien liegt im Osten fern abgerückt) fließen ineinander über und sind fast nirgends durch natürliche Grenzen getrennt. Ägypten hängt darum kulturell und handelspolitisch mit Syrien und Babylonien eng zusammen, und das Reich der Türken war schon das Reich Nebukadnezars, das all diese Länder verband; das Menschentum vorwiegend semitisch, arabisch. Im Altertum war darum ein ständiger Kampf zwischen den Pharaonen, die vom Nil, und den Königen Assyriens, die vom Tigris her vorbrachen mit dem Anspruch, alles zu haben. Aber Assyrien siegte.

Wer heute aus seinem engen deutschen Gebirgstal kommt und über dem blauen Mittelmeer den Küsten des Orients sich naht, dem wogt die Seele, fremd und schön, von unendlichem Abenteuergefühl. Aber die Enttäuschungen bleiben nicht aus, und das Gemüt wird stille. Man landet in Smyrna oder in Beirut, um in das Innere vorzudringen, vergeht zunächst in anbetender Bewunderung der Herrlichkeit dieser morgenländischen

Natur, bis man nur zu bald landeinwärts vordringend sich von der Öde umfangen sieht: die Welt versandet. Der Gegensatz ist groß. Die Küstenparadiese mit ihrer strotzenden Vegetation sind überall nur der Rahmen für unendliche leere Hochlandflächen, die das Innere erfüllen. Nur ein paar üppige Stromgebiete, nur einige märchenhafte Oasen mit Palmwäldern, Fruchtfülle und Blütenpracht verändern das Bild wie Brillantagraffen im härenen heißen Rock der syrisch-arabischen Wüsten. Eine einschläfernde Ermüdung, nein, Gleichmut erfaßt den Reisenden, das Phlegma des Pilgertums. Geduld! ist die Losung des Orients; europäisch das Hasten, asiatisch das Rasten. Aber der Orientale ist dabei zugleich wach und zielbewußt; er liebt den Gewinn, den Raub. Die Geduld besiegt Raum und Zeit; das Fernste rückt sie nahe, und ein Jahr ist für sie wie der Tag, der gestern vergangen ist.

Wer in Jerusalem oder in Damaskus die Globetrotter sieht, dort im modernen Tram zwischen den kalkweißen Häusern die Bazare passiert, um etwa im Viktoriahotel abzusteigen, oder wer gar im Dampfer auf dem See Genezareth fährt, lasse sich nicht täuschen, als lebte er in der Gegenwart. Die Vergangenheit ist es, in der er atmet, sie weht ihm zu aus den fernsten Zeitaltern. Damaskus ist wie Jerusalem und Babel eine der ältesten Städte der Welt; die Gegenwart das Unwirkliche, das Gewesene das, was beharrt. Nicht anders ist in Kleinasien der Eindruck. Wer von Konstantinopel oder Skutari aus die schwelgerisch schöne Küste hinter sich läßt und mit der anatolischen Bahn durch das lydische Land, wo einst König Krösus herrschte, über das Hochplateau Kleinasiens fährt, erlebt dieselben Stimmungsgegensätze: er starrt enttäuscht in die wild-großartig öde Natur und weiß doch, daß es auch hier einst anders war. Ein großartiges Kulturleben verschüttet und in Sand versunken, seit den Zeiten der großen Verwüster und Gottesgeißeln Dschingis-Chan und Timur, und wie Totengerippe, die die Geier am Wege liegen ließen, starren den Wanderer die Baureste, Säulenstümpfe und Quadermassen entgegen, wie unheimliche Rätsel die in steile Felsenwände eingehauenen Inschriften, geschrieben in fremder Schriftform, die ihren Sinn dem Laien verbirgt. Es beginnt das Gebiet der Keilschrift.

Man atmet überall dieselbe asiatische Luft, die Glut und Stille des Orients; diese Stille ist aber Verschwiegenheit. Die Namen wechseln; die Völker verschwinden und kommen neu, aber sie nehmen sofort den Charakter, das Temperament des Landes an, auf dem sie ihre Zelte bauen. Es ist hier immer noch und wird immer sein, wie es gewesen. Wie der Geier über dem Libanon lautlos seine Kreise zieht, so kreist die Erinnerung hier über Zeit und Raum, und tausend Bilder füllen die Seele.

Aber wir streben eilfertig nach Osten weiter, kommen zunächst nach Mesopotamien, in das Land Babylons und Ninives, das einst hochgelobte Land der Paradiesesströme, und die märchenhaften Namen Nimrods und des Ninus und der Semiramis blitzen wie ferne Lichtfunken in uns aus dem Dunkel auf. Aus Armeniens Hochgebirge, vom Ararat her, strömen Euphrat und Tigris mit breiten Wassermassen, Fruchtbarkeit um sich breitend, durch dies Mesopotamien dem Indischen Ozean zu. Der Erzähler muß hier rasten; denn dies ist einst – wie das Pharaonenland – der denkwürdigste Ursitz menschlicher Hochkultur gewesen, und eine Fülle von Gelehrten setzen heute ihr Leben ein, um uns darüber zu belehren. Schon im 4. Jahrtausend vor Christo stand hier das Menschentum schriftkundig und voll Bildungstrieb auf seiner Höhe; heut sieht man freilich nichts als trostlose Steppe und Sumpfland; Verelendung; armselige Dörfer; die Heimat der Malaria und der Erschlaffung. Die Weltreiche der Assyrer, der Babylonier, von hier gingen sie aus, und wir kennen jetzt genau all die Dynastien, die hier einst thronten, die Fülle der Städte, die hier blühten, den ewigen Umsturz, den sie erlebten; Krieg und wieder Krieg, durch die Jahrtausende. Denn die Archäologen halfen, die Vergangenheit ist ausgegraben, ganze Städte; die Ruinen reden; Inschriften der Könige; die Riesenbibliothek des Assurbanipal liegt offen vor uns mit den Resten von 220 000 beschriebenen Tontafeln, und was Herodot und die Bibel einst fabelten, ist jetzt zur deutlichen Geschichte geworden. Über Hummarabi, den Babylonier aus dem 3. Jahrtausend, spricht man jetzt mehr als über Alexander den Großen. Sogar sein Porträt ist erhalten; erstaunlicher sein bürgerliches Gesetzbuch, das dem mosaischen Gesetz weit voraufliegt und schon eine hochentwickelte Sittlichkeit oder Regelung des Bürgerlebens voraussetzt; der côde Napoléon jener Zeiten. Zu Welteroberern erhob sich zuerst der mehr stromaufwärts wohnende Stamm der Assyrer; Tiglat Pileser der Erste (um 1110 v. Chr.), Salmanassar (um 850), Sargon (um 721) sind da die großen Königsnamen. Sie gründeten zuerst das vorderasiatische Weltreich, das später in der Türkei wieder auflebte. Sardanapal baute alsdann in Ninive den großartigsten der Paläste. Als das Assyrerreich fiel, Ninive, die prangende Herrscherstadt, zerstört wurde (i. J. 612), um nie wieder bewohnt zu werden, übernahm Babylon dasselbe Weltreich; Nebukadnezar war Babylons berühmtester Herrscher um das Jahr 597. Diese Babylonier nannten sich jetzt die Chaldäer.

Dies Weltreich hatte aber nur Front nach Westen und blickte nur auf das Mittelmeer; denn nach der See strebt aller Handel; die See ist die bequemste Brücke des Völkerverkehrs. Iran mit Persien lag diesem Weltreich im Rücken; Iran ist das verschlossene Land, und Assyrer und Babylonier haben selten versucht dahin erobernd auszugreifen.

Babylon war das London oder New York jener Zeiten; Wirbel des Welthandels; Kolossalbetrieb; zugleich Schauplatz brutalster Üppigkeit, die dazu gehört. Daher das Babel der Bibel. Auch die Juden im babylonischen Exil haben da ohne Frage glänzende Geschäfte gemacht, trotz der Klagen Jeremiä. So hat auch noch Alexander die Stadt gesehen. Woher das alles in einem Lande, das heute völlig verkommen, fast städtelos, baumlos und menschenleer, nichts als trostlose Steppe und Morast ist, jeden Anbaus unfähig, wo die Schakale und Wildkatzen in den einsam hohlen Ruinen hausen, die man zu unserer Zeit aus der Tiefe freigelegt und gleichsam aus dem Sumpf gehoben hat? Ein Totenacker der Weltgeschichte; das schattenloseste Land der Erde. Wie ein großer

Irrtum liegt nur noch die eine Kalifenstadt Bagdad am Strom, der Ausgangspunkt der Karawanen; in seiner Nähe, in Einsamkeit verloren, die Grabstätten der Nachfolger des Propheten mit ihren Minaretts und goldenen Kuppeln, das Wanderziel der Pilgerzüge der Moslim, aber zugleich der Schlupfwinkel für Räuber und Banditen. Unsere deutschen Marinetruppen kennen das alles; sie haben im letzten Weltkrieg dort in Mesopotamien nahezu drei Jahre lang gegen die Engländer die Euphratwacht gehalten, auf den Euphrat deutsche Flußkanonenboote gesetzt.

Die Wasserbaukunst hatte schon im 4. Jahrtausend v. Chr. das Wunder getan. Das Volk der Sumerer, so nennt man es, hatte in jener Urzeit das ganze Zweistromland durch umfassende Kanalbauten entsumpft. Es ist dasselbe, was dort auch heute wieder die Engländer planen. Die Ufer der Ströme hatten die Sumerer eingedämmt, die Wassermassen gestaut, den Ackerbau ermöglicht und endlich die Bevölkerung auch schon in Städte gesammelt. Man nimmt an, daß sie nicht Semiten waren. Die Babylonier, aus Arabien zuströmende Semiten, nahmen ihnen hernach das Land weg. Zu diesen gehörten die Chaldäer.

Noch zu Alexanders Zeit war Mesopotamien „der fruchtbarste Acker" ganz Vorderasiens. Das Korn trug auf der schwarzen Erde in weiten Feldern aber hundertfältige Frucht; zahllose Wassergräben liefen hindurch und regulierten die Bewässerung. Im Urwuchs wucherten die Palmen, die wilden Reben rankten sich hoch in ihre Kronen, und die Tauben bevölkerten sie in Unzähligkeit. Doch war der Weinwuchs selten. Viehzucht auf den Weidestrecken; Fischreichtum in den Strömen. Jagdtiere in Fülle, dazu Flammingos, Reiher und Pelikane, die das Wasser lieben, die bunteste Vogelwelt. Man kann Holland vergleichen, das sich durch Deiche gegen die Nordsee sichert. Brechen die Deiche, so sind alle seine Gärten, Weiden und Äcker ein Raub der Flut. So wurde auch die Hochkultur Mesopotamiens nur dem unausgesetzten Kampf mit dem Element verdankt; sie war das Ergebnis bittrer Mühe und des Fleißes.

Daher aber war nun nicht Mesopotamien, sondern vielmehr Indien das eigentlich gelobte Land, das Land der Sehnsucht für die Alten, Indien das schönste Land der Erde, wie die Griechen fabelten, wo alles grandios in Märchenfülle von selber wuchs. Der Weg nach Indien war es, wonach man verlangte.

Aber der Weg dorthin ging durch Iran, das undurchdringliche Land, wo die Perser saßen. Wohl dem, der über das Meer dorthin kam! Aber jene Zeit fand den Seeweg nach Indien noch nicht.

Gegen dies Iran zog Alexander zu Felde. Suchen wir es denn endlich auf. Vorderasien liegt hinter uns; Ostasien beginnt hier; es beginnt eine neue Welt. Mit Gebirgen umgürtet, die zum Teil hoch in die Schneeregionen ragen, und von ihnen gleichsam hochgehoben, ist Iran ein Hochplateau und wirkt auf den Reisenden wie ein höheres Stockwerk im Hause Asiens, das er von Westen aus staunend erklimmt. So liegt es hemmend und quer gestreckt wie ein Riesenblock zwischen Mesopotamien und Indien. Weit weg dehnt es sich nach Osten und Nordosten, 2½ Millionen Quadratkilometer im Umfang, fast fünfmal so groß wie Deutschland, bis zum Indus und Jaxartes und den Vorbergen des Himalaja, bis zum Hindukusch und Pamir. In Dreieckform: die schmale Spitze gegen das babylonische Land, die Breitseite gegen den Indus, der aus jenen Hochgebirgen nach Süden strömt, der Grenzfluß, hinter dem sich die Wunder Indiens verbergen.

Es ist das heißeste Land der Welt; in Susa mißt man 57 bis 58 Grad Celsius im Schatten. Wohl dem, der es nicht reitend, sondern im Automobil durchqueren kann, im Äroplan überfliegt oder als Reisender nur die allernächste Strecke von Bagdad bis Teheran zu nehmen braucht! Der Perser sehnt sich nach der Hölle, weil es dort kühler ist; man streitet um den Schatten des Kamels auf Tod und Leben. Eisenbahnen fehlen. Ein Vorkämpfer der deutschen Politik, Herr von Hentig, hat im Verlauf des letzten Weltkriegs in 60 Tagen Persiens nackte Wüsten durchritten; Salzwüsten ohne Ende. Es war ein Martyrium zum Verlechzen.

Heute ist Iran wieder ein selbständiges Reich. Der Schah von Persien sitzt auf seinem Pfauenthron in Teheran im Norden des Landes, prunkend in Edelsteinen, aber leider völlig machtlos. Es fehlt ein Heer, die Disziplin fehlt im Land, und niemand gehorcht ihm. Russen und Engländer bedrängen seine Grenzen; gleichwohl aber das Land zu okkupieren vermögen sie nicht. Teheran selbst liegt zu Füßen des Elburs, von Gebirgswäldern, prachtvollen Villeggiaturen und Fruchtgärten umgeben. Persien ist ja die Heimat der Orange und des Pfirsichs (heute auch des Tabaks, von dem aber das rauchlose Altertum noch nichts wußte). Auch die Seidenzucht blüht dort. Ein vielbesungenes Paradies ist ferner auch Schiras, im Südteil des Landes, das in Rosenhainen geborgen liegt, die wonnige Heimat des Hafis und des Firdusi. Aber Paradiese sind auf Erden selten, und sie pflegen leider nicht groß zu sein. Nur in den langgestreckten Tälern der Randgebirge hat Iran sonst noch schönes Kulturland; das weitere Innere ist wie unter dem Wutblick der Meduse erstarrtes Land und schlimmer als die syrische Wüste. Öde ringsum. Eine Wüste mit Kulturoasen.

Dies Iran wurde nun früh, aber doch erst nach den Zeiten Hammurabis, durch Zuwanderung die Heimat der Perser sowie des Volks der Meder. Während Babylonien semitisch, waren dies Arier, ein stattlicher Menschenschlag, hochgewachsen und stark, ritterlich und ehrenfest, arbeitsam und schlicht an Sitten, übrigens im Gegensatz zu den dunklen Indern von weißer Haut und nicht etwa so lehmfarben im Teint wie manche der Perser, die sich heute bei uns in Europa zeigen.

Von Babylon her waren die Gaben der Kultur früh nach Iran hinübergedrungen. Dafür ist schon das Gesetzbuch Hammurabis ein Zeugnis, das nicht etwa in Babel selbst, sondern in Persien in Steinschrift gefunden worden ist. So aber geschah es, daß sich das jungfrische Perservolk bald genug Babylon, ja, das ganze Weltreich Nebukadnezars unterwarf. König Kyros führte den Angriff, eine der sonnigen Gestalten unter den Sultanen des Orients, und sein Name steht daher mit großen Lettern in unsern Geschichtsbüchern. So wie späterhin die Germanen raubsüchtig nicht nur von Rom, sondern auch von der römischen Kultur Besitz ergriffen, so machte es damals das Perservolk. Das Weltreich aber war im Umfang nunmehr verdoppelt, da es vom Mittelmeer und vom Nil nicht nur bis Babel, sondern bis Belutschistan und zum Indus, ja, noch hinaus über den Indus reichte.

Um das Jahr 550 v. Chr. schuf Kyros dies Perserreich. Nur 200 Jahre vergingen, da wurde schon Alexander geboren, der ausritt, es zu stürzen. 200 Jahre vorher aber, um das Jahr 750, war in Italien schon Rom gegründet worden, die kleine Barbarenstadt auf dem Palatin. Niemand achtete darauf; niemand ahnte, welch neues Kraftzentrum der Menschheit für das folgende Jahrtausend hier entstand.

Was sind Jahrhunderte und Jahrtausende für den Orientalen? Wer unter der Glut der Tropen steht, dem schieben sich traumhaft wie im Lichtspiel die Bilder aller Menschenalter durcheinander, von Mustapha Kemel Pascha zu Hammurabi, von Timur und den Abassiden zu Alexander und Salmanassar, als wäre die große Ewigkeit nur ein Augenblick und ein Augenaufschlag Gottes.

So dachten wohl auch die Leute in Babylon, als jener Kyros kam und durch das leere Strombett des Euphrat siegreich in ihre Stadt eindrang. Sie waren, wie die Ägypter, schon senil zermürbt von dreitausendjährigem Weltgeschehen und blickten altklug und greisenhaft mit müden Augen in das Leben.

Babylon war in Wirklichkeit keine Stadt in unserm Sinne, es war vielmehr eine Provinz, ringsum eingemauert in ein riesiges turmhohes Mauerquadrat mit hundert Toren. Diese Befestigung war Doppelmauer; Gärten und Felder im Innern. Berühmt vor allem der in sieben Stockwerken ansteigende Stufentempel des Marduk, des Stadtgottes, der in gleichem Sinne der Nationalgott der Babylonier war wie Jehova der Gott der Juden. Der Stufentempel war der „Turm zu Babel“. Xerxes zerstörte ihn.

Von der babylonischen Kultur redet man auf Grund der unermeßlichen Funde heute fast noch mehr als vom Reich der Pharaonen; mit Recht; denn wir alle zehren noch von ihr, und sie wurde grundlegend für alle Folgezeit bis heute. Denkwürdig ist schon, daß auch die Juden ans dem babylonischen Exil, das 60 Jahre währte, für Phantasie und religiöse Dichtung wertvolle Anregungen mit zurückbrachten; ich erinnere an die Sintflutsage oder an die Psalmen; Psalmen zu dichten begannen die Juden erst nach dem Exil; in Babel aber gab es schon vorher solche Gebetslieder. Bedeutsamer für uns aber ist anderes, zum Teil ganz Banales: das Zahlenrechnen, die Rechenkunst des Kaufmanns, Landmessers, des Astronomen; das Maß- und Gewichtsystem in Handel und Wandel; die Zerlegung des Jahres in Monate, des Tages in zwölf Doppelstunden; das sind die zweimal zwölf Stunden, die wir alle heute von unsrer Taschenuhr ablesen; vieles also, wovon Homer noch nichts weiß; weiter der Wert der Sechzigzahl, durch die man die Kreislinie teilt, und der Fünfzahl, die in 60 zwölfmal aufgeht; die Messung der Sternenbahnen; Himmelskunde; Wandelsterne und Tierkreis; Mond- und Sonnenfinsternisse und ihre periodische Wiederkehr. Durch Vermittlung der Griechen, die es wie Schüler übernahmen, aber auch um- und weiterbildeten, ist alles dies schließlich auf uns Spätlinge gekommen, damals geistige Kostbarkeiten, die heute zur täglichen Münze geworden sind. Man möchte sagen: diese Weisheit ist so ewig jung wie die Gestirne selbst, von denen sie handelt, und wie der Gott, der sie bewegt.

Nun aber die Perserkönige. Sie mußten suchen an Pomp, in der Selbstdarstellung den früheren großmächtigen Despoten es mindestens gleichzutun. Residierten sie doch oft selbst in Babylon, in jenem Palast, wo nach der Legende die unsichtbare Hand dem Belsazar das Menetekel an die Wand schrieb.

Es handelt sich um Königskunst. Die Pharaonen bauten nur kolossale Tempel und Grabmäler; babylonisch-persisch dagegen ist der Palastbau; als Stellvertreter des Landesgottes muß der König seines Gottes würdig hausen. In Iran selbst waren Ekbatana und Susa die Residenzen. Ein Holzpalast war die altertümliche Königsburg in Ekbatana, von sieben Mauerringen umzogen, deren grell rot, grün, orange bemalte Zinnen in sieben verschiedenen Farben strahlten. Darius und Xerxes fügten einen Neubau hinzu, worin das Staatsarchiv und der Reichsschatz Aufnahme fand. Ekbatana lag gebirgig in der Nähe Teherans. Grandios dagegen die Palastruine von Persepolis im Süden des Landes. Susa war dort im Süden die Hauptstadt; das ganze Persepolis (erst die Griechen brachten diesen Namen auf) nichts als Königsbau mit Dependenzen.

Nur die Baukunst kann Ungeheures gestalten und ganze Völker zu staunender Bewunderung zwingen, während alle andern Künste immer nur einzelne Betrachter befriedigen. Deshalb bauen Könige so gern; es ist das Hochgefühl, Schöpfer zu sein und Massen zu bezwingen; die Schlösser der Allmächtigen wachsen gleichsam zu künstlichen Gebirgen an, die durch harmonische Gliederung die Natur überbieten, in die sie gesetzt sind.

In Persepolis klettert der Palast, den König Darius begann, Xerxes noch glänzender fortsetzte, auf drei Niveaus die Gebirgsschrege hinan. Der Reisende, der durch die Einsamkeit daherzieht, sieht mit Überraschung und Entzücken die romantisch großartigen Überreste des Baues; wunderschöne breite Freitreppen führen die Terrassen hinan; alle Marmorquadern von Riesengröße und vollendeter, spiegelnder Politur noch heute. Portale, Fenster und Nischen. An den Toren enorme Stiere und bärtige Sphinxe in assyrischem Stil. Säulengänge; Reliefbilder; alles überbietend die Hundertsäulenhalle von bald 230 Fuß Länge. An der Südwand des Darius dreisprachige Bauinschrift. Alles musterhafte Arbeit, prachtvoll und schön; ein riesenhafter Maßstab herrscht, aber die Harmonie bezwingt die Masse. So reden die Zeugen, die dort waren.

Schon wer unter diesem Eindruck steht, begreift, warum die Griechen stets nur mit höchstem Respekt auf die persischen Herren blickten. War doch Pausanias, der Spartanerkönig, so geblendet, daß er nur noch in Persertracht herumlief und sich nur noch von persischen Köchen beköstigen ließ. Das Perservolk hatte damals einen geistigen Hochstand erreicht, der in vielen Dingen den Griechen, Ägyptern und Indern durchaus ebenbürtig war.

Interessanter noch als der Palastbau sind aber die Porträts der Könige und die ganze Reliefkunst. Und hier merkt man deutlicher den Einfluß assyrisch-babylonischer Vorbilder.

Die Gesichter der assyrischen Könige geben den vollsemitischen Typ nach Art der galizischen Juden, mit starkem Nasengiebel und stiermäßiger Stirn und Augen; überraschend massive, ja, fleischige Gestalten, in fußlangem, kaftanartigem Rock, der geradezu wattiert scheint, langärmelig und mit Taille. Gänzliche Verhüllung der natürlichen Gestalt und der nackten Glieder war Prinzip dieser Semitentracht. Das dick wollige Haar lockig gerollt; der Bart mächtig breit; er wirkt so, als wäre er angehängt. Ganz so erscheint auch Darius, der Perser; sein Bild wirkt wie eine freie Kopie, so daß man glauben möchte, daß diese Herrscher erbliche Perücken trugen und jeder sich den Bart seines Vorgängers angesteckt hat. Nur die Gesichtsbildung des Darius ist geschickt abgeändert, auch trägt er nicht die steile Filzkappe der Assyrer, die man Tiara nennt, sondern eine niedrigere Kappe, man möchte sagen, einen Zylinder, der nobel wie eine Kaiserkrone wirkt. Die Kunst des Reliefs bringt es mit sich, daß man die Männer immer nur im Profil sieht; der moderne Betrachter aber denkt: sie scheuen sich, der Nachwelt gerade ins Angesicht zu sehen. Die Augen dieser Despoten glommen gewiß nur zu oft in herrischem Stolz, in Brunst und Blutgier. Alexander der Große sah alle diese Bilder, aber seine Erscheinung war dagegen der Protest. Er, der Nachfolger dieser Großen, ging gerade deshalb mit Betonung bartlos, und warf Krone und Ornat, Hut und Kaftan beiseite. Ja, nackt ließ er sich darstellen von seinen Bildmeistern. Er war denn doch zu sehr Grieche, und mit ihm beginnt ein neuer, menschlicherer Despotentyp.

Aber alles dies sind äußerliche Dinge. Wie stand es nun mit dem Perserreich?

In Babylonien saß eine charakterlose Mischbevölkerung, die durch wiederholte Zuwanderungen entstanden war, kriegsscheu und genußsüchtig, dazu vielsprachig (man denke an die babylonische Sprachverwirrung der Bibel), bis dort schließlich der aramäische Dialekt siegte, dasselbe Aramäisch, das auch in Judäa zur Landessprache wurde. Auch Jesus hat nicht hebräisch, sondern aramäisch gesprochen. Begreiflich, daß Perser und Griechen sich beide gleich sehr zu dieser Bevölkerung in Gegensatz fühlten, daß eine Sympathie, der Rasseninstinkt, beide zueinander zog. Denn beide, Griechen wie Perser, waren nicht Semiten, sondern Indogermanen, und so reichten sie sich über Syrien und Babylon hinweg vielfach geistig die Hand. Nichts war am Perserhof willkommener als griechische Ärzte und Techniker, auch griechische Frauen.

Themistokles, aus Athen flüchtig, wurde dort wie ein Fürst behandelt. Einen griechischen Seefahrer sandte Darius aus, um den Indischen Ozean zu erforschen. Der Kontakt war alt. Perseus, der Griechenheld, sollte gar der Stammvater der Perser sein. Die Griechen kamen gern nach Susa; viele unter ihnen begannen für die monarchische Staatsform sich zu begeistern und machten aus Kyros, dem Perser, eine Idealfigur und Vorbild für alles Herrschertum der Zukunft. Die Zuneigung der Perser zeigte sich dagegen leider nur in Eroberungslust. Unser Joch ist leicht, so dachten sie; solche Untertanen wären in der Tat für ihr Reich ein unschätzbarer Gewinn gewesen, und so entstand jene Erbfeindschaft, die noch immer nicht ausgetragen war und die auch Alexander, den Mazedonen, vorwärts trieb. Derselbe Alexander aber plante nichts Geringeres, als Perser und Griechen dauernd zu versöhnen.

Das Perserreich war ungefähr dasselbe wie das alte Reich Nebukadnezars, nur mit der persischen Etikette. All die Weltreiche, die da aufeinander folgten, waren wie die Schlange, die sich häutet und immer auf derselben Stelle liegen bleibt. Sie bestanden alle aus demselben losen Nebeneinander unterjochter Völkerschaften, die zu schwach und willenlos waren, um selbständig Politik zu treiben. So also auch unter den Königen Persiens. Nationalaufstände wie in dem kleinen Palästina waren selten; Erschütterungen gab es sonst nur, wenn die Reichsbeamten sich in ihren Provinzen zu selbständigen Herren zu machen versuchten.

War es nicht möglich, das lose Völkerbündel fester zu schnüren? Erst Roms Kaiser haben die Riesenaufgabe, aus den zusammeneroberten Ländermassen einen Einheitsstaat zu schaffen, wirklich zu lösen vermocht. Aber schon Darius, derselbe, der gegen Hellas den Perserkrieg eröffnete, versuchte dasselbe und erwies sich dadurch als kluger Staatsmann und Organisator von Bedeutung. Stromschiffahrt und Karawanenzüge genügten nicht, um so weite Gebiete, 32 Satrapien von verschiedner Nationalität, zu verwalten. Wie man heute die völkerverbindenden Eisenbahnen hindurchschlägt, so schuf Darius die ersten Heerstraßen, Landstraßen. Über Brücken und Gebirgspässe schwingt sich die Straße geradlinig und kühn vordringend und durchstößt selbst den Bauch der Felsen, um ihr Ziel zu finden. Das hat das Römerreich später den Persern abgelernt. Wie die Bagdadbahn, nur noch weiter durchgeführt, lief des Darius Königsstraße vom Mittelmeer über Arbela am Tigris bis nach Ekbatana hindurch. Sie diente dem Heer, sie diente der Post. Der Reisewagen entstand; zahlreiche Stationen mit Pferdewechsel; die Meilenmessung (man maß nach Parasangen). So wurden die königlichen Fermane an die Statthalterschaften gebracht. Die Aufsichtsbehörden, die die Satrapen jährlich kontrollierten, kamen dahergefahren. Diese Satrapen waren Vizekönige. Reichstruppen standen ihnen mittelbar oder unmittelbar zur Verfügung, die in den Zitadellen der Hauptstädte stationiert waren.

Dazu kommt die Einführung des Reichsgeldes, einer Einheitsgoldmünze, der Dareike, die sich nach Darius nennt und bald auch den griechischen Geldmarkt stark beeinflußte..

Die Finanzwirtschaft war vortrefflich; das amtliche Schreib- und Rechnungswesen wohlgeordnet. Nie hören wir von Not und stets nur von der Geldkraft der Könige. Dabei waren die Tribute nicht drückend, man berechnet ihren Gesamtertrag auf jährlich mehr als 660 Millionen deutscher Goldmark. Nach dem damaligen Metallwert können wir Milliarden für Millionen setzen.

Gleichwohl blieb das Ländergefüge immer noch allzu lose. Es fehlte eins, das Kolonisieren. Der Perser war nicht wanderlustig. In Kleinasien, in Syrien entwickelte sich kein Persertum. Man lernte nirgends persisch sprechen. Als offizielle Reichssprache diente das aus Nebukadnezars Zeiten beibehaltene Aramäische; doch war die Verwaltung vielsprachig; das königliche Bureau richtete an die Griechen seine Erlasse griechisch usf..

Aber auch der Großkönig selber bereiste seine Provinzen offenbar zu selten – und auch das war ungünstig, außer wenn es Krieg gab – und begnügte sich nur zu oft, von der Residenz aus seine Satrapen zu kontrollieren. Die Reichseinheit beruhte aber lediglich auf Personalunion, und seine Völker mußten ihn mit Augen sehen in seiner Majestät, um ihn wirklich zu fürchten oder zu lieben und für ihn in den Kampf zu gehen.

Die Griechen, diese Republikaner, blickten auf die Hofhaltung des Darius und Xerxes, jener Herren, die sich aus ihrer Höhe „König der Könige“ und „König von Gottes Gnaden“ nannten, mit kindlich neugierigem Staunen, wie wir von der Traumherrlichkeit am Hof der alten Kalifen oder der indischen Maharadscha hören. Goldgewirkte Stoffe, zu Sträußen verbundene Diamanten, womöglich in der Größe des Kohi-Nor. Im Turban birnenförmige Perlen und schwarze Reiherfedern. Opernhaft. Der Sultan von tausend Schranzen und Eunuchen umgeben, der Harem voll Kebsen.

In der Tat hatte die alte biedere Sitte der Perser nicht standgehalten. Babel wirkte, das Sodom der Üppigkeit. Der Luxus, der keine Grenzen sieht, zerbricht leicht die Muskeln der Seele. Menschenexemplare aus der unteren Schicht des Perservolks lernen wir freilich nie kennen; in den Satrapen aber, die der persische Adel stellte, begegnen wir Grandseigneurs, listig, ja tückisch und welterfahren, geübt im Schachspiel der großen Politik und dabei Freunde maßlosen Prunkes. So nun auch Darius und Xerxes selber. Hören wir einiges von dem, was uns Herodot und andere berichten.

Beim Thronwechsel ging es immer noch altmodisch her; da mußte sich der neue König den alten Ornat anziehen lassen, den einst Kyros getragen, und durfte nur trockne Feigen essen und Essig in Milch; eine Erinnerung an frühere frugale Zeiten. Es ist so, wie der alte Romulus, der Gründer Roms, nur Rüben aß. Sonst aber lebte man anders; wir erhalten den Speisezettel, der alle Fleischsorten nennt. Es waren Massenspeisungen; aber nur Fleisch, nichts Vegetarisches.

Man schildert uns den Tageslauf. Ohne Schlummerlied geht es nicht; also müssen nachts zunächst 300 Weiber dem König Musik machen; hoffentlich haben sie am Tag vorher sich ausgeschlafen. Dann kommt der Morgen. „Steh auf, großer König, und denk' an die Geschäfte", mit dieser Mahnung wird er dann von den Pagen geweckt. Das war Vorschrift. Das Publikum draußen erwartet, daß er den Palast verläßt. Spalier wird gebildet; Geißelträger scheuchen die Unberufenen zurück, und die Leibgarde stellt sich vor dem Tor auf (in den Reliefs des Palastes zu Persepolis sieht man sie so abgebildet). Der König erscheint; da müssen alle ihre Hände im Ärmel verstecken, und die übliche Prozession zum Frühgottesdienst beginnt. Die Perser sind Feueranbeter. Voran schreiten die Opfertiere, dann der mit vier Schimmeln bespannte heilige Wagen des Sonnengottes Ahuramazda. Der Gott ist unsichtbar und der Wagen leer; um so sichtbarer das heilige Feuer, das offen im Gefäß hinterher getragen wird. Dann erscheint der König der Könige selbst im Zug, hoch im Kriegswagen mit seinem Wagenlenker, pagodenhaft, in Scharlachhosen; die Tiara mit dem funkelnden Diadem umwunden. Die Leibwache schließt sich an; 200 ledige Pferde folgen hinterher, aus dem königlichen Marstall, in Goldgeschirr und gestreiften Schabracken. Endlich persisches Militär zu Fuß, zu Roß mit den Offizieren, in Reihen zu je 100 Mann, sowie auswärtiges Kriegsvolk in seinen fremdartigen Trachten. So hatte das Volk, das indes auf den Dächern stand, etwas zu sehen; aber immer nur das Volk in der Residenz. Nie ging der König zu Fuß, außer im Palast selbst; aber auch da nur auf Teppichen, die kein anderer betreten durfte. Will er Audienz erteilen, so trägt er den zylinderförmigen Hut, auch Ohrgehänge, in der Linken einen langen Stab, in der Rechten eine Blume. So setzt er sich auf den Thron, der auf einer Estrade steht; ein Baldachin darüber. Ein Diener trägt den Sonnenschirm, ein anderer den Fliegenwedel, ein dritter das Flakon mit Parfümerien; denn die Göttlichkeit des Königs erkennt man am Wohlgeruch; aber auch die Majestät selbst will stets Wohlgerüche riechen; denn wer weiß, welchen Dunst die Leute verbreiten, die da vor ihn treten? Hohes Personal, Vesire, Finanzräte, Intendanten der Kornspeicher u. a. umgeben den König. Die Griechen, die zugegen, sahen im Audienzsaal mit Staunen unerhörte Meisterwerke der Goldschmiedekunst: ganze Platanen aus Gold sowie einen goldenen Rebstock, dessen Trauben aus Rubin, Smaragd und andern Edelsteinen. 5000 Talente Bargeld, die sich stets am Kopfende des Lagers der Majestät bereit fanden, nannte man das Kopfkissen des Königs.

Sollte Alexander einmal im selben Saal Audienz erteilen, wie würde er sich zu dem allen verhalten?

Und wie zum Trunk? Dem Perser war der Weintrunk tägliches Bedürfnis; auch alle Beratungen geschahen zur Abendstunde beim Wein. Den König freut es, seine Gäste bezecht zu sehen; er selbst aber muß stets den Rausch vermeiden, es sei denn, daß heiliger Festtag ist. Ein gediegenes Essen aber muß voraufgehen, und das waren tägliche Volksspeisungen im größten Stil. Viele Menschen wurden draußen vor dem Palast beköstigt, so daß das Straßenpublikum zusehen konnte. Auch die Leibwache speist mit draußen, und das Essen ersetzt ihren Sold. Im Innern sind zwei durch einen Vorhang getrennte Säle; in dem einen speist der König höchstselbst allein, zuweilen auch mit seiner Königin und den Prinzen. Auf seinem herrschaftlichen Tisch steht immer auch für seine nächsten Diener und Hunde das Essen bereit; im andern Saal die auserwählten Gäste. Ist abgegessen, ruft endlich der Eunuch durch den Vorhang zwölf der Gäste zum Wein; aber die Herren bekommen eine geringere Marke zu trinken und müssen, echt orientalisch, am Boden hocken. Erst wenn sie im Rausch sind, dürfen sie gehen. Der persische Wein war heiß und köpfte rasch. Auch Alexander sollte dies erfahren.

Im übrigen brachte die Jagd Abwechselung. In den königlichen Parks wurden Löwen und anderes reißendes Wild gejagt. Jagd und Krieg, das war das eigentliche Leben.

So lebten jene Könige; an Erbprinzen fehlte es vorläufig nicht, und über zwei Jahrhunderte setzte die Dynastie sich fort.

Nennen wir noch einige Namen. Am längsten regierte Artaxerxes Mnemon (404–361), der 94 Jahre alt wurde, aber auch die meisten Erschütterungen erlebte. Die Randstaaten des Reichs im Westen drohten schon öfter abzubröckeln; jetzt ging Ägypten verloren, und auch in Kleinasien wagte der Vasallenfürst Mausolos, ein hellenisierter Barbar, der königlichen Autorität zu spotten, gründete in Karien ein eigenes kleines Reich und schmückte seine Hauptstadt Halikarnaß mit Kunstwerken, die wir noch heute bewundern. Sein Grabmal, das Mausoleum, das Vorbild aller Mausoleen der neueren Zeiten, hat des Mausolos Namen verewigt.

Eine Furie war des Mnemon Mutter, die alte Königin Parysatis, die blutgierig gegen Verwandte und Staatsdiener wütete, sie unter den grausamsten Martern, wie sie nur ein Orientale ausdenkt, umbrachte. Man redet von der Muldenstrafe, der Krippenstrafe; wir wollen sie nicht schildern. So war auch Mnemons Nachfolger, König Ochus oder der dritte Artaxerxes, ein Mann des Schreckens, Mörder seiner Brüder; durch planvollen Mord sicherte er sich den Thron. Aber er verstand zu herrschen und das Verlorene wieder einzubringen; das betraf Ägypten sowohl wie das Reich des Mausolos; auch die rebellierende Stadt Sidon, die als Seehafen für die persische Kriegsflotte unentbehrlich, warf er nieder mit bestem Erfolg. So hob sich unter des Ochus Regiment (361–336) Persiens Ansehen im Westen wieder bedeutend; das Reich war ohne Zweifel wieder so stark wie unter Darius, es umfaßte das Mittelmeer wieder von Osten und Süden, und die Phönizier in Sidon und Tyrus, auch Cypern, die Insel, auch die cilicischen Küstenplätze stellten dem König wieder Kriegsflotten in starken Verbänden, sobald er gebot. Die griechische See war auf das wirksamste bedroht. An Geld fehlte es ihm nicht, dem Gegner auch durch Steigerung des Soldes soviel Soldatenmaterial zu entziehen, wie er wollte; denn die griechischen Söldner waren käuflich.

Der junge Alexander sah und erlebte, als er noch nicht König war, diese neue Stärkung der persischen Westfront. Sollte er gegen König Ochus zu kämpfen haben? Am Perserhof aber machte Bagoas, der Oberkämmerer, der Eunuch, alles. Bagoas tötete den Großkönig Ochus durch Gift. Er kreierte statt seiner den jungen *Darius*, den wir Darius III. nennen, einen Verwandten des Königshauses, zum König, und zwar im selben Jahre 336, als Philipp, der Mazedone, von seinem Leibwächter ermordet wurde.

Dieser Darius, Codomannus zubenannt, war kein direkter Abkomme des Ochus, und es ließ sich an seinem Thronrecht zweifeln. Die Mordbefehle des Ochus und der Parysatis hatten mit der großen persischen Dynastie nur allzu gründlich aufgeräumt. Auf alle Fälle schien er ein stattlicher, auch tapferer Herr und seines Namens würdig. Ein Schimmer des Edelsinns, der Idealität umfließt ihn; ihm fehlte das Brutale, der Terror, mit dem Ochus sich umgeben. Als Vorsteher des Postwesens im Riesenreich hatte er sich bisher bewährt, hatte in dieser Eigenschaft früh eine genaue Kenntnis der Reichsländer und ihrer Verbindungen gewonnen. Dann war er Satrap in Armenien gewesen und hatte dort kriegstüchtig das Bergvolk der Kardusier bekämpft.

Nun war er König. Aber er erkannte die Herrschgier des tückischen Kastraten, der ihm den Thron verschafft, und zwang den Bagoas Gift zu nehmen: ein Zeichen energischer Entschlossenheit. Von Babylon aus begann er zu regieren. Er hatte ein Persien übernommen, das, wie wir sahen, durch Ochus wieder auf der Höhe der Macht war.

Und gegen dies Persien begann nun Alexander seinen Feldzug; er tat es zunächst im Namen des Griechentums. Vergeltung wollte er üben für alle Übergriffe und alle Frevel, die Persien einst und noch in jüngster Zeit an Hellas begangen. Aber er wollte mehr. Der Falke wollte den Geier aus seinem Horst werfen. Dieser Darius war ja nur die Kreatur des Eunuchen, und seine Legitimität ließ sich anfechten. Die persische Dynastie existierte also nicht mehr. Warum sollte er sich nicht an dieses Menschen Stelle setzen?

***

Alexander als Herr Asiens

Das erste Kriegsjahr in Asien (334 v. Chr.)

Wer im Automobil staubwirbelnd an Städten und Dörfern vorüber durch die Länder und über die Gebirge rast, der denkt: es gibt nichts, so schnell und so hemmungslos als dies. Schneller aber noch ist die Zeit; die Zeit ist der Selbstbeweger, der ohne Benzin und Benzol dahinrollt aus einem Tag in den andern und nirgends rastet. So kennt auch die Weltgeschichte keine Rast; sie kennt nur Arbeitstage und keinen Sabbat.

Während wir in der Vergangenheit blätterten und bei Kyros, bei Babyloniern und Assyrern uns aufhielten, ist Alexander schon längst in Kleinasien eingerückt, hat schon am Granikus gesiegt und rückt schon gegen Halikarnaß. Ada, die karische Fürstin, harrt dort schon auf ihn, um ihn mütterlich zu begrüßen. Hören wir, was inzwischen geschehen. „Sein Schwert hing gegürtet an seiner Hüfte; das ging in der Scheide gern aus und ein.“ Aber er war nicht nur der Mann der Tatkraft, der klug und blitzschnell handelt; auch das Glück liebte ihn. Das „Gott mit uns“ hat er selbst gesprochen.

König Darius, ja, schon sein Vorgänger König Ochus wußten genau, daß Mazedonien den Angriff rüste. Eine starke, überlegene Flotte hatte Darius auf dem Meer, mit der er versuchen mußte, die Dardanellen zu gewinnen, auch nur das Inselchen Tenedos, das dort bei Troja in der Nähe der Einfahrt liegt, zu besetzen; er hätte den Störenfried gleich bei der Gurgel gefaßt. Aber es geschah nicht, und Alexander kam mit seinem Heer von etwa 40 000 Mann und seinem Belagerungspark und Train völlig ungestört über die Dardanellen, von Sestos nach Abydos; es ist die Strecke, die Leander durchschwamm, als er seine Hero suchte.

Er kam übrigens nicht nur mit 40 000 Mann, sondern auch mit Schulden. Seine Finanzen waren äußerst schwach bestellt. Er nahm Gelder auf von den Städten oder auch von seinen Offizieren (wir wissen das nähere nicht), um seine Soldaten und Troßknechte vorläufig zu bezahlen. Er wußte, er würde bald die Hände voll Geld haben.

Große Körper sind langsam; das Perserreich lag schwerfällig still und zuckte nicht einmal auf, als Alexander nun wirklich Asiens Boden unter seinen Füßen fühlte. In Babylon unterschätzte man den fernen Eindringling; für Darius war er der an Größenwahn leidende Zwerg.

Es ist der Frühling des Jahres 334. Friede ringsum; die Landbevölkerung flieht gar nicht vor den Mazedonen; jeder lebt da unter seinem Weinstock und Feigenbaum und läßt den Krieg Krieg sein. Und auch Alexander bezähmte seine Hast. Ließ der Feind ihm Muße, so wollte er sein großes Werk mit einer heiligen Handlung beginnen. In der Nähe Trojas, der Stadt der Ilias, war er gelandet, wo erinnerungsvoll die Leichenhügel des Achill und Patroklos ragten. Eine kleine Stadt, die Trojas Namen trug, lag da immer noch auf dem Hügel. Heute streifen die Archäologen das Schlachtfeld der Ilias ab, wo Achill den Hektor um die Stadtmauer hetzte, und Schliemanns Wühlarbeit hat gar Troja um- und umgekehrt. Alexander war weniger neugierig. Ihm war dies vielmehr eine heilige Stätte; denn seine Mutter Olympias rühmte sich, von Achill herzustammen. So war Alexander Achills Enkel, und er beging ein Werk der Frömmigkeit, indem er dem Achill und Patroklos in feierlichem Aufzug, mit Hymnensängern und Orchestermusik Totenopfer brachte. Die besten griechischen Artisten hatte er in seinem Gefolge; während des ganzen Kriegs blieben sie sein Geleit. Hephästion war Alexanders intimer Jugendfreund; er war sein Patroklos; Hephästion mußte die Leichenhügel des Achill und Patroklos schmücken

Warum wird nie eine Heldentat des Hephästion erwähnt? Warum erscheint er nie unter den Verteidigern Alexanders im Kampf, in Gaza oder bei den Mallern in Indien? Ich glaube, seine Gestalt ist in der Geschichtschreibung absichtlich verdunkelt, weil Neid gegen ihn bestand; diesen φθόνος bezeugt Arrian VII 4,42 ausdrücklich. Ptolemäus sowohl wie Aristobul waren ἑταῖροι Alexanders; aus Neid haben sie in ihren Geschichtswerken über Hephästion nur das Nötigste berichtet. Hephästion starb früh und konnte sich darüber nicht beschweren. Als Ersatz dafür konnte damals Kallisthenes gelten; dessen Geschichtsbuch aber reichte nur bis zum Jahr 327; sodann Eumenes' Briefe (Lucian, Totengespräche 8).

Kallisthenes ist es, der die Figur des Aristander in seinem Werk öfter auftreten ließ, des Sehers, der nach dem Jahr 327 aus den Berichten ganz verschwindet. Derselbe Kallisthenes interessierte sich auch ohne Frage persönlich für den Leibarzt Philippus und hat uns die Erzählung über ihn gegeben; denn Kallisthenes stand dem Aristoteles nahe, der seinerseits wieder zu den Hofärzten in Pella in persönlich naher Beziehung gestanden haben muß; auch des Aristoteles Vater war ja Leibarzt; hernach verschwindet daher auch der Arzt Philippus gänzlich; insbesondere fehlt er bei Alexanders Todeskrankheit. So verschwindet nun auch jede Schilderung des Verkehrs zwischen Alexander und Hephästion aus den Berichten über die Jahre 330 bis 324. Insbesondere würde man in den erregten Szenen beim Trinkgelage, in den Gerichtsszenen Hephästion als Versöhner, Tröster, ausgleichende Person oder sonst irgendwie erwarten. Wozu sonst war er der intime Freund, der den König durch Mahnung zu beschwichtigen pflegte, wie es bei Curtius III 12, 16 heißt?

Was Hephästion im Hauptquartier bedeutet hat, ersehen wir zufällig aus Marsyas Pellaeus Περὶ Ἀλεξάνδρου Fr. 8 Müller, der uns sagt, daß der Athener Demosthenes, um sich mit Alexander auszusöhnen, einen Vermittler an Hephästion schickte. Das „et hic Alexander est“ traf also wirklich zu. Und nun Sidon. Dort, heißt es, bewirkte Hephästion die Absetzung des Vasallenkönigs Strato und setzte den Abdalonymus an die Stelle. Diese Geschichte wird deshalb bezweifelt, weil Arrian sie II 15, 6 ausläßt. Sie paßt aber sehr gut zur Stellung, die Hephästion einnahm, aber auch zu dem, was Arrian dort sagt. Er sagt kurzweg, daß Sidons Bevölkerung Alexander in die Stadt einließ aus Haß gegen die Perser. Um so selbstverständlicher aber war, daß Strato, nachdem dies geschehen, des Königtums beraubt wurde. Denn Strato war eben bei der Perserflotte im Ägäischen Meer gewesen, er war ausgesprochen persisch gesonnen, eine Kreatur Persiens, und gab der Volksstimmung, die Alexanders Einzug begünstigte, nur widerwillig nach; letzteres sagt Curtius IV 1, 16. Curtius ergänzt nur den Arrian, er widerspricht ihm nicht. Auslassungen bei Arrian erklären sich vielfach gewiß daraus, daß er nur den Strabo, nicht die vollen Originalquellen benutzt hat.

An diesen Aufenthalt Alexanders knüpfte alsbald die Topographie dieses so erinnerungsreichen Bodens, die Ortskunde Alt-Trojas an, die man schon damals im Altertum mit Eifer betrieb.

Was dachte Alexander? Glich er nicht wirklich dem Achill? Der rasche Zorn war derselbe; auch die Schnelligkeit; denn Achill war der Renner; aber auch die Noblesse. Unvergeßlich ist Achill als Gabenspender beim Wettkampf, wie Homer ihn schildert. So großdenkend war auch Alexander im Geben. Nur eins fehlte: Achill wußte, daß er früh sterben werde; denn die Parzen hatten es seiner Mutter verkündet; dem Alexander dagegen schwiegen die Orakel. Er sollte auch darin dem Achill gleichen, daß der Tod zu früh kam; aber er wähnte es anders, träumte sich ein Leben von unzähligen Tagen und ahnte nicht, wie früh ihm der Hammer, mit dem er sein Werk aufbaute, aus den Händen fallen würde.

Auch eine Waffenweihung im Tempel zu Troja vollzog er noch. Auf dem Berg Ida wuchsen Lorbeerwälder. Von diesem Lorbeer hatte Alexander sich ohne Frage Zweige gebrochen; denn die Anwohner nannten ihn hinfort den Alexanderlorbeer. Dann sah er sich voll Ungeduld nach den Feinden um, aber kühl und lauernd; er kannte keine Schwüle vor dem Gewitter. Sollte er nach Süden vorbrechen, die wundervolle Küste entlang, wo Ephesus und Milet und all die andern Griechenstädte seiner harrten, von Fruchtparadiesen umgeben, aufklimmend über blauen Meeresbuchten wie ein prunkendes Perlengeschmeide um den Nacken der Felsenküste? Es waren die Städte, um die einst Athen den Perserkrieg gewagt hatte. Wo stand der Feind?

Die beiden persischen Satrapen hielten Kriegsrat. Auch der griechische Stratege *Memnon*, der in des Darius Diensten stand, war dabei zugegen und hatte den großartigsten Verteidigungsplan; er riet alles Land ringsum völlig zu verwüsten, alles Fruchtfeld niederzubrennen; „geht dem Mazedonen die Fourage aus, muß er umkehren, wir aber umstellen ihn. Unsere Flotte geht gleichzeitig in die Dardanellen, und er kann nicht vorwärts und nicht zurück. Ja, wir bewirken, daß Athen und Sparta sich wieder gegen Alexander erheben. Wir brauchen da nur mit Geld zu streuen."

In der Tat grollte Sparta immer noch in seinem Winkel, und Demosthenes war gegen Alexander mit Gift geladen. Mochte Alexander noch so laut verkünden, daß er den Vergeltungskrieg der Griechen gegen Persien führe. Wir wissen, daß Demosthenes damals Gelder von Darius empfing; in Sardes fand Alexander im königlichen Archiv des Demosthenes Briefwechsel mit dem Perserkönig. Der erste Mißerfolg des verhaßten Mazedonen hätte Athen mit in den Kampf gerissen.

Memnons Plan war gut. Es war ein Meisterstratege, der da gegen Alexander stand. Hätte Darius ihm nur sogleich die nötigen Vollmachten gegeben! Es herrschte auf persischer Seite immer das Zuspät. Der Mann stammte aus Rhodus, seine Mutter aber war eine vornehme Perserin. Um so freudiger war er in des Persers Dienst gegangen, da es damals doch nur noch die Wahl zwischen zwei Gewaltherrschaften gab, der des Persers und des Mazedonen.

Die Satrapen aber verwarfen brüsk Memnons Vorschläge. Sie wollten ihre schöne Provinz nicht verwüstet sehen und zogen ihre Truppen zusammen. Sie stellten sich. Es galt vielmehr eine Schlacht zu wagen. Eine Schlacht: das war es, was auch Alexander wollte. Er fieberte danach. Er bedurfte eines glänzenden Auftaktes. Das sollte ihm werden. Übrigens hatte er in Mazedonien seinen bewährten Heermeister *Antipater* als Statthalter mit genügenden Truppen zurückgelassen, um Athen und die andern griechischen Kantone in Respekt zu halten.

Nahe genug, hinter dem Granikus, stand der Feind. Alexanders Vorhut stellte das alsbald fest zu seiner Freude. Ins nahe Marmarameer, (damals Propontis genannt) fließt der Granikus. Da Frühling war, führte er reichlich Wasser vom Gebirge. Die Ufer waren abschüssig. Parmenio, der Vertrauensmann und Senior unter Alexanders Generälen, riet von dem Wagnis ab, im Frontalangriff durch den Strom zu setzen. Der Perser war überdies mit angeblich 100 000 Mann numerisch überlegen, verfügte vor allem auch über eine gutgeschulte griechische Söldnertruppe. Alexander aber rief: „Über die Dardanellen bin ich gegangen und sollte nicht über den Granikus gehen?", als existierte der Feind nicht.

Und es begann eine frisch-fröhliche Schlacht in rücksichtslosem Anlauf, aber ganz anders als alle früheren Schlachten des Altertums, von denen ich weiß. Zwar wurde die übliche Schlachtordnung hergestellt, ein Zentrum zwischen zwei Flügeln; hier Infanterie, dort Kavallerie; die Entscheidung aber blieb ausschließlich der Reiterei: eine Reiterschlacht hoch zu Roß, und der König selbst stob voran, Feldherr und Fechter zugleich. Das war noch nicht dagewesen. Damit beginnt das Rittertum, das hernach auch die Folgezeit unter den Seleuciden beherrscht, die Romantik des Rittertums, die bei den Germanen im Kampf mit den Mauren und Sarazenen wieder auflebt; man denke an Kaiser Karls Tafelrunde, Gawein, Parzival und Ariosts rasenden Roland. So war auch Alexander auf seinem Streitroß Bukephalos.

Trompetenstöße, Halaligeschrei! Eine Abteilung Reiter setzt über den Fluß; die persischen Reiter werfen sich entgegen, das steile Ufer hinab, und drücken sie zurück. Aber der Angriff steigert sich, und die Mazedonen gewinnen Raum, gewinnen das flache Feld. Alexander selbst mit seinen „Genossen", der Königsgarde, sprengt herein, und er sucht persönlich den feindlichen Feldherrn. Die Bataille wird zu lauter Zweikämpfen, Roß gegen Roß, ein blutiges Massenturnier mit Lanzenstoß, Speerstechen: die thessalischen und epirotischen Gäule gegen die edlen Pferde Asiens, die der heutigen arabischen Rasse entsprechen. Man ritt nur auf Hengsten. Man halte sich gegenwärtig, daß das Lanzenstechen enorm schwer ist, wo der Steigbügel fehlt. Es gab damals noch keine Steigbügel. Das setzt also gewaltig festen Schenkelschluß voraus.

Alexanders Stoßwaffe ist schon im Kampf gebrochen; vom nächsten Mann (er heißt Aretis) fordert er die Lanze; aber auch die ist schon unbrauchbar; ein anderer Mann aus Korinth gibt ihm die seine. Damit stürzt sich Alexander auf *Mithridat*, des Darius

Schwiegersohn. Beide Fürsten sind Vorkämpfer ihrer Schwadronen, beide durch erlesenen Waffenschmuck kenntlich vor allen. Alexander traf die Stirn des Mithridates; der fällt vom Roß. Da saust der Perser *Rhösakes* heran, und sein Stoß trifft Alexanders Helm. Aber das gut geschmiedete Eisen schützte, und Alexander durchsticht dem Gegner die Brust, als schon von hinten einer der beiden Satrapen (er hieß Spithridates) gegen ihn zum Schlag ansetzt; da haut *Klitus*, einer der älteren mazedonischen Offiziere, dem Satrapen den Arm ab. Dieser Klitus war Alexanders Retter.

Indes rückten immer mehr mazedonische Reiter über den Fluß, auch leichtbewaffnete Infanterie, die aufgelöst sich unter die Reiter mischt und im Getümmel die Pferde verwundet. Das feindliche Zentrum ist schon durchbrochen; die persischen Reiter werfen sich schon in die Flucht, so rasch, daß nur Tausend von ihnen im ganzen fielen. Untätig stand indes im Perserheer der Block der 20 000 griechischen Söldner. Alexander führt jetzt Reiter und Fußvolk, die Phalanx seiner Schwerbewaffneten, gegen sie, und sie werden sämtlich zusammengehauen, ein Rest von 2000 gefangen.

Der Sieg war entschieden, rasch erfochten und so glänzend wie möglich. Der Feind wagte nicht einmal, um seine Verwundeten und Toten zu bitten. Gefallen waren nicht nur Mithridat und der eine der Satrapen, den ich nannte, sondern auch Arbupales und Pharnakes, zwei nahe Verwandte des Großkönigs selber. Der andere der Satrapen entkam in seine phrygische Provinz und nahm sich dort selbst das Leben wie jener Ahitophel in der Bibel, der dem Königssohn Absalon den falschen Rat gegeben.

Die Aasgeier, die Leichenbestatter des Orients, die da freßgierig über jedem Schlachtfeld schweben, warfen sich schon auf die Gefallenen. Aber Alexander schmälerte ihnen die Mahlzeit, indem er sogleich das Massenbegräbnis anordnete und dabei auch für die ehrenvolle Bestattung der vornehmen Perser sorgte. Im Lazarett ging er persönlich von einem zum andern und fragte freundlich nach den Wunden seiner tapferen Leute. Das ist die schöne Pflicht des Kriegsherrn geblieben. Von seiner Leibgarde waren 25 gefallen; Lysipp, der große Bildmeister, der Alexander selbst so oft dargestellt hat, erhielt den Auftrag, die Statuen dieser jungen Adligen in Bronze zu arbeiten. Man wird bemerken, daß diese Statuen gewiß nicht porträtähnlich ausfallen konnten; die Toten saßen dem Künstler nicht mehr; sondern ein Idealgesicht mit Namensbeischrift mußte genügen. Aber auch die andern Gefallenen, Offiziere und Gemeine, ehrte er; ihre Verwandten und Angehörigen sollten hinfort abgabenfrei sein. Die gefangenen griechischen Söldner dagegen (es waren auch Athener darunter) ließ er gefesselt nach Mazedonien schaffen; da mochten sie in den Bergwerken arbeiten, weil sie Verräter, als Hellenen gegen Hellenen gekämpft hatten.

Gleichwohl beschloß Alexander die Stadt Athen besonders zu ehren; 300 erbeutete persische Waffenrüstungen ließ er nicht etwa in Pella, sondern in Athen als Weihung im Tempel aufstellen. In der dazugehörigen Weihinschrift vermied er es feinfühlig, die Mazedonen zu nennen, deren Name dort immer noch mißliebig, sondern nannte nur

„Alexander und die Griechen" als Sieger der Granikusschlacht. Er kämpfte eben unter dem Programm und wollte es deutlich machen, daß dieser Krieg kein mazedonischer, sondern ein Hellenenkrieg sei, und er selbst wollte sich damit das Recht erkämpfen, endlich als Vollhellene zu gelten, während Demosthenes in seiner berühmten Philippika vom Mazedonen so sprach, als sei er nichts als der verachtete Barbar. In diesem Geist ging Alexanders ganze Politik vorläufig planvoll weiter.

Daß er selbst im Kampfgewühl unverwundet blieb, war wie ein Wunder. Aber es war nicht nur der Rauftrieb, der ihn zum Vorfechter seiner Truppe machte; er tat es aus Überlegung; da er den Charakter der Orientalen kannte. In den Schlachten der Orientalen ist Sieg und Niederlage entschieden mit dem Fall des Königs und Feldherrn. So war es mit Mardonius, dem Schwiegersohn des Xerxes, bei Plataä, so jetzt mit Mithridat und dem Satrapen. So lesen wir's auch im Alten Testament: der feindliche König, der auf seinem Wagen steht, wird vom Gegner in der Schlacht gesucht und erlegt und der Sieg ist entschieden. Nicht anders verläuft die Schlacht des Judas Makkabäus gegen den Syrer Apollonius. Auch aus dem Alexanderfeldzug lesen wir bei Arrian weitere Beispiele, und auch noch später war es so, als die Araber unter Muhammeds Namen Persien unterjochten; ein Zweikampf der Feldherren genügte; der Perserfürst fiel; sein Heer lief auseinander. Beklagenswert, daß Darius, der Großkönig, nicht am Granikus unter den Reitern war. Alexander hätte sich auf ihn geworfen: du oder ich!

Die Früchte seines Sieges fielen ihm jetzt in den Schoß, und es ging rasch. Der Erfolg ist wie Benzin auf dem Motor; die Fahrgeschwindigkeit wächst. Er besetzte Sardes, die Residenz des persischen Vizekönigs, einst die Stadt des Krösus; dann ritt er die Küste südwärts entlang, und eine der Griechenstädte nach der andern öffnete ihm fröhlich die Tore, vor allem Ephesus, mit dem einst schon Alexanders Vater Geheimverträge geschlossen hatte.

Die Bevölkerung von Sardes war nicht griechisch, sondern lydisch; Alexander gestattete der Stadt, sich hinfort frei nach eigenen Landessitten zu verwalten. Auf der Burg von Sardes aber befahl er einen Zeustempel zu bauen; es war die einzige religiöse Propaganda, die er betrieb, und in der Tat wurde die Stadt des Krösus rasch der griechischen Kultur gewonnen. Zeus aber, was er für Alexander bedeutete, werden wir später sehen.

Den Griechenstädten legte er sodann durchgängig demokratische Selbstverwaltung auf; auch das war wieder eine Huldigung für Athen, die Mutterstadt aller Demokratien. Alle Griechenstädte der Levante sollten so frei wie Athen dastehen; also auch frei von Tributzahlungen; der König nur ihr Schützer. Die einzige wichtige Einschränkung war: sie durften keine auswärtige Politik mehr treiben, waren gezwungen Frieden zu halten mit den Nachbarn. Auch sonst tat er vieles, um die Städte in ihrer Blüte zu heben. Die Ausgrabungen in Priene bezeugen es. Auch Smyrna, das seit langem zerstört lag, wollte er wiederherstellen, an der Küste bei Kolophon mittels Kanaldurchstich zwei

Meeresbuchten miteinander verbinden, um die Hafenverhältnisse günstiger zu gestalten, u. a. m.. In Ephesus umrauschte ihn der Jubel am lautesten, wo er, als die Demokraten soweit gingen, über die vornehmen Familien herzufallen, dem Greuel Einhalt gebot und sodann der berühmten Stadtgöttin, der Diana von Ephesus, huldigte. Der Tempel der Göttin lag damals zerstört, durch Frevlerhand in Brand gesteckt. „Ich verzichte auf Tributzahlung", erklärte er; „es soll statt dessen der Tempel herrlicher erstehen." Alexander selbst war offenbar noch nicht bei Gelde; sonst hätte er unbedingt die Kosten selbst bestritten. Ein ungewohntes Schauspiel folgte: sein ganzes Heer zog in Parade durch die Stadt zur heiligen Stätte hinan; eine Prozession in Waffen; das war noch nicht dagewesen. Alexander wollte, die Gunst der mächtigen Göttin sollte hinfort mit seinen Waffen sein. Der katholische Christ kann nicht Heilige genug anrufen; so konnte der fromme Grieche nicht genug Götter sich günstig stimmen.

Denn Alexander wußte: der Kampf ging weiter. Memnon, der Gegner, lebte noch. Es galt zunächst zwei Griffe zu tun, Milet und Halikarnaß zu nehmen.

Memnon hatte am Granikus mitgekämpft. Da beide Satrapen tot, war er nun endlich von Darius zum Generalissimus in Vorderasien gemacht worden. Memnon gedachte mit der gewaltigen Perserflotte (es waren 400 zumeist phönizische Kampfschiffe) nach dem gleich anfangs entworfenen Plane gegen Griechenland in Alexanders Rücken vorzugehen; als Stützpunkte für seine Flotte brauchte er die befestigten Häfen Milet und Halikarnaß. Aber Alexander durchschaute den Plan und zog daher weiter an der Küste entlang, um dem Perser alle Häfen bis auf den letzten wegzunehmen, so daß Memnons Flotte nirgends mehr einlaufen und sich neu rekrutieren konnte.

Alexander selbst hatte eine Kampfflotte von nur 120 Galeeren, die bei Milet vereinigt lagen. Parmenio riet, eine Seeschlacht zu wagen; Alexander aber weigerte sich; er konnte eine Niederlage nicht brauchen. Er löste vielmehr, großartig folgerichtig, seine ganze Flotte auf. Das Schiffsmaterial wurde an Land gezogen und blieb unverloren; die Leute mochten sehen, wo sie blieben, sie kosteten ihn nur Geld und konnten ihm nichts nützen. „Dieser Krieg wird zu Lande entschieden", war sein Diktum. Dabei spielte der Aberglaube in für uns erstaunlicher Weise mit. Man muß auch solche Dinge sich erzählen lassen, um jene fernen Zeiten zu verstehen. Auf eins der nur halb ans Land gezogenen Schiffe hatte sich ein Adler gesetzt. Parmenio sah es und sagte: „das bedeutet, daß du in der Seeschlacht siegen wirst." Aber der Adler saß auf dem Heck, d. h. just auf dem Teil des Schiffs, der auf dem Trockenen lag, und Alexander erwiderte: „du irrst; zu Lande soll ich siegen, denn der Vogel sitzt da, wo das Schiff nicht im Wasser liegt." Alexander hatte auch seine Wahrsager von Beruf mit im Gefolge; aber die benutzte er nur, wenn es die Stimmung des Heeres durch Omina zu beeinflussen galt. Im vorliegenden Fall genügte ihm seine eigene Zeichendeutung.

Milet fiel nach kurzem Kampf in Alexanders Hände. Seine Artillerie trat hier zum erstenmal in Tätigkeit. Die persische Flotte, die drohend vor Milet stationierte, zog ab, da Alexander ihr die Möglichkeit, Trinkwasser zu holen, entzog.

Milet befreit! Ging nicht ein Jubelschrei durch die ganze griechische Welt? Der alte Sehnsuchtswunsch war erfüllt; es war die Stadt, um die einst zuerst die Perserkriege entbrannten, bei deren Niederlage und Einäscherung einst ganz Athen sich in Tränen ergoß, die Stadt des Thales und Anaximander, die schönste der Seestädte, die es gab, wo Meereszauber, groteskes Gebirge, berauschende Vegetation, hochgestellte Prachtbauten und buntes Menschenleben am Strand und auf dem Wasser zusammenwirkten zu dem Schönsten, was Menschenaugen sehen konnten? Aber aus Griechenland scholl immer noch kein Echo der Freude herüber. Kein patriotischer Dichter hat diese Dinge je besungen, und Alexander eilte schon weiter. Wir wissen nicht, ob er für die Schönheiten des Landes, das er jetzt zum erstenmal betrat, um es nie wieder zu sehen, ein Auge hatte.

Ernster wurde der Kampf um Halikarnaß. Hochgelegen, mit den stärksten Bastionen, die jene Zeit kannte, gesichert; und Memnon selbst stand in der Stadt. Die Bezwingung dieser Festung war neben der Schlacht am Granikus die zweite Großtat, die dem Alexander in seinem ersten Kriegsjahre gelang.

Das kleine Vasallenkönigreich Karien lag im Südwestwinkel Kleinasiens. Halikarnaß war Kariens Hauptstadt. Schon als Geburtsstadt des lieben Historikers Herodot ist sie uns denkwürdig, und Artemisia, das amazonenhafte Weib, war dort einst Königin, die zu Schiff in der Schlacht bei Salamis auf der Perserseite für Xerxes focht. Der König Mausolos hatte die Stadt dann mit seinen frommen Prachtbauten geschmückt. Nach ihm war das Kleinkönigtum in verschiedene Hände gelangt; die Königin *Ada* war dort unlängst durch ihren Bruder und hernach durch andere Machthaber aus ihrer herrschenden Stellung verdrängt worden und residierte schmollend in einer der abgelegenen Landstädte. Sie sah mit Spannung den Ereignissen zu. Mußte sie diesem Alexander nicht Erfolg wünschen?

Alexander leitete den Kampf persönlich, und die ganze Belagerungskunst der griechischen Techniker entfaltete sich hier. Den breiten Graben, der um die Stadt lief, ließ er zuschütten, bewegliche Holztürme an die Mauern rücken, die Geschütze ihre schweren Steinblöcke werfen. Aber der Kampf dauerte Wochen und Wochen. Die Verteidigung war glänzend: persische und griechische Krieger unter Memnons Leitung. Ihre Brandfackeln flogen von der Stadtmauer in die Holztürme; Ausfälle störten immer wieder Alexanders Werk; war irgendwo schmale Bresche geschlagen, entstand nachts sogleich eine zweite Mauer, die den Verteidigern Deckung gab. Schließlich aber erlahmte die Verteidigung doch. Alexander sah es mit Frohlocken. Memnon räumte endlich die Stadt, indem er die Mannschaften und alles Wertvolle auf seine Flotte nahm, die im Hafen lag. In seine aus Holz gebauten Verteidigungswerke warf er zum Abschied

Feuerbrand, der, vom Wind getragen, die Stadt selbst zu erfassen drohte. Es war Mitternacht; Alexander sah es und eilte selbst herbei, um zu löschen und zu retten.

Das Land Karien war sein, das letzte Perserheer verschwunden. Ganz Kleinasien lag jetzt wehrlos vor ihm. So war es, wennschon Memnon, sein zäher Gegner, die Zitadelle von Halikarnaß ihm nicht ausgeliefert hatte. Dort oben auf der höchsten Bastion trotzte noch, gut verproviantiert, eine kleine Mannschaft unter persischem Befehl. Es war nur eine Frage der Zeit, wann sie sich ergeben würde. Zu Alexander aber war schon Ada gekommen, die entrechtete Königin. Er empfing sie voll Freundlichkeit und setzte sie als Königin von Karien und als seine Vasallin wieder in ihre vollen Herrscherrechte ein. Die alte Fürstin war gleich verliebt in ihn und nannte ihn zärtlich: „mein Sohn". Alexander ließ es sich gern gefallen; es blieb die offizielle Anrede. Er hatte für ein paar Tage eine zweite Mutter gefunden.

Es war jetzt Herbst und Zeit zum Rasten. Aber Siegesfeiern beging er nicht. All diese Städte der Levante waren damals Heimstätten des größten Wohllebens und des ausgesuchtesten Tafelluxus. Lukull, der Römer, hat seine lukullischen Schwelgereien eben hier gelernt. Daß Alexander sich dem hingab, hören wir mit keinem Wort, auch nichts von Zechgelagen. Im Gegenteil, er lehnte sie ausdrücklich ab, als die Königin Ada sie ihm anbot: „das Frühstück schmeckt mir wegen des Nachtmarsches, das Mittagsmahl, weil ich wenig frühstücke".

Die Begeisterung aber für Alexander, den endlichen Befreier, ging in diesen Städten über alles Maß; sie gingen schon damals so weit, ihn zum Gott zu erklären. Die Zeit für das Außerordentliche war gekommen. Dort gefundene Inschriftensteine nennen Alexander offiziell tatsächlich den Gott.

Alexander ein Gott auf Erden: für das kühle Hirn des modernen Europäers ist das unendlich fremdartig; denn es sind Abgründe der Selbsterkenntnis, die für uns Menschentum und Gottheit trennen. Und doch war es nicht nur exaltierter Knechtssinn, es war auch exaltierte Religiosität, die dahin führte, und lag ganz folgerichtig in der Richtung griechischen Denkens. Ich werde hierauf zurückzukommen haben. Denn jene Städte waren Republiken, die sich mit Ehrgeiz als Freistaaten fühlten; einen König konnten sie also über sich nicht anerkennen. Stand gleichwohl ein allmächtiger Patron über ihnen, dessen Wohltaten sie annahmen, so durfte und konnte es nur ein Gott sein; denn die Herrschaft eines Gottes duldete auch der äußerste Freiheitssinn jener Demokraten. Aber diese Vergöttlichung geschah nur in den Städten, die Alexander jetzt hinter sich ließ, um sie nie wieder zu betreten. Er ließ auch die neue Würde hinter sich und hat von ihr nie Gebrauch gemacht

Es handelt sich nur um die Forderung der Proskynese, die ich nach Arrian 4, 10, 5–12 dargestellt habe. Derselbe Arrian gibt 4, 12, 3–5 mit Vorbehalt über dieselbe Forderung einen zweiten und wesentlich abweichenden Bericht, der verkürzt das wiedergibt, was wir bei Plutarch a. a. O. aus Chares erfahren. Bei Arrian lesen wir aber auch hier von dem Anspruch auf Göttlichkeit nichts, sondern nur die Forderung der Huldigung, wie sie in Persien bisher üblich war. Dagegen interpretiert der genannte Gelehrte die erwähnte Plutarchstelle c. 54 dahin, beim Symposion habe ein Altar gestanden, der dem Alexander geweiht war, und vor diesem Altar sei auf Alexanders Verlangen der Fußfall der anwesenden Freunde geschehen; der König habe sich also da feierlich selbst als Gott verehren lassen.

Es ist nun schon an und für sich, meine ich, lächerlich genug, vor einem Altar statt vor dem Gott zu knien, wenn der Gott selbst persönlich im Lokal anwesend ist, oder man zeige mir irgendein Beispiel aus den Zeiten des Gottkönigtums für solche Farce. Aber bei Plutarch steht das auch gar nicht. Die Worte sind: Χάρης δὲ ὁ Μιτυληναῖός φησι τὸν Ἀλέξανδρον ἐν τῷ συμποσίῳ πιόντα φιάλην προτεῖναί τινι τῶν φίλων, τὸν δὲ δεξάμενον πρὸς ἑστίαν ἀναστῆναι καὶ πιόντα προσκυνῆσαι πρῶτον, εἶτα φιλῆσαι τὸν Ἀλέξανδρον [ἐν τῷ συμποσίῳ] καὶ κατακλιθῆναι κτλ. Hiernach befand sich im Männersaal also eineἑστία, ein Herd, in dessen Nähe die Huldigung vor sich gegangen sein soll. Solcher Herd wird zum Altar nur durch Verehrung der Hausgötter. Wollte Chares sagen, daß dies ein dem Alexander geweihter Altar war, so hätte er sich bei der alsdann ganz außerordentlichen Sachlage mit dem bloßen πρὸς ἑστίαν keinesfalls begnügen können. Im Parallelbericht des Arrian fehlt nun dies πρὸς ἑστίαν. Arrian hat aber niemals sinnlos exzerpiert; die Erwähnung des Herdes war hier also zum mindesten für das Verständnis gleichgültig.

Was heißen nun aber die Worte πρὸς ἑστίαν ἀναστῆναι? Schnabel übersetzt fälschlich: „er sei zum Altar getreten“. Damit wird die vorliegende Schwierigkeit umgangen. Beim Symposion liegt man; Alexander lag auf der Kline; der Freund lag ihm zunächst; jetzt steht der Freund auf, ihm zu huldigen; die Worte besagen also vielmehr: „er sei aufgestanden in der Richtung auf den Herd zu“. Man wird bemerken, daß diese Wortverbindung anstößig ist, und es hilft nicht, die Schwierigkeit zu vertuschen. Denn die Mitteilung, daß jemand vom Lager irgendwohin (!) aufsteht, ist mehr als sonderbar und ein ἀναστῆναι πρός τι in so räumlichem Sinne gewiß sonst nicht belegbar. Das πρὸς ἑστίαν kann also gar nicht richtig sein, und es fehlt daher auch bei Arrian nicht ohne Grund. Die Frage bleibt nur: ist es interpolatorischer Zusatz wie das zwei Zeilen darauf folgende ἐν τῷ συμποσίῳ? Ich glaube vielmehr, daß eine Verschreibung vorliegt. Denn der Sprachgebrauch lehrt, daß Plutarch schrieb: τὸν δὲ δεξάμενον φιλοτησίαν ἀναστῆναι. Wegweisend ist Lucian, Toxaris 25: τὴν φιάλην προτείνας δέδεξο, εἶπεν, ὦ Μενέκρατες, παρὰ τοῦ γαμβροῦ τὴν φιλοτησίαν. Man trinkt mit der vollen Schale zu; der Freundschaftstrunk wird angenommen. Sonst heißt dies Annehmen auch λαμβάνειν, μεταλαμβάνειν τὴν φιλοτησίαν; vgl. Aristoph Acharner 985 und weiteres bei Albert Müller zu dieser Stelle. Der Artikel aber kann bei φιλοτησίαν auch fehlen; vgl. Athenäus p. 122 F: προπίνω σοι φιλοτησίαν. Den Comment selbst, der gilt, wenn es der Gastgeber ist, der vortrinkt, illustriert uns schon das Kritiasfragment bei Athenäus p. 432 AA; auch

Lucian im Somnium 12; dazu Nonius p. 33, 3: propinare: post potum tradere. Alexander folgte προπίνων dem Herkommen und der Freund ebenso δεχόμενος φιλοτησίαν.

Daß die Proskynese endlich aber nach dem Bericht des Chares von den Anwesenden vor Alexander selbst und nicht vor einem Altar ausgeführt wurde, beweist obendrein das Folgende, wo wir lesen, Demetrius Pheidon habe den Kallisthenes bei Alexander mit den Worten verklagt: οὗτος γάρ σε μόνος οὐ προσεκύνησε. Hier steht ja das σε. Deutlicher kann man nicht sein. Es wurde also tatsächlich nur die persische Zeremonie nachgeahmt, wie es nicht anders sein konnte, und auch an der vorhin zitierten Stelle ist in den Worten προσκυνῆσαι πρῶτον, εἶτα φιλῆσαι τὸν Ἀλέξανδρον selbstverständlicherweise τὸν Ἀλέξανδρον das Objekt zu beiden Verben.

Daß ich übrigens auf den Bericht des Chares keinen Wert legen kann, ist schon zu Anfang gesagt. (Ein Versuch, die von mir ausführlich behandelten Plutarchworte ohne Textänderung verständlich zu machen, findet sich in der „Klio“ Bd. 20.)

. Man sah ihm staunend nach: er zog in der Tat so sicher seine Bahn wie die Sonne am Himmel.

Der Sommer ging schon zu Ende; da entließ Alexander alle jungen Offiziere und Mannschaften, die in Mazedonien vor Beginn des Feldzuges geheiratet hatten, in die Heimat auf Winterurlaub, damit sie mit ihren Frauen leben könnten. Die Bewunderung für diese humane Maßnahme war wieder groß. Heute würden unsere Tageblätter gewiß die Sache mit Fettdruck verkünden. Aber es war nicht nur Humanität, sondern die Staatsraison; der sexuelle Gesichtspunkt sprach mit. Die Leute sollten nicht den Freudenhäusern verfallen. Alexander war nicht nur Haudegen, nicht nur Stratege, er war auch Staatsmann erster Ordnung. Das zeigte sich schon hier.

Der Winter war da. In früheren Zeiten ruhten alsdann alle Waffen; so war es auch noch in Hannibals Zeiten und später; denn in den winterlichen Regenperioden des Südens kann niemand sich dauernd im Freien halten. Alexander dachte anders. Es galt rasch weiter zu greifen. König Darius regte zur Winterzeit sich nicht; um so ungestörter konnte Alexander jetzt große Teile Kleinasiens besetzen. Er fand fast überall nur geringen und zersplitterten Widerstand. Dabei teilte er das Heer. Seinen Parmenio sandte er ins Innere, auf das Hochplateau Phrygiens; er selbst zog an der buchtenreichen Südküste weiter, um dem Feind weitere Hafenplätze wegzunehmen, die meist rasch kapitulierten. Es waren wohl über dreißig. Drohen und Locken, Verhandeln und Kämpfen wechseln ab, ein rastloses Treiben. Es waren auch dies alles noch Griechenstädte, aber in Sprache und Wesen stark barbarisiert; erst seit Alexander gewannen sie ihr griechisches Wesen zurück, und unsere Reisenden finden dort heut überall großartige Baureste aus der Folgezeit, die das überraschend bezeugen. Um diese wertvollen Städte zu sichern, stieß Alexander auch noch ins gebirgige Hinterland (Pisidien) vor und bezwang das wilde Gebirgsvolk, das da hauste und das die nachlässigen persischen Satrapen hatten gewähren lassen. Er hatte jetzt geübte Bergkraxler aus dem Balkan in seiner Truppe, die für solche Kämpfe auch im Winter taugten.

Dann geschah ein Wunder. An einem Küstenstrich, den er passieren wollte, erhob sich das schroff ansteigende Gebirge unmittelbar aus der Meeresbrandung, den Weg hemmend. Aber siehe da, die Flut trat zurück, und Alexander konnte mit seiner Reiterei unter dem Gebirge her am Strand entlang ungefährdet ziehen. Es war wie der Durchzug der Juden durchs Rote Meer. Man erwähnte zur Erklärung, daß das Meer unter den Einfluß des eingetretenen Nordwinds zurückgetreten sei; aber der Nimbus besonderer Gottesgunst steigerte sich jetzt, der Alexanders Haupt umschwebte.

Erst nach diesen Erfolgen bog er, um endlich Winterquartiere zu suchen, nach Norden ab; er suchte Parmenio, der im inneren Hochland, in Gordium, am Sangariusfluß, schon Standquartier gemacht hatte. Dabei aber mußte Alexander bis hoch in die Schneeregionen die Pässe des Taurus, des Kolossalgebirges, überschreiten, das dort parallel der Südküste läuft, und zwar im Winter. Es ist das Gebirge, dessen Pässe heute die anatolische Bahn, die Konstantinopel mit Damaskus verbindet, über Abgründe, zwischen tosenden Wasserfällen und schroffen Schutthalden erklimmt. Der wilde Steinbock, der dort in der Einsamkeit haust, springt erschreckt über Schluchten davon vor dem Stampfen der Lokomotive. Man denke zum Vergleich an den Albulapaß oder die Viamala unserer Alpen. Für diesen König gab es keine Terrainschwierigkeiten; sein Wille war unbeugsam wie der Kolben aus Stahl, der die Maschine treibt.

Die Historiker, die der Nachwelt über Alexander berichteten (und sie befanden sich in seinem eigenen Hauptquartier), interessieren sich leider immer nur für das Strategische und unterbrechen die einförmige Darstellung nur mitunter durch belebte Szenen, die auf des Königs Charakter Licht zu werfen bestimmt sind und die interneren Regungen seines Geistes offenbaren. Der oft so großartige landschaftliche Hintergrund dagegen, vor dem sich alles abspielte, fehlt bei ihnen fast ganz; man müßte in dem Lande dort leben, Milet, den Taurus selbst mit Augen sehen, den Wechsel von tropischer Sommerhitze und dem Frost des Hochgebirges miterleben, um ein wirkliches Bild zu gewinnen. Es ist schwer für das Fehlende Ersatz zu schaffen.

Gordium war die Hauptstadt der kleinasiatischen Landschaft Phrygien. Dort ist Alexander eben jetzt angelangt, und es folgt nun die Geschichte vom gordischen Knoten, eine der charakteristischen Szenen, die uns den Mann in der Tat menschlich näher bringen, lebendig machen. Überall, wohin er kam, hat er offenbar in seiner impulsiven Weise die Sehenswürdigkeiten aufgesucht, so hier den alten, unscheinbaren Bauernwagen, der auf der Burg stand und an dessen Joch sich der unlösbar verknotete Strick befand, durch den das Joch an der Deichsel befestigt war. Man berichtet, daß der Strick aus Bast vom Kornelkirschbaum bestanden habe. Die Historiker waren also genau unterrichtet. Der erste König dieses phrygischen Gebiets, so ging die Sage, sei ursprünglich schlichter Landwirt gewesen und auf diesem Wagen durch wunderbare Fügung als König in Gordium eingefahren. Das Königtum war inzwischen längst eingegangen, und das Orakel sagte nun, wer den Knoten löse, dem sollte das Königtum Phrygiens wieder zufallen. Das Land hatte die Hoffnung auf einen, der käme und es wahr machte, längst aufgegeben. Niemand hatte sich bisher gefunden. Nun stand Alexander da. Stadtvolk, auch seine eigenen Soldaten umdrängten ihn, und er las in ihren Augen: es mußte etwas geschehen; ein Achselzucken genügte nicht. Aber er war unverlegen. Sollte er wie ein Stallknecht sich an dem Strick versuchen? Ein Hieb mit dem Schwert, und alles war erledigt.

Die Sache ist so berühmt geworden wie das Ei des Kolumbus, aber sie ist zum Glück besser verbürgt. Eine geniale Auskunft. Ob er nicht auflachte? Wir hören es nicht; alles aber glaubte nun, er sei der Berufene. Jedoch genügte natürlich das Königtum des kleinen Phrygien nicht; bald setzte die Überlieferung dafür das Königtum ganz Asiens ein. Das Ungeheure, was bevorstand, sollte durch das Omen schon damals verkündet sein. Aber auch Alexander selbst dachte ähnlich: der Schwerthieb hatte für ihn seinen besonderen Sinn. Der Knoten bedeutet Verwickelung. Er ist Symbol. Alle Verwickelungen der Zukunft war er gewillt, so mit dem Schwert zu lösen.

Des Aristoteles Neffe Kallisthenes war mit im Hauptquartier. Er schrieb damals alles derartige auf. Leider ist zu wenig davon erhalten. Einen Moritz Busch aber hat er nicht erreicht, der, wie man sich erinnert, in Bismarcks Gefolge reiste; sonst hätte auch dieser Kallisthenes der Welt ein Buch „Alexander und seine Leute“ gegeben und uns vielleicht erzählt, wie Alexander z. B., weil ein Löffel fehlte, mit dem Degengriff ein paar rohe Eier zerschlug oder daß ihm ein Huhn schlecht bekam, weil es zu zäh war. Auch das Lächerliche würden wir freudig hinnehmen, könnten wir dadurch das Gefühl gewinnen, dem Mann näher zu kommen, von dem wir sonst nur das Außerordentliche hören.

***

Das zweite Kriegsjahr (333 v. Chr.)

Das zweite Kriegsjahr, das Jahr 333 begann. Die Beurlaubten kehrten aus Mazedonien zurück, und auch Verstärkungen kamen nach Gordium. Gewiß brannte Alexander darauf, jetzt endlich den Darius zu suchen und gegen Babel zu ziehen. Er hatte alle Hochachtung vor diesem Gegner verloren; denn Darius hatte, um Alexander loszuwerden, einen Meuchelmörder dingen wollen. Die üble Sache spielte, als Alexander noch im Winterfeldzug an der Südküste stand. Zum Glück wurde von Parmenio des Darius griechisch geschriebener Brief abgefangen, in dem Darius sich an einen der höchsten mazedonischen Reiteroffiziere (der Mann hieß gleichfalls Alexander) mit dem schmählichen Antrag, den Mord rasch zu vollziehen, wandte, indem er ihm Berge Goldes, ja, den mazedonischen Thron versprach. Der Brief gelangte wohlgemerkt nicht an den Adressaten, und dieser wurde darum zunächst nur in Haft gesetzt; denn die Schuld des Mannes schien dem Alexander nicht hinlänglich erwiesen, und er sah deshalb von seiner Hinrichtung ab

Dariusvase

Darius im Rat der Großen des Perserreichs, darunter Ablieferung von Tributen. Von einer tarentinischen Prachtvase aus Canosa im Nationalmuseum zu Neapel um 400 v. Chr. Nach Furtwängler und Reichhold, Griechische Vasenmalerei, Tafel 88.

Der Vormarsch nach Osten aber geschah nicht; denn Alexander war um Memnon, dessen Gegenaktion im Westen eben jetzt begann, in ernstlicher Sorge, und er beschränkte seine eigenen Unternehmungen deshalb von Gordium aus auf das zunächst umliegende Gebiet, als er zu seinem Staunen hörte, daß Memnon gestorben sei. Gestorben? Es klang wie ein Wunder. Dieser gefährlichste Gegner, der ihm im Rücken stand, war plötzlich weggeräumt, die Fessel gefallen, die Alexanders Füße hemmte, und jeder erkannte, daß das Glück, das sonst so launische, sich ihn zum Liebling erwählt hatte.

Das Glück war für die Griechen Person; es wurde als Göttin Tyche verehrt, und von jetzt an, seit Alexanders Lebzeiten, verdrängte die Vorstellung vom Walten dieser Tyche die unheimlichen Parzen und den dunklen Ratschluß des Schicksals, den Zeus verwaltet, aus der Redeweise der Alltagsmenschen, aber auch der Schriftsteller, die sich mit

Weltgeschichte befaßten. Ja, Glück zu haben, ein Günstling des Zufalls zu sein galt hinfort als Ehrentitel der Könige, als ihre Tugend. Felix nannte sich Sulla, der römische Despot, mit Stolz, und man blickte mit Andacht zu solchen Bevorzugten auf.

Memnon aber, der gefürchtete, hatte nicht nur seine überlegene Kriegsflotte, er hatte auch ein starkes Landheer auf Schiffe genommen, um gegen Mazedonien vorzugehen, und damit begonnen, die griechischen Inseln Chios und Lesbos zu erobern. Auf Lesbos erkrankte er schwer und starb. Die Perserflotte stieß danach allerdings noch bis zu der kleinen Insel Tenedos vor, die vor Troja lag, die schon Homer erwähnt und die im letzten Weltkrieg auch die Engländer wieder zur Flottenbasis wählten, um die Dardanellen zu forcieren und Konstantinopel zu nehmen. Aber die ganze persische Unternehmung verlief gleichwohl im Sande, da Darius zu ihr das Vertrauen verlor und Memnons Landheer, das aus trefflichen griechischen Söldnern bestand, nunmehr für sich in Anspruch nahm; es wurde nach Mesopotamien abtransportiert.

Alexander aber holte sofort erobernd weiter aus, zunächst im inneren Hochland Kleinasiens, dann im erneuten Vorstoß zur Südküste. Denn er hörte, daß Darius endlich die Schlacht anbieten wolle, ja, persönlich den Vormarsch gegen Cilicien rüste. Ehe das schwere Reptil des Perserheeres sich in Bewegung setzte, hatte es freilich noch gute Wege.

Das persische Militärwesen beruhte auf dem Lehnswesen: nur wer Bodenbesitz hat, ist verpflichtet, sich und seine Söhne zum Heeresdienst zu stellen. Die Aushebungen in den weiten Ländern, vor allem in Iran und in Armenien, dauerten lange, aber Darius hatte doch nun endlich zum mindesten 400 000 Mann beisammen – ein buntes Durcheinander von Trachten und Bewaffnungsarten –, die um Babylon in den üppigsten Quartieren lagen. An physischem Mut fehlte es ihm keineswegs, aber er war ein Mann der langsamen Überlegung und hörte gern den Rat anderer. Auch der Anschlag, Alexander ermorden zu lassen, ist ihm gewiß von seinen Ratgebern aufgedrängt worden. So wurde denn auch jetzt in seinem Hauptquartier beraten und beraten. Erfahrene Männer rieten, ruhig dort stehen zu bleiben und des Gegners Vormarsch vielmehr am Euphrat zu erwarten; denn das dortige Land, endlos flach wie eine Tischplatte, eignete sich zur Entfaltung der persischen Übermacht und zu Reitergefechten wie kein anderes.

Darius aber dachte denn doch anders; seine Ehre erforderte, daß er sich endlich in dem gefährdeten Reichsteil, in Kleinasien, zeigte, daß er den Feind im Offensivstoß aus dem Lande warf, und er rüstete den Ausmarsch.

Um ihm zuvorzukommen, warf sich Alexander wieder an die Südküste, nach Cilicien. Dabei mußte er zum zweitenmal den Taurus übersteigen. Der schwierige Paß war von Persern besetzt und leicht zu verteidigen, aber beim Nachtangriff Alexanders liefen die Perser davon, und Alexander pries wieder sein liebes Glück. In der engen, tiefen

Bergschlucht, durch die er marschierte, wäre er sonst mit Steinwürfen aus der Höhe einfach zugedeckt worden.

Cilicien liegt der Insel Cypern gegenüber und ist der letzte Strich der Südküste Kleinasiens, der schon auf Syrien zuführt, eine Küstenebene, die am Strand schmal wie ein Korridor zwischen den steilen Kulissen des Taurusgebirges und dem offenen Mittelmeer verläuft. In Tarsus, der Hauptstadt Ciliciens, die jedem als die Heimatstadt des Apostels Paulus bekannt ist, lag noch persische Besatzung. Wie immer drang Alexander in raschem Tempo vor, kämpfte auch wieder in den unzugänglichen Bergen mit dem trotzigen cilicischen Bergvolk, stets persönlich am Kampf beteiligt, als er hörte, daß die persische Besatzung Tarsus räumen, aber die Stadt vorher in Brand stecken wolle. Um sie zu retten, schickte er Parmenio dorthin; so melden die einen; die andere Überlieferung sagt, daß er selbst mit seinem Reiterkorps und Leichtbewaffneten im Parforceritt herbeieilte. Da erkrankte er. War es ein Schlaganfall? Die Ärzte verzweifelten. Es war die erste schwere Warnung.

Ich folge der glaubwürdigsten Überlieferung. Alexander näherte sich der Stadt Tarsus, sei es nach jenem Parforceritt oder nach sonstiger Überanstrengung, in der asiatischen Glühhitze des Juli- oder Augustmonats. Da sah er den Kydnosfluß, der kristallklar, aber eisig von der Schneeschmelze des Hochgebirgs, auch im Sommer tiefes Wasser führt. Sein Temperament ging mit ihm durch. In Schweiß gebadet warf er sich ins Wasser. Naturbad. Angesichts seines Heeres hatte er die Kleider abgeworfen; die Leute sollten sehen, daß er es nicht besser haben wollte als der gemeinste Mann. Das Wasser war tief genug zum Schwimmen.

Was nun folgt, wirkt wie eine Tragödie. Kaum im Fluß, verliert er das Bewußtsein, schlagartig. Er sinkt. Man rennt, man rettet. Er ist tot, hieß es. Die Glückgöttin hatte sich abgewandt, und die Parzen zerrten an seinem Lebensfaden. Das Entsetzen war namenlos. Den braven Mazedonen stürzten die Tränen; so liebten sie ihren König. Gleich aber ging auch die Angst um, der Schreckgedanke: wir sind herrenlos, Mazedonien ohne König; er ist tot, ohne Sohn und Erben; und Darius droht; wir müssen zurück; wer aber soll uns führen?

Militärärzte genug gab es im Heer, auch mehr als einen bewährten Leibarzt. Das Bewußtsein kehrt dem König wieder, aber ein heftiges, heiß zerstörendes Fieber wirft ihn um. Die Ärzte erklären kein Mittel zu wissen, um es zu brechen, bis doch einer unter ihnen, *Philippus*, die Heilung verspricht; er verspricht selbst ein Mittel zu bereiten; denn jeder Arzt war damals Pharmazeut und sein eigner Apotheker. Daß der berühmte Arzt Hippokrates und seine Nachkommen in Mazedoniens Hauptstadt Pella wirkten, habe ich früher erwähnt; von ihnen war dieser Philippus ein Schüler, ein älterer Mann, der Alexander schon als Kind beaufsichtigt hatte und seine Natur kannte. Aber Parmenio, der angesehene Feldherr, warf sich auffallenderweise dazwischen; Parmenio war damals abwesend; aber ein Brief von ihm warnt den Kranken, dieser Philippus bringe Gift; er sei von Darius bestochen. Alle Hoffnung schien danach umsonst. Verschwörung? Parmenio hatte schon einmal solchen Mordanschlag aufgedeckt, er war erster Vertrauensmann des Königs, und der Konflikt war da. Der Konflikt war in Alexanders Seele geworfen. Wem sollte er glauben? und wer von beiden wollte seinen Tod?

Philippus trat ans Krankenbett und brachte seinen Trank mit dem Bemerken, erst in einigen Tagen könne er wirken. Alexander zögerte nicht, nahm die Schale, und während er mit der andern Hand seinem Arzt den Brief Parmenios reichte, trank er sie rasch und ohne Besinnen leer. Es war ein großer Augenblick, und edle Worte wurden gesprochen, Worte der Treue und Männerfreundschaft. Parmenio war immer noch von Tarsus abwesend. Das Mittel aber half, das Fieber wich, die Genesung kam. Philippus war der Retter und der Jubel groß.

Seitdem blieb ohne Frage im hintersten Winkel der Seele Alexanders ein Verdacht sitzen: hatte Parmenio wirklich seinen Tod gewollt? Aber er erstickte solche Gedanken. Er war damals noch vollkommen vertrauensselig. Alleinstehend unter all seinen Generälen, bedurfte er dringend des unumstößlich festen Glaubens an sie, um seinen großen Zielen nachgehen zu können. Mißtrauen war Lähmung, und er selbst war ohne Tücke; er konnte nicht an Tücke seiner Vertrauten glauben. So erklärt sich, daß er vorläufig noch unbedingt an Parmenio festhielt.

Bei den alten Historikern wird zur Erklärung des Verhaltens Parmenios nichts beigebracht, als daß er mit dem Arzt Philippus persönlich überworfen gewesen sei. Damit wird sein Verhalten zwar motiviert, aber nicht gerechtfertigt. Wer um solchen Umstandes willen seinen König dem Tod aussetzt, dem liegt eben nichts an der Rettung des Königs, und er wird indirekt zum Mörder. Ein Mann in dem Alter und in der verantwortlichen Stellung Parmenios mußte sich hierüber klar sein. Die Sache erscheint um so schlimmer, da sich Parmenio in seinem Brief zu einer dreisten Lüge herbeiließ. Seine Verdächtigung war glatt erfunden.

Alexander war anders als sein Vater, und er mochte nicht allzu gern an ihn erinnert sein. Vielleicht waren beide gleich begabt, in einem aber übertraf er ihn; er kannte keine List, Hinterhalt und Lüge im Männerverkehr, die erbärmlich kleinen Mittel des Diplomaten. Er sagte es später selbst in den Zeiten der Enttäuschungen: „ich sage stets die Wahrheit und verlange es auch von andern“, und hat all seine Erfolge auf geradem Wege durch Freundlichkeit und Drohung erzielt. Die Freundlichkeit dankte man ihm, denn sie war echt. Die Drohung warf die Leute auf die Knie. Schon wenn er im Gefecht auftauchte, war beim Feind die Bestürzung groß. So faszinierend war sein Blick, sein kurzes Wort im Gespräch und in der Ansprache an die Mannschaft. Seine Mazedonen konnten von ihm sagen, wie Davids Kriegsknechte von ihrem König sagten: du bist, als wenn unser Zehntausend wären.

In Tarsus hatte er krank gelegen. Als er endlich aufbrach, war es nicht zum Kampfe. In der benachbarten Stadt Soloi feierte er zunächst ein Dankfest: Dank dem Gott der Ärzte Äskulap, Dank seinem Leibarzt Philippus; das schuldete er sich und seinem Heer. Es war eine Begehung größten Stils, mit Opferspeisung der Massen, Prozession und Fackellauf, in dem er selbst mitlief und die Fackel schwenkte; dazu Wettkämpfe auf dem Sportfeld, endlich aber auch Konzert und Theater. Was wurde gespielt? Wir wüßten gern das Programm. Welche Dramen? Sicher Tragödien. Alexanders Kunstinteressen waren lebhaft und ausgedehnt, das sehen wir hier wieder und noch oft; ob er freilich immer den besten Geschmack zeigte, ist eine andere Frage. In seinem Troß aber fanden sich die besten Schauspieler und Solisten, die Griechenland aufzuweisen hatte. Leider spielten keine Frauen. Das ist bekannt. Der Betrieb dieser musischen Künstler war genossenschaftlich organisiert, und sie folgten dem großen Abenteurer Alexander in den fernen Orient mit Ehrgeiz und mit Vorteil; denn sie wurden gut bezahlt.

Für Alexander aber war es eine gedämpfte Freude trotz der Feier, die er seinem Heere gönnte. Denn der Herbst nahte schon wieder, und was hatte er in diesem zweiten Kriegsjahr erreicht? Nur Kleinasien war jetzt größtenteils in seinen Händen, und er hatte, um die gewonnenen Gebiete zu verwalten, sogleich mit Umsicht Zivil- und Militärbehörden, wie er sie brauchte, eingesetzt, indem er das bisherige persische Verwaltungssystem verbesserte; so entzog er den von ihm eingesetzten neuen Satrapen, um dem Mißbrauch vorzubeugen, vor allem die Finanzdinge. Die eingelaufenen Gelder sollten durch besondere Beamte direkt in den königlichen Staatsschatz überführt werden. Alle Vertrauensposten besetzte er vorläufig nicht mit Griechen, sondern mit Männern des mazedonischen Kriegsadels. Die Auswahl war verantwortungsvoll; aber es gab unter ihnen offenbar viel brauchbare Leute. Alles das aber, sagte er sich, war wenig. Die Krankheit hatte ihm so viel Zeit geraubt, und die große Entscheidung blieb immer noch aus. Er wollte an den Feind.

Aber die Entscheidung kam rascher als er ahnte.

Darius hatte von Alexanders Krankheit gehört. Das war ein günstiger Umstand, den er benutzen wollte. Man schwatzte sogar, die Krankheit des Mazedonen sei nur geheuchelt; in Wirklichkeit ängstige er sich vor dem großmächtigen Gebieter Asiens und verkrieche sich feige unter den Schutz des Taurus. So war die Riesenarmee des Darius tatsächlich schon im Marsch. Ich unterlasse es, den glänzenden Aufzug zu schildern; das heilige Feuer auf beweglichem Altar fehlte nicht im Zuge, der mit weißen Rossen bespannte Wagen des Sonnengottes und aller Pomp, ohne den ein Sultan Babylons und Susas nicht denkbar war. Ein Übermut herrschte bei den Persern, und Darius selbst strotzte von Machtgefühl. So also war der Feind schon in nächster Nähe, als Alexander seinerseits eben in anderer Richtung abzog, Kleinasien verließ und nach Syrien vordrang: Richtung Damaskus. Er wollte jetzt endlich den Kontinent Großasiens betreten, um Darius am Euphrat zu suchen.

Cilicien glich, wie ich sagte, einem schmalen Korridor; derselbe hatte nach Osten und in der Richtung auf Babylon und Syrien zwei nahe beieinanderliegende Tore, die durch einen Gebirgsstock (das Amânusgebirge) voneinander getrennt waren. Wer das eine Tor passierte, konnte den nicht sehen, der durch das andere zog. Durch das südliche Tor war Alexander soeben nach Osten durchgebrochen; den Parmenio hatte er schon vorher diesen Paß sichern lassen. Gleich darnach aber wälzte sich des Darius Heer durch das nördliche Tor, um Alexander in Cilicien zu suchen. Denn Darius wähnte seinen Gegner noch dort. Die beiden Heere waren sich dabei nicht nahe gekommen; kein Hallo und Getöse, kein Wachtfeuer verriet eins dem andern, und auf einmal stand Darius im Rücken Alexanders. Eine unerhörte Situation. Alexander war von seiner Rückzugslinie völlig abgeschnitten. Aber auch Darius war vollständig überrascht, den Gegner hinter sich statt vor sich zu haben, und mußte, in Marschbewegung nach Westen, seine Front jetzt sofort nach Osten kehren. Dies geschah bei Issus, welche Stadt er kampflos dem Alexander wegnahm.

Die Strandebene Ciliciens ist auch dort noch ziemlich schmal und für die Entfaltung der Übermacht sehr ungünstig. Die Front konnte sich nicht ausweiten; Umgehungsversuche erschwerte das Gebirge erheblich. Angeblich ballte sich dort unter des Darius Führung eine Menschenmasse von 600 000 Mann zusammen.

Alexander wollte das Unglaubliche noch immer nicht glauben: in einem starken Ruderboot schickte er Kundschafter aus, die den Meeresstrand entlang ruderten; die bestätigten ihm: der ersehnte Feind steht wirklich da, nahe genug! Er war froh, wie erlöst. Jetzt galt es durchzubrechen. Aber er wußte, daß er siegen würde.

Darius hatte am Fluß Pinarus seine Kampftruppen aufgestellt. Daß Alexander durchzubrechen versuchen würde, glaubte er anfangs gar nicht. Vielmehr wollte er selbst eine Offensivschlacht liefern, denn dazu war er ja herangekommen, und stellte deshalb einen Teil seiner besten Mannschaft *vor* dem Fluß auf, um, wenn der Feind sich ruhig hielt, seinerseits vorzugehen und unter dem Schutz dieser Mannschaft seine weiteren Truppen über den Pinarus zu bringen. Aber Alexander marschierte zu rasch heran; er übernahm sofort seinerseits die Offensive. Während des Marsches verbreiterte er seine Front allmählich, so daß schon eine Schlachtordnung entstand, eine großartige taktische Leistung, und ging vom Marsch nach einer kurzen Atempause unmittelbar zum Angriff über. Sogleich zog der Perser seine Vortruppen hinter den Fluß zurück.

Eine Atempause. Sie war nötig. Denn es galt noch einmal festzustellen, wie die Stimmung im Heer war. War Alexander seiner Leute gewiß? Wie leicht konnte eine Panik entstehen! Denn alles wußte, daß man wie im Sack steckte und von der Heimat völlig abgeschnitten war. Er ritt auf schnaubendem Roß die Front entlang und sprach schneidig und laut zu jedem Gruppenführer und Offizier, um ihren Geist zu heben, nannte jeden bei Namen, erinnerte sie an das, was sie früher geleistet: „Wißt ihr noch?“ Die Antwort war das Geschrei: „Rasch auf den Feind!“ So scholl es von allen Seiten.

Parmenio befehligte hart am Meeresstrand den linken Flügel. Im Zentrum stand die schwere mazedonische Phalanx. Alexander selbst dagegen führte den rechten Flügel, der sich an das schroffe Gebirge lehnte, und trieb wie immer zuerst nur diesen rechten Flügel, die Kavallerie, zum Angriff vor. Ein Pfeilregen empfing ihn, während er mitten unter seinen Junkern über den Fluß setzte, und es entwickelte sich eine Reiterschlacht wie am Granikus. Wo stand Darius selbst, der König? Er fand ihn zunächst nicht; aber eine Gier erfaßte ihn, sich auf ihn zu stürzen, ihn im Zweikampf zu erledigen. Es war der Darius, der gegen Alexander den Meuchelmord geplant hatte.

Alexander war schon am rechten Schenkel verwundet, hatte, so scheint es, auch den Helm verloren. Aber den, den er suchte, fand er nicht. Denn Darius, der stattliche Herr, stand führend nicht Alexander gegenüber, sondern seitab im Mitteltreffen, übrigens königlich angetan, mit seinem Riesenbogen auf dem hohen Streitwagen: ein peinliche Aufgabe, als wäre er eine glänzende Puppe. Die Streitwagen waren hoch, so daß der König einen Schemel oder Gestell brauchte, um hinaufzusteigen. Der Bogen war die Königswaffe. Wir wissen nicht, ob er auch wirklich höchstselbst den Pfeil abgeschossen hat. Zum Zweikampf war er jedenfalls schlecht befähigt, weil der Wagen ihn festhielt. Eine Kohorte der vornehmsten Männer, alle zu Roß, deckte ihn. Wie sich von selbst versteht, führte Darius das höchste Kommando, und alle Befehle gingen von ihm aus; im Auge der Masse aber war er mehr: ein hochragendes Symbol, wie es die Standarte in den Schlachten der Neuzeit ist. So lange er hochstand, war auf Sieg zu hoffen.

Und man hoffte nicht ohne Grund auf Sieg. Denn Alexanders Fußvolk im Zentrum und Parmenio mit seinem linken Flügel, die nun auch über den Fluß wollten, kamen nicht voran. Des Darius griechische Söldner fochten hier im Gegenstoß und taten ihr Bestes; es war ein Kampf wütenden Ehrgeizes zwischen Griechen und Mazedonen, wer der Stärkere und Gewandtere wäre.

Da schwenkte Alexander rechtzeitig ein und faßte das schon siegreiche feindliche Fußvolk in der Flanke. Als Darius dies sah, wandte er den Wagen und jagte fluchtartig nach hinten, wo das für den Kampf unverwendbare Volk seiner Reserven stand. Das war das Verhängnis. Der König war verschwunden. Das bedeutete für alles, was persisch war, sofort Abbrechen des Kampfes. Es begann die allgemeine Flucht; dann wurden auch jene Söldner mitgerissen: ein furchtbares Chaos in der Enge. Weithin über Haufen von Feindesleichen stampften die nachsetzenden Mazedonen. Ptolemäus erzählte das ausdrücklich, Alexanders Feldherr, der spätere König Ägyptens; er war dabei und konnte den Eindruck nicht vergessen.

Alexander aber suchte immer noch den Darius. Er sah ihn. Sein Bukephalus war schneller als des Darius Wagen. Die vornehmsten persischen Herren, die ihren König hatten verteidigen wollen, fielen jetzt oder waren schon gefallen, darunter auch der Satrap Ägyptens. Unverletzt blieb *Oxathres*, des Darius Bruder. Darius aber sprang vom Wagen, warf sich zu Pferd, ließ den Bogen und alle königlichen Abzeichen fallen und verschwand unkenntlich und als gewöhnlicher Reitersmann, von wenigen gefolgt, im Gebirge. Alexander hatte das Nachsehen; aber er wollte ihn durch die Welt verfolgen, bis er ihn faßte.

So verlief die Schlacht bei Issus. Die meisten Opfer hatte die Flucht gefordert. Die Saat der Toten war ungeheuer. Man staunt immer wieder, wenn man von dieser haltlosen Flucht hört und welch äußerliche Umstände genügten, um den Sieg zu wenden und eine Großmacht wie die persische auf die Knie zu werfen. Man kämpft für den Sultan; ist er nicht da, läuft man nach Hause. Die Orientalen sind eben keine Preußen. Wie Spreu im Wind stob alles auseinander. Kein Rückzug; niemand sammelte; jede Führung fehlte. Darius war schon jenseits des Gebirges; nur geringe Streitkräfte fanden sich wieder zu ihm. Er stahl sich weg wie einer, der zu schanden geworden ist, weil er nicht seinen Mann gestanden.

Er hatte in wenig Stunden viel verloren. Es war noch gar nicht zu überschauen: mehr als die Hälfte seines Weltreichs, seinen Kriegsschatz, der in Damaskus lag, unzählbare Körbe voll gemünzten Goldes; auf dem Schlachtfeld selbst das üppige Feldlager, den glänzenden Troß, vor allem sein lustschloßartiges Zelt mit den königlichen Frauen und seinem einzigen Sohn, die er alle schmählich in Feindes Hand gelassen hatte.

Und dagegen Alexanders Gewinn. Es war, als hätte er mit dem Hammer eine Spiegelscheibe eingeschlagen, daß die Scherben flogen. Er konnte den ganzen Laden ausrauben. Das ganze Asien lag nunmehr vor ihm offen.

Begreiflich, daß er bester Laune war. Alle, die sich ausgezeichnet, wurden glänzend belohnt, der nahen Stadt Soloi, in der er vor kurzem seine Genesungsfeier begangen, die Zahlung des noch ausstehenden Tributs erlassen. Bald brachte Parmenio, der schon über den Libanon stieg, aus Damaskus den Kriegsschatz des Darius. Auch das war ein Ereignis; denn Alexander brauchte ihn; er hatte eine offene Hand; die Geldmassen kamen sofort in Kurs, und es ergoß sich ein Überfluß an Geld über das kleine Griechenland, das im Hintergrund all dieser Dinge lag, wie er noch nicht dagewesen.

Parmenio aber brachte aus Damaskus noch mehr, zunächst eine Anzahl von Griechen, Leute aus Theben und Athen, die er dort aufgegriffen und die sich als Hasser Mazedoniens und als Gesandte ihrer Städte in des Darius Gefolge umgetrieben hatten. Nun zitterten sie für ihr Leben. Alexander aber hatte an ihrer Angst genug, winkte ab und ließ sie frei; nur einen Spartaner befahl er in Haft zu halten.

Aber Alexander fand jetzt endlich auch ein Weib. Wer war es? Die Fügungen spielen oft wunderbar. Es war die junge Witwe Memnons, seines Gegners, jenes Mannes, der noch kürzlich in des Darius Dienst gegen Mazedonien ausfuhr. *Barsine* hieß sie. Parmenio hatte sie in Damaskus gefunden und festgenommen und führte das schöne Weib, rein persisches Blut, aber vollständig griechisch erzogen, seinem König zu. Alexander hatte jetzt Rast zur Liebe. Doch hielt er, während sonst königliche Hochzeiten ein Nationalfest waren, das Beilager in aller Stille; denn diese Barsine war unebenbürtig, und sie war Perserin und als Perserin bei seinen Mazedonen mißliebig.

Den lebenslustigen Griechen schien Alexanders Keuschheit und Zurückhaltung im Geschlechtsverkehr auffällig. Es wird uns ausdrücklich gesagt: es war dies das erstemal, daß er eine Frau berührte. Wie viele Weiber, auch edle Frauen, mögen nach seinem Blick verlangt haben! Er duldete sie nicht im Lager. Wie oft bekam er Anträge erotischer Art auch in brieflichen Angeboten! Man wollte schöne Personen, auch Knaben für ihn kaufen. Briefe voll Verachtung und glühenden Zornes schrieb er zurück. Als er hörte, zwei mazedonische Herren hätten Griechenfrauen geschändet, befahl er dem Parmenio sofort sie zu töten.

Barsine gebar dem Alexander den Sohn, den er *Herakles* nannte. Ein Ehrenname. Herakles, der Heros, galt offiziell als Stammvater des mazedonischen Königshauses. Aber der Junge war ein Bastard und in Mazedonien nicht erbfolgeberechtigt.

Darius verlangte indes dringend nach seinen Frauen, nach seinem Sohn, und ein schriftlicher Verkehr der Könige begann. Wir kennen zum Teil den Wortlaut. Er geht hoch auf Stelzen, fast wie im Theaterstück. Man merkt immer wieder, daß wir uns in jenem Orient bewegen, wo ein Sardanapal und Nebukadnezar herrschten. Ein gegenseitiges Übertrotzen. Eine Gesandtschaft überbrachte den Brief des Darius, in dem er die Auslieferung seiner Familienangehörigen gegen hohe Geldzahlung mehr verlangte als erbat, übrigens Frieden und Freundschaft anbot, falls Alexander nach Mazedonien zurückginge. Sich selbst bezeichnete Darius in der Akte als König, bei Alexanders Namen unterdrückte er den Titel. Alexanders Antwort liegt wörtlich vor; sie ist nicht minder hochfahrend, aber äußerst wirksam im Stil, ein Manifest, das er damals ohne Frage auch veröffentlicht hat, damit die ganze Welt es las. Denn sein Kriegsunternehmen wird darin noch einmal ausführlich motiviert, und die Auffassung bleibt immer dieselbe: es ist ein Rachekrieg; es ist ein Krieg Griechenlands und Alexander Führer der Griechen. Zwischen Griechen und Mazedonen ist politisch kein Unterschied. In großem Aufbau und weitschichtigem Vordersatz werden alle Frevel, die Persien je begangen, aufgezählt, bis dann die Folgerung drohend herausspringt. Was die Frauen betrifft, so möge Darius selbst kommen, sie sich zu holen; ihm solle kein Leid geschehen. Weiter heißt es: „Schreibe hinfort nicht an mich, als ob du mit mir gleichstündest, sondern als an den Herrn deines Reiches. Bist du anders gesonnen, so werde ich die Beleidigung zu strafen wissen.“ Das Bedeutsamste aber ist, daß Alexander hier öffentlich das Recht des Darius auf den Perserthron auch vom *persischen* Standpunkt aus bestreitet: denn Darius sei widerrechtlich und nur durch Mord auf den Thron gelangt. Das war für die Ohren der Perser bestimmt: Persien selbst muß fordern, daß Darius falle.

Der Schriftwechsel zwischen den Königen ging noch weiter. Zum zweitenmal kam Darius auf seine Frauen zurück und versprach für ihre Freigabe jetzt das höchste Lösegeld. Alexander aber gab nicht nach. Warum nicht? und was wollte er mit den

Frauen? Sie würden vielleicht noch einmal seiner Politik dienen; jedenfalls aber gönnte er seinem Gegner, den er verachtete, jede Schmach und jede Herzkränkung. Das war es. Indes mochte Darius beruhigt sein; denn es war ein ritterlicher Mann, der ihm die Herzkränkung antat.

Es handelte sich um des Darius ehrwürdige Mutter; *Sisygambis* war ihr Name; um des Darius Gattin, zwei Töchter und den Sohn, der noch ein Knäblein war. Kehren wir noch einmal zur Schlacht bei Issus zurück.

Als die hohen Frauen (sie waren von andern vornehmen Perserinnen umgeben) von dem Ausgang der Schlacht hörten und der plündernde Feind ihrem königlichen Zelt sich nahte, schrien sie auf, ein Wehgeschrei, das nicht endete. Denn sie hielten Darius für tot. Sein königlicher Schmuck war auf dem Schlachtfeld gefunden worden. Es war schon Abend, Alexander, obschon verwundet, beim festlichen Mahle (es galt das Bibelwort: sie aßen und tranken und waren fröhlich), als er die jammernden Frauenstimmen hörte. Es ergreift ihn, und sofort sendet er einen höheren Offizier zu ihnen, um sie aufzuklären: Darius sei nicht tot. Die Frauen fürchten, man käme, um sie zu erdrosseln, und sträuben sich, den Offizier vorzulassen. Dann flehen sie auf den Knien um ihr Leben, bis sie endlich die beruhigende Kunde erhalten und wissen: ihnen wird nichts geschehen.

Am folgenden Tag ehrte Alexander die Königinmutter, indem er sie bat, sich frei zu bewegen und die Bestattung der gefallenen vornehmen Perser mit all dem Aufwand, der ihr erforderlich schien, selbst zu veranstalten. Die junge Gattin des Darius, die schönste der Frauen, zu sehen, vermied er. Wir lesen noch, wie er später in einem Brief beteuert, sie nie gesehen zu haben. Er fürchtete ihre Schönheit und wollte ihr nicht nahe treten; denn sie war die Gattin eines andern. Aus jener Zeit stammt gewiß auch die Äußerung von ihm, die schönen Perserinnen seien wie Augenschmerz; d. h. ihre Schönheit blendet wie greller Glanz, der in das Dunkel schlägt.

Nur bei Sisygambis ließ Alexander seinen Besuch ansagen und trat zu ihr ein, aber nicht allein; sein Jugendfreund Hephästion ist mit ihm. Hephästion war hochgewachsen und der schönere. Sisygambis huldigte ihm, als wäre er der König. Der Eunuch klärte sie auf, und sie erschrak. Das gab eine bewegte Szene. Alexander aber war liebenswürdig und sagte, auf Hephästion weisend: „auch dieser ist Alexander", d. h. er ist mein zweites Ich, und du durftest uns beide verwechseln.

Alexander ließ in den ersten Jahren diesen seinen Jugendfreund nicht in die Schlacht, als fürchtete er für ihn das Los des Patroklos. Nur zur Repräsentation oder zu seiner Vertretung, wo er selbst abwesend, verwendete er ihn. Schön aber ist sein Verhältnis zu älteren Frauen, wie wir es hier sehen und wie er vor einem Jahre der karischen Fürstin Ada eine mütterliche Stellung gewährte. Es ist, als vermißte er seine Mutter Olympias, die er nie wiedersehen sollte.

Schließlich hob Sisygambis ihr Enkelkind, das Söhnchen des Darius, hoch, Alexander nahm es freundlich auf den Arm und das Kind schlang furchtlos die Händchen um seinen Hals.

Eine Genreszene: Alexander mit dem Knaben, wie der Hermes des Praxiteles. Den modernen Kritikern scheint die Szene zu hübsch, um sie glaubhaft zu finden. Aber warum? Sie ist hinreichend gut bezeugt und der Hergang so natürlich wie möglich.

Man hat Alexanders ritterliches Verhalten gegen die Frauen stets bewundert; aber es war zugleich zweckmäßig und diente seinen Plänen; denn es scheint kaum nötig zu sagen, daß er sich nicht nur die Hochschätzung dieser Frauen, daß er sich auch die Sympathie ganz Persiens gewinnen wollte. Von vornherein, seit der Leichenbestattung nach der Granikusschlacht, sehen wir sein Verhalten auf den Gewinn dieser Sympathien eingestellt. Dabei muß man wissen, was im Morgenland die Königinmutter damals bedeutete und heute noch bedeutet. Das Wort der Altsultanin gilt da gewöhnlich mehr als das des wirklichen Regenten, ihres Sohnes, selbst. Hatte Alexander also das Herz der Sisygambis gewonnen, so war der Gewinn groß. Und die Doppelnatur seiner Weltpläne tritt uns schon hier entgegen: Sicherung und Ausbreitung der griechischen Kultur über die Ökumene bis nach Baktrien und bis nach Karthago hin, und daneben persisches Großkönigtum, das sich auf Persien selber stützt und bis nach Indien reicht. Er glaubte beide Pläne vereinen zu können; es sollte gleichsam eine Ehe des Persertums und Griechentums werden, aber eine Ehe unter Ebenbürtigen.

Auf dem Schlachtfeld selbst endlich aber errichtete Alexander ein Denkmal seiner Frömmigkeit. Denn er fühlte sich unter des Gottes besonderer Hut, der ihm die Kraft zu siegen, der ihm zugleich auch das Glück verliehen: ein Bevorzugter des Himmels. Er rühmte sein Glück, aber der banalen Göttin Tyche zu huldigen überließ er anderen. Er errichtete vielmehr am Ort drei Altäre, dem Zeus, dem Herakles und der Athene. Der Kriegsgott Ares fehlt; denn nur die Berserker und Barbaren verehrten noch diesen wilden Gott. Athene ist hier die Kriegswalterin, die den Sieg auf der Hand trägt, Herakles der vergötterte Ahn des Königshauses, Zeus aber der Verwalter des Schicksals, der so im Himmel herrscht, wie jetzt Alexander zeitweilig der Herr auf Erden geworden ist. Zeus, dem Allvater, fühlte der schwungvoll kühn phantastische Mann sich nah und näher. „Göttern kann man nicht vergelten, schön ist's, ihnen gleich zu sein“, sagt auch unser deutscher Dichter. Alexanders innerste Gedanken sollten sich bald offenbaren; er fühlte sich als Kind des Wunders und überirdisch begnadet, gefeit in allen Gefahren wie Gott Dionys, als der gegen Indien zog: der Schnee schmolz weg unter seinen Füßen, die Berge wichen, das Meer trat zurück. War er nicht seinesgleichen?

Er war wie Dionys der Zeussohn und Gottessohn.

***

Von Tyrus bis Alexandrien

Es war Winter, als Alexander Syrien, die erste Provinz Großasiens, besetzte; das erstemal, daß in diesem syrischen Lande eine europäische Militärmacht sich gezeigt hat.

Schmählich war es hergegangen, als Parmenio Damaskus nahm; aber da war Alexander nicht selbst zugegen. Der persische Befehlshaber, der Schuft Kophen, verriet die gewaltige Stadt, „das Auge des Orients", kampflos dem Parmenio. Der Mann tat es ohne Vorteil; seine Leute köpften ihn später und sandten sein Haupt dem Darius. Von Alexander hat er keinen Dank geerntet. Tausende von Menschen, beiderlei Geschlechts, die zum eleganten Troß des Darius gehört hatten, strömten, als Kophen die Stadt verließ, voll Angst ihm nach, aus den Toren, richtungslos auf die Felder. Schnee fiel, und die durch ihr Klima verwöhnten Südländer starrten vor Frost. Es waren viele Reiche und Vornehme darunter. Lastträger folgten ihnen; auch die froren erbärmlich, bemächtigten sich der Prachtgewänder und hüllten sich in Purpur und Goldbrokat. Da ritten die mazedonischen Reiter mit Hallo Attacke (Alexander hätte das schwerlich geduldet), und ein entsetzliches Chaos folgte. Alle warfen von sich, was sie trugen, und in Schmutz und Nässe der geschmolzenen Schneemassen lagen und standen auf den Äckern die Kostbarkeiten herum: für den Sold bestimmte Gelder, Purpurröcke, Goldschalen, vergoldetes Pferdegeschirr, Prachtzelte und Reisewagen voll kostbarer Habe. Vieles blieb im Dreck liegen; die Räuber konnten gar nicht alles bergen. Unter den erbeuteten Frauen aber waren u. a. auch die Gattin und drei Töchter des verstorbenen Großkönigs Ochus sowie die Tochter jenes Oxathres, des Bruders des Darius.

Alexander stand jetzt zum erstenmal im Land des veränderten Transportwesens, im Land der Karawanen, er stand im Land der Zedern des Libanon und der Rosen von Saron, der Palmenwälder, die das Wasser lieben, und der Wüsten, die nach Arabien hin sich dehnen, endlich im Land des Voll-Semitismus. Syrer, Phönizier, Araber, Juden, Semiten sie alle; die Sprache aramäisch und fremd. Zuerst hatte er in der Stadt Tarsus semitische Bevölkerung angetroffen.

Die Leute in Jerusalem gaben acht. Ihr kleiner Vasallenstaat war zu unbedeutend, um Schaden fürchten zu müssen. So hinterließ Alexander denn auch bei ihnen kein übles Andenken. Am Anfang der Makkabäerbücher ist ihm ein Denkmal gesetzt, in dem sich der Respekt äußert, den man vor ihm empfand. Wer im Alten Testament, in den Büchern der Richter, der Könige blättert, findet dort all die Namen der Städte und Örter tausendmal genannt, wo Alexander sich jetzt bewegte. Denn die Juden führten Geschichtsbücher oder Annalen ganz so, wie auch die Phönizierstadt Tyrus es tat, worin die Weltereignisse nach dem engen Lokalinteresse von Tyrus und Jerusalem sich gestalteten. Die tyrischen sind leider nicht erhalten, die jüdischen liegen uns vor.

Schlachten entschieden sich in einem Tag, vom Morgen bis zum Abend; offene Länder waren leicht zu nehmen, und die Landbevölkerungen wehrten sich nicht; Kampf und Aufenthalt brachten dagegen die Städte, von denen dies syrisch-phönizische Gebiet dicht erfüllt war. Das Städtewesen war hier ebenso entwickelt wie in Griechenland. In ihnen herrschte entweder Selbstverwaltung der Bürgerschaften oder, was häufiger, Kleinkönige wie in Tyrus und in Jerusalem, die dann Vasallenkönige des Darius waren.

Hier galt es jetzt die ganze Kraft zu zeigen. Die Städte, gegen die Alexander jetzt zu kämpfen hatte, waren mehr als Darius; denn sie waren in Mauern gepanzert und spröde wie die Amazonen, die noch kein Mann bezwang.

Zunächst freilich ging alles glatt; auch waren Belagerungen in dieser Winterszeit unausführbar. Cyperns Könige ergaben sich dem Alexander bald, ebenso eine Anzahl von Küstenplätzen. Hephästion wurde gelegentlich damit betraut, einen Vasallenkönig dort ab- oder einzusetzen. Das Wichtigste aber war, Tyrus und Sidon, die Phönizierstädte, zu gewinnen. Während Damaskus und Jerusalem heute noch stehen, sind diese beiden von der Landkarte so gut wie ganz verschwunden, die uralten, hochberühmten Handelshäfen und Königinnen des Meeres, die Kraftquellen der persischen Kriegsmarine.

Schon aus Homer und der Bibel kennt jeder die Phönizier. Die beiden genannten Plätze machten den Großhandel und Transithandel aus Asien in den Okzident seit Jahrhunderten und lieferten als Lehnstaaten, die sonst freieste Bewegung behielten, dem Großkönig gegen gute Bezahlung seine ausgezeichneten Kriegsflotten und Seesoldaten: semitische Hanseaten, geschäftsklug und unternehmend, aber kein Volk der Wissenschaft und geistigen Erfindungen. Daß die Phönizier unser Buchstabenalphabet erfunden hätten, ist ein Mythus, an den freilich die Griechen glaubten. Auf dem Meer sich umzutreiben und fremde Küsten abzujagen, Segeln und Ruderschlag auf schmaler Planke, die so schwankend wie das Glück, Schiffszimmerei und Kampf mit Wind und Wellen war ihr täglich Leben. Das Meer rauschte bis an ihre Stuben, wenn sie daheim, und sie waren dabei reich, strotzend reich geworden, Tyrus und Sidon, und zwar in Konkurrenz miteinander wie Hamburg und Bremen, Venedig und Genua. Afrika lag ihnen wehrlos offen. Am ganzen Nordrand des afrikanischen Kontinents entlang bis nach Gibraltar beherrschten sie den Küstenhandel; ihre größte Gründung Karthago, die Stadt, die mächtiger wurde als Sidon und Tyrus selbst. Während diese Mutterstädte nie erhebliches Landgebiet erwarben, erwarb sich Karthago im Kampf mit Afrikanern und Griechen ein ausgedehntes Reich, in Tunis, Algier, Sizilien, Sardinien, in ständigem Kampf vor allem mit Syrakus, hernach mit den Etruskern und Römern. Das ferne Karthago war die eigentliche Kraftzentrale des Phöniziertums geworden, und Alexanders Weitblick, der die gesamten Weltverhältnisse überschaute, behielt deshalb sein Augenmerk auch auf Karthago gerichtet. Wir werden es sehen.

Gerade jetzt war Sidon erheblich zurückgegangen und Tyrus die überlegene Stadt, die uneinnehmbare. Noch nie hatte sie ein Feind betreten; Nebukadnezar hatte sie 13 Jahre lang vergebens belagert. Sidon tat dem Alexander gleich seine Tore auf. Wie würde sich Tyrus verhalten? War es persertreu?

Es war Winter, vielleicht Mitte oder Ende Dezember. Alexander ersuchte den Stadtrat von Tyrus in freundlicher Weise, ihn als Freund einzulassen; er wolle dem Stadtgott Herakles nur ein Opfer bringen. Das war ohne Frage ernst gemeint; die Stadt sollte im mazedonischen Reich so frei dastehen wie Ephesus und andere Handelsplätze, und er wollte ihrem Stadtgott so huldigen, wie er der Diana von Ephesus die Ehre angetan hatte. Der Stadtgott Jerusalems war Jehova, der Sidons Astarte, der in Tyrus Melkart; Melkart aber wurde von der gleichmachenden griechischen Theologie mit Herakles gleichgesetzt. Ein dem Melkart dargebrachtes Opfer bedeutete aber den Anspruch auf die Souveränität; nur das Staatsoberhaupt durfte es vollziehen. Das wußten die Tyrier.

Tyrus, die Inselstadt, lehnte ab mit dem Bemerken, Alexander könne das Opfer draußen am Strand vollziehen; seine Tore stünden keinem fremden Despoten offen. Es trotzte auf seine Lage; denn es lag tatsächlich auf einer kleinen Rundinsel wie ein großes Schwalbennest im Meer, durch einen schmalen Meeresarm vom Festland abgetrennt, wie eine Möwenbrutstätte, die niemand sonst betreten darf.

Die Insel war auffallend klein und das vielgepriesene Tyrus schwerlich viel umfangreicher als etwa das Kolosseum oder der weite Platz vor dem St. Peter in Rom: eine Einpferchung von Menschen; die Häuser himmelhoch; die Wohnungen aber nur Schlafstellen wie Nester oder Kabinen. Seefahrer sind gewohnt sich mit Raum zu behelfen; rundum alles eingeschlossen von ebenso hohen Stadtmauern, die gleich aus dem Strand emporwuchsen; an den Toröffnungen die Kais, die Anlegeplätze für die Schiffe. Auch diese Schiffe hatten damals nur höchstens die Größe unserer Flußdampfer, und kein moderner Dreimaster würde in den Häfen von Tyrus haben umwenden können. Trotzalledem aber ist die Stadt damals ein Hauptstapelplatz für den Welthandel des Orients gewesen, die Kaufherren wie die Fürsten.

Die Leute in Jerusalem sahen die Dinge voll Neid und Staunen. Da lesen wir in der Bibel: die Mastbäume ihrer Schiffe sind aus Zedernholz vom Libanon, die Bänke aus Elfenbein, die Segel bunt gestickt; Purpurteppiche auf den Planken. Für ihr Geld werben die Herren sich ihre Schiffsleute aus Kleinasien und Afrika an und handeln mit Zinn und Blei und Silber, Elfenbein und Ebenholz und Sklaven, mit Transitwaren, Edelsteinen und Spezereien aus Arabien. Alles strahlt dort in Pracht: Onyx, Jaspis, Saphir, Smaragd und Gold. Die Stadtmauer war 150 Fuß hoch und bestand aus großen Steinblöcken, deren Fugen mit Gips verschmiert waren. Aber schon die jüdischen Propheten hatten einst verkündet: Tyrus wird untergehen, eine Jungfrau, die entgürtet und geschändet wird; die Bewohner werden sich kahl bescheren vor Trauer und Säcke um sich gürten und bitterlich weinen. Die Freude des Paukenschlags hört auf, und der Schall der Harfen hat ein Ende.

Alexander hielt in seinem Kriegsrat vor seinem mazedonischen Generalstab Vortrag. Liebe Männer und Bundesgenossen, redet er sie an. Ohne Tyrus gehe es nicht; er müsse sich, um wirklich Herr des Mittelmeeres zu werden, hier Land und Städte sichern; sonst sei der Zug gegen Ägypten ohne Rückendeckung und gefährdet, noch gefährdeter der Zug gegen Babylon.

Und er ging an das schwere Werk. Der Adler legt seine Klauen nicht ab. Alexanders Belagerung von Tyrus ist so berühmt wie die Einnahme Numantias durch Scipio, die Jerusalems durch Titus, die Antwerpens durch den Herzog Alexander von Parma i. J. 1585, die Schiller so musterhaft beschrieben hat. In all den Fällen war Verteidigung und Angriff gleich erfindungsreich und gleich hartnäckig.

Mehr als ein halbes Jahr, sieben volle Monate lag Alexander vor Tyrus fest. Das waren über 200 Tage; ohne städtische Unterkunft, ein Leben in Baracken oder Zelten aus Fell. So lange sah er das trotzige Gemäuer vor sich im Wasser starren, so oft im Westen die Sonne im Mittelmeer wieder und wieder untergehen. Die kurzen Tage längten sich; der Erfolg blieb aus. Er hatte mit einem neuen Gegner zu kämpfen, der Geduld.

Die Handelsherren in Tyrus wurden zu Kämpfern. Anfangs sahen sie mit Hohn und Übermut, dann aber mit Bestürzung zu, wie Alexander durch den Meeresarm einen Damm unter eigner Aufsicht aufschütten ließ, der ihrer Stadt näher und näher kam. Das Verfahren war schon ganz dasselbe, wie wir neuerdings die Insel Sylt durch einen Damm mit dem Festland verbunden haben. Tausend Hände rührten sich; die letzte Kraft wurde aufgewandt, ganze Wälder im Gebirge niedergelegt, Felsenmassen gebrochen. In den Meeresarm, der eng, seicht und schlammig, wurden die Bäume mit ihren vollen Wipfeln versenkt, darüber Steinmassen und Erdschicht, dann wieder Bäume und so fort. Die Tyrier aber kamen, packten die Bäume unter Wasser an ihren Ästen, rissen sie heraus, und der Damm fiel in sich zusammen. Der Wiederaufbau kostete doppelte Zeit und Sorgfalt. Indes ließ Alexander auch Techniker, so viele aufzutreiben waren, aus den umliegenden Städten kommen, um unter der Anleitung seiner Ingenieure Geschütze und Holztürme, die auf Rollen liefen, zu bauen. Darüber verging ungefähr der Winter. Zwischendurch zog er einmal landeinwärts bis in den Antilibanon, um dort die aufsässige Bevölkerung zu dämpfen. Solch ein Ritt schaffte Abwechslung; er dauerte nur zehn Tage.

Die Tyrier machten sich immer noch keine Sorgen; sie fingen sich Fische, und das Meer nährte sie, bis Alexander etwa Anfang Februar mit einer gewaltigen Flotte heranfuhr, die ihm bisher gefehlt; die Vasallenkönige von Cypern, von Sidon und andern Küstenstädten hatten ihm nunmehr Galeeren, im ganzen 190 Kampfschiffe gestellt. Da sah man ihn also als Flottenführer und Admiral, und er bot gleich die Seeschlacht an. Er war dabei von einem Gefolge von Königen umgeben. Die Tyrier aber waren klug, nahmen die Schlacht nicht an; vielmehr durch überraschende Ausfälle zu Wasser und kleine Seegefechte schädigten sie die Flotte, die sich täglich neu um die Stadt legte und sich dabei auf See halten mußte. Eine Dauerblockade war unausführbar; nachts konnte immer Proviant in die Stadt kommen. Leuchtfeuer fehlten, die das Meer nachts erhellten.

Alexander mußte nun trotzalledem versuchen, die hohe Stadtmauer zu brechen, die fest wie Beton schien. Wie Napoleon war er ein Meister des Artilleriekampfes. Hätte er nur Sprengstoffe gehabt! Es dauerte noch ein gutes Jahrtausend und länger, ehe man mit Pulver und Kanonen schoß. Rammwerkzeuge, Stoßwidder aus Eisen mußten heran. Immer zwei Schiffe wurden gekoppelt, auf ihnen über Gebälk eine hohe Brücke aufgestellt, auf die Brücke die Artillerie postiert. Aber von gleitenden Böten aus und auf unruhigem Wasser, wie sollte der Stoß da wirken, brechen? Und wie sollte man damit an die Stadtmauer, die rings sich über dem Strand erhob, herankommen? Die Tyrier schütteten obendrein Steinmassen rings unter der Mauer ins Wasser, und die Schiffe konnten nun erst recht nicht an die Mauer heran. Unsägliche Mühe und Zeit kostete es, unter dem Hagel der feindlichen Geschosse die Steinmassen wieder zu heben. Aber es gelang. Dann aber kam ein Unwetter und warf die gekoppelten Schiffe auseinander; alles stürzte zusammen; die Tyrier höhnten, und sie wußten sich auch sonst zu helfen. Die hölzernen Belagerungstürme schossen sie in Brand. Machten Alexanders Schiffe in der Nähe fest, so durchschnitten tyrische Taucher die Ankertaue; eiserne Ketten mußten da her, um die Anker zu sichern. Ein lustiges Intermezzo war ein Walfisch oder Hai, ein Riesentier, das sich in die Meerenge verirrt hatte und halb auf dem Trocknen über dem Wasser lag, um unbeschädigt wieder unterzutauchen. Die Abergläubischen rieten: war es ein Vorzeichen des Siegs oder der Niederlage?

Monate vergingen so, bis Türme und Maschinen endlich wirken konnten und es an der Südseite der Stadt gelang, eine schmale Bresche zu schlagen. Das aber war die Entscheidung. Die Bresche wurde vergrößert und für den folgenden Tag Generalangriff von allen Seiten befohlen. Vom Schiffsdeck aus über Anlegebrücken wurde die Festung erobert. An der Südseite war *Admet* der erste Offizier, der über die Mauer sprang; er fiel. Alexander aber ihm nach. Bald war Alexander schon kämpfend im Herzen der Stadt, wo der Palast des Stadtkönigs *Agemilkos* lag; denn die Stadt war klein. Agemilkos aber war in den Tempel geflohen, ebenso die anwesenden karthagischen Gesandten.

So fiel Tyrus doch endlich unter einem Hieb. Ein blutiger Ausgang. Die Wut der Soldaten kannte keine Grenzen. Die Gassen voll Leichen. Gleichwohl gab es noch 30 000 Überlebende, die Alexander in den Sklavenhandel weggab. Dann feierte das Heer den Sieg mit Paukenschlag und Schall der Harfen; Alexander war dabei immer noch von seinen Vasallenkönigen umgeben: Prozession und Opfermahl, auch ein Flottenmanöver auf friedlichem Meer im Spiel des Sonnenlichts. Die Stadt selbst lag jetzt menschenleer, aber unzerstört. Von einer Ausraubung, wie die jüdischen Propheten sie verkündeten, hören wir nichts. Im Tempel des Melkart weihte Alexander u. a. die Rammaschine, die in die Mauer die erste Bresche schlug. Auch der Damm blieb bestehen, und als sich neue Bewohner wieder in den leeren Häusern sammelten, zogen sie zu Fuß in die Stadt; Tyrus war keine Insel mehr. Seine Rolle in der Geschichte aber war ausgespielt.

Das Wichtigste jedoch war die Wirkung auf Griechenland. Denn so lange eine kampffähige Perserflotte bestand, hatte Griechenland gehofft, von dem verhaßten Mazedonien loszukommen. Jetzt endlich kamen aus Athen Gesandte, die dem Sieger Alexander huldigten. Ja, die Sportleute aus allen Gauen, die auf der korinthischen Landesenge ihr Fest feierten, sandten ihm jetzt einmütig den goldenen Kranz, die höchste Ehrung. Das eben hatte Alexander gewollt. Darum hatte Tyrus fallen müssen.

Schon vor geraumer Zeit hatte er des Darius zweites Sendschreiben empfangen, in welchem Schreiben der Perser ihm die Teilung des Reiches unter Anerkennung des status quo und überdies seine Tochter zur Ehe anbot (diese Tochter hieß Statira, führte also einen griechischen Namen). Das Angebot bedeutete den Frieden; das mazedonische Heer konnte nach Hause ziehen, und Parmenio sagte, als ihn Alexander befragte: „Wäre ich du, ich nähme es an". Alexander dachte anders. Dies Wort Parmenios aber ist bedeutsam: „wäre ich du". Hatte schon Kallisthenes es überliefert? Ich halte es für echt, da mehr darin liegt, als die Historiker selbst wahrgenommen haben. Parmenio war in der Armee nächst dem König der einflußreichste Mann; er war wirklich in der Lage, den Fall zu setzen, daß er selbst der König wäre, d. h. daß Alexander selbst irgendwie mit Tode abging, und zu überlegen, was er dann tun würde. Er würde sich sofort mit Darius vertragen. Alexander selbst war immer noch ohne Arg, begriff nicht, was dies „wäre ich du" bedeutete, und gab nur harmlos die Antwort zurück: „Auch ich würde mich mit ihm vertragen, wäre ich du."

Der Tod lauerte in der Tat auf ihn; wir werden es oft genug sehen, und auch Parmenio sah es. Wer das, was folgt, verstehen will, tut gut, sich von vornherein über diesen Mann, den ersten Paladin Alexanders, klar zu werden. Er war schon Philipps bester Feldherr gewesen und blickte nun auf die brillante Entwicklung des jungen Königs mit Neid; er trug schwer an ihr. Dies sagt uns ausdrücklich Kallisthenes, der Augenzeuge. Als Stratege hat sich Parmenio allerdings gegen Alexander nie aufsässig verhalten und seine Anordnungen stets auf das beste ausgeführt. Er tat es scheinbar loyal, aber doch gegebenenfalls zu seinem eignen höchsten Vorteil; denn sobald Alexander wegstarb, was jeden Tag geschehen konnte, war er es ohne Frage, dem der alleinige Oberbefehl und damit die Herrschaft aller bisher eroberten Länder zufiel; er wäre unter Alexanders Erben, den sog. Epigonen und Diadochenkönigen, die sich hernach wirklich in die Welt teilten, unbedingt der erste gewesen. Ganz ebenso dachte aber offenbar auch sein Sohn *Philotas*. Daher hat Parmenio seinen jungen König nie davon zurückgehalten, sich tollkühn in Gefahr zu werfen, wie es fast täglich geschah. Er selbst verhielt sich jedenfalls anders im Gefecht, nach dem Grundsatz, daß ein Stratege sich sparen und nicht zugleich

Stratiot sein soll. Weder Parmenio noch Philotas haben den Alexander durch eigene Gewalttat beseitigen wollen; das versteht sich; aber sie waren sich darin einig, den Gefahren möglichst freien Spielraum zu geben, denen Alexander sich wissentlich oder auch unwissentlich aussetzte. Daher versuchte Parmenio nach dem Bad im Kydnosfluß die Heilung des erkrankten Königs durch jenen verleumderischen Brief zu hintertreiben; die Krankheit sollte ihr Werk vollenden; daher unterließ es später Philotas, als er von der Verschwörung gegen Alexanders Leben erfuhr, Alexander, wie er mußte, vor der Gefahr zu warnen. Beide töteten nicht selbst, aber wollten der tödlichen Gefahr, die den König bedrohte, nicht im Wege stehen. Die Methode ist durchsichtig. Philotas hat schon gleich nach der Einnahme Gazas, von der wir gleich hören werden, als Alexander verwundet war, sich gegen ihn aufwieglerisch verhalten. Der hochfahrende Mensch, ein ausgezeichneter Reiterführer, bereicherte sich überdies auffallend, trug das zur Schau und spielte den großen Mann. Alexander wollte das damals wiederum nicht wahrnehmen; aber er durchschaute Vater und Sohn doch noch rechtzeitig, und was sie hofften, erfüllte sich nicht.

Es blieb nun noch der Zug nach Ägypten übrig; in Memphis am Nil saß noch ein Satrap des Darius. Auf dem Vormarsch dorthin ließ Alexander Jerusalem besetzen; es geschah geräuschlos; denn das kleine Judäa war die Unterwerfung gewöhnt. Trotzdem aber gab es noch einmal den widerwärtigsten Aufenthalt, eine Belagerung mit allen Schikanen, und das Drama von Tyrus wiederholte sich. Es handelte sich um Gaza, eine feste Seestadt in Jerusalems Nähe. Dies Gaza sperrte sich und trotzte wider alles Erwarten. Ein persertreuer Kastrat führte dort die Verteidigung fanatisch mit rasch angeworbenen arabischen Schützen. Hoch über der Meeresdüne lag das Nest, überdies in hohen Mauern geborgen, auf einem aufgeschütteten Kegel.

In diesem Fall ließ Alexander minieren. Unterirdische Laufgräben halfen. Aber erst, als er aus Tyrus die schwere Artillerie nachkommen ließ, fiel Gaza. Er selbst saß, als es fiel, schwer verwundet in seinem Zelt; denn bei einem Ausfall hatte er im Handgemenge mit gefochten, er ließ sich nicht warnen, und ein von einem Geschütz geschleuderter Pfeil drang ihm vorn durch seinen Küraß. Es war ein Wunder, daß der Tod nicht eintrat. Der Arzt Philippus half auch hier, und zwar diesmal unverdächtigt.

Alexanders Aufenthalt in Ägypten fiel in den Winter des Jahres 332 auf 331; er brachte endlich Erholung und wurde zu einer Zeit der Friedensarbeit. Der Perser unterwarf sich ihm dort sogleich.

Es war vielleicht noch September, als er mit seiner Kriegsflotte prunkvoll und majestätisch den Nilstrom bis Memphis hinauffuhr. Memphis war die Königsstadt. Auch die nahe Stadt Heliopolis suchte er noch auf. Dagegen scheint es, daß er sich nicht die Zeit nahm, weiter nilaufwärts die gigantischen Wunderbauten Thebens, die Bauten in Luxor und Karnak oder auch nur die von Dendera, die den heutigen Reisenden überwältigen und betäuben, zu sehen. Wohl aber ist ohne Zweifel damals sein Blick auf die berühmten Pyramiden von Gizeh bei Kairo gefallen und auf die Sphinx, den Koloß, der schon damals wie heute halb im Wüstensand verschüttet lag und so weltmüde auf den neuen Ankömmling herabsah, als fragte er: ich sah schon viele Herren; sie sind verweht wie Wüstensand. Wie lange wirst du hier herrschen? Er aber hörte die Frage nicht; er hatte zu Betrachtungen keine Zeit, kritzelte auch seinen Namen nicht auf Obelisken, Statuenschenkel und Tempelsäulen, wie es später die eitlen müßigen Römer taten.

Eine Gauverwaltung und Gesamtverwaltung des Landes, die das Selbstgefühl der reizbaren Ägypter möglichst schonte, richtete er ein. Dies war stille Bureauarbeit. Auch die religiösen Gefühle des seltsamen Volkes, das bekanntlich sogar seine Katzen mumisierte und heilig hielt, hat er gutherzig geschont, insbesondere ihre abergläubische Verehrung des Apisstieres. Gleichwohl wollte er dies Land endgültig den Griechen öffnen, und die alte Losung „Ägypten den Ägyptern" sollte nicht mehr gelten. Für die Griechen kämpfte er immer noch, als wäre er selber Grieche. Jetzt erfüllte er ihre alte Sehnsucht, am Nil kaufmännisch und völkisch Fuß zu fassen; denn durch Jahrhunderte rangen die Griechen danach, das verschlossene Land zu durchdringen. Unter Perikles hatte sich ein ganzes athenisches Heer dort am Nil verblutet.

Jetzt trat dort Alexander an die Küste des Mittelmeers und ersah bei der Pharosinsel den Platz, der zur Anlage eines griechisch-ägyptischen Freihafens taugte wie kein anderer, und er befahl den Bau einer Stadt. Er gründete *Alexandrien* mit Hilfe des Baumeisters Deinokrates, eine Residenz- und Hafenstadt ganz modernen Charakters, die bald die erste Weltstadt des ganzen Okzidents werden sollte und die auch heute immer noch lebt als Knotenpunkt des Verkehrs für Handel und Wandel und Anlegeplatz der Weltdampfer, die Ägypten aufsuchen oder nach Ceylon weiter wollen. Des Königs genialer Blick ist es gewesen, der den richtigen Platz erkannte. Den Stadtplan hat er selbst entworfen, den Verlauf der zukünftigen Umfassungsmauer ringsum persönlich abgeschritten (wobei er Gerstenmehl streute, um durch weiße Farbe die Linie kenntlich zu machen), endlich die Hauptstraßenzüge und den Zentralplatz mit den anliegenden Gotteshäusern selbst angegeben. Großstädtische, 100 Fuß breite Straßen sollten sich rechtwinklig schneiden; einer der Tempel wurde der Isis bestimmt, und so fand die ägyptische Isisreligion mit ihrer Erlösungslehre jetzt auch Eingang bei den Griechen.

Nun mochten aus Ionien, Athen, Korinth Händler und Rentner, Männer der Künste und Wissenschaften kommen, so viele Geld verdienen oder weltmännisch im großen Stil leben wollten: hier war endlich ein Emporium in unvergleichlich günstiger Lage, mit reichstem Hinterland, das zugleich das ganze weite Westmeer bis über Sizilien hinaus offen vor sich hatte. Bald wurde dann auch der Leuchtturm auf Pharos, der vorgelagerten Insel, gebaut, der weithinausstrahlend dem Schiffer die Einfahrt in den Hafen auch bei Nachtzeit sichern sollte, der erste Leuchtturm, den die Schiffahrt der Menschheit kennt.

Er war das Werk jenes *Ptolemäus*, der das Land Ägypten nach Alexanders Tod als König übernahm.

Das alles war Friedensarbeit, eine köstliche Rastzeit für Alexander und sein Heer. Aber das Kriegshandwerk rief schon von neuem, und es war hier nicht seines Bleibens. Seine Gedanken schweiften nordwärts, aber auch dem Westen zu. Sollte er sich jetzt gleich auf Babylon stürzen, um den Darius noch einmal zu fassen? oder nicht vielmehr gegen Karthago?

Auch diesen Plan erwog er ernstlich: ein Marsch die Küste Nordafrikas entlang. Denn schon Darius I. hatte dereinst von Karthago gefordert, sich dem persischen Reich zu unterwerfen, und so stürmten ja auch die Araber, die Feldherrn des Kalifen Omar im Jahre 641 n. Chr., als dieser Ägypten erobert, Kairo gegründet hatte, an Afrikas Küste unmittelbar weiter nach Tripolis, Tunis, Algier und darüber hinaus. Die Entfernungen wurden leicht überwunden. Alexander, der Tyrus nahm, sollte Karthago nicht nehmen können? Die Karthager hatten sich wirklich als Feinde gezeigt, und er grollte ihnen; denn sie hatten Tyrus moralisch, vielleicht auch durch Verproviantierung unterstützt, in jedem Fall zum Widerstand angetrieben. Vor allem aber leiteten ihn auch hierbei die Interessen des Griechentums, dessen Retter und Vorfechter er immer noch war. Denn dies Karthago war der Griechen gefährlichster Feind auf der Insel Sizilien; Sizilien damals ein Zentrum der Hochkultur und eine Kornkammer wie Ägypten. Wurde Karthago gestürzt, dann war endlich auch das ganze Westgriechentum gesichert, dann waren Balkanhalbinsel, Kleinasien, Syriens und Ägyptens Küsten, die Cyrenaika, Sizilien, Süditalien, alles ringsum in griechischen Händen; das Griechentum umfaßte das Mittelmeer dann konkurrenzlos. Daß dies tatsächlich Alexanders großer Plan gewesen ist, wurde erst später festgestellt. Jetzt verschob er die Ausführung. Denn Darius lebte noch.

Das für uns Fremdartigste aber war zuvor geschehen, und dabei gilt es noch zu verweilen; ich meine seine Wallfahrt durch die Wüste zum Orakel des Jupiter Ammon. Sie geschah unter starker militärischer Sicherung, ein freudlos beschwerliches Unternehmen, so scheint es, und ruhmlos dazu; aber ein Akt der Frömmigkeit. Ein religiöses Bedürfnis war in ihm, das er hier befriedigen wollte. Das Orakel lag weit landeinwärts in einer Oase der Wüste Sahara (der heutigen Oase Siwah) als abgelegene, einsame Zauberinsel im unermeßlichen Sandmeer, mit märchenhafter Vegetation, quellenreich, fruchtreich, von Öl- und Palmenwäldern überschattet; die Bewohner harmlos unkriegerisch. Der Ruhm des Ortes war der von Mysterien umgebene Tempelkult, je unerreichbarer, um so geheimnisvoller und heiliger. Der Oberpriester oder Prophet teilte auf die Anfragen der Sterblichen die Antworten des Gottes mit, den man Zeus Ammon nannte. Der Ägyptergott Amon wurde eben mit dem Zeus der Griechen gleichgesetzt, und das Orakel galt bei den Griechen als untrüglich. Das Gottesbild stand verhüllt auf der Sonnenbarke, wenn es die Priester durch den Hain in

Prozession auf den Schultern trugen unter Frauengefolge und Hymnengesang. Dies geschah, so oft Wallfahrer sich nahten, und so sah es auch Kallisthenes, der Literat, der im Troß Alexanders mit erschienen.

War es mystischer Trieb bei Alexander? oder wollte er sich auch hiermit wieder nur die Sympathie des ägyptischen Publikums erwerben? Uns fehlt eine bestimmte Antwort. Aber das Wunder umgab ihn auf diesem Zuge. Durch den tiefen Wüstensand zog man; nirgends Wasser; siehe da, ein reichlicher Regen fiel plötzlich und erquickte die Verschmachtenden. Dann kam der Samum, der gräßliche Wüstenwind aus Süden, der den Sand hochtrieb und alle Wegspuren unter ihm vergrub. Obschon dem Ziel schon nah, verlor man die Richtung völlig. Da bemerkten die Führer der Karawane, eingeborene Leute, zwei Schlangen und rieten der Richtung zu folgen, in der die Tiere sich vorwärtsbewegten; die Schlangen aber suchten wirklich die Oase und wurden so für Alexander die Führer zu dem Gott, den er suchte.

Alexander brachte dem Tempel reiche Spenden, wie es seiner Stellung entsprach, und er befragte den Gott. Welche Schicksalsfrage aber stellte er? und was hat der Prophet ihm geantwortet? Es blieb zunächst Geheimnis, und er selbst hat augenscheinlich darüber Stillschweigen gewahrt. Aber seit dieser Zeit gilt Alexander als *Gottessohn*, und man sagte, der Zeus, d. i. der Jupiter Ammon, habe ihn ausdrücklich durch des Propheten Mund als *Sohn* angeredet. Unbedingt aber hat auch er selbst den Glauben daran gehegt – Kallisthenes bezeugte es –,hat der Auffassung nie widersprochen, ja, im Lauf der Zeit bei wachsendem Selbstgefühl mehr und mehr auf sie Wert gelegt.

Er fühlte immer deutlicher, so kameradschaftlich er sonst auch dachte, einen Abstand zwischen sich und seiner Umgebung, und die Wirkung war, daß den Abstand auch andere fühlten. Größenwahn wäre das falsche Wort. Der Mann des beispiellosen Erfolges erlag nur der Wirkung der eigenen Größe. Sein eigenes Ich stieg überwältigend vor ihm auf, und er fragte staunend nach seinem Ursprung. Seine Mutter Olympias entrüstete sich zwar. Ein Gott sollte ihr beigewohnt haben? Zeus selbst? oder gar ein verkappter Priester, der den Zeus vertrat? Sie richtete brieflich hiergegen ihren Protest an den Sohn; sie sei dem Philipp immer eine treue Gattin geblieben.

Nüchterne Seelen sollen von diesen Dingen nicht reden; wir sind heute zu abgebrüht, um zu begreifen, wie im Orient und in jenen Zeiten des erregten religiösen Lebens Himmlisches und Irdisches unausgesetzt durcheinander flossen. Ein Gott im Menschen? ein Gottwandeln auf Erden? Freilich war das ein Wunder, aber ein mögliches Wunder und köstlich erhebend, daran zu glauben. Das betraf schon im allgemeinen die Monarchie. Sagte doch damals Alexanders Lehrer Aristoteles in seiner Staatslehre ausdrücklich, nur ein Gott könne ein guter Staatslenker sein, oder wörtlicher: ein hervorragender Mann sei im Staat allemal Gott gleich (unter den Menschen), und ihm müsse daher die Alleinherrschaft zufallen. Aber das genügte dem Alexander nicht. Sein Glaube war individueller und persönliches Erlebnis. Er mißachtete seinen Vater; das war es. Er wollte nicht dieses Philipp Sohn sein; denn unsauberen Geistes war dieser sein Vater gewesen und ein Mann der Lüge. Der Sohn sehnte sich nach größerer Reinheit, nach Göttlichkeit, und der Spürsinn seiner Seele wies ihn auf die erste Kraftquelle alles Lebens, auf Zeus, den Homer den Vater der Götter und Männer nennt.

Also hatte der Gott die Königin Olympias gesucht? War das möglich? Wie die Menschen in der Tat in solchen Vorstellungen vom ehelichen Beiwohnen von Gott und Mensch eben damals lebten, dafür möge zunächst der König Kotys zeugen; die Sache muß dem Alexander wohlbekannt gewesen sein, und sie ist allerdings so wüst wie möglich. Der üppige König Kotys herrschte im benachbarten Thrazien. Er liebte das Schlemmen und das Zechen. Wie er im Rausch ist, will er die Göttin Athene zum Beilager erwarten, und der Diener soll melden, daß die Göttin eben gekommen sei; als der Diener das leugnet, tötet er ihn. Man sieht, was für Blasen damals die Phantasie in den Köpfen trieb. Daneben aber steht das Erhabene: Plato, der Sohn Apolls. Neun Jahre alt war Alexander, als dieser größte der Philosophen, der das Weltall, Himmel und Hölle erschloß, in Athen starb. Platos Neffe Speusipp hielt ihm die Gedächtnisrede und erklärte, nach dem Volksglauben sei der große Denker nicht seines irdischen Vaters Ariston Sohn, vielmehr Apoll sein Vater. Dieser Neffe Speusipp war Platos Nachfolger als Schulhaupt der Akademie und hatte in intimstem Verkehr mit ihm gestanden; und sogleich glaubte der ganze aus Platos Schule hervorgegangene Philosophenkreis an dies Mysterium; das beweisen die seitdem für Plato eingerichteten sakralen Gedächtnisfeiern. Auch Alexander aber stand in persönlichen Beziehungen zu diesem Kreis der Platoniker. Auch er wird sicher daran geglaubt haben. Ob sich Plato selbst schon zu diesem Volksglauben geäußert hatte, wissen wir freilich nicht. Keinesfalls aber konnte der Neffe es wagen, das Wunder aus dem Stegreif zu erfinden, oder ein Zweifel und Widerspruch wäre in der Gemeinde seiner Altersgenossen nicht ausgeblieben.

So nun auch Alexander selbst. Sein Regiment, seine persönliche Haltung war bisher eines Plato nicht unwürdig; auch waren sichtlich die Götter mit ihm; alle schweren Enttäuschungen fehlten noch in seinem Leben, und der Erdkreis begann schon ihm zu huldigen. Sein Königtum aber war nicht Muße, es war Dienst, Dienst bis zum Selbstopfer, Herakles, der dienende, sein Vorbild: Herakles, der Zeussohn. Und der Dienst war noch nicht am Ende, der Köcher seiner Pläne noch voll. „Zeus im Himmel, Alexander Herr auf Erden“, das war das Los, das ungeheure, das die Parzen ihm zuspannen. So war er sich selbst ein Mirakel, sein Wille Weltwille. Aber das Reich dieses Gottessohns war von *dieser* Welt.

Bei alledem war Alexander viel zu sehr derb zugreifender Tatsachenmensch und Mann der Praxis, um sich im täglichen Verkehr wirklich irgendwie als höheres Wesen zu gebärden. Damals, als er in Ägypten weilte, stand er ohne Frage auf der idealen Höhe seiner Existenz. Es sollte die Zeit kommen, wo mit dem Wechsel des Orts, der Umgebung und der eigenen Pläne, mit der Ausdehnung seiner Macht und vor allem durch den Bruch mit so vielen, denen er vertraut hatte, in Alexander sich das Despotische steigerte und sein Wesen an Milde und an reinem Licht verlor.

Der Frühling war da. Schon ließ er Ägypten hinter sich und rüstete zum Aufbruch gegen Babylon. Alexandria, die neue Weltstadt, die er nach seinem Namen benannte, so wie sein Vater Philipp auf dem Heimatboden die Städte Philippi und Philippopel gegründet hatte, lag noch unfertig. Aber überraschend schnell scheint auf seine Anweisung eine Bevölkerung unternehmender Leute nicht nur aus umliegenden Ortschaften in den Platz zusammengeströmt zu sein, sondern auch Griechen, Mazedonen, hernach auch Juden, als sollte die Stadt, international wie keine andere, ein Beleg werden für Alexanders Theorie von der Vorzüglichkeit der Gleichstellung und Versöhnung der Menschenrassen. Indes die Rassen vertrugen sich dort übel. Nichts abenteuerlicher, interessanter, bunter, toller und blutiger als die Geschichte der Stadt Alexandrien im Altertum, in der Zeit ihrer merkantil-weltbeherrschenden Größe.

Alexander erhielt in Ägypten zu Schiff noch bedeutende militärische Verstärkungen. Für das ganze Reich, soweit es bisher in seiner Hand, traf er noch neue wichtige Dispositionen: Verwaltungs- und Personalfragen ohne Ende. Eine Menge Posten galt es neu zu besetzen. Ein Reichsfinanzamt wurde geschaffen und in die Hand des *Harpalus* gelegt. Dieser Harpalus sollte ihn schwer enttäuschen. Dann brach er auf. Eine Schiffsbrücke größten Ausmaßes schlug er über den Nil. Über sie ging es von Memphis dem Sinai zu und weiter über Tyrus und Damaskus gegen Babylon zur letzten Entscheidung.

***

Die Entscheidung

Darius erwartete den Gegner nicht bei Babylon selbst, sondern weiter nördlich und stromaufwärts im Zweistromland am oberen Lauf des Tigris bei der Stadt Arbela, wo die ausgezeichnete Militärstraße, die Königstraße die das Ostreich mit dem Westreich verknüpfte, den Strom überschritt. Die Straße erleichterte die Transporte und bei einem Mißerfolg den Rückzug, bei einem Siege die Verfolgung. Die letzten zwölf Monate hatten ausgereicht, bei aller Langsamkeit doch neue Truppenmassen von gewaltiger Kopfzahl zusammenzuziehen, als hätte sein Gott noch einmal zu Darius gesprochen: „Versammle alles Volk deines Reiches soviel als der Sand am Meer, und deine Person ziehe unter ihnen; so wollen wir den Feind überfallen und über ihn kommen, wie der Tau auf die Erde fällt, daß wir von seinen Männern nicht einen übrig lassen.“ Aus Iran und dem volkreichen Osten, aber auch aus Armenien, ja, auch aus Syrien kamen die Züge der Bewaffneten; die griechischen Söldner dagegen waren nicht zahlreich. Es waren wieder wohl an 600 000 oder mehr Krieger beisammen. Aus Afghanistan, aus Baktrien, war *Bessus*, der Satrap, mit seinem Volk gekommen. *Mazäus*, der Reitergeneral, führte die Perser und die Vorhut. Die Bewaffnung der Reiter hatte Darius nach griechischem Vorbild verbessern lassen. Zweihundert Sichelwagen bildeten die Hauptwaffe im Angriff, der Schrecken der Infanterie. Sie führten lange Messer an der Deichselspitze, Sicheln oben und unten an den Rädern.

So harrte Darius voll Ungeduld und Sorge. Die Massen kampierten untätig in dem üppigen Lande. Würde der Mazedone den Angriff nicht wagen? Warum kam er nicht?

In der Tat kam Alexander mit seinem Heereszug aus Ägypten langsamer vorwärts, als er wollte. Sein Troß war hinderlich, der inzwischen bedeutend angewachsen war: Techniker, wissenschaftliche Forscher, Botaniker und Geographen, auch phönizische Handelsleute, die auf gute Geschäfte hofften; vor allem die zahlreichen gefangenen Perser und Perserinnen, die er immer noch hinter sich herschleppte, darunter des Darius Mutter, Gattin und Kinder. Wie Königinnen wurden diese Frauen immer noch behandelt. Aber was nützte alle Fürsorge? Die Anstrengung der weiten Reise vom Nil zum Euphrat war groß, und des Darius Gattin starb an Entkräftung, als der Zug sich schon dem Ziel näherte. Das gab längeren Aufenthalt; der Vormarsch ruhte. Totenklage und Beisetzung geschah mit aller geziemenden Pracht und Feierlichkeit. Als Tote sah Alexander zum erstenmal die schöne Frau aufgebahrt mit Augen, der er sich nie genaht hatte. Die Wehklage ihrer Umgebung drang ihm ans Herz; Sisygambis, die hohe Frau, lag jammernd am Boden, und auch seine Tränen flossen in menschlicher Rührung. Waren es nur Tränen der Sympathie? des Mitleids und Beileids? Oder hatte Alexander gehofft, diese Frau zur Gattin zu erheben, wenn Darius den Tod fand? Sie konnte nicht mehr jung sein, und Asiatinnen verblühen so früh. Da halfen keine Salben, kein Myrtenöl und keine Arome Arabiens.

Ein Eunuch aus der Dienerschaft floh indes zum Darius und meldete ihm den Tod. Die griechischen Erzähler lieben es, sich auszumalen, wie des Darius Seele da in Dankbarkeit und Bewunderung für seinen Gegner zerschmolz. Und in der Tat, wenn Darius selbst unterging, welch würdigeren Nachfolger als Alexander konnte er sich wünschen? einen Gegner, der Männer und Frauen aus dem Perservolk ehrte, wo immer er konnte. Darius fühlte sich als der moralisch Besiegte; sollte er jetzt in der Schlacht der Sieger sein?

Auf zwei Schiffsbrücken gelang dem Alexander der Übergang über den Euphrat ohne Verluste; Mazäus hielt da mit seinem fliegenden Korps nicht stand. Man kam schon auf vier Meilen (150 Stadien) an des Darius Hauptmacht heran. Da sahen die Soldaten, daß die Dörfer brannten. Mazäus hatte sie in Brand gesteckt, die Scheunen voll Feldfrucht. Die Soldaten stürzten gleich vorwärts, um zu retten. Nur die Dächer brannten, und Massen Getreides wurden gefunden, in diesem fruchtbarsten der Länder.

Der Geist der Truppen war, wie immer, so ausgezeichnet wie möglich. Jenseits des Tigris lag vor ihnen ein endlos flaches Terrain mit geringen Bodenwellungen, das Schlachtfeld von Gaugamela. Hier stand Darius. Aber die Heere sahen sich noch nicht.

Da befiel nachts ein Schreck die Leute; es war Mondfinsternis; man sah am Himmel das Phänomen auffällig deutlich eintreten in jener reinen Atmosphäre, unheimlich für die Volksseele; auf alle Fälle von Vorbedeutung. Alexander mußte sorgen, die Menge aufzuklären, nicht etwa wissenschaftlich; das hätte schwerlich genützt; sondern es hieß: mit Hellas ist die Sonne, mit Persien ist der Mond; der Mond verschwindet; die Sonne frißt ihn.

Diese Mondfinsternis fand am 20. September 331 statt; unsere heutigen Astronomen haben das errechnet. Elf Tage danach geschah die Schlacht, die für den Orient die eigentliche Schicksalswende bedeutete wie die Schlacht bei Leipzig für Napoleon, die Schlacht bei Zama für Karthago. Alexander war gefürchtet wie später Hannibal, für die Feinde ein Gespenst. Sein eigner Ruhm half ihm, focht für ihn; er half ihm zu immer weiteren Erfolgen wie ein starker Fahrwind, der sich unwiderstehlich ins Segel legt.

Das Schlachtfeld hatte Darius selber gewählt. Kein Terrain war geeigneter für Operationen in großen Massen, für hemmungslose Überflügelung des Gegners. Die unebenen Stellen hatte er applanieren lassen, damit Reiter und Sichelwagen besser wirkten. Wie eine heranrollende Woge im Ozean sollten sie daher stürmen. Auch eiserne Stacheln waren versteckt gelegt, durch die die Pferde des Feindes straucheln mußten. Dies erfuhr Alexander durch Überläufer, und es galt sich vorzusehen. Überall, wohin er kam, fand er so Angeber und Spione, die ihm halfen und warnten.

Im festen Lager gesichert ruhten seine Geschwader in der Nacht. Alexander fürchtete einen nächtlichen Überfall; aber es genügte, daß er allein Wache hielt. Er ließ seine Leute schlafen. Ebensolchen Überfall fürchtete auch Darius und ließ seine Kampftruppen die ganze Nacht wach unter Waffen; denn ein festes Lager mit sichernder Umwallung fehlte ihnen. Erst gegen Morgen fand Alexander den Schlaf, und man mußte ihn wecken, als es Zeit war, Befehle zu geben. Parmenio, der Alte, drang bis in des Königs Schlafraum vor, um ihn zu rufen. Er hatte tief geschlafen, sorglos und seiner Sache gewiß. Er glaubte an seine Mission; sein Wille war Gottes Wille; er war nichts als die Marionette in der Hand des Schicksals und zeigte sich auch jetzt wieder im höchsten Risiko (denn jeder sah: eine Niederlage war Untergang) überlegen ruhig und verstandesklar, um dann wie ein gereizter Löwe sich ins Gefecht zu stürzen.

Die Schlacht währte lange; kein Ringen war ernsthafter. Die Entscheidung schwankte und schwankte. Die Perser kämpften verzweifelt; aber die intelligente Führung und die oft erprobte Heereszucht sicherten auch diesmal der Minderheit den Erfolg, den Sieg. Darius rettete sich viel zu früh aus dem Getümmel (Alexander erlegte des Darius Wagenlenker). Mazäus und seine braven Perser fochten noch lange ausgezeichnet gegen Parmenio. Erst als sie erfuhren, daß ihr König längst das Weite gesucht hatte, räumte Mazäus langsam das Feld.

Der Abend kam. Auf dem endlosen Gefilde trieben noch immer versprengte Reitertrupps hin und her. Alexander kehrte schlachtenmüde mit geringer Bedeckung von der Verfolgung des Darius zurück, als ein überlegener Haufe persischer Reiter über ihn herfiel. Er war wieder einmal auf seine eigene starke Hand angewiesen, um sich durchzuschlagen, und stieß drei Gegner nacheinander siegreich vom Gaul. So war er, phonikóV, mörderisch. Er war jung wie das Leben und stark wie der Tod. Hephästion, der in der Schlacht an der Spitze der sog. Leibwächter ritt, war übrigens durch Lanzenstich verwundet worden.

Am folgenden Tag nahm der Sieger in Arbela des Darius Kriegsschatz weg. Dann zog er rasch nach Babylon weiter; denn das ganze weite Landgebiet war von Leichengestank verpestet. Wer hätte die gefallenen Perser, die zahllosen, bestatten sollen? Auch die Geier und wilden Hunde reichten nicht aus. Sonst walteten diese ihres Amtes. Hier in Mesopotamien ist ja die Geier-Stele ausgegraben worden, das Denkmal aus alter Vorzeit, wo in der Schlacht die Geier die Köpfe der Erschlagenen in ihren Klauen davontrugen.

Als Herr Asiens zog Alexander in Babylon ein; es war wie im Triumph. Er zog dabei durch das üppigste Fruchtland: Felder neben Feldern, gepflegt wie Beete in einem Gemüsegarten, den künstliche Bäche durchrieseln. Die hundert fest geschmiedeten Tore öffneten sich ihm. Mazäus übergab die Stadt. Das Stadtvolk, Chaldäer, Priester und Behörden strömten aus den Toren huldigend ihm entgegen. Thorwaldsen hat uns Alexanders Einzug in Babylon in Konkurrenz zum Parthenonfries plastisch im Relief dargestellt: ein Fries, klassizistisch schön. Als ich am Comer See weilte (es ist lange her), sah ich ihn in der Villa Carlotta, wo er den Raum vortrefflich schmückt, weihevoll, aber dabei doch unendlich kühl. Das Bildwerk ist doch ohne Eigenleben, und in Wirklichkeit sah der Hergang ganz anders aus. Das versteht sich. Alexander nicht zu Wagen, sondern auf schäumendem Roß; ebenso Mazäus, hochgewachsen und ritterlich vornehm, mit Gefolge. Dazu die fetten und langbärtigen babylonischen Herren mit den assyrischen Gesichtern und blanken Rattenaugen, gesinnungslos den neuen Despoten mit jener Unterwürfigkeit begrüßend, die sich sklavisch ausnimmt, aber auf Treubruch berechnet ist. Dazu das Hosianna des Volkes, das Blumenstreuen und Palmenschwenken der Masse. Ganz ebenso hatten diese Babylonier vor 200 Jahren dem Kyros, dem Perser, zugejubelt, als er ihre Stadt erobert hatte und ihre einheimische Dynastie zusammenbrach.

Alexander sicherte sich die Stadt. Dazu genügten tausend Mann, die er in die Zitadelle setzte, und mazedonische Präfekten regierten fortan Stadt und Umland. Babylon sollte des Alexanderreichs vornehmste Residenz werden. Daher erwies er ihr auch sein Wohlwollen ausgiebig. Aber er hat keine Babylonier, auch keine Syrer, d. h. keine Semiten je in leitende Stellungen gebracht. Wir müssen glauben, daß ihm diese Männer doch nicht sicher genug schienen.

Einen vollen Monat verweilte er dort ausruhend, er und sein Heer. Der berühmte Palast des Nebukadnezar, in dem einst König Nabunaid oder dessen Sohn, der Belsazar der Bibel, sein Ende fand, nahm ihn auf. Aus Lehm, aus Backsteinen war hier in diesem völlig holzlosen und steinlosen Sumpflande alles, Festungsmauern, Tempel und Paläste wie die Behausungen der Bürgersleute aufgebaut; für die Prachtbauten der Stadt aber war dasselbe Baumaterial mit höchster Kunst gebrannt und wundervoll farbig emailliert. Große, aus so farbig glasierten Ziegeln zusammengesetzte Schildereien bedeckten die hohen Wände in Farben, die ewig halten und heute noch, nach bald drei Jahrtausenden, da man die Ruinen aus dem Sumpf hebt, den Betrachter anstrahlen wie einst: Wildochsen, Löwen und Drachen, wunderbar bunt auf tiefblauem Grunde, das Fell der Wildochsen lilienweiß, Hörner und Hufe leuchtend goldig oder malachitgrün, die lockigen Haarzotteln dunkelblau; die Wirkung grandios unwirklich und vornehm.

Für die Truppen, Gemeine und Offiziere, war Babel, die Weltzentrale, der Tummelplatz der Lüste, ein Capua und Eldorado des Genusses und der schlemmerhaften Selbstpflege. Weiber lockten aus allen Ecken. Es war so, wie wenn unsere Matrosen, die zwölf Monate lang frauenlos auf See gelegen, endlich in den Hafen der Großstadt kommen, wo schon gleich am Kai die Spelunken, Bars und Tanzlokale offen stehen; freche Musik tönt aus allen Fenstern, damals nicht Grammophon, aber Harfen und Holzmusik. Nicht nur für die jüdischen Moralisten, sondern auch für die griechischen war Babel die Hauptstadt aller Sünden. Was trank man? Man trank Palmenwein. Denn der Edelwuchs der Rebenpflanzungen fehlte in diesem Lande ebenso wie der Feigenbaum.

Auch Alexander genoß ohne Frage die Rast, die er sich gönnte; denn er hatte wieder ein großes Ziel erreicht. Aber jene Dinge lockten ihn nicht. Wir hören nichts davon, daß er lukullisch sich auftischen ließ; auch nahm er kein Weib zu sich. Ob ihn im Troß Barsine hierher begleitet hat, erfahren wir nicht, und ich bezweifle es. Die Wasserbauten, Regulierung des Euphrat, Stauwerke und Schleusen studierte er mit Neugier, ebenso die großartigen Tore und Befestigungsbauten. Auch vor dem Istartor Babylons, dem rechts und links von je drei mächtigen Türmen flankierten Doppeltor, das unsere deutschen Grabungen im Jahre 1902 freigelegt haben, hat damals Alexander bewundernd gestanden. Dazu die hängenden Gärten, die man die Gärten der Semiramis nannte und die Nebukadnezar geschaffen hatte; eins der sieben Wunderwerke der Antike: vier Morgen Landes in der Länge und Breite sah man da 50 Ellen (23 Meter) hoch aufgebaut. Massivster Unterbau; Schwibbögen aus Backstein und Asphalt, die sich übereinander türmen; die Wände 22 Fuß (gegen 7 Meter) dick. Zwischen den Schwibbögen war die Erdmasse so tief, daß die höchsten Bäume darin wurzelten; gewiß auch Obstbäume; denn die gehörten in jedes Paradies. Auf Teppichbeete und Blumenrabatten wurde weniger Wert gelegt. In dem Unterbau gab es Unterhaltungsräume. Das Wasser wurde durch von Arbeitern gedrehte Wasserschrauben aus dem Euphrat täglich heraufgepumpt. Ein künstlicher Park; die Bäume waren von auswärts importiert und gaben Schatten zum Lustwandeln für die Bürgerschaft in einer Stadt, wo man wegen der Hitze auf Schläuchen voll Wasser zu schlafen pflegte.

Alexander gewann, seit er dies gesehen, Interesse für Dinge der Botanik. Auch der Jagd wird er in diesem Land des Nimrod obgelegen haben; denn die Jagd ist die Muße der Könige, und die Jagdparks, die es hier gab, mit Wildkatzen, Bären, Antilopen, Trappen und Schwarzwild, luden dazu ein. Einem seiner hohen Offiziere, dem Leonnatus, wurde dabei von einem Löwen der Arm zerfleischt. Wir hören, daß Alexander selbst eingefangene Hirsche mit goldenen Halsbändern versehen ließ und sie dann wieder in Freiheit setzte; lange nach seinem Tode wurden die Tiere wieder gefangen, und man stellte daran fest, daß Hirsche über 100 Jahre alt werden können.

Den Chaldäern, der Hohenpriesterschaft, deren Geheimwissen die Astrologie war, näherte er sich nicht; er hat nicht wie Wallenstein, danach gefragt, ob Venus oder Mars die Stunde regiert. Wohl aber versprach er den Chaldäern, den Riesenbau, den man den Turm zu Babel nennt, den zerfallenen Stufentempel des Stadtgottes Marduk, wieder aufzubauen. Sonst aber hat Alexander nicht daran gedacht, die Monsterbauten des Orients nachzuahmen. Die fremdartige Kunst dieser Länder mit ihren Fabelwesen und wuchtig starren Formen mußten ihn abstoßen und barbarisch scheinen, da eben die Griechenkunst sich in ihrer ideal maßvollen Schönheit und schlichten Lebenswahrheit vollendete. Aber Alexander hat überhaupt nicht Ruhmesbauten zu seiner eigenen Verherrlichung gebaut wie die Großkönige Ägyptens und Asiens, hat sich auch keine Ruhmesinschriften gesetzt und in die hohen Felswände gegraben wie Darius und Xerxes. Das beweist, daß er durchaus nicht so ruhmsüchtig war wie viele glauben. Theopomp, den größten Geschichtsschreiber jener Zeit, hat Alexander zwar begünstigt, er schuf ihm eine Heimat; daß er ihm jedoch nach Asien folge und ihn verherrliche, verlangte er nicht. Wohl aber schrieb Kallisthenes damals im Hauptquartier sein verherrlichendes Werk über Alexander; der Mensch war etwas Großmaul und sagte frech: Alexanders Ruhm liegt in meiner Hand; d. h. Inschriften und Bauten sind nichts gegen Literaturwerke, wie ich sie schreibe. Aber Alexander hat von dessen Werk, das damals im Entstehen war, anscheinend gar keine Notiz genommen und dem Kallisthenes seinen vernichtenden Zorn gezeigt, sobald er ihm in seiner lauten und vorlauten Weise unbequem wurde. Dichter, die Alexander besangen, gab es nicht; ein Poet des Namens Agis – wie noch andere – fand sich allerdings unter den Schlachtenbummlern, der ein Epos versuchte in abgedroschenen homerischen Hexametern. Aber es war lahm und ledern, und Alexander selbst verachtete es. Was soll auch ein Epos, das nur Schlachten beschreibt ohne seelische Konflikte?

Was dem Alexander am Herzen lag und ihn brennend interessierte, war die bildende Kunst, so dilettantisch er selbst auch urteilte. Auch die Bühne gehört dazu; denn auch sie gibt Plastik, bewegte Plastik. Tragödien ließ er sich spielen, so oft es anging. In seinem Gefolge aber waren *Lysipp*, der Erzgießer, und *Apelles*, der Maler, die größten Meister und Vollender der darstellenden Griechenkunst. Alexander hatte das Glück, daß sie seine Zeitgenossen waren, und er hat sie mit Aufträgen überhäuft.

Einen Herakles aus Bronze ließ er sich anfertigen in kleinem Format, um ihn vor sich auf den Tisch zu stellen; es war der berühmte „Herkules auf dem Tisch" des Lysipp. Denn Achill war inzwischen aus Alexanders Herzen verschwunden, und Herakles, der Zeussohn, der Kämpfer im Dienst der Menschheit, jetzt sein Ideal. Dann aber Alexanders zahlreiche Porträts. Es ist denkbar, daß er damals in Babylon dazu vielfach den Auftrag gegeben hat. Auch den schönen Hephästion mußte Lysipp so bilden. Aber man denke nicht, daß Alexander sich eitel mit seinen eigenen Bildern umgab. Die Bildwerke wurden nach Hellas gesandt, in Tempeln geweiht, in den Tempelvorhallen aufgestellt: Idealbilder, heroisiert, die wirklichen Verkünder seines Ruhms, aber ohne die Beigabe prahlender Worte. Sie wurden vervielfältigt und gerieten bis nach Gades im fernen Spanien. Auf der Insel Kos geschah es, daß auf dem Kopf seiner Statue eine kleine Pflanze Wurzel trieb; der Wind oder ein Vogel hatte den Samen dahingetragen; die Pflanze blühte, und man nannte die Blume „Unsterblichkeit", d. i. griechisch „Ambrosia"!

Durch diese Bildnerei kam die Heroïsierung des Königs, wie man sieht, in der Kunst zum Ausdruck. Der Vergöttlichung näherte es sich, wenn Apelles ihn auf einer Tafel malte, wo er den Blitz des Zeus in der Hand hielt, und die Blitzflamme schien mit der Hand wie aus dem Bild zu fahren. Derselbe Apelles siegte in einer Konkurrenz; es handelte sich darum, ein Reitpferd zu malen. Alexander, so heißt es, tadelte da die Leistung des Apelles; aber der Gaul selbst widerlegte ihn glänzend; denn das Tier wieherte, weil es sich selbst erkannte. Das gehört zu den beliebten Künstleranekdoten. Bekannter noch ist die andere, daß Alexander in die Werkstatt des großen Malers trat und sich wiederum erlaubte, eins seiner Gemälde zu tadeln. Apelles sagte da sanftstimmig, aber unverlegen: „Es ist besser, du schweigst, damit dich meine Farbenreiber nicht auslachen"; denn die Maldiener machten bubenhaft spöttische Mienen. Man merkt, wieviel Redefreiheit Alexander, der Tyrann, seinen Freunden gestattete. Er hat es dem Künstler nicht nachgetragen; er konnte nicht nur sich, sondern auch andere vergöttern.

Noch von vielen anderen Aufträgen hören wir, die er gab: ein Musiker und Gesangvirtuose war wacker fechtend in der Schlacht gefallen; Lysipp mußte heran und den Mann, der nicht nur die Saiten, sondern auch den Feind zu schlagen wußte, mit Leier und Schwert im Bild verewigen. Und ähnliches mehr.

Alexander kannte die Dankbarkeit und ehrte Lebende wie Tote, die seiner Sache gedient, oft in exaltierter Weise. Begreiflicher aber scheint mir noch, daß er sich in seiner Riesenposition jetzt auch gewaltig übermütig zeigen konnte. Als ihm Megara, der Athen benachbarte, erbärmlich kleine Winkelstaat, das megarische Ehrenbürgerrecht anbot, lachte er nur laut auf. Es war einer der seltenen Fälle, wo er lachte. Gekränkt sagten darauf die Biedermänner aus Megara, diese Ehre sei noch nie jemandem zuteil geworden außer dem Herakles, dem Helden, in der Zeit vor Homer. Da änderte er sogleich den Ton und nahm die Ehrung gnädig an. Eben jetzt kam aus Griechenland die Nachricht, daß die Spartaner dort im Peloponnes gegen Mazedonien den Aufstand entfacht hatten; Antipater, Alexanders Statthalter in Mazedonien, hatte anfangs seine Not damit, hatte den zähen Feind dann aber doch in hartem Ringen besiegt und Sparta wehrlos gemacht. Der Sparterkönig Agis fiel dabei in heroischer Gegenwehr. Alexander aber rief nur: „Da haben die Frösche die Mäuse besiegt;“ er dachte dabei an das bekannte lustige Volksgedicht vom Froschmäusekrieg, und er hatte nicht unrecht; der Winkelkrieg dort hinten im Peloponnes nahm sich gegen das, was der Eroberer Babylons selbst erlebt und vollführt hatte, winzig genug aus. Nichts aber ist charakteristischer als in diesem Fall mit Alexander Friedrich den Großen zu vergleichen, der ebenso geringschätzig sein eigenes Lebenswerk, die schlesischen Kriege, die er eben begonnen, mit dem Froschmäusekrieg verglich. Friedrich war schon in seiner Jugend als Schüler Mark Aurels pantheistisch erfüllt von der Vorstellung der Nichtigkeit alles Irdischen und sah alles im Auge der Ewigkeit. Alexander dagegen lebte nur naiv vollblütig dem großen Augenblick. Er streckte sich nach Zukunft, berauscht von seinen eigenen Erfolgen. Nichts war ihm nichtig. Ja, er genoß sie, die Erfolge, um immer neue Kraft aus ihnen zu saugen für das Unabsehbare, das noch bevorstand.

Aber er ließ zugleich immer noch Griechenland an seinen Erfolgen teilnehmen und hörte nicht auf, dort Waffenweihungen und Siegesfeiern mit Opferhandlungen ausführen zu lassen. Seit seinem Ausmarsch aus Mazedonien ließ er ein Kriegsjournal führen. Man nannte das Ephemeriden. Aus ihm hätte eine Kriegsgeschichte im Stil der preußischen Generalstabswerke hervorgehen können, und dies wäre zugleich für Kriegswissenschaft eine Fundgrube der Belehrung geworden. Auch über die Schlacht bei Gaugamela, den Gipfel seiner Taten, stand darin ohne Frage alles genau zu lesen, und Alexander dachte mit Stolz daran zurück. Die Darstellung der Schlacht ließ sich um so zuverlässiger geben, weil man diesmal auch über des Darius Schlachtplan und Streitkräfte und ihre Verteilung genau unterrichtet war; denn unter der gemachten Beute wurde auch der schriftliche Schlachtplan des Darius aufgefunden, eine Kostbarkeit. Die unvergleichliche Überlegenheit der Kriegskunst Alexanders aber wird von unsern modernen Kriegswissenschaftlern gerade im Hinblick auf diese letzte Schlacht anerkannt und verdeutlicht.

Noch nie war von einer europäischen Macht eine Armee von 40 000 bis 50 000 Mann außer Landes geführt und als strategische Einheit eingesetzt worden (wir operieren jetzt mit ganz andern Zahlen; aber die Transportverhältnisse sind auch andere). Neu und ausgezeichnet wirksam sodann die geniale Mischung und Kombinierung der Bewaffnungsarten, Hopliten in schweren Waffen, leichtbewegliche Peltasten, Pfeilschützen zu Fuß, zu Roß, Schleuderer, Gebirgstruppen; vor allem die Formierung der Kavallerie, die nun größte Schlagkraft gewinnt. Sie lernte jetzt in Schwadronen zu reiten und ist von Alexander zum erstenmal als taktischer Körper zusammengefaßt worden. Es war die erste disziplinierte Kavallerie der Weltgeschichte. Aber auch alles andere war weit und umsichtig organisiert: die Etappenkommandos, die die Verbindung mit Mazedonien sicherten, die Streifkorps und vorgetriebenen Patrouillen, die Lazarette in den Etappen. Nur die lieben Pflegeschwestern fehlten noch.

Die schwere Infanterie kämpft besser defensiv im Sehen als im Vormarsch; sie stand mit ihren langen Sarissen stachlig da wie ein Igel. In der Schlacht bei Gaugamela wurden die gefürchteten 200 Sichelwagen von den Persern gleich anfangs gegen sie geworfen, kamen aber gar nicht zur Wirkung. Denn auf Kommando trat die Truppe, eine breite Gasse bildend, auseinander und ließ ihnen freie Bahn; indessen wurden die Kutscher durch die Pfeilschützen erledigt, die Pferde durch Peltasten. Seitdem sind die Sichelwagen im Kriegswesen mehr und mehr außer Gebrauch gekommen.

Als ausgezeichnet wirksam erwies es sich aber auch, daß Alexander in das Kavalleriegefecht leichtfüßige Fußtruppen eingreifen ließ, die mit ihren Spießen die Pferde schädigten. Des Darius Armee begann Alexanders viel schmalere Front schon seitlich zu umfassen; durch diese gemischte Waffe jedoch, die er in Hakenstellung an seinen Flügeln aufstellte, vereitelte er diese Überflügelung, die größte aller Gefahren. Dann wurde Parmenios linker Flügel schwer gefährdet; denn es gelang den Persern, die großartig opferfreudig und mit kolossalen Verlusten fochten, den Flügel zu durchbrechen; des Bessus Mannschaften aus Baktrien schienen unwiderstehlich. Hätte der Feind danach die Mazedonen von hinten gefaßt, wäre eine Umzingelung möglich gewesen. Aber die sinnlosen Leute warfen sich statt dessen im Siegesrausch und beutegierig auf Alexanders Heerlager, das weitab hinter dem Schlachtfeld lag, um zu plündern und um die Familie des Darius zu befreien. Als sie endlich umkehrten, wurden sie gefaßt, und es gelang ihnen nicht mehr, sich durchzuschlagen.

Alexanders Wille beherrschte zwar das Ganze, und alle Kräfte waren in ihm konzentriert. Vor der Schlacht stellte der Kriegsrat jedem der ihm unterstellten Generäle seine Aufgabe. Gleichwohl ließ ihnen Alexander beträchtliche Aktionsfreiheit, ja, er rechnete darauf. Sie brauchten nicht in jedem Fall auf Befehl zu warten und kamen dem Fortschritt der großen Handlung oft durch selbständig gefaßten Beschluß zur Hilfe. Das gab der Kriegsmaschine des Königs die wunderbare Elastizität, die sich überall bewährt hat. Dazu kam endlich die Ausnützung des erfochtenen Sieges. Mit furchtbarer Tatkraft führte Alexander die Verfolgung durch wie vor ihm kein anderer, mochten auch tausend Pferde auf der Strecke bleiben. Ebenso beispiellos die Hingabe der Truppen in allen Lagen. Er hatte sie fest in der Hand wie kaum je ein anderer Feldherr.

***

Aber die Handlung drängte. Alexander verließ Babylon nach etwa 30 Tagen. Die romantische Sehnsucht trieb ihn nach Osten weiter, zugleich sein großer Zweck. Denn Babylon war noch nicht Persien, und Darius lebte noch immer. Das Land der weiten Flächen, der Ströme und Palmenwälder ließ er hinter sich und rückte nach leichten Kämpfen über die Randgebirge in Iran ein. Landkarten standen ihm zur Verfügung, und heimatkundige Führer brauchte er nur, wo er die große Straße verließ. Ohne weiteren Schwertstreich besetzte er die berühmten Residenzen des Xerxes, Susa und Persepolis, zu denen die Griechen einst, Dienst oder Hilfe suchend, mit Scheu und Andacht gewallfahrtet waren.

Die persischen Satrapen zeigten sich hier zumeist völlig unterwürfig, und er ließ sie vertrauensvoll in ihren Stellungen, freilich so, daß er ihnen kein Militär in die Hand gab. Woher diese Unterwürfigkeit, ja, aufrichtige Ergebenheit? Offenbar hielten diese Großen die persische Dynastie, die sich von Kyros herleitete und die man die Achämeniden nannte, nunmehr für endgültig verloren; des Darius schmähliche Flucht hatte diese umstürzende Wirkung. Das Griechentum aber und seine geistige Überlegenheit war den Persern längst vertraut. So wie Darius ganz wacker griechisch sprach, so taten es gewiß auch viele seiner Staatsmänner, und schon das ist bezeichnend. Jetzt kam ein König ins Land, in dem das Griechentum ganz neu sich darstellte, nicht mehr servil, sondern in der Person des unüberwindlichen Schlachtenmeisters, der obendarein auf das großherzigste sich als Freund der Perser gab. Alexander hatte gegen Darius, nicht gegen Persien gefochten. So vollzog sich zunächst alles auffallend friedlich. Er konnte jetzt seine Heermassen verteilen und zog selbst, nachdem er in Persepolis den Winter des Jahres 331 auf 330 verbracht, nordwärts nach Medien weiter, besetzte dort Ekbatana, die dritte der Residenzen, und stand damit schon in der Nähe des Elburs und des Kaspischen Meeres. Er war damit schon auf der Spur des Darius; denn dorthin hatte sich Darius geflüchtet, und es begann die Verfolgung.

Es verlautete anfangs, Darius wolle noch einmal kämpfen. Aber die Nachricht täuschte. Alexander hatte ihm Zeit gelassen; denn die Besetzung Babylons und der andern Herrschersitze war unendlich wichtiger als des Darius Person, den seine eigenen Satrapen für erledigt hielten. Jetzt aber wollte er ihn fangen. Mit leichten Truppen setzte er ihm ins Gebirge nach. Auch sonst liebte er solche sog. Expeditionen, d. h. Streifzüge ohne hemmenden Troß. In solcher Weise hatte er gleich, als er in Persien einzog, das Gebirgsvolk der Uxier bezwungen.

Was hoffte Darius noch? Er hatte, so heißt es, in erster Verzweiflung daran gedacht, mit dem zweischneidigen Perserschwert, dem Akinakes, sich selbst zu entleiben. Aber das Eisen entfiel ihm. Ein blasser Schimmer von Hoffnung war noch immer in ihm. Denn auch *er* rechnete, wie so viele, damit, daß ein günstiger Zufall endlich doch noch alles wenden könne, daß es eines Tages hieße, dieser Alexander, der sich selbst stets unbesonnen in Gefahr stürzte, sei umgekommen und lebe nicht mehr. Denn in allen Gefechten wurde auf diesen Alexander gezielt. Wer weiß? dann konnte Darius doch noch einmal neu zu herrschen beginnen.

Bessus, der gewalttätige Satrap Baktriens, der zur Verwandtschaft des Königs gehörte, und zwei andere Große des Reichs geleiteten ihn auf der Flucht mit einer Bedeckung von 4000 Mann; auch noch 2000 griechische Söldner waren dabei. Bessus aber faßte heimtückisch den Plan, den König zu fesseln und gegen Belohnung dem Alexander auszuliefern oder aber an des Darius Statt sich selbst zum König von Iran zu machen. Alexander erfuhr es. Um so eiliger setzte er ihm nach. Es ging in den hyrkanischen Landstrich, in von Heeren selten betretene Gegenden, durch den Paß des Kaspischen Tors über die hohen Waldberge des Elburs, wo nur einsame Bergdörfer Rast gewährten. Den beschwerlichen Proviant ließ er hinter sich und nahm nur die ausdauerndsten Leute mit. Er war schon auf der Spur des Bessus. Eine Nacht durch ging das Reiten und weiter bis zum Mittag, bis zum Hochstand der Sonne, dann *noch* eine Nacht. Da erst wurde die Lagerstelle erreicht, wo der Feind tags zuvor gerastet hatte, und Alexander erfährt dort, Darius werde von Bessus tatsächlich im verschlossenen Wagen gefesselt als Gefangener mitgeschleppt (es war ein armseliger Bauernwagen). Um so hastiger jagt Alexander weiter. Ein Richtweg, durch wasserlose Öde, wird ihm gewiesen. 500 Reiter läßt er absitzen, und Fußsoldaten, die zum Kampf in den Bergen geeigneter sind, werden statt dessen auf deren Pferde gesetzt. Wieder folgt ein nächtlicher Ritt von zehn Meilen. Da taucht in der Morgenfrühe unter Staubwolken unkenntlich der Zug des Bessus vor ihm auf, in Unordnung und fast alle ohne Waffen; sie hatten die Waffen beim Marschieren abgelegt. Gleich lief alles auseinander. Alexanders Leute waren völlig atemlos und in diesem Augenblick kaum fähig zum Kampfe; hätte Bessus mit seinen baktrischen Leuten widerstanden, wäre der Ausgang fraglich gewesen.

Der Wagen, darin Darius gefesselt sitzt, rollt weiter. Bessus führt ihn. Alexander sprengt heran. Da erdolchen die beiden Mitverschworenen des Bessus den wehrlosen Darius und retten sich selbst durch Flucht; ebenso flieht Bessus mit 600 Reitern. Bessus entkam; es sollte den Alexander zwei Jahre mühseligster Kämpfe kosten, den Verräter zu fassen.

Nach einer ausführlicheren Version wurde der verwundete Darius von Alexanders Vortruppe noch lebend angetroffen. Bessus hatte – gemein genug – die Kutscher des Wagens töten, auch die Zugtiere verwunden lassen. So war der Wagen allein gelassen und führerlos mit dem Sterbenden in einer Talfurche stehen geblieben. Darius soll zu den Mazedonen, die ihn fanden, noch Worte gesprochen haben, die voll Dank den Alexander als seinen Nachfolger anerkannten. Dies alsbald im Publikum zu verbreiten, ob es wahr oder nicht, war allerdings für Alexander wichtig: Darius selbst habe ihn sterbend zum Nachfolger gewollt und die Götter Persiens angerufen, sein Regiment zu segnen! Jedenfalls fand Alexander selbst ihn schon entseelt, und das war wiederum günstig. So brauchte er selbst jene Worte nicht zu bestätigen!

Des Darius Leichnam ließ er mit allen königlichen Ehren im Erbbegräbnis der Achämeniden zu Persepolis beisetzen.

Und hier beginnt nun die zweite Epoche in Alexanders Leben. Der Rachekrieg für Hellas ist zu Ende. Jetzt ist er der Perserkönig, und er zieht alle Folgerungen aus dieser neuen Stellung.

Königspalast in Persepolis

Ruinen des persischen Königspalastes in Persepolis. Blick auf die große Freitreppe und die noch aufrechten Reste, Portal und zwei Säulen, des von Xerxes (485–465 v. Chr.) errichteten Torbaues. Nach Sarre und Herzfeld, Iranische Felsreliefs, Tafel 15.

Nicht ohne Mitleid aber blickt man auf des Darius Ende zurück. Welch ein Ausgang! Er war schuldlos unter das Rad des Schicksals gekommen. Denn es war nicht seine Schuld, daß sein Beruf einen andern Mann verlangte. Weltreiche wollen Übermenschen zu Herrschern haben, oder des Königs Geltung und Ansehen muß durch alte Tradition in seinen Völkern so fest verankert sein, daß er die Besten für sich denken und handeln lassen kann, ohne sie zu fürchten. Keines von beiden traf zu. Der Sturm kam über ihn, noch ehe Darius recht Wurzel gefaßt, und die Niedertracht lauerte ihm auf im eigenen Lande.

Die zweite Epoche in Alexanders Kriegsleben begann, wie ich sagte. Jetzt war er der Nachfolger der Perserkönige, ein zweiter Kyros und nichts anderes, und das Riesengewicht der asiatischen Überlieferungen fiel auf ihn. Der letzte Akt des Rachekriegs, den er als Grieche für Griechenland geführt, war, daß er in den wundervollen Herrschersitz Persepolis Feuerbrand werfen ließ, zur Vergeltung dafür, daß Xerxes einst Athen zerstört, auf Athens Burgfelsen die Heiligtümer in Asche gelegt hatte. In Persien gab es keine Tempel, aber Paläste, und so stand denn vor seinen Augen der Wunderbau des Darius und Xerxes in Rauch und Flammen. Im fernen Athen wurde die Gewalttat gewiß mit Freude begrüßt. Jedoch zeigen die Ruinen, die heute noch leer in der Öde stehen, mit Treppenwerk, Wänden und plastischem Bildschmuck in edler Bildung, daß nur das Holzwerk damals ausgebrannt ist. Es genügte, den Königsbau unbewohnbar zu machen. Jenes Holzwerk aber war kostbares Zedernholz.

Die Perser selbst erkannten Alexander als Großkönig rückhaltlos, ja, freudig an, vor allem Sisygambis, des Darius Mutter, und das war von günstigster, ja, entscheidender Wirkung; denn der Einfluß der Königinnen war in Persien groß. In aller Pracht ließ Alexander die Sisygambis mit ihren Enkelinnen in Susa Hof halten, und es wurde das Verhältnis von Mutter und Sohn dauernd hergestellt. Die hohen Frauen ließen sich herbei, auf seinen Wunsch jetzt Unterricht im Griechischen zu nehmen. Auch des Darius Bruder Oxathres grollte nicht, sondern bewährte sich als Alexanders zuverlässiger Freund, den er sogar unter die Zahl seiner sog. „Leibwächter“ aufnahm: Leibwächter hießen diese Männer; in Wirklichkeit waren es königliche Adjutanten.

Viele Perser und Perserinnen waren noch von Damaskus her in Alexanders Troß als Gefangene geblieben. Hephästion, der Freund, wurde beauftragt, ihre Personalien festzustellen, die Vornehmen auszusondern. Da fand sich darunter auch eine Enkelin des Ochus, des früheren Großkönigs; sie hatte, als wäre sie Sklavin, Befehl erhalten beim Fest zu singen, persische Nationallieder vorzutragen, aber sie blieb stumm und scheu mit gesenkten Augen und barg ihr Gesicht im Schleier. Dann nannte sie sich auf Befragen. Alexander gab ihr ihr Vermögen heraus und sorgte für ihre ebenbürtige Verheiratung.

In Susa und in Pasargadä hatte Alexander den Haus- und Reichsschatz der Perserkönige von unermeßlicher Geldkraft erbeutet; seit des Kyros Zeit war er dort aufgestapelt. Er ließ ihn in die Festung Ekbatana schaffen. Auf 3000 Kamelen, dazu Maultieren und Lastkarren wurde der Schatz transportiert, eine wertvolle Karawane. Ekbatana wurde also der Sitz der Reichsfinanz; *Harpalus* sollte ihn dort verwalten. Eben dorthin wurde hernach *Parmenio*, der Alte, mit den besten Truppen als Militärgouverneur versetzt; denn es galt, den Schatz zu sichern. Es war der höchste Vertrauensposten.

Im übrigen ist schon gesagt, daß Alexander die persischen Satrapen in ihren Provinzen vielfach als Landpfleger bestehen ließ. Aber auch seine Hofhaltung wurde jetzt persisch; das schuldete er seinen neuen Untertanen, auf deren Boden er seßhaft und heimisch werden wollte. Seine Herrschaft sollte keine Fremdherrschaft sein. Er hatte Größe genug, aber ihm fehlte noch die Hoheit. Die Größe bedarf keiner künstlichen Hebung; die Hoheit dagegen muß künstlich gestützt werden, je höher, je weiter der Umkreis ist, in dem sie gelten soll. So hatten einst Kyros und dessen Erben gedacht; so dachte auch er.

Darum setzte er sich getrost auf den hohen Königsthron, der im Prachtsaal in Susa stand, und legte, wo immer er sich von Persern umgeben sah, persische Kleidung an, nicht Scharlach und Purpur, aber den weißen langen Chiton mit Gurt und dazu den in Susa üblichen Turban in Weiß und Rot, jedoch ohne Perlen und Brillanten. Asiatische Rabduchen oder Stockträger mußten jetzt Wache stehen. Auch den Harem von 360 Frauen behielt er bei; das gehörte zum persischen Königtum wie das Radschlagen zum Pfau. Das weibliche Personal wurde darin immer neu aufgefrischt; denn die Frauenblumen welkten schon früh, mit dem 18. Jahre. Ein Page mußte ihm angeblich allabendlich eine solche zuführen. Gleichwohl heißt es, daß Alexander von ihnen wenig Gebrauch machte. Apelles, der Maler der dem Meeresschaum entsteigenden Aphrodite, war auch hier im Perserland zugegen; er wurde vom König beauftragt, eine der Schönen, deren Gestalt besonders bezauberte, sie hieß Pankapse, nackt zu malen. Als Apelles sich in sie verliebte, überließ Alexander sie ihm; er war nicht allzu erpicht auf sie.

Dies sultanische Gebaren mußten nun aber Mazedonen und Griechen mit ansehen. Auch sie blieben natürlich in allen Ehren, und Alexander bevorzugte sie immer noch, wo es zu schenken galt. Aber er hatte sein Programm aufgedeckt: er war Kosmopolit geworden; er stand über dem Nationalen, und so wurde er den Seinen zum Ärgernis. Der Mißmut, die Opposition regte sich sogleich, nicht so sehr in der Masse des Heeres als unter den hochstehenden Offizieren, denen jetzt die persischen Herren gleichstanden, hochgewachsene Männer von feiner Sitte, die in der Erscheinung gewiß die Mazedonen oftmals ausstachen. Alexander siegelte doch jetzt auch mit dem Siegelring des Darius; in seinen Briefen schrieb er nicht mehr familiär das „Laß dir's gut gehen" an den Rand der Tafel. Es fehlte nur, daß er sich jetzt auch „König der Könige" nannte. Aber das unterblieb.

Alexander war ja sterblich. Wie oft hatte man wohl schon in müßigen Stunden an den Wachtfeuern oder beim Abendtrunk, wo das Herz und das Mundwerk sich lösen, davon gesprochen, was geschehen solle, wenn der König fiele! Ein Erbe fehlte. Die Möglichkeit seines Todes war allen natürlich bei jedem Gefecht, das bevorstand, gegenwärtig, und nur allzu leicht sprang der Gedanke dazu über, wie leicht es sei, den Tod selbst herbeizuführen. Man brauchte nur etwas Bandit zu sein. Königsmord war in Persien, war auch in Mazedonien ganz gewöhnlich. Auch Alexanders Vater war ja so umgekommen.

Warum nicht auch er? Jede Bevorzugung eines Persers schien den Mazedonen schon wie ein Fußtritt, jeder Perserrock wie die rote Fahne, die den Stier in Wut bringt.

Die Kriegszüge hatten schon wieder neu begonnen; denn es galt jetzt, des Bessus habhaft zu werden, der sich in Buchara als König und Nachfolger des Darius unter dem Namen Artaxerxes aufgetan hatte. Alexander stand schon weit im Osten Irans im Gebiet der Dranger, in Indiens Nähe; die Stadt Artakaona (oder Chortakana) im Gebiet der Arier war schon gefallen, als in seinem Kriegslager die Verschworenen zusammentraten; *Dimnos* hieß einer derselben. Es waren hervorragende mazedonische Männer. Dimnos soll sich persönlich gekränkt gefühlt haben; mit den andern stand es wohl nicht anders.

Aber die Beteiligung vieler gefährdet den Erfolg. Die Sache wird ausgeplaudert. Zwei junge Leute, die ihren König verehren, hören zufällig davon, mit allen Einzelheiten, und der eine ist trotz seiner Schüchternheit sofort entschlossen, den königlichen Herrn zu warnen oder warnen zu lassen. Alexander war ahnungslos und vertraute seiner Umgebung wie immer. Der Jüngling wagt nicht selbst bis zum König vorzudringen; die Neugier der vielen Kammerherren und diensttuenden Offiziere schreckt ihn. Da trifft er im Vorraum den *Philotas*, den Chef der Reiterei, den jeder kannte, und bittet diesen, der zum König täglich intimen Zutritt hat, ihm das gefährliche Geheimnis mitzuteilen. Philotas aber schweigt, ja, auch am folgenden Tag, als der junge Mensch ihn nochmals dringend mahnt, er müsse es melden, verschweigt Philotas dem König die Sache hartnäckig. Wieder war es ein Zufall, daß Alexander das Ganze trotzdem durch einen Pagen, der ihn beim Baden bediente, erfuhr.

Warum schwieg Philotas? Alexander ließ ihn festnehmen und verklagte ihn sofort auf Hochverrat. War er geradezu der Anstifter des Attentats? Man kann es nicht beweisen. Sicher war er der Hehler. Binnen drei Tagen sollte der Mord geschehen sein; Philotas wollte den Dingen freien Lauf lassen. Das lag auf der Hand. Dimnos aber tötete sich selbst.

Alexander waren die Augen aufgegangen. Jetzt wurde ihm des Philotas früheres Verhalten verständlich; er sah ein, was er versäumt hatte: man muß die Hecken rechtzeitig schneiden, sonst verwildern sie. Aber auch auf Parmenio fiel der Verdacht, und alles dies muß den König im tiefsten erregt haben. Denn es handelte sich hier um seine nächsten Freunde, die eigentlichsten Stützen seiner Macht. Was war er ohne sie, er, der keine Brüder, in weiter Welt keinen Blutsverwandten hatte, auf den er sich stützen konnte? Von Tücke und Heimlichkeit sah er sich umgeben, die er haßte wie den Dolchstoß im Rücken.

Was hatten die Verschworenen gewollt? Die Frage lag nur zu nahe. Nichts weiter, als sein Blut vergießen? oder wußten sie auch schon, was weiter geschehen sollte, wenn der Mord gelang? Wer sollte von der Gewalttat den Nutzen haben? Gewiß, sie hatten schon ihre bestimmten Pläne; denn sie waren ausgewachsene Männer, die nichts zwecklos tun. Sollte aber einer Alexanders Nachfolger sein, so kamen in allererster Linie Philotas und sein Vater in Frage.

Alexander spielte nicht selbst den Richter; nach mazedonischem Volksbrauch hatte vielmehr das Heer zu urteilen. In der Heerversammlung verklagte Alexander seinen Freund. Philotas wurde verurteilt und hingerichtet. Wie Alexander dies trug, erfahren wir nicht. Der gemeine Mann blickte längst mit Wut auf diesen Philotas, der pomphaft wie ein Fürst auftrat und mit den braven Mazedonen nicht einmal mehr mazedonisch sprach. Er sprach nur salongriechisch und trug die Nase hoch, wie einer, der nicht seinesgleichen hat.

Dem König aber stand noch Schlimmeres bevor. Denn auch Parmenio mußte fallen. Schon das frühere Verhalten dieses Mannes konnte zu schwerem Verdacht Anlaß geben, und jetzt: ob er Mitwisser des Komplottes war, ließ sich nicht feststellen. Denn Parmenio stand fern in Medien, in Ekbatana, und zwar an der Spitze der besten Truppen und obendarein im Besitz des ganzen Reichsschatzes, mächtig wie ein König, ja, durch jene Gelder machtvoller als Alexander selbst. Der alte Mann hatte im Heer zwei Söhne, Nikanor und Philotas. Nikanor, Führer einer Elitetruppe zu Fuß, die mit versilberten Schilden ging, war vor kurzem an Krankheit gestorben. Jetzt sollte Parmenio vom Tod des Philotas nichts erfahren. Denn wer weiß, ob er sich sonst nicht in offener Empörung zum Rächer des Sohnes aufgeworfen hätte? Es durfte nicht zum Waffengang zwischen ihm und Alexander kommen; das wäre der Ruin des Ganzen gewesen.

Noch vor des Philotas Ende also sandte Alexander auf geschwinden Dromedaren Offiziere nach Ekbatana, den Parmenio zu erstechen. Sie ritten als arabische Beduinen, um nicht aufzufallen; der Ritt währte elf Tage. Und der Befehl wurde vollführt. Als Parmenio, der Siebzigjährige, ahnungslos in den Gärten lustwandelte und man ihm Briefe zum lesen gab, traf ihn das Dolchmesser. Für Alexander war dies Notwehr. So hatte er ja einst auch, als sein Vater gestorben war, den Attalus umbringen lassen, der gegen ihn aufstand und ihm sein Thronrecht streitig machte. Damals verlor man nicht viel Worte darüber; von der Tötung Parmenios dagegen tönte die Welt wieder; sie wurde in der Sensationsliteratur der Griechen erschütternd dargestellt, ebenso der Prozeß des Philotas zum Martyrium ausgedichtet. Man tadelt eben immer nur den Solospieler; Chor und Mitspieler kommen zumeist ungerupft davon. In Alexander war der blutige Tyrann erwacht, so hieß es nun. Und in der Tat war, was er erlebte, ein erster Tropfen Gift in seinem Blut. Er fühlte es selbst. Ein grauer Schatten war in sein Wesen gefallen. Der Verdacht glimmt in der verdunkelten Seele wie Schwefel, und ist das Mißtrauen einmal erwacht, hat es den Schlaf verlernt. Um so bewundernswerter, wer trotzdem den Menschenhaß nicht lernt und die Menschenverachtung. Hephästion lebte noch und Alexanders anderer Freund Kraterus. Die zwei bewährten sich bis ans Ende; ein echter

Treubund verband sie mit ihm, und wenn er nicht zum Tyrannen ausartete, so wird er es ihrem Einfluß, dem Gleichmaß ihres Wesens zu danken haben.

Ich lese, daß die weissagenden Priester im babylonischen Altertum aus den Eingeweiden des Opfertiers unter anderem auch erkannten, wenn gegen Könige Verschwörungen bevorstanden. Es handelte sich um den Teil der Leber, den man den Finger der Leber nannte. „Sieht dieser Finger“, heißt es, „ähnlich wie die Zunge eines Rindes aus, so werden die Generäle des Fürsten sich gegen ihn empören.“ Auch in Alexanders Diensten wurde die Eingeweideschau regelmäßig betrieben. Aber kein Leberfinger scheint ihn je gewarnt zu haben.

***

In Iran

Der Rachekrieg war beendet, das Ergebnis aber anders, als die Griechen es sich gedacht hatten. Große Strecken Asiens, auch Ägypten, waren bisher erobert und dem griechischen Verkehr erschlossen; aber jetzt stellte es sich heraus, daß Persien und nicht die Balkanhalbinsel der regierende und beherrschende Teil des Reiches sei. Kleinasien, Syrien, Mesopotamien blieben eben bei Persien und sollten, wie bisher, von Susa aus regiert werden. In Armenien, selbst in Kleinasien ließ Alexander Perser als Satrapen wirken. Griechenland war Hinterland, als Kulturmacht freilich die Würze der Welt, politisch dagegen nichtsbedeutend. Aber das zänkische Ländchen hatte gleichwohl Grund zur Dankbarkeit; denn es genoß jetzt zwangsweise den Frieden, jenen Frieden, dessen Kind, wie wir sahen, der Reichtum ist. Ein zehnjähriger Friede ohne jede Klopferei war dort etwas noch nie Dagewesenes. Und der Reichtum war gleichfalls da, ja, er wuchs rapid ins Ungeheuere; denn Geldströme flossen aus Osten herzu. Alexander leitete sie aus seinem Reichsschatz durch tausend, durch Millionen Hände. Auch Truppen brauchten Athen und die andern Plätze gar nicht mehr zu stellen; Alexander kam ohne das aus, und nur noch Freiwillige zogen von dort, von Abenteuerlust und vom Sold gelockt, zu Alexanders Feldlager in den Osten ab. Mochten die Griechen indes den Pinsel und den Meißel führen und Bücher schreiben; denn sie hatten immer noch Gedanken, und Papier gab es genug; es kam aus Ägypten.

Durch den Wegfall Parmenios und seines Sohnes veränderte sich die Heerführung wesentlich. Andere Generäle aus der jüngeren Schicht des mazedonischen Adels traten jetzt in den Vordergrund wie *Ptolemäus* und *Kraterus*, *Könus* und *Leonnatus*. Vor allem wurde die Reiterei, die wichtigste Waffe, die Philotas allein in der Hand gehabt hatte, jetzt geteilt und dem *Hephästion* und *Klitus* zu gleichen Teilen unterstellt. Es war dies die Lieblingswaffe Alexanders; denn er selbst gehörte zu ihr und ritt mit ihr in die

Schlachten. Also mußte es als eine besondere Auszeichnung für Philotas gelten, als Beweis persönlicher Zuneigung des Königs oder der Dankbarkeit gegen Parmenio, daß er diese Charge innehatte. Den Hephästion hatte Alexander vor Philotas bisher zurückgestellt. Erst jetzt kam Hephästion zu seinem Recht und wird auch in der Aktion des Kriegs eine Hauptfigur.

Alexander stand jetzt wirklich in Iran; er hatte also möglich gemacht, was unmöglich schien. Nicht Persiens Reichtum, nicht seine weit überlegenen Menschenmassen hatten den Darius gegen Alexanders Kriegsführung geschützt, auch nicht die Hauptwaffe Persiens, die räumlichen Hindernisse, Gebirgsriegel und Wüsten und reißende Ströme, die keine Brücke dulden, und die ermüdende Ausdehnung der Länderstrecken. Und jetzt hatte Alexander auch den Verschluß Irans, des verschlossenen Landes, wie im Spiel durchbrochen.

Aber die Enttäuschung folgte. Glaubte er sich am Ziel? Die Hauptarbeit sollte erst jetzt folgen; was er bis jetzt inne hatte, war nur der schmale westliche Streifen des iranischen Dreiecks, der Babylonien zugekehrt ist. Das ganze Ost-Iran blieb übrig. Dem Darius hatte es gehorcht; ihn dagegen sollte es vier bis fünf Jahre seines kurzen Lebens kosten, auch dies sich zu unterwerfen.

Es war nicht sinnlose Habgier und Eroberungsdrang, sondern eine Pflichtleistung. Als anerkannter Nachfolger des Darius war es seine Pflicht, den Umfang des Reichs, wie er bisher gewesen, neu zu sichern, d. h. sämtliche Provinzen des Reichs, auch die abgelegenen, zur Anerkennung seiner Stellung als Großkönig zu bringen. Es war nicht bequem, daß sie am sogenannten Ende der Welt lagen.

Und es beginnen nun also neue endlose Feldzüge in Gebieten, die uns auch heute noch so fremd sind, eine ermüdende Arbeit auch für den, der in Gedanken und mit dem Blick auf die Karte ihnen folgen will. Andeutungen müssen hier genügen.

Alexander fand jetzt andere Gegner als den Darius; denn die Volksstämme in jenen Gegenden kämpften jetzt selbst für ihre Freiheit, ein Guerillakrieg unter genialer Führung. Bessus und Spitamenes sind jetzt Alexanders Gegner. Aber nicht Bessus, vielmehr war *Spitamenes* der eigentliche Volksheld und bewundernswürdige Beduinenfürst, der den Besieger der Welt andauernd in Not brachte. Alexanders eigene Kraftleistungen aber wachsen dabei ins Erstaunliche. Er hatte Stahlrippen, eine Natur von Eisen.

Wir hören jetzt fremdartige Volksnamen, die im Ohr nicht haften wollen, und eine ganz neue Art der Kriegsführung beginnt. Schon als Alexander gegen Persepolis rückte, stieg er in das dortige Hochgebirge hinauf, obgleich schon die Herbstregen einsetzten. Da oben hausten unzugänglich die Uxier, ein armes Bergvolk, aber freiheitsliebend und räuberisch. Die Perserkönige, zu träge, um so hoch zu klettern, hatten den ruppigen Leuten, damit sie sich ruhig hielten, lieber jährlich eine Abgabe gezahlt, so wie in Italien die lästigen Banditen aus den Abruzzen, ein Testalonga oder Fra Diavolo, gewohnheitsmäßig mit Geld abgefunden wurden. Alexander dagegen lockten die Berge; Balkangefühle erwachten in ihm. Er wäre heut der erste gewesen, der auf dem Flugzeug hochging. Leichtfüßige Leute nahm er mit hinauf. Eingeborene führten ihn durch die Wildnis.

Die wilden Kerle hatten noch nie einen Feind gesehen. Er umging sie, und sie waren alsbald in der Klemme. In solchen Fällen ging Alexander regelmäßig so vor, daß er den Feind umfaßte. Während er ihn selbst vor sich hertrieb, hatte er auf die andere Seite Truppen postiert, die ihn abfingen. Trompeten schollen durch die Berge, die das Signal gaben: „Es ist so weit; nun drauf!" Als die Uxier dann um ihr Leben flehten, zeigte er sich grausam und unerbittlich; aber Sisygambis legte sich ins Mittel; sie schickte aus Susa ihren Boten und legte ihre Fürsprache ein, und er gehorchte der hohen Frau. Es sollte genügen, daß die Besiegten nur jährlich Rinder und Maultiere stellten; denn sie kannten kein Geld.

Als dann Alexander weiter auf Persepolis rückte, ging es ebenso. Er mußte da durchs steile Randgebirge dringen und den hohen Paß forcieren, der das Susianische oder das Persische Tor hieß. Mit 40 000 Mann verteidigte den Paß *Ariabarzenes*, der letzte Perser, der noch Mut zum Widerstand hatte. Überläufer wiesen dem Alexander wiederum Schleichwege durchs Gebirge, und er konnte den Gegner von hinten fassen. Aber es fiel frischer Schnee in Massen; Schneegruben entstanden. Die Mazedonen rutschten und versanken, und, die die Versunkenen retten wollten, wurden mit hinabgezogen.

So begann der Kampf mit den Elementen, und er sollte sich noch steigern und nicht aufhören. Durch die Gebirge ging es im Winter alsbald weiter, und zwar nordwärts auf Ekbatana zu. Da gab es Eisfelder, festgefrorene Schneeflächen. Niemand konnte weiter. Alexander steigt vom Pferd; er ist immer erfinderisch und stößt sich mit der Pike Stufen ins Eis, und die Leute tun desgleichen.

Nicht minder strapazant war dann auch der Verlauf, als Alexander auf der Verfolgung des Darius durch das Kaspische Tor nach Norden drang. Da warf er sich auf die Bergvölker, die da in unendlicher Höhe über dem Kaspischen Meer und über Ekbatana in den Wildnissen des Elburs hausten und die, so nahe von Ekbatana, der Perserherrschaft immer noch getrotzt hatten. Das Volk der Marder erdreistete sich sogar, die Heerstraße dort unsicher zu machen, die die Großkönige benutzten, wenn sie von Ekbatana ausfuhren. Alexander ließ ihnen das nicht hingehen. Es war für ihn, hier wie überall, der Reiz der Schwierigkeit, der Reiz der Fremde, der immer neuen Situationen. Keinem seiner Generäle überließ er solche Unternehmungen. Auch hier Abgründe, Walddickichte, Verhacke. Da geschah, daß es, als man nicht acht gab, den Mardern gelang, des Königs berühmtes Leibpferd, den Bukephalus, zu entführen. Das Roß hatte gewiß schon durch seine prachtvolle Aufzäumung zum Raub verlockt. Alexander war außer sich, sandte Dolmetscher aus, die drohten, er würde das ganze Volk ausrotten, wenn sie das Pferd nicht sofort auslieferten. Das Tier war schon nicht mehr jung, und der König schonte es, so sorglich er konnte, ritt es nie auf Märschen; auch in den großen Schlachten wechselte er öfter das Reitpferd. Aber der Bukephalus sollte doch noch mit ihm Indien sehen.

Dann aber begann die Jagd auf Bessus. Alexander wollte ihn fassen und strafen im Sinn seiner neuen persischen Untertanen, denen er als Rebell den König ermordet hatte. Aber Bessus nannte sich selbst jetzt gar König Persiens und setzte schon Satrapen ein, wo er konnte. *Bersaërtes* und *Sabarzanes* waren bei des Darius Ermordung seine Helfershelfer gewesen; diese zu fassen und zu Tode zu bringen, gelang dem Alexander alsbald. Bessus selbst dagegen stand gesichert in seiner Heimat Baktrien und Sogdiana, d. i. das heutige russische Turkestan und ein Nordstrich von Afghanistan.

Greifen wir zur Karte, die uns das große Dreieck Irans zeigt.

Wo das heutige Persien aufhört und die Schenkel des Dreiecks „Iran" nach Osten zu immer weiter auseinander gehen, dehnen sich die Länder Afghanistan und Belutschistan, beide immer noch größer als Deutschland; nördlich von Afghanistan das russisch gewordene Turkestan. Diese drei Länder lagen für Aristoteles und für Alexander schon an der Grenze der Welt, sie liegen unterhalb des großasiatischen Zentralgebirgssystems, hinter dem das Nichts zu liegen schien, heute aber das Dach Asiens, Tibet, die Wüste Gobi und die Mongolei liegt. Es sind die unheimlich titanischen Vorbauten des Himalaya, wie hochgestreckte Steinrippen des Erdballs, Pamir, Hindukusch und Alal, das Gewaltigste des Gewaltigen, was Menschenaugen gesehen haben. Ob auch Alexanders Seele von diesen Eindrücken überwältigt wurde? Der Olymp, der über seiner Heimat Mazedonien stand, war hier weit übertroffen. Die Geschichtsschreibung der Antike hat keine Zeit, bei solch müßigen Gefühlen zu verweilen.

Von jenen Gebirgen fließt der Indus nach Süden ab, der Grenzfluß Indiens, des glückseligen und ersehnten Landes, von dem man gleichfalls nicht mehr als das nächstliegende Randgebiet kannte. Denn man kannte alle diese Länder nur, soweit sie persisch, dem persischen Reich angegliedert waren. Die Könige von Persien hatten ihr Reich in Landkarten, so gut es ging, geographisch aufgenommen, und dadurch konnte sich auch Alexander mit raschem Blick im großen und ganzen über diese Gebiete hinlänglich orientieren; er wußte immer sofort, wohin er sich zu wenden hatte. Aber das betraf nur die Hauptstädte und die sie verbindenden Heer- und Karawanenstraßen.

Das innere Hochplateau Irans war und ist leer und in weiten Strecken unzugänglich, wo die weißen Salzwüsten und die schwarze Sumpfwüste, die man heute Kewir nennt, sich dehnen; üppig und reich dagegen sind die sie im Norden und Osten umfassenden Randflächen Irans, und zwar im Norden Hyrkamen und Parthien. Daran schloß sich Baktrien, die wichtigste der östlichen Provinzen; nördlich davon heute Buchara, damals

Sogdiana, diese beiden vom Oxusstrom durchflossen. Südlich von Baktrien das Urvolk der Afghanen am Fuß des Hindukusch oder Paropamisus; endlich Acharosien im heutigen Belutschistan, das schon hart an das Gebiet des Indus stößt.

Überall aber ragt die leere Wüste, die Hungersteppe, kahl und lechzend in diese üppig reichen Gebiete hinein, wie die Krankheit, der trockene Brand, der die blühende Haut des Menschen zerfrißt. Die wenigen Städte liegen weit auseinander; oft sind es nur kleine Grenzfestungen gegen die Kirgisen des Nordens; öfter noch sind sie groß und volkreich, immer aber stark befestigt; Baktra (heute Balch) und Zariaspa (heute Tschandschui) die Hauptstädte Baktriens; Samarkand (damals Marakanda) die bekannte Hauptstadt Bucharas, heute in russischen Händen; in seiner Nähe Nautaka. Dies Nautaka war die Heimat Tamerlans oder Timurs, der fünfzehn Jahrhunderte nach Alexander die Welt des Orients erobert hat. Tamerlan war in diesem Nautaka geboren und hat dann in Samarkand residiert. Zu Alexanders Zeit hatte Samarkand einen Umfang von nur 13 km; zur Zeit Tamerlans zählte es wohl ½ Million Einwohner.

In der Tat lohnte es sich für die Großkönige Persiens, all diese reichen und volkreichen Länderstrecken in Botmäßigkeit zu haben. Baktrien war ausgezeichnet durch seine Pferde und Dromedare, die Renntiere Ostasiens. Auch heut noch blüht dort die Pferdezucht. Alexander konnte dort seine erschöpfte Kavallerie neu beritten machen. Dazu Buchara oder Sogdiana: es war damals das Land des Goldsandes und kam also auch als eine der Goldquellen des Reichs in Betracht.

Was aber weiter im Norden außerhalb Irans sich erstreckt, die Riesenstrecken des asiatischen Rußland, die heute Persiens und Chinas Grenzen umfassen, stand auf den persischen Landkarten natürlich nicht mit verzeichnet, und infolgedessen hatte auch weder Alexander noch irgendein gelehrter Grieche davon eine Vorstellung. Es war eben terra incognita, und man regte sich darum nicht auf. Schon gleich den Aralsee kannte man gar nicht, auch nicht die Gestalt des Kaspischen Meers, von dem man glaubte, sein Becken hänge mit dem Becken des Schwarzen Meers zusammen. Den Fluß Jaxartes, der als Grenzfluß Sogdianas im Aralsee mündet, warf man gar mit dem Don, der im europäischen Rußland ins Schwarze Meer fließt, zusammen, als wäre es derselbe Fluß. Das Bild Europas war also völlig verzerrt, verbogen und seine östliche Flanke bis in die Steppe der Kirgisen verlegt. Denn jenseits des Oxus und des Jaxartes, auch in Pamir, wohnten die Massageten, die den heutigen Kirgisen und Turkmenen entsprachen, berittene Nomaden, die die rastlose Bewegung liebten und dem Bessus gegen Alexander zu Hilfe kamen. Denn jeder Kriegszug und Raubzug schien ihnen Gewinn.

Bessus und Spitamenes aber waren von Geblüt unbedingt Indogermanen wie die Völker, die sie führten.

Zwei Jahre kostete es den Alexander, Bessus zu fangen, zwei weitere Jahre zum mindesten der Kampf mit Spitamenes. Dem Bessus ging es schließlich ebenso wie dem

Darius; er wurde von seinen eigenen Offizieren verraten. Im Halseisen wurde er dem Alexander, der damals in Baktriens Hauptstadt rastete, vorgeführt. Alexander ließ ihn nackt durchpeitschen und ihm Nase und Ohren abschneiden; es war dies das gräßliche persische Strafverfahren, das sich von selbst verstand. Der Mensch war Rebell und wurde als solcher behandelt. Dann schickte er ihn nach Ekbatana; dort mochten die Perser selbst über ihn weiter Gericht halten. Man sieht hier wieder, daß Alexander das Strafrecht in die Hand des Volkes legte. Kreuzigung war es, die den Verräter erwartete.

Wem hatte Alexander die Auslieferung des Bessus zu danken? Dem Spitamenes, demselben, der ihm alsbald viel größere Not bereiten sollte.

Um sich die Länder zu sichern, ließ Alexander mehrere neue Städte großen Ausmaßes entstehen, die er dann wie vormals in Ägypten nach seinem Namen nannte. So erhielt Iran jetzt drei Alexandrien. Solche Stadt hatte 11 km Umfang und wurde dabei unglaublich rasch, in 20 Tagen fertiggestellt. Denn wie es dort noch heute geschieht, wurde alles einfach aus Lehm aufgeführt. Die kastenartigen Häuser brauchen keine Fenster; Licht genug kommt durch die Tür oder von oben durch das Rauchloch. Der Lehm aber wird, sobald er trocknet, steinhart, so daß die russischen Flintenkugeln davon abprallen.

Als Alexander auch an der äußersten Grenze, am Jaxartes, ein solches Alexandrien baute, folgte ein unerwartetes Abenteuer. Die wilden Nomaden, die Massageten, postierten sich am jenseitigen Ufer auf und höhnten mit tollen Grimassen, daß der feige König, der da die Mauern baute, sich nicht zu ihnen herüber wage. Alexander war in voraufgehenden Kämpfen durch einen Steinwurf am Hals schwer verletzt, aber er konnte die Herausforderung nicht so hinnehmen, die natürliche und rasche Munterkeit siegte, oder die eiserne Gewohnheit half. Hörte er nur das Blasen seines Stabtrompeters, so fuhren seine Hände schon nach den Waffen. Mit Wurfmaschinen verjagte er den Feind zunächst vom Ufer; dann setzte er über. Holz fehlte, um eine Brücke zu schlagen. Gegerbte Schaffelle ließ er zusammennähen, so daß Lederschläuche entstanden, und auf ihnen mußten seine Leute über den reißenden Strom schwimmen; das Pferd schwamm am Zügel gehalten hinterher. Dann gab es einen heißen Tag, rasendes Reitergefecht und Verfolgung. Erschöpft und überhitzt, von Durst gequält, trank da Alexander, ohne abzusitzen, Wasser, ungesundes Wasser, wie es dort ist, salz- und salpeterhaltig, und erkrankte schwer an Dysenterie. Es war der zweite ernste Diätfehler, der ihn gefährdete. Er hatte seine Ärzte nicht gefragt. Das Übersetzen auf Schläuchen aber ist dort bei den Kirgisen und Turkmenen auch heute noch Landessitte. Nachher füllt man die Schläuche mit Trinkwasser, um nicht zu verdursten.

Alexander ging trotz dieses Sieges wieder über den Strom zurück; denn an eine Erweiterung der Grenzen des bisherigen Perserreichs hat er nicht gedacht. Was ihn jetzt in Aufregung und Bewegung hielt, war der geniale Bandenführer aus Sogdiana, Spitamenes.

Bessus hatte in seinem Volk offenbar alle Sympathie verloren. Spitamenes gedachte statt seiner den Freiheitskampf zu führen. Er begann mit Betrug und täuschte Alexander durch die Auslieferung des Bessus vollständig. Diese Tat brachte ihm nicht nur reiche Belohnung ein, sondern auch Vollmachten, also Macht. Dann brach hinter Alexanders Rücken der heillose Aufstand los wie ein fliegendes Feuer, das nicht zu löschen ist. Der wundervolle Bandit verstand sich auf Überraschungen und den Kleinkrieg mit Gegenstoß und Überfall wie kein anderer. Alexander hatte es so schwer wie Napoleon in Spanien: die Arbeit der Danaïden. Bald überfiel Spitamenes die Hauptstadt Baktriens, wo sich die königliche Dienerschaft und das Lazarett befand, bald Samarkand. War Alexander ihm auf den Fersen, verschwand er mit wehendem Mantel in der Wüste, und die Staubwolken flogen hinter ihm auf. Es gelang ihm, als Alexander fern war, Samarkand wegzunehmen; nur in der Zitadelle hält sich noch die mazedonische Besatzung. Spitamenes belagert sie.

Alexander mußte seine Armee jetzt oft zerlegen, und drei oder gar fünf Züge gingen in verschiedenen Richtungen vor; die Faust wurde in ihre Finger zerlegt, aber sie griff nicht mehr so fest wie sonst. Aufreibende Märsche gab es und ärgerliche Verluste an Mannschaften. Ahnungslos zieht solch ein Heeresteil in Sogdiana den Strom entlang; da fällt Spitamenes über ihn her; seine Pferde sind weit besser als die der Mazedonen. Diese retten sich in den Wald, geraten in Unordnung, wollen über den Fluß; aber Spitamenes ist mit seinen Reitern schon früher drüben und fängt sie ab; die Unglücklichen retten sich auf eine Flußinsel; da werden sie mit fliegenden Pfeilen totgeschossen.

Gleich danach ist Spitamenes schon wieder in Samarkand. Wo bleibt Alexander? Soll die Zitadelle kapitulieren? Wie lange wird dort für die Mazedonen der Proviant, der Wasservorrat reichen? Geht auch diese Mannschaft verloren, kann sich Alexander im Land nicht mehr halten, und der Aufstand wird ihn ersticken.

Da machte er den berühmten dreitägigen Eilmarsch, wie es heißt, täglich gut 90 Kilometer, eine Schnelligkeit, die in der ganzen Kriegsgeschichte bis heute nicht wieder erreicht worden ist – das Außerordentliche ist bei Alexander eben das Alltägliche –, und entsetzte glücklich Samarkand. Aber der Feind entwich wieder wie die Wolke im Sturm. Wie gern möchte man sich ein Bild machen von diesem Spitamenes! Glich er nicht einem Kosakenhetmann? Die wenigsten Griechen oder Mazedonen haben ihn wohl mit Augen gesehen: wie der fliegende Holländer ein Schrecken für sie, aber abgöttisch verehrt von den Seinen, großgewachsen, mit fliegender Mähne, verschmitzt und kühn und mit seinem Pferd verwachsen wie ein Hunne. Es scheint, auch Alexander sah ihn nie.

Endlich half dem König wieder sein Glück; denn das Glück liebte ihn. Nach einem ungünstig verlaufenen Gefecht entwich Spitamenes mit seinen Massageten über den Grenzstrom. Die brachten ihn um und sandten Alexandern den Kopf des Helden. Er war entlastet. Iran war sein.

Natürlich wußten die Erzähler daraus einen Roman zu machen. Spitamenes liebt sein junges Weib mit heißer Liebe. Sie ist katzenhaft und des vielen Reitens müde und bestürmt ihn, sich dem großen König zu ergeben. In ihm kämpfen Liebe und Stolz. Da kommt sie über ihn, als er im Rausch entschlafen, köpft ihn, eine zweite Judith, und bringt mit noch blutigen Händen das Haupt selbst dem Alexander. So sieht er seinen ebenbürtigen Gegner zum erstenmal. Sie hofft auf Dank. Alexanders Herz frohlockt, aber er entläßt das Weib unbelohnt und mit Abscheu.

Alexanders Mazedonen hielten sich bei all den Strapazen immer noch vortrefflich. Wiederholt schickte er Truppen in die ferne Heimat zurück und erhielt frischen Ersatz. Die Schriftsteller, die Alexander begleiteten, gaben den griechischen Lesern ausführliche Schilderungen dieser Strapazen. So zog er unter den Vorbergen des furchtbaren Hindukusch her, wohl auf der Paßstraße, die heute noch von Indien nach Turkestan führt. Ein primitives, menschenscheues Völkchen lebte da kümmerlich, die meiste Zeit des Jahres eingeschneit. Die marschierende Truppe erlahmt völlig in der Kälte und Lichtlosigkeit; abgefrorne Füße; Schauer des Todes. Die Leute schlafen ein und erfrieren im Schlaf. Alexander eilt zu Fuß die Kolonnen entlang, um Mut zu machen; aber die Verluste sind groß. Hernach folgt eine Strecke, wo auch die Ernährung versagt; nirgend Korn, nirgends Öl und Fett; den Weizen haben die Einwohner unter der Erde in Silos versteckt. Man muß sich Fische aus den Gießbächen fangen, schließlich die Zugtiere schlachten.

In solchen Fällen zeigte sich Alexanders Menschlichkeit. Zu seinen Freunden war er „liebreich wie der Frühling“; er war freundlich zum gemeinen Mann bis zum Kameltreiber und gab die berühmt gewordenen Beispiele für die Leutseligkeit der Könige, die hernach in Fürstenspiegeln immer wieder nacherzählt werden.

In Buchara geht es durch die Wüste im Nachtmarsch, zur glühenden Sommerzeit. Der Boden brennt unter den Füßen; nirgends Wasser. Den mitgenommenen Wasservorrat trinken die Lasttiere weg. Das war nachts. Glühender noch der anbrechende Tag; der Durst unerträglich. Der König verzweifelt, weiß nicht zu helfen. Die Leute trinken Wein und Öl durcheinander und werden übel. Da bringen zwei Veteranen vom Vortrupp wirklich Wasser in Schläuchen. Sie bringen es für ihre Söhne, die mit im Heer sind. Der eine sieht den durstenden König und bietet ihm Wasser im Becher. Als Alexander erfährt, für wen das Wasser bestimmt war, gibt er den Becher unberührt zurück: „Sorgt für eure Söhne; unter den übrigen aber will ich allein nicht trinken.“ Es wird Abend. Das Ziel des Marsches ist der Fluß Oxus. Alexander ist zuerst am Ziel, läßt auf einer Anhöhe ein Feuer entzünden, damit das Heer merkt, das Ziel ist nahe, und Wasser in Mengen in Schläuchen und Gefäßen herbeischaffen. Die ganze Nacht blieb er dann im Harnisch wach und ließ das ganze Heer bei sich vorbei marschieren, ohne selbst etwas zu genießen, bis er gesehen, daß alle sich erfrischt hatten. Viele aber tranken zu hastig in fabelhafter Gier und starben wie vom Schlag getroffen.

Ein andermal überfällt das marschierende Heer im Gebirge ein furchtbarer Wirbelsturm, ein Zyklun, mit Gewitterschlag und prasselndem Hagel. Alle Elemente sind losgelassen. Jeder sucht sich zu retten, zu bergen, wo er kann, Soldaten, Pferdeknechte, Marketender. Zweitausend Leute kamen dabei vor Kälte um. Ein Soldat schleppt sich halb bewußtlos heran, als der König sich in seinem Zelt am Feuer erwärmt. Sofort erhebt sich der König von seinem Sessel und setzt den Soldaten darauf, daß er sich wärme. Als *der* wieder zum Bewußtsein kommt und merkt, auf wessen Stuhl er sitzt, springt er erschreckt auf seine Füße. Alexander aber spricht tröstliche Worte in dem Sinne: kein Barbar, sondern ein Grieche ist dein König.

Viermal machte Alexander Winterquartier in den verschiedenen Hauptstädten dieser Länder; es war in den Jahren 331–327, und da hielt er Hof in aller Pracht und im Stil der Perserkönige, deren Nachfolger er war. Denn die Zivilbevölkerung gab acht, und seine Stellung als Großkönig verlangte das von ihm. „Die tapferen Menschen, die Menschen der großen Handlungen müssen auch im großen Stil Luxus treiben“: so ist die Meinung eines Schülers des Plato und Aristoteles, der damals ein Buch „über die Freude“ schrieb. Die Moralisten dagegen rümpften natürlich die Nase: es wird alles vergoldet, von den Tischen und Betten bis zu den Pagen und aufwärts bis zum König selbst. Zu besonderen Anlässen gab es große Gastgelage in den Palästen. Aber auch für das Feldlager hatte Alexander ein herrliches Prachtzelt übernommen, ein Gebäude von gewaltigem Umfang und in viele Räume geteilt, in dem Hunderte von Menschen gleichzeitig verkehren konnten, auf 50 vergoldete Säulen gestützt, mit einem Eßraum oder Männersaal, in dem hundert Speiselager und Tische gestellt werden konnten, d. h. hundert Gäste Platz fanden; denn vor jedem Gast stand wie vor dem König selbst ein besonderer Setztisch. Übrigens ein ewiges Aus und Ein in den Empfangsräumen: Offiziersdienst, Zeremonienmeister, Hausmarschall, Hofköche, Lakaien, Bereiter. Hart daneben der Marstall. Die Haupttür des Königszeltes war nur mit einer Matratze aus Leder verhängt, die Alexander zurückschlug, wenn er Ausschau hielt. Aber auch seine Feldherren beanspruchten viel Raum; um Gymnastik zu treiben, sperrten sie im Feldlager einen Raum ab, für dessen Bedeckung sie Felle brauchten in Gesamtausdehnung von 370 Metern.

In den ersten vier Jahren des Alexanderkriegs hören wir nie von solchen Schmausereien; sie scheinen erst seit der Einnahme Persiens in Susa aufgekommen, Pflicht geworden zu sein, und gewiß, die Pflicht war dem Alexander Vergnügen. Wir brauchen das nicht zu bezweifeln. Erwähnt werden die Gelage nicht oft. Auf die reiche Speisung folgte dann der Abendtrunk. Es war aber eine Geselligkeit nur unter Männern, und der Ton hielt sich wohl nicht immer auf der Höhe der Situation. Ästhetik ist im Feldlager selten, und unter jenen rüden Haudegen des mazedonischen Landadels werden die Gespräche nicht gerade erlesen gewesen sein. Auch in unserer Zeit pflegen die Kriege nicht veredelnd zu wirken. Man bramarbasierte da viel, renommierte, höhnte und neckte sich. Auch Alexander selbst war zur Ausgelassenheit geneigt; er deklamierte freilich gelegentlich nach solchen Festessen ganze Partien aus dem Euripides, liebte es aber auch, nach den Gästen mit Äpfeln zu werfen. Er trank nicht viel, so lautet ein Bericht, verbrachte aber gern beim Weintrunk viel Zeit, um Gespräche zu führen. Wohl aber blieb der Wein nach mazedonisch-thrazischer Sitte stets ungemischt, und der ungemischte Wein ist, wie Plato sagt, der rasende Gott: man muß ihn mit dem nüchternen Gott – dem Wasser – bändigen.

Dieser rasende Gott überlief den König; es geschah in Buchara, und er erlebte das Gräßlichste, das ihn in Verzweiflung und Reue warf.

Alexander, der unvermählte, konnte wie Epaminondas sagen: das Heer ist meine Geliebte, meine Siege sind meine Kinder. Aber die Konflikte in dieser Ehe sollten beginnen. Es erhob sich jetzt aus dem Heer eine gehässige Stimme, die ihn in Wut versetzte.

Es handelte sich um Klitus, den man wegen seines dunklen Teints den „Schwarzen" nannte, einen der letzten Generäle aus der älteren Generation, die schon unter Philipp gedient hatten. Dieses Klitus Schwester Lanike war, als Alexander noch Kind war, seine Pflegerin, wie wir sagen würden, sein Kinderfräulein gewesen, und Alexander bewahrte dieser Frau eine zärtlich-dankbare Erinnerung. Die Szene spielt in Samarkand. Alexander wollte den Klitus, der ihm einst in der Reiterschlacht am Granikus das Leben gerettet hatte, besonders feiern. Im Festkalender war es der Tag des Weingottes Dionys; aber Alexander beschloß merkwürdigerweise, die Ehrung dieses Gottes heute auszusetzen. Augenscheinlich wollte er an diesem Abend bacchantische Orgien vermieden wissen. Gleichwohl wirkte der Wein, der aufgetischt wurde, verhängnisvoll. In grenzenloser Devotion erstarben die Gäste an den Tischen und priesen Alexanders Taten, und Alexander war so naiv geschmacklos, das ruhig mit anzuhören. Sein Selbstgefühl war schon satt genug; wozu es noch weiter mästen? Herakles, der Held mit seinen zwölf Taten, hieß es, sei nichts gegen ihn, und vielleicht hatte man damit nicht so unrecht; jedenfalls hatte es Herakles nicht zum Herrn Asiens gebracht. Aber wozu Alexander noch mit Lob aufschminken, das er nicht brauchte?

Da löste sich des Klitus Zunge, und in lang verhaltenem Groll brach er los. Der Mann war gewiß zwanzig Jahre älter als Alexander, war unbedingter Verehrer Philipps geblieben. Jetzt war er weinestoll und schrie: „Tu doch nicht groß und blähe dich nicht. Was wärst du ohne deine Mazedonen? und was wärst du ohne mich, mich? Hier ist die Hand, die dich rettete!" usf. Alexander, obschon selbst vom Wein erhitzt, bezwang lange seine Wut. Er war auf der Höhe seiner Macht, seines Stolzes, seiner Leistungen. Als aber der keifende Mann immer lauter schrie: „Und was bist du gegen deinen Vater?" usf., stürzte er sich auf ihn, um ihn zu packen. Man warf sich dazwischen und zerrte Klitus aus dem Saal, aus dem Palast, ja, bis außerhalb der Festungsmauer. Klitus aber stürzte wieder herein und schrie wie besessen immer dasselbe. Da hielt sich Alexander nicht. Tod sprühte aus seinem Blick. Er forderte Waffen. Man gab sie ihm nicht. „Dieser will den Bessus spielen, und ich soll der Darius sein?" rief Alexander, sprang auf, und als der andere noch schrie: „Ja, ich bin's, der Klitus", riß er einem der Leibwächter die Sarisse aus den Händen und stieß den Frechen nieder. Der Stoß war tödlich. Dann stand er starr über der Leiche: phonikós, mörderisch!

Ein unerhörter Vorgang; Scheu und Scham ergriff ihn vor seinem Offizierkorps, vor seinem Heer, vor sich selber. Wie konnte er noch Disziplin verlangen, wenn er sich nicht selbst beherrschte? Und er hatte den Klitus hochgeschätzt, schon allein um seiner Schwester willen. Heftig und überstark in all seinen Affekten, soll er drei Tage lang voll haltloser Reue auf seinem Angesicht gelegen haben, Klitus' Namen rufend und den der Schwester, ohne Speisen, und niemand sollte ihn sehen.

Er setzte sich gleichsam selbst gefangen. Von irgendeinem Entsühnungsakt nach der Bluttat ist nicht die Rede. Er brauchte nur geistliche Tröster, die ihm über die Reue hinweghelfen sollten; denn in der Begleitung des Königs befanden sich nicht nur Künstler und Ärzte, sondern auch sog. Philosophen, die die Rolle unserer Seelsorger spielten. Zu ihnen gehörte auch der vielgenannte Kallisthenes. Alexander selbst gelangte zu dem Glauben, Gott Dionys, der rasende Gott, habe sich an ihm gerächt, da er ihm den Festtag entzogen. Schließlich war es ohne Frage des Königs eigene elastische Natur, die sich wieder herrisch aufrecht streckte.

Zur Erklärung des Hergangs aber dient etwas ganz anderes, das Klima Turkestans, wo jene Szene sich abspielte. Hören wir, was uns ein Reisender der letzten Jahrzehnte darüber meldet. Die Hitze ist dort im Sommer so groß, daß man im Sand in kurzer Zeit Eier hart kochen kann (nach andern kann man sich an dem Sand die Zigarre anzünden); der Körper transpiriert infolgedessen unausgesetzt, und der Drang nach Flüssigkeit, der Durst setzt nicht aus. Das Wasser aber ist ebendort durchaus untrinkbar und daher der Wein die Zuflucht aller. Dieser turkestanische Wein ist aber infolge der Hitze und des hohen Zuckergehalts stark, zum Umwerfen; er macht sofort betrunken. Das erfahren da heute die russischen Soldaten genau ebenso, wie es damals den Mazedonen erging, und blutige Szenen, wie sie zwischen Klitus und seinem König abspielten, sind da auch heute gar nichts Ungewöhnliches. Man führt dort jetzt Tee ein, um der allgemeinen Trunkenheit zu wehren. Den Tee aber kannte Alexander noch nicht, so wenig wie den Reis. Beides gedieh jenseits der Reichsgrenzen, in der terra incognita, China und Indien.

Schon aber fand Alexander, der König ohne Königin, seine Roxane, und ein kleines Stück wahrer Romantik setzt ein. Er hat sich das Weib im eigentlichen Sinne des Wortes erobert, und wir kehren noch einmal zu den Waffengängen zurück.

In jenen Ländern zeigt das Gebirge oft abenteuerliche Formationen, isoliert in der Fläche stehende Felsengebilde, die nach allen Seiten steil abstürzen, so wie die Felseninsel Helgoland im Meer steht, aber in jedem Fall viel höher als sie. Sie sind völlig unzugänglich, und feindliche Scharen liebten es, sich trotzig auf ihnen festzusetzen; sie wußten, der steile Adlerhorst war uneinnehmbar. Dreimal wurde Alexanders Erfindungskunst vor die Aufgabe gestellt, solche Plätze zu nehmen. Denn er war für gründliche Ausrottung jeden Widerstandes und ließ keine versprengten feindlichen Scharen in seinem Rücken. Das erstemal fällte er einen Wald, steckte die Holzmasse in Brand; der Qualm zog nach oben, und der Feind war ausgeräuchert. Das zweitemal aber verlief die Sache schwieriger. Der Felsen lag in Sogdiana. *Oxyartes*, ein Baktrer von Herkunft, hieß der Führer aus edlem Geschlechte, der sich dort, gut verproviantiert, festgesetzt hatte. Als Alexander anrückte, riefen die Leute vom Berg höhnisch herunter: „Mache, daß deine Soldaten fliegen; sonst kommst du nicht herauf!“ Fliegen? Versuchen wir's, dachte Alexander. Es ist oft so, als spukte die Idee des Flugzeuges schon damals in den Hirnen. In Wirklichkeit rief er die kühnsten Jünglinge auf, indem er hohe Belohnungen verhieß, gab ihnen Eisen, um sich Stufen in den Felsen zu hauen, und Seile, wie man sie heut bei den Hochtouren in den Dolomiten verwendet. Dreißig brave Leute stürzten ab und versanken im Schnee; der Rest, es waren noch nicht 300 Köpfe, kam wirklich auf der Höhe an und gab mit der Flagge ein Zeichen. Fröhlich rief Alexander den feindlichen Vorposten zu: „Seht hin! die Flieger sind da!“ Der Feind aber war so erschreckt, daß er auf die geringe Zahl der kühnen Kletterer nicht acht gab, sondern sich dem Alexander gleich ergab.

Oxyartes erschien mit seinen Kindern in Alexanders Lager. Darunter war auch seine Tochter *Roxane*. Sie war noch ganz jung und, seit des Darius Frau gestorben, das schönste Menschenkind Asiens. Alexander verliebte sich völlig in sie. Sie war nicht Griechin, nicht Mazedonin, aber doch Indogermanin und artverwandt, und er warf jetzt alle Vorurteile seines Volkes hintan und machte sie durch vollgültige Ehe zu seiner Königin. Das geschah i. J. 327, und zwar so, daß er nach baktrischer Landessitte mit ihr ein Brot teilte, in dem er es mit dem Schwert zerschnitt.

Leider fehlen uns sonst alle Schilderungen der Hochzeit. Vielleicht beging er sie dort auf der Felsenhöhe, und nur wenige seines eigenen Volkes waren als Festgenossen zugegen. Wohl aber scholl gleich die Kunde über die Welt; die Aussicht auf einen Erben im Königtum des Weltreichs war endlich gegeben, und auch die Phantasie der Griechen beschäftigte sich bald genug mit der schönen Frau. *Aëtion* war der Maler, der ihre Hochzeit malte. Ob der Künstler Roxane wirklich gesehen hatte? etwa in Susa, im königlichen Palast? Wir haben noch die Beschreibung seines Bildes, und Sodoma, Raphaels Zeitgenosse, hat nach dieser Beschreibung das Bild als großes Fresko im Schlafgemach der Farnesina in Rom wieder an die Wand gemalt, indem er alle Reize und Wonnen, die dem Maler der hl. Katharina zur Verfügung standen, darüber ausschüttete.

Sie sitzt im Thalamus am Rand des Lagers, den Blick schamvoll zur Erde gesenkt. Alexander steht vor ihr, ein Blumengewinde in den Händen. Hephästion geleitet den Freund mit flammender Hochzeitsfackel. Die Amoretten aber lächeln darein, lösen dem König die Sandalen und ziehen ihn zur Geliebten hin. Andere Liebesknaben tändeln und spielen mit Alexanders Schild und Harnisch und Lanze. Nichts schien so unübertrefflich lieblich auf Aëtions Bilde als Roxane selbst und die Weichheit ihrer Lippe. Der Maler stellte das Bild in Olympia aus, daß dort gleich alle Griechen es sähen.

Ob Roxane, die Königin Mazedoniens und Asiens, wirklich alsbald aus Turkestan zur Sisygambis nach Susa übersiedelte, wissen wir nicht. Ob sie ihren Alexander wirklich liebte? Wir wissen auch das nicht. Schwerlich aber war sie die glücklichste der Frauen; denn sie blieb nicht die einzige. Auch spielten die Amoretten nur allzu kurz mit Alexanders Waffen, und er blieb, ein Diener des Mars und nicht der Venus, seinem Kriegshandwerk treu. Er war zur Heimatlosigkeit geboren, bis der Orkus ihn hinwegnahm.

Als er aber vom sogdianischen Felsen weiterzog und in einem wilden Engpaß im heutigen Gebirgsland Hissar noch einmal auf dieselbe Schwierigkeit stieß – auf dem Felsen saß dort der Rebell *Choriênes* mit seinen Streitern –, vermittelte Alexanders Schwiegervater, der von Glück strahlende Oxyartes, Roxanes Vater, die Verhandlung, und der neue Gegner unterwarf sich gleich. Ja, es kam auch hier zu einem Treuverhältnis, und Chorienes lieferte gleich für zwei Monate Brot, Pökelfleisch und Wein, welche Lebensmittel er in Alexanders Feldlager zeltweise verteilte.

Dann aber folgte, als Alexander nach Baktrien kam, das zweite Attentat auf sein Leben, und die Gegensätze in seiner nächsten Umgebung klafften zum erstenmal schroff auseinander.

Alexander war leidenschaftlicher Jäger, wie wir schon wissen. In Baktrien aber gab es einen von den Königen angelegten großartigen Wildpark, der, von einer Mauer umzogen, sich weit ausgedehnt über Wälder und Gebirge erstreckte und in dem alles gefährliche Raubzeug Asiens anzutreffen war. Einmal blieben dort bei einem Treiben 3000 Tiere auf der Strecke. Nur den Pfau durfte niemand töten. Alexander schlug in dem Revier mit seiner Truppe sein Lager auf. Eines Tages geriet er da, als er allein und ohne Schutz war, mit einem Löwen in Kampf. Er erlegte die Bestie wirklich glücklich und mit einem Hieb. Das Heer aber erkannte, daß er sich zu leichtsinnig in Gefahr begebe, und faßte nach regelrechter Beratung den Beschluß, der König dürfe nicht mehr ohne hinlängliches Gefolge auf Jagd gehen. Der Beschluß war gut gemeint; Alexander fügte sich ihm willig, und seine Pagen, Söhne des mazedonischen Adels von 15–17 Jahren, geleiteten ihn hinfort.

Unter diesen war *Hermolaos* einer der Kecksten. Der freche Junge erlaubte sich, als Alexander einen Eber abfangen wollte, seinem König zuvorzukommen und das Tier seinerseits zu erlegen; er raubte dem König die Jagdehre und war schneller als er. In raschem Zorn ließ Alexander den jungen Menschen in Gegenwart der andern peitschen. Wir wissen, daß dies im mazedonischen Pagen- oder Kadetteninstitut, dem Seminar der künftigen höheren Offiziere, die freilich für ein Griechenherz abscheuliche, aber herkömmliche Strafe war, und was da geschah, war nichts irgendwie Außerordentliches.

Hermolaos aber schäumte vor Wut, und die jungen Leute traten zusammen; sie wollten dem Alexander ans Leben. Sie waren es, die ihn täglich beim Bad, beim Mahl, beim Schlafengehen bedienten und seinen Schlaf bewachten, und die Gelegenheit zum Mord war leicht gefunden. Hermolaos war von modernen Ideen aufgehetzt als frühreifer Anhänger der sog. Philosophie, und die Peitschenstrafe forderte Rache. Hieran aber trug Kallisthenes die Schuld, der, wie viele wortgewandten Leute, sich für seine Reden ein Publikum suchte und wenn die reifen Männer die Achseln zuckten, an die Unreifen sich wandte, die für alles zugänglich sind. So war ihm Hermolaos verfallen.

Alexander hatte beschlossen, als Perserkönig von seinem neuen persisch-iranischen Untertanen bei der Audienz den Fußfall zu verlangen; denn das war Stil und Herkommen im Lande. Auch David, der König der Juden, verlangte den Fußfall. Auch die späteren römischen Kaiser haben das von den Persern bekanntlich übernommen, und der Fußkuß des römischen Papstes ist davon ein naher Verwandter. Alexander schwankte, ob er denselben Fußfall auch den Mazedonen und Griechen zumuten sollte, und veranlaßte eben damals, daß diese Herren selbst darüber beim Abendtrunk in Beratung traten. Bezeichnend ist, daß da kein Mazedone, um etwa zu protestieren, das Wort nahm; nur der Grieche Kallisthenes löste die Zunge und hetzte blindwütig dagegen, im Sinne des Männerstolzes vor Königsthronen, als wären die Perser Sklaven von Beruf, die Griechen die Herolde der Freiheit. Alexander hätte es leicht gehabt, ihn mit besseren Gründen zuzudecken; Sklavennaturen gab es damals eben nur zu reichlich auch bei den Griechen. Aber er hielt es für klüger, ohne Worte zu handeln, und wies seine Mazedonen kurzweg an, von der persischen Sitte abzusehen. Von den Griechen aber ist bei dieser Verfügung nicht die Rede.

Da wurde der Mordplan der jungen Burschen entdeckt. Zu einer gewissen Stunde hatten die Pagen die Nachtwache; wenn sich Alexander zu jener Stunde, wie er zu tun pflegte, vom Abendtrunk zur Ruhe begab, sollte einer von ihnen den Wehrlosen im Schlaf erstechen. Aber der Zufall oder eine göttliche Fügung wollte, daß Alexander in der Geselligkeit diesmal länger verzog; inzwischen war die Nachtwache abgelöst; die Tat blieb ungeschehen, der Plan wurde aufgedeckt, und es stellte sich heraus, daß Kallisthenes als Hetzer ohne Frage mitschuldig, der mit solchen zweideutigen Reden um sich geworfen hatte: „Fragst du, wie man berühmt werden kann? wenn man dem Berühmtesten den Garaus macht." Auch schon mit Philotas, dem Verschwörer, hatte Kallisthenes in verdächtiger Beziehung gestanden.

Hermolaos und seine Genossen wurden von den mazedonischen Soldaten, die Gericht hielten, gesteinigt, Kallisthenes auf Alexanders Befehl nach dem einen Zeugnis gehängt, nach dem andern nur in Fesseln gelegt; er soll hernach an Krankheit gestorben sein. Nehmen wir ruhig das erstere an. Als Aristoteles von diesem Ausgang hörte, schüttelte er den Kopf und sagte: „Mein Neffe war bei Wort, aber ohne Verstand." Aber auch Abschnitte aus zwei Privatbriefen Alexanders selbst liegen uns noch vor. In dem früheren Brief steht: „Die Pagen sagten aus, niemand habe sie zu ihrem Plan aufgehetzt"; Hermolaos deckte also seinen Lehrer; in dem späteren: „Die Mazedonen haben die Pagen zu den Toten geschickt; den Weisheitsprediger aber werde ich selbst züchtigen und die, die ihn mir aufgedrängt haben." Er hatte sich also von des Kallisthenes Schuld überzeugt, und die Worte klingen zugleich wie eine Drohung gegen Aristoteles, dem der junge König diesen Beirat verdankte. Jedoch hat Alexander den drohenden Worten keine Folge gegeben.

Sein Herz blieb offenbar völlig kühl, als man die Strafe vollzog. Wertlos die Jugend, die unreif zu Revolutionen und sogenannten Großtaten sich beschwatzen läßt, wertloser der Sophist, der seine Wortgewandtheit mißbraucht zu so billigen Erfolgen. In der Tat, so dachte er.

„Verhaßt, wer, selbst unweise, Weisheit lehren will"

ist das Dichterwort, das er damals im Munde geführt haben soll. „Man muß einen Schaden ganz ausschneiden, sonst wuchert er nach", war schon im Altertum ein Grundsatz der Chirurgen; Alexander verstand etwas von Medizin, und auch diesen Satz soll er im Munde geführt haben.

Aber er lernte in diesem Anlaß noch eins: daß der Leitgedanke, den er in seinem Leben durchzuführen willens war, die Gleichsetzung und staatliche Verbindung der Asiaten und Europäer, seine Schwierigkeiten haben werde. Die Nationalinstinkte lehnen sich auf, und Völker lassen sich vom König nicht so leicht wie die Brillenschlangen vom Fakir dressieren.

Doch unbeirrt durch alles Erlebte schritt er seine Bahn weiter und erhob sich jetzt zu seiner letzten militärischen Großtat, zur Eroberung Indiens. Dreißigtausend Krieger, fast alle zu Pferde, hob er in den jüngst unterworfenen Gebieten Irans aus, die in dem Feldzug, der bevorstand, nicht nur sein Heer verstärken, sondern zugleich als Pfand dienen sollten, damit sich hinter seinem Rücken kein neuer Aufstand erhebe. Seine Mazedonen murrten immer noch nicht. Alexander war doch einmal schon in seinem Mißtrauen so weit gegangen, daß er die Briefe, die sie nach Hause schrieben, erbrechen ließ. Sie folgten ihm vielmehr auch noch über den Indus voll Spannung und Abenteuerlust in das Märchenland.

***

In Indien

Indien! Noch heute ist jeder stolz, der dies Land gesehen. So war es auch für die Griechen das Traumland, das gelobte Land, das schönste der Länder, das abenteuerliche Land der Wunder. Man dachte, es sei riesengroß und umfasse ein Drittel der Erde; die Bewohner schwarz wie die Neger Afrikas, aber schöner. Dazu die Tiere so fremdartig, die Pflanzenwelt so wunderbar, und die köstlichsten Waren, Edelsteine, aber auch Pfeffer und Ingwer kamen durch die Karawanen von dort auf langen Reisen bis nach Tyrus und Sidon und so auf die griechischen Märkte. Die Bibel meldet davon: von Ophir kommen die Kostbarkeiten nach Tyrus; Ophir ist Indien; das östlichste Ostland, das noch niemand betreten hatte. Dort hinten wogte das Meer, das die ganze Erdenwelt abschließt und aus dem die Sonne tagtäglich emporstieg seit Ewigkeit, und an jedem Morgen war der Ozean dort deshalb siedend heiß bei Sonnenaufgang. Herodot, der Vater der Geschichte, hatte den Griechen schon vor hundert Jahren hierüber allerlei aufgetischt, ebenso der Grieche Ktesias, der in Susa Hofarzt Artaxerxes des Zweiten war. Aber alles das war von Hörensagen. Die Griechen, die an den Königshof in Susa kamen, trafen dort ohne Frage gelegentlich mit wirklichen Indern zusammen und ließen sich allerlei aufbinden; denn auch der Inder neigt zur Phantasie und zur Fabel. Man fabelte vom Einhorn, von Zwergvölkern oder Pygmäen, von großohrigen Leuten, die unter ihren Ohren schliefen u. a. m. Die Perser selbst dagegen wußten besser Bescheid; denn sie standen in ständigem Grenzverkehr über den Indus seit langem.

Die Einwohner im Norden Vorderindiens, zwischen Indus und Ganges, sind die Hindus. Der Fluß Indus selbst hat von ihnen seinen Namen, ebenso das Land Hindustan, das von den genannten Strömen umfaßt wird. Sie gehören zur weißen Rasse, sind Indogermanen, besonders den Persern, ihren Nachbarn, sprachverwandt und rassenverwandt. Erst im Südteil der großen Halbinsel, im Dekan, saßen, durch das querlaufende Vindhiagebirge abgetrennt, die nicht zu den Hindus gehörigen schwarzen Inder, die Neger Ostasiens, mit denen man damals noch kaum in Berührung kam.

Heute soll Vorderindien, das in Englands Händen ist, an 290 Millionen Einwohner, also nur etwa 100 Millionen weniger Menschen als unser Europa zählen. Auch schon zu Alexanders Zeit ist es überaus volkreich gewesen. Persiens Einfluß hat daher nie tief bis ins Innere vordringen können. Nur das zunächst liegende Flußgebiet des Indus war gleichsam das Schubfach im verschlossenen Sekretär, das sich öffnen ließ.

Alexander hatte im voraufgehenden Herbst und Winter im Hindukusch und im Gebiet des Kabulflusses streitbare Gebirgsvölker und ihre Burgen, vor allem die Festung Aornos bezwungen, die den Gebirgspaß beherrschte und den Durchzug nach Indien sperrte. Schon da hatten seine Mazedonen gegen indische Söldner zu fechten. Im Frühling, im März, des Jahres 326 rückte er weiter vor und stieg in langwierigem Marsch aus gewaltiger Höhe in das sich senkende eigentliche Indusland hinab, das das Penschab oder Penjab, das Land der fünf Ströme hieß im Hinblick auf die mächtigen Nebenflüsse wie den Hydaspes.

Von der Himmelsstiege des Himalaja strömt der Indus mit brausenden Wassern zwischen himmelhohen Bergen hindurch und stürzt so weite Strecken das Stufenland hinab. Wie man einen Lotosstengel zerbricht, so zerbricht er die Felsenrücken. Dort oben, wo unter den Schneegipfeln die ewigen Schatzkammern der Götter der Hindu sind, entspringt er. Dort oben lauern alle Schrecken, das Gewaltige, Dämonische, das die Haare sträuben macht. Je mehr aber die Strecken sich senken, je milder und wonniger atmet die Natur, und die Fülle des Segens, überwältigend üppig und mannigfaltig, empfing den König und sein Heer, als er sich nach langen Märschen seinem nächsten Ziel, der Indusbrücke, nahte; dazu das herrlichste Klima; tropische Schwüle lag nur über den sumpfigen Niederungen.

Die Donau, den Nil hatte Alexander gesehen, den Euphrat und Tigris, den Oxus und Jaxartes. Dieser Indus war gewaltiger als sie alle; er überbot selbst den Nil; denn der Nil pilgert völlig ungesellig und einsam ohne alle Nebenflüsse durch das ägyptische Reich daher. Der Indus dagegen hat Zuflüsse in Überfülle; er ist der Herr des Fünfstromlandes, indes fünf gleichstarke Ströme, alle aus Osten, sich in ihn stürzen, Bergessöhne wie er selbst, die aus den Hochschluchten des Himalaja fallen.

Würde Alexander zu kämpfen haben? Das eigentlich begehrenswerte Gebiet war das Penschab, das nur östlich vom Strom lag; der Indus war also Grenzfluß, und wer in jenes Land wollte, mußte ihn überschreiten. Daher waren *Hephästion* und *Perdikkas* vorausgesandt worden, um die erwähnte Brücke über den Strom zu schlagen. Alexander zog hinüber.

Er wußte, die Hindus waren starke Recken; reich, mutig und stolz dazu; sie selbst rühmten sich deß; ihre Heldenkinder wuchsen wie die jungen Löwen heran, und ihre Könige glichen dem blitzbewehrten Gott Indra. Aber sie bildeten keine einheitliche Macht; das Land war in etliche Gebiete zerspalten, die zumeist unter ehrgeizigen Königen standen und sich unausgesetzt befehdeten.

Alexander machte sich also keine Sorge. Er dachte friedlich zu verhandeln und allein schon durch seinen Namen und seine Macht – ein Heer, das schließlich zu 100 000 Köpfen anwuchs – zu imponieren, andernfalls sich in die Streitenden zu mischen, so wie es Julius Cäsar bei der Eroberung Galliens machte. Die Zwietracht des Feindes ist der beste Verbündete. An der Indusbrücke gab er seinen marschmüden Truppen zunächst 30 Tage Rast. Da gab es Zeit und Muße zu kundschaften, die Augen aufzutun, Eindrücke zu sammeln. Dolmetscher halfen.

Nirgends ein Steinbau; die Häuser und Paläste alle aus Holz; die Tempel Höhlentempel. Die Menschen auf den Straßen in leichte weiße Baumwollstoffe gekleidet, Frauen wie Männer, unter dem Sonnenschirm; in den Ohren Ohrgehänge;

Perlenschmuck. In Griechenland spannen damals die lieben Frauen noch immer Wolle für die Volksbekleidung: wie anders hier! Hier wuchs das Linnen auf den Bäumen! In den Gebüschen und Wiesen die buntfarbigste Blumenpracht. Blütenkränze überall, auf den Altären, in den Haaren, als Wimpel an den Mastbäumen. Selbst die Männer gehen mit einer Blume in der Hand. Dazu der Baumwuchs des Landes, wuchtig, grandios und echt tropisch: jene enormen Wipfelbildungen, wenn die Bäume aus ihren hohen Ästen steil und senkrecht stammdicke Absenker in die Erde treiben und so wie naturgewachsene Säulenhallen dastehen, die ein ganzes Stadtvolk unter sich versammeln könnten. Man schrieb sich damals sorglich auf, was man neues sah: Bananen und Pfefferstrauch und Baumwolle und Sandel und Ebenholz; dazu das Zuckerrohr, der Zucker, den kein Grieche kannte, und der Reis (ὄρυζον). Man lernte, daß man aus Reis und Zucker ein alkoholisches Getränk brauen könne, den Arrak.

Und weiter die Büffelherden und Gazellen. Der brünstige Elefant brach krachend durchs Gestrüpp; im Geäst züngelten die Schlangen, großleibig und bunter, als man sie je gesehen. In den Dschungeln der Löwe; der Tiger fehlte; den gab es nicht hier, sondern am Ganges, in Bengalen. Nichts interessanter als die Jagd mit den Tigerhunden. Dies waren angeblich Mischlinge, von Tiger und Hund gezeugt. Man führte sie dem Alexander vor, wie sie auf den Löwen losgingen und ihn in Wut zerfleischten. Nichts erregender als solcher Tierkampf: die losgelassene Bestie im Urzustand. Die Fauna erinnerte vielfach an Ägypten, und die Mazedonen, schwach in der Geographie, wie sie waren, bildeten sich deshalb ein, dies Indien müsse unmittelbar mit Afrika zusammenhängen. Alexander selbst trug sich mit dem Plan, auf dem Hydaspes direkt nach Ägypten zu gelangen. Die Tiere wußte man nun also auch deutlich zu benennen; für die Pflanzenwelt fand man dagegen vielfach keine Namen vor und wußte sie ihnen nicht selbst zu geben, so unverlegen man sonst war; denn die Namen der Städte, Flüsse und Menschen wandelte man eigenmächtig und oft völlig entstellend in das Griechische um, da das Barbarische unaussprechlich schien.

Manche Gelehrte meinen heut, die Inder hätten damals noch keine Schrift gekannt; aber die Offiziere Alexanders reden ausdrücklich von den Briefen, die sie sahen und die die Inder auf Leinwand schrieben. Wie konnte es auch anders sein? Schon allein die Entwicklung des Städtewesens zeugt für eine alte Kultur, ja, Hochkultur.

Die Häuser, so geht der Bericht weiter, stellte man – wie noch heute in Siam – über der Erde erhöht auf Balken, damit nicht Reptilien hineinkröchen. Die ganzen Städte aber waren aus Holz, die Ringmauern aus Erde und Lehm. Der große Holzreichtum war für das alles der Grund. Alexander aber wird das mit Genugtuung gesehen haben. Holzwände und Erdwälle sind leichter zu brechen als Stein.

Auch zum Nachthimmel erhob sich der Blick; man bemerkte, wie anders hier die wohlbekannten Sternbilder sich stellten, und astronomische Beobachtungen wurden gebucht; und am Tag sah man mit Staunen, daß man keinen Schatten warf, da die Sonne im Zenit stand; auch das wurde notiert. Die Beobachtung war freilich nicht ganz zutreffend; man war nur in nächster Nähe des Aequators.

Aber das Staunen und Bewundern genügte nicht. Alexander gab auch auf anderes acht. Da war eine Feigensorte, die im Heer üble Dysenterie bewirkte; Alexander ordnete an: von der Feige darf nicht gegessen werden. Auch sonst gab es giftiges Gestrüpp, und er befahl, wo dies wuchs, die Pferde an der Hand zu führen. Auch der indische Weizen und Gerste bekam den Pferden anfangs nicht; aber sie gewöhnten sich. Hafer fehlte. Dazu die giftigen Schlangen. Indische Ärzte ließ sich Alexander kommen und behielt sie um sich; war ein Mann von der Schlange gebissen, mußte er ins Königszelt kommen. Denn der Biß galt für tödlich, und nur Inder wußten zu helfen. Die Sorge des Königs um seine Soldaten war groß, gerade hier im unbekanntesten der Länder. Als bedeutende militärische Verstärkungen aus Mazedonien eintrafen, kam auch eine Ladung mit von 100 Talent, das sind gut zweieinhalbtausend Kilogramm Medikamente, die er hatte kommen lassen und nun unter seine Truppen verteilte.

Die Religion des Buddha war damals erst etwa 150 Jahre alt und noch wenig verbreitet. Am Ganges ist der Buddhismus entsprungen; an den Indus waren noch keine Proselyten gelangt. Wohl aber bekam Alexander im weiteren Verlauf mit den Brahmanen zu tun, die gelegentlich als Volksführer die Inder zur Abwehr hetzten. Mit ihnen machte er kurzen Prozeß, wenn er sie griff. Bedeutsamer dagegen schienen ihm diejenigen Brahmanen, Gymnosophisten genannt, die da nackt, wie es das Klima gestattete, in Einsiedeleien lebten, als berufene Träger der indischen Philosophie galten und eine Weisheit predigten, die der Lehre der griechischen Cyniker und des Diogenes von Sinope nächstverwandt war. Alexander reizte der Kontrast. Er hatte gern dem Diogenes gelauscht und hatte sogar hier in Indien unter seinen älteren Offizieren einen erklärten Anhänger seiner Lehre, den *Onesikritus*, den Vater seines Jugendlehrers Philiskus; durch den ließ er sich berichten, was da die indischen Weisen predigten: es war die ihm wohlbekannte Predigt von der Nichtigkeit alles Besitzes und der Abtötung aller Bedürfnisse. Wozu erobern, was du doch verlierst, wenn du aus dem Leben gehst? und was willst du hier bei uns Indiern?

Den Griechen schienen diese Gegensätze, die vortrefflich zur Debatte taugten, unendlich interessant, und man machte sich geradezu Gespräche zurecht, die Alexander mit den Brahmanen geführt haben sollte. Ein Brahmane aber, *Kalanos* genannt, schloß sich sogar dem Hoflager Alexanders dauernd an.

Auch späterhin haben bei den Griechen und Römern alle Moralisten, die nur auf das Individuum und nicht auf den Staat achtgaben, Alexander als den Eroberer verworfen, und gerade im Hinblick auf seinen Kriegsgang in Indien traf ihn der Vorwurf sinnloser Unersättlichkeit. Von Kindesbeinen an, heißt es, war er der Räuber und der Schrecken der Menschheit. Alle Riegel der Welt durchstößt er und kann kein Ende finden. Ein Begleiter erzählt ihm, der Philosoph Demokrit behaupte, daß es nicht nur eine, daß es unzählige Welten gebe. „Und ich habe noch nicht die eine gewonnen!" Solche Aussprüche wurden ihm angedichtet. Er ist die Bestie, die mehr tot beißt, als sie verzehren und verdauen kann!

Für uns klingt das höchst unverständig. Denn wir Modernen haben die Staatsmänner als solche zu verstehen und nach ihren Zielen zu würdigen gelernt. Die Achtsamkeit der alten Griechen richtete sich dagegen immer nur auf ihre Kriegskunst und daneben auf ihre Privatmoral, auf ihren Vorrat an Lastern und Tugenden. Daher wird auch von Alexander immer nur so geredet, als wäre er sich Selbstzweck gewesen und in ihm nichts gewesen als der bohrende Trieb, berühmt, bewundert zu sein in allen Zeiten! Nein, er war Diener einer Idee, denn er war Staatsmann, das ist immer wieder zu betonen; uns Heutigen braucht das kaum noch gesagt zu werden. Zweck des Weltreichs, das er erneut, ist das Glück der für immer befriedeten Völker, der friedliche Austausch der Kulturen, Bereicherung der Massen im besten Sinne des Wortes. Der Krieg ist nur der Bahnbrecher für dies Glück.

So hat er auch für den Austausch der Religionen die Schleusen geöffnet; denn er duldete, er achtete sie alle; und ein Ineinanderfließen, ein großes Lernen im Triebe nach Seligkeit begann. Wer hat den rechten Schlüssel zum Himmelstor, zum Tor des verlorenen Paradieses? Wir werden noch davon hören.

Jetzt stand Alexander am Indus und forderte Unterwerfung. Auch hier aber hat er als Staatsmann nur die Folgerungen aus seiner Stellung gezogen. Er war des Darius Nachfolger, und zwar nicht nur des letzten Darius, des schwächlichen, sondern auch des ersten Darius, des großen; daher der Leitgedanke: das Perserreich soll, um lebensfähig zu sein, so, wie es unter diesem ersten Darius gewesen, weiter bestehen; Indien, d. h. das Penschab (denn nur um dieses handelt es sich), war zwar dem letzten Darius verloren gegangen; einen Satrapen Indiens gab es nicht mehr, und in der Schlacht bei Gaugamela sah Alexander nur solche indische Truppen, die vom Westufer des Indus stammten, gegen sich aufgestellt. Unter Xerxes und seinem Vater, den mächtigeren Großkönigen, aber war das anders gewesen. Alle früheren Provinzen mußten nun also wieder ans Reich. Für diese Reichsidee hatte Alexander schon am Oxus und Jaxartes und im Hindukusch gefochten; für sie wollte er jetzt auch über den Indus gehen. Und der erste der indischen Souveräne, denen er begegnete, der König von Taxila unterwarf sich auch tatsächlich gleich; ja, schon bei den voraufgehenden Kämpfen hatte er dem Alexander Hilfe gewährt. Dieser Fürst, er hieß *Omphis*, stand eben in der Tradition und erkannte seine Tributpflicht an.

Wahrscheinlich hatte die indische Provinz sogar schon zum alten Assyrerreich gehört, in jedem Fall, wie gesagt, schon zum Reich des Darius I. und des Xerxes, und es wäre ein Aufgeben berechtigter Ansprüche gewesen, hätte sich Alexander zurückgehalten.

Warum aber war den persischen Herren diese Provinz so wichtig erschienen? Weil sie die reichste war. Durch den Besitz dieser Provinz bekam man den Handel mit indischen Exportwaren in die Hand; und wer da fragt, woher der Goldreichtum stammt, mit dem sie auf ihrem Throne prunkten und ihren Reichsschatz speisten, woher das Gold, aus dem sie ihre Dareiken prägten, so ist die Antwort: Indien vor allem. Ausdrücklich wird es uns gesagt: es ist die Provinz, die da des Goldes in Fülle liefert, Schwemmgold im Alluvialboden; dazu die Edelsteine; dazu die Perlen. Das war das Märchenhafte: märchenhaft auch für die Inder selbst. In den großen Epen der Hindus ist ja auch alles aus Gold bis zu dem Wagensitz, Zügel, Achsen und Rädern der Gespanne, wenn Götter und Helden daherfahren. Das war gewiß nach dem Leben geschildert, und nicht anders stand es bei den Königen selbst, denen hier Alexander begegnete; denn für das Volk und seine Dichter sind die Könige die Abbilder der Götter. Im übrigen steht fest, daß die indische Satrapie dem ersten Darius jährlich 360 Talente Goldstaub = 1 Million englische Pfund, zahlte.

Alexander war radikal in allem. Kämpfte er einmal hier, so wollte er auch das Reich Darius des Ersten ganz wiederherstellen. Auch hernach werden wir sehen, wie er bewußt auf den Spuren dieses großen Organisators ging und dessen Programm wieder aufnahm.

In der Tat ließ sich die Besitzergreifung nun doch nicht ohne schwere Kämpfe verwirklichen. Jener König Omphis war zwar dienstpflichtig geworden und stellte dem Alexander eben jetzt Streitkräfte, vor allem die ersten auf Schlachtenkampf dressierten Elefanten zur Verfügung. Anders aber sein feindseliger Nachbar, der junge König *Poros*, der im weiten Stromgebiet hinter dem zweiten der Flüsse, dem Hydaspes, ein Reich beherrschte, das über 300 Städte zählte. Und es kam zu einer großen Schlacht. Am Hydaspes selbst wurde die Schlacht geschlagen, eine der Sensationen nicht nur aus kriegstechnischen Gründen, sondern auch, weil Alexander selbst sie geschildert hat, und seine Schilderung liegt uns noch vor. Für die Kriegsgeschichte ist hier das Neue, daß zum erstenmal Elefanten in Masse eingreifen. Sie waren damals so viel wie die Tanks im letzten Weltkrieg. In einem Türmchen sitzen auf jedem Tiere die Pfeilschützen; der Kornak vorne aber lenkt das Tier, das sich seiner Macht und seines Zwecks bewußt ist.

Diesseits des Stroms lagert Alexander; der Gegner Poros am Ostufer ihm gegenüber; dessen Macht ist bedrohlich; denn er hat 200 Elefanten. Wie sollte Alexander über das Wasser? Sein Heer war jetzt fast so bunt zusammengesetzt wie die persischen Heere, die er besiegt hatte, da auch Baktrer, Inder, ja, kosakisches Reitervolk mitgekommen waren; aber die nützten gegen die Elefanten nichts.

Es war um den 20. Juni. Die Zeit der tropischen Regen hatte eingesetzt. Der Feind verhindert jeden Brückenbau; da überlistet ihn Alexander durch ein Manöver bei Nacht. Er erzählt uns den ganzen Hergang selbst kurz und bündig. Eine Nacht ohne Mondschein. Im Stockdunkeln führt er einen Teil seines Heeres, es sind 12 000 Mann bester Truppen, möglichst geräuschlos stromaufwärts, das Ufer entlang; jeden

Kommandoschrei übertönt der brausende Regen. Den anderen Teil des Heeres hatte er unter des Kraterus Führung in der alten Position, dem Feind gegenüber, stehen lassen, und Poros gibt nur auf diesen acht. Gegen Morgen setzt Alexander auf Flößen unbemerkt über den Strom, kommt aber nur bis zu einer großen Flußinsel. Da erfolgt ein furchtbares Ungewitter mit tosendem Donner, und etliche Leute werden vom Blitz erschlagen. Alexanders Bericht verweilt mit keinem Wort bei dem Chaos, das da entstand, auch nicht bei der Enttäuschung, auf einer Insel statt auf dem jenseitigen Ufer gelandet zu sein. Inzwischen ist der Hydaspes mit reißendem Hochwasser mächtig geschwollen, und um dies Ufer endlich zu erreichen, muß man die Flöße preisgeben und zu Fuß durch den wilden Strom, fast bis an den Hals im Wasser. Wieder sind es nur andere Zeugen, nicht Alexander, die uns von der Verzweiflung melden, die da einriß: alles aufgelöst, erschöpft, nach Atem ringend. Eine völlige Neuordnung war nötig. „Dann ritt ich voran", so ungefähr fährt der königliche Berichterstatter fort, „um auszuspähen, was der Feind tun wird. Wirklich schickt mir Poros 1000 Reiter und 60 Streitwagen entgegen, die aber überwältigt werden (die Wagen blieben im Morast stecken und wurden so erbeutet). Dann rückt der König selbst mit der ganzen Macht heran. In Erkenntnis der feindlichen Übermacht und in Furcht vor den Elefanten (vor denen die Pferde scheuen) werfe ich mich auf seinen linken Flügel, Könos auf den rechten. Die feindlichen Massen werden so in die Mitte zusammengetrieben, so daß sie ihre eigenen Elefanten bedrängen. Ein großes Handgemenge folgt, und in knapp acht Stunden ermattete der Feind."

Das ist alles, und so pflegte also Alexander über seine großartigsten Siege zu berichten. Wer ihn kennen will, muß hierauf acht geben. Alle Prahlsucht und Selbsthervorhebung fehlt, auch jede Sucht nach Effekt. Ihn interessiert nur das Operative. Das Genauere mochten die Skribenten von Beruf dem Publikum mitteilen. Nicht nur ermattet, sondern völlig besiegt war der Feind.

Das Schlachtfeld hatte der indische König gewählt; es liegt bei dem heutigen Karri in Ausdehnung von fünf Meilen; sandiger, trockner Boden und daher für Wagenkampf geeignet. Denn 3000 Streitwagen hatte Poros auf seinen beiden Flügeln stehen, jeder Wagen mit vier Rossen bespannt und mit sechs Mann besetzt; die Mitte der Front aber hatten die 200 Elefanten inne, hinter denen 30 000 Mann Fußvolk standen. Des Poros Reiterei dagegen war schwach. Zwischen den Elefanten war immer ein 100 Fuß breiter Abstand gelassen. Der größte und klügste von ihnen trug den tapferen König selber. Die furchtbaren Tiere durchbrachen auch wirklich mit pfeifendem Gebrüll Alexanders Infanterie unter dem Getöse der indischen Handpauken. Mit dem Rüssel griffen sie sich die Krieger und hoben sie hoch. Aber Alexanders seitliche Angriffe, wobei er berittene Pfeilschützen zuerst einsetzte, sicherten von vornherein die Entscheidung; denn gegen seine Kavallerie wußten jene Streitwagen nichts auszurichten. Als endlich alles sich um die Elefanten und zwischen ihnen zusammendrängte, wurden die Inder selbst von den wildgewordenen Bestien niedergestampft. Die Kornaks waren durch Speerwurf und Pfeile heruntergeschossen worden.

König Poros hatte tapfer mitgefochten. Er sah seine Streitwagen unbrauchbar ohne Lenker, seine Elefanten durch Wunden in Wut umgetrieben. Er selbst war schon an der Schulter verwundet, aber er floh nicht, wo alles floh: von Feinden umringt, kämpfte er noch allein, bis ihn die Kräfte verließen. Alexander sah es und schickte einen Unterhändler zu ihm, einen Inder, der ihn aufforderte, sich zu ergeben. Von Durst gequält, stieg Poros vom Tier, das sich in die Knie legte, herab, ließ sich Wasser bringen und dann zu Fuß zum Alexander führen. Der ritt ihm entgegen und sah bewundernd einen Mann von Riesengröße vor sich, in stolzer Haltung und ausgezeichnet durch Schönheit. Wäre Alexander vom Pferd gestiegen, er hätte vor ihm als Zwerg gestanden. „Wie soll ich mit dir verfahren?" fragte Alexander. Poros versetzte nur: „königlich". „Nichts weiter?" sagte Alexander erstaunt. „Im Wort königlich liegt alles", war die Antwort. Alexander handelte danach; er gab den verwundeten Gegner in ärztliche Pflege, vor allem beließ er ihn in seinem Königtum, ja, er erweiterte noch sein Herrschergebiet; als Vasall und königlicher Satrap sollte Poros weiter darin herrschen. Und Poros bewährte sich in allem weiteren als Freund und Helfer.

Eine religiöse Feier mit Festspielen, auch Reiterturnieren, krönte den Sieg. Um sich aber das Land zu sichern, baute der Sieger als Militärkolonien zwei Festungen am selben Strom, in denen mazedonische Garnisonen liegen sollten. Deren eine nannte er Bukephala seinem Leibroß zu Ehren. Wir wissen nicht, ob er das edle Tier noch in dieser letzten Schlacht geritten. Es war verendet. Durch die Welt hatte es seinen Herrn von Sieg zu Sieg geführt und verdiente auch nach der Vorstellung der Inder diese Ehrung, die den siegbringenden Königsrenner heilig hielten.

Die weitere Besetzung des Penschab ging dann rasch genug vonstatten; die Völker, die sich nicht gleich unterwürfig zeigten, wurden schonungslos blutig niedergeworfen, und so überschritt Alexander einen der Ströme nach dem andern, bis er an den fünften, den Hyphasis, kam. Auch unmittelbar hinter dem Hyphasis lag wieder begehrenswertes Land. Aber seine Gedanken schweiften weiter; denn auch über den Ganges und das Fabelland, das er durchströmt, erhielt Alexander damals endlich genaue Berichte. Das Gangesland, weit reicher noch, üppiger noch als das Indusland sollte es sein; und lag es denn wirklich als die ultima Thule des Ostens am Rand der Welt, hinter dem nur noch der unheimliche Ozean, Wasser und Wasser und Himmel und das Nichts? Lockte es ihn nicht dies zu ergründen und einmal spähend an der Mündung des Ganges zu stehen, so wie es den Julius Cäsar lockte bis zu den Quellen des Nil zu dringen? Aber Alexander hörte auch, daß dort am Ganges das mächtigste indische Königtum bestehe, von gewaltiger Kampfkraft unter der streitbaren Nanda-Dynastie von Magadha, die allein 3000 Elefanten in die Schlacht führte, Benares die Hauptstadt. Sollte ihn das nicht aufregen? Er war nicht so kurzsichtig, sich nicht klarzumachen, daß bei einem so gewaltigen Nachbarn die soeben erworbene indische Provinz auf die Dauer nicht haltbar sei. Eine solche Macht in solcher Nähe war eine ständige Bedrohung, und es mußte, wenn nicht jetzt, so irgendwann später mit ihr unbedingt zu einem Konflikt kommen. Das war der Hauptgrund, weshalb es Alexander unmittelbar weiter bis zum Ganges trieb. In der Tat waren kaum zehn Jahre vergangen, da rückte vom Ganges der Machthaber Androkottos (indisch: Chandraputra) wirklich heran und besetzte das Penschab, ja rückte siegreich bis nach Afghanistan. Alexander lebte nicht mehr, um ihn abzuwehren.

Jenes Gangesland aber war zugleich, wie schon erwähnt ist, das Land des Buddha. Wäre Alexander dorthin gelangt, nicht zwar der Buddha selber, der indische Weltheiland, aber doch seine Verkünder wären ihm dort entgegengetreten wie am Indus die Brahmanen. Wie fremdartig für ihn, den Mann, der gleichsam nichts als Tatkraft und Wille war, diese Religion des absoluten Nichtwollens und Verzichtens, der Selbstaufhebung und des Hinaussehnens aus der Welt der Taten in das erlösende Unbewußte!

Der Buddhismus verträgt sich nicht mit Eroberung und Kriegsgeschrei; er kann wohl Blumen welken, aber kein Blutvergießen sehen. Damals aber hatte er den gewaltig kriegerischen Geist der Hindus noch keineswegs entnervt und gebrochen.

Vorwärts! Alexander gab den Befehl, den Hyphasis zu überschreiten. Da geschah das Unerwartetste. Das Heer gehorchte nicht. Die Mißgelaunten rotteten sich zusammen, und der Aufruhr ging durch die Zeltgassen. Wieweit Alexander seine Pläne offenbart hatte, kann man nicht wissen. Aber einstimmig hieß es: wir marschieren nicht. Es war wie bei Christoph Columbus, wo auf der endlosen Seefahrt die Mannschaft ebenfalls „Umkehren!" schrie; denn sie sahen kein Land und kein Ende. Überdruß, Müdigkeit, Erschöpfung, Heimweh: vielleicht war es eine lang schon vorbereitete, lang verhaltene Stimmung, die jetzt losbrach, unter dem massiven tropischen Regen. Wer mochte in der Nässe noch Schlachten schlagen? Man hatte genug gesiegt. Bis hierher und nicht weiter!

Jedoch scheint mir, daß zur Erklärung dieses höchst auffälligen und ganz unerhörten Stimmungsumschlags das Gesagte noch keineswegs genügt. Das Entscheidende war offenbar folgendes: die Offiziere waren bisher anstandslos mitgegangen, solange es sich nur um die Wiederherstellung des Gesamtumfangs des Perserreichs Darius des Ersten handelte. Jetzt wollte Alexander zum ersten Male aus Gründen, die die meisten nicht verstanden, darüber hinausgehen. Er brach, so schien es, mit seinem eignen Grundsatz. Die Offiziere sagten: quod non.

Alexander war beredt und konnte durch Wort und Gebärde die Herzen wohl mächtig ergreifen. Er sprach beweglich zum Heer. Aber umsonst; es verfing nicht. Auch seine Offiziere versagten. „Wir wollen nicht!" Dabei blieb es. Für Alexander ein Schlag, wie er ihn noch nicht erlebt. Er konnte nicht tun, was er wollte. Umkehren? seinem Heer gehorchen? Umkehren war ein Wort, das er nicht kannte. Er grollte und schmollte drei

Tage und schloß sich ab, zähneknirschend. Niemand sah ihn: wie ein Liebhaber, dem die Geliebte zum erstenmal nicht zu Willen ist.

Das Heer aber blieb bei seinem Willen, auch als er sich wieder zeigte. Da brachte er am Fluß ein Schlachtopfer, und der Priester mußte nachforschen, ob sich bei der Eingeweideschau für den weiteren Vormarsch nicht etwa ungünstige Vorzeichen ergäben. Natürlich fielen diese ungünstig aus; Alexander wollte es so, und der Herrische konnte sich nun sagen, daß er nicht seinen Soldaten, sondern der Stimme eines Gottes nachgegeben. Er beschloß umzukehren.

Zwölf mächtige, 50 Fuß hohe Altäre baute er jenseits des Hyphasis, in der Form breiter Festungstürme, aus Haustein, das einzige Baudenkmal, das er seinen Kriegstaten gesetzt hat; sie sollten der Nachwelt die Stelle zeigen, bis zu der er auf seinem Zug durch die Welt gelangt war. Auf der Inschrift aber stand nichts weiter als ein Dank für die geleitenden Götter. Kaum je hat wohl ein Grieche dies Denkmal wieder aufsuchen können; auf den Landkarten aber wurde es hinfort stets sorglich verzeichnet. Noch im Mittelalter sind in dem Kartenbild der sog. Peutingerschen Tafel zwei Altäre eingetragen worden mit dem Vermerk: „Hier traf den Alexander das Schicksalswort: wie weit willst du noch, Alexander? (hic Alexander responsum accepit: usque quo, Alexandre?).“

Ob die großartigen Steinbauten nicht aber auf die Inder Eindruck machten? Vielleicht sind sie eben durch sie angeregt worden, in Zukunft gleichfalls zum monumentalen Steinbau überzugehen.

Alexander kehrte zum Indus zurück. Mitte September hörte die Regenperiode auf. Jetzt konnte er zu einer andern Unternehmung ausholen, durch die er alles bisherige überbot. Er hatte sie lange vorbereitet, die Ausfahrt zur Entdeckung der Südsee, zur Erschließung des Indischen Ozeans für den griechischen Handel, für den Welthandel, und sie ist wie der Edelstein im Golde seines Ruhmeskranzes, als wären alle bisherigen Kriege für sie nur das Vorspiel gewesen. Kriege sind nicht Selbstzweck; sie sind nur die Eisbrecher, die die Ströme des Kulturlebens der Völker freilegen.

Die indischen Waren sollten nicht mehr bloß durch schwerfällige Karawanen, sie sollten auf dem direkten Wasserweg von Indiens Westküste bis in den Euphrat nach Babylon laufen können. Bisher kannte der so seetüchtige Grieche nur das engbrüstige Mittelmeer, diesen Tümpel, der nicht einmal Flut und Ebbe hat. Aber auch die Babylonier, die Ägypter hatten die Aufgabe bisher nicht gelöst. Alexander folgte vielmehr dem Vorbild des ersten Darius, und er bewegte sich also auch jetzt wieder bewußt auf den Spuren dieses seines Vorbildes und seiner indischen Politik. Einen griechischen Seemann, Skylax mit Namen, hatte jener Darius vor etwa 150 Jahren für die Aufgabe gewonnen, und Skylax fand den Seeweg; er brauchte dazu 30 Monate. Ein menschheitliches Problem war damit anscheinend gelöst, die praktische und wissenschaftliche Nutzbarmachung aber blieb aus. Es galt die Aufgabe noch einmal und besser zu lösen, und der König Asiens hatte jetzt selbst die Führung.

Er hatte alles auf das genaueste durchdacht. Gewiß aber trieb ihn auch eine romantische Sehnsucht und wirkte mit. Unermeßlich wie das Luftmeer ist die rollende offne See, und die Seele weitet sich, die sich darin verliert, und fühlt sich kühn wie von Schwingen getragen über dem Bodenlosen. Er wollte ihn einmal selbst befahren, jenen Ozean, von dem bisher nur die Fabel meldete, über dem die heimatlosen Winde jagten und in dessen wogender Umfassung alle Kontinente, Asien, Europa, Afrika, lediglich als Inseln ruhten wie Sizilien im kleinen Mittelmeer.

Eine Flotte von zirka 2000 Schiffen – Schiffstypen aller Arten – fuhr den Indus hinab. Die Schiffe waren großenteils zu dem Zweck neu gebaut. Der Admiral der gesamten Flotte hieß *Nearch*. Die Bemannung hatte Alexander weither von den Mittelmeerküsten kommen lassen. Welch ein Aufwand! Zu einer feierlichen Handlung aber wurde die Abfahrt erhoben. Vom hohen Heck aus schüttete Alexander ein Weinopfer aus goldener Schale in die Flut, indem er andächtig alle die Flußgötter bei Namen zur Hilfe rief; aber auch dem Ammon, seinem göttlichen Vater, galt die Spende. Dann bliesen die Posaunen; alle Ruder der 2000 Schiffe griffen gleichzeitig aus und schaufelten im Takt das Wasser, ein wunderbares Rauschen, indes auf jedem Schiff die Stimme des Taktrufers erscholl, die den gleichmäßigen Ruderschlag sicherte. Und so begann die Flotte dahinzugleiten, ein majestätischer Aufzug ohne Ende, zwischen Felsen und Wäldern, deren Echo den Schall zurückwarf. Die Ufer voll neugierig gaffenden Indervolks, die da staunten und staunten. Sogar die Kavalleriepferde wurden zu Schiff transportiert; das hatte man hierzulande noch nie gesehen.

An den Ufern, rechts und links, wurde die Flotte vom Heer, das jetzt 100 000 Mann stark war, begleitet, so daß man stets miteinander in Fühlung blieb. Das Heer hatte das umliegende Gebiet zu okkupieren, die widerstrebenden Bevölkerungen zu unterwerfen. Alexander blieb, solange es ging, auf dem Wasser. Er konnte von seinem langen Ritt durch die Welt endlich einmal ausruhen. Dabei umgab ihn ein Stab von Ortskundigen und von griechischen Gelehrten, und man machte topographische Aufnahmen nach bestem Vermögen und erging sich in geographischen Hypothesen oft recht abenteuerlicher Art. Als Alexander im Indus die ersten Krokodile sah, redete er sich ein, die Nilquellen müßten hier in Indien sein. Der Obersteuermann seines königlichen Schiffs aber war Onesikritus, den ich schon nannte. Hoffentlich hat der Mann sein Handwerk als Steuermann verstanden; im übrigen war er ein Schwindler, der sich späterhin über das hier Erlebte in den dreistesten Fabeleien erging. Ob Alexander ihn nicht durchschaute? Aber dieser Mann war zugleich Cyniker, Verehrer des Diogenes, also Kosmopolit und Verächter des Nationalismus. Alexander war es auch. Darum hat er auf ihn Wert gelegt.

Die Flußfahrt aber währte lange. Das Indusgebiet erstreckte sich noch weit hinab. Die Landschaft wurde flach, und je öder und unschöner, je weiter man kam. Langweilte man sich, so gab es Regatten, Wettsegeln mit Ehrenpreisen; um dabei die Schiffsgruppen zu unterscheiden, verfiel man darauf, die Segel bunt zu färben, und das Buntfärben der Baumwollstoffe (linum), das es bisher nicht gab, soll danach erst in Übung gekommen sein.

Aber auch sonst gab es hundert Verzögerungen: Havarien in den Stromschnellen, vor allem unablässige Kämpfe mit der trotzenden Anwohnerschaft. Waren Gebiete genommen, wurden nach bewährter Methode Kastelle gebaut, auch neue Städte gegründet. Die Strommündung und der Ozean, den man suchte, lag noch fern – es hat schließlich volle sieben Monate gedauert, bis ihn Alexander erreichte –, da wurde er selbst noch einmal in die Kämpfe hineingerissen. Er tat es mit derselben Wucht wie immer. Es waren die letzten großartigen Gefechte seines Lebens. Auch einen Eilmarsch durch wüste Strecken, 92 Kilometer in 24 Stunden, gab es da wieder, und es gab auch wieder eine Schicksalsstunde. Er wäre fast des Todes gewesen. Seine Kühnheit ging bis zur Raserei. Man kann sagen, er stand täglich auf der Schwelle des Jenseits; es war diesmal ein unbegreifliches Wunder, daß er am Leben blieb.

Es handelte sich um das streitbare Volk der Maller. Der Feldzug gegen sie war schon halb erledigt; der Rest der Verteidiger warf sich in eine Stadt, deren Namen wir nicht erfahren. Alexander nahm die Unterstadt; es galt jetzt nur noch die Zitadelle zu stürmen. Er befahl: „Sturmleitern her!" Die Leitern kamen nicht; seine Mazedonen waren ihm zu langsam. Da reißt er einem Kerl die Leiter weg, legt sie selbst an die steile Mauer, steigt hinauf, deckt sich mit dem Schild, wirft, um sich schlagend, feindliche Soldaten herunter. Nur Peukestes und Leonnatus und ein dritter Offizier, Abreas, sind ihm gefolgt. Als weitere Mazedonen heraufwollen, bricht die Leiter. Was wird geschehen? Auf der Mauer ist er in seiner glänzenden Rüstung das sicherste Ziel für die Pfeilschützen. Soll er zurück? Er springt vielmehr allein mitten unter die Feinde, ins Innere der Burg, auf Tod und Leben. Da wirft sich gleich alles auf ihn. Er deckt sich den Rücken, hart an die Mauer gelehnt, haut, er allein, mit dem Schwert den ersten, den zweiten, den dritten nieder, auch den feindlichen Heerführer; Steinblöcke greift er und schleudert sie in die Masse. Die weicht zurück, aber aus der Ferne hageln auf ihn die Geschosse. Da kommt schon Leonnatus zur Hilfe und die zwei andern. Aber Abreas fällt sogleich; ein Pfeil drang ihm ins Gesicht. Da trifft ein Pfeil auch den König; durch den Küraß bohrt er sich in die Brust, an der Brustwarze. Nach einigen war Alexander schon vorher von einer Keule am Kopf getroffen und betäubt. Das Blut fließt; trotzdem steht er noch, wehrt sich noch, bis ihn das Bewußtsein verläßt und er vornüber auf seinen Schild fällt. Seine zwei Genossen decken ihn; aber auch sie werden getroffen, und alles scheint verloren, als es endlich den Mazedonen draußen, denen die Leitern versagten, trotzdem gelingt, über die Mauer zu kommen. Sie sahen den König; er ist tot, ging das Geheul; da wurde unter den Indern ein furchtbares Blutbad angerichtet.

Auf dem Schild trug man den Leblosen hinaus. Aber er lebte; er begann zu sprechen; da kam der Wundarzt und zog den Pfeil aus der Wunde, indem er sie durch Schnitt erweiterte. Erneuter Blutverlust, erneute Ohnmacht.

Die Todesnachricht drang indes in das große Heerlager, das sich weitab am Fluß befand. Die Erregung, die Verzweiflung der Masse war da unbeschreiblich, Wehklage und Angstschrei: „führerlos, ratlos, in der Fremde verloren, was wird aus uns und wer soll uns helfen?" Als es hieß, der König lebt, glaubte es keiner. Auf dem Schiff wurde Alexander zum Lager befördert. Ein schattengebendes Zelt verdeckte ihn den Augen. Alexander befahl durch Wink, das Zelt zu entfernen, und seine Mazedonen sahen ihn schon aus der Ferne. Lebte er wirklich? Als das Schiff anlegte, streckte er grüßend die Hand. Da erst löste sich die Spannung, ein unermeßlicher Jubelschrei brach am Ufer los, die Tränen stürzten den Leuten aus den Augen, und alles warf die Hände hoch, zum Himmel. Dann stieg er gar zu Pferd, bis er unter der Menge war, stieg ab und trat stumm mitten unter sie, und alles suchte seine Hand, seine Knie, sein Gewand zu berühren. Unter Heilrufen warf man Blumen über ihn. Das war das Heer, dem er unlängst gezürnt. Die alte Liebe war wieder da. Als aber seine Freunde ihm vorhielten, ein König dürfe sich nicht so toll in Gefahr stürzen, machte er ein schief Gesicht; er mochte das nicht hören.

Als Alexander endlich in das Mündungsgebiet des Indus kam, war seine Wunde längst ausgeheilt. Sein Körper hatte auch das glänzend überstanden. Der wasserreiche Strom spaltet sich dort in zwei Arme und bildet ein Delta, größer als das Delta des Nil. Alexander aber hatte, was er wollte. Er fuhr forschend erst den einen, dann den andern Stromesarm hinab und dann beidemal hinaus in die offene See. Große Bestürzung, als schon auf dem Indus Ebbe und Flut einsetzte; die Ebbe schlürfte das Wasser unter den Schiffen weg, und sie lagen auf dem Trocknen. Die Ratlosigkeit und Verzweiflung der Schiffsleute wird uns ergötzlich geschildert. Dann schlugen die blauen Wogen des Indischen Ozeans am Bug des Königsschiffes hoch; Alexander genoß den erhabenen Eindruck und senkte andächtig in feierlicher Stunde vom Schiffsrand aus ein reiches Opfer in die Tiefe, dem Gott der Meere zu Ehren. Dieser Gott war Poseidon. Poseidon, der bisher nur das kleine Mittelmeer regiert, war jetzt zum Herrn des Weltmeers geworden. Hoffentlich wurde die feierliche Handlung nicht durch Thunfische gestört. Man erzählte das Lächerliche, daß ganze Rudel von Thunfischen heranschwammen, als Alexander zuerst ins Meer stach; in Schlachtordnung ließ er seine Flotte gegen sie anfahren.

Übrigens wurden an geeigneten Stellen gleich Hafenstationen vorbereitet, Schiffswerften gebaut, am Rand der Küste Brunnen gegraben, damit, wenn der geplante Überseeverkehr einsetzte, Handelsschiffe hier anlegen und süßes Wasser finden könnten.

Der Herbst des Jahres 325 kam, und die Flotte sollte nun in See gehen, um den Wasserweg zum Euphrat zu finden. Aber nicht Alexander, sondern Nearch führte sie.

Der Mann stammte von der Pirateninsel Kreta und war zu dem Wagnis gleich bereit: „Gott mit uns! ich tu's!“ Aber die Schiffsmannschaften hatten Angst; es ging ins unbekannte, nie befahrene Meer, unheimlich wie die heutigen Südpolexpeditionen. Alexander aber verstand die Seelen zu lenken; er trug selbst in Gegenwart der Matrosen dem Nearch allerlei Sorgen und Bedenken vor. Das gab diesem Anlaß, seine Zuversicht laut zu äußern und zu begründen: alles sei auf das beste vorbereitet und das bekannte Glück Alexanders werde mit ihnen sein. Das wirkte.

In der Tat, das Glück war mit Nearch, aber diesmal nicht mit Alexander. Auch was nun folgte, ist beispiellos in der antiken Geschichte; es war Entdeckungsfahrt und Heimfahrt zugleich. Babylon das gemeinsame Ziel; Alexander führte sein Heer zu Lande dorthin. Die Entdeckungsfahrt gelang; die Heimkehr Alexanders dagegen war tragisch und an unerhörten Opfern reich.

Da dem Altertum der Kompaß fehlte, war die Seefahrt gezwungen, stets nur an den Küsten entlang zu tasten. Nearch hielt sich also bei seiner Fahrt immer in Sicht der persischen Südküste. Alexander aber wollte die Fahrt zu Lande begleiten. Er hatte schon Truppen und die Elefanten vorausgeschickt. Der Rest des Heeres sollte auf drei Straßen getrennt das Ziel suchen. Er selbst aber führte seinen Heeresteil nun auch an der Südküste entlang; er tat es, obschon er vor den Gefahren, die ihm drohten, gewarnt war; aber die Pflicht gebot, mit der Flotte für den Fall, daß sie Proviant oder Hilfe brauchte, immer in Fühlung zu bleiben. Funkenspruch gab es freilich nicht; aber es war doch möglich gelegentlich durch Boten zu verkehren. Durch bisher noch nicht berührte Distrikte, die seine Autorität anerkennen sollten, ging der Marsch, und er fand nur geringe Widerstände. Dann aber öffneten sich ihm die wasserlosen Wüsten des gräßlichen Landes Gedrosien, die Wüsten, die der Tod alles Lebens sind. Es war wie der Rückzug Napoleons von Moskau, aber nicht der Frost, sondern die dörrende Hitze war hier der Mörder. Ein Massentod. So weit möglich, gab es nur Nachtmärsche; am Tage ruhte alles, im Verdursten, in Sehnsucht nach Schlaf, der den Tod bringt. So ging es Woche für Woche, 60 Tage. Der Himmel brennt, die Luft ätzt, der Boden glüht. Durch die Adern rinnt es wie Feuer. Man reckt die Hände nach Gewitterwolken, lechzt nach Regen, Regen, Donner und Blitz. Es sengt im Hirn. Da glaubt man auf einmal in der Ferne Palmen zu sehen, Mauern und Zinnen, und jubelt auf: eine Oase! Aber es war Spuk; die Fata morgana narrt die Pilger, und alles verschwimmt in nichts wie eine Schneeflocke in der Sonnenglut. Dann wühlt man vor Schmerz die Hände in den glühenden Sand. Woher der Trug? Allah ist Allah, ruft der Moslim heute; nur Allah weiß es.

So ging es auch damals; am schlimmsten war es, wenn gar die Führer den Weg verloren, der durch Flugsand verweht war. Alexander ritt selbst aus, bis er die Küste fand und an ihr sich neu orientierte. Als er endlich in fruchtbarere Gegenden kam, hatte er angeblich den vierten Teil seines Heeres verloren. Vor allem litt jedenfalls der zahlreiche Troß; auch Weiber und Kinder waren mit im Zuge. Die Lasttiere blieben im Sande stecken, die Wagen erst recht. Man schlachtete die Tiere, um zu leben. Alexander tat, als bemerkte er es nicht. Was mochte er denken? Über unzählige blutgetränkte Felder war er geritten; jetzt flogen die Sandwolken der Wüste hinter ihm auf, und die Gebeine der Verhungerten bleichten in der Sonne.

Welch Aufatmen, als man endlich zur Stadt Pura, wo sich ein altes Königsschloß befand, und gar weiter in die Landschaft Carmanien kam! Da war man auf einmal in üppigen Gefilden und konnte sich gründlich erholen, ja, schwelgen in Wohlleben. Die Toten waren dahinten. Der Lebende hat recht. Dort trafen auch die andern detachierten Heeresteile ein, und die üblichen Festfeiern folgten; Alexander schuldete sie seinen Truppen. Ob er selbst sie ohne Reue feierte? Es war das erstemal, daß er die Schwierigkeiten eines Unternehmens falsch berechnet hatte, und ihn befiel nun die Angst um die Flotte und um Nearch. War auch dies Unternehmen verfehlt? Das Sandmeer brachte Verderben; würde das wirkliche Meer gnädiger sein?

Aber Nearch hatte indes alle Gefahren sicher überwunden. Er führte dabei ein Schiffstagebuch oder Logbuch mit genauesten topographischen Feststellungen, das er alsbald herausgab und von dem wir einen wertvollen Auszug besitzen. Jeder Kapitän hat damals nach Nearchs Leitbuch dieselbe Fahrt wieder unternehmen können. 75 Tage hatte er gebraucht, da Monsumstürme über ihn kamen und anfangs ein längeres Stilliegen nötig machten. Nachts wurde immer an Land gegangen; man fand da aber zumeist nur kärglich Proviant und schlechtes Trinkwasser, vor allem nirgends Öl, das im Süden die Butter ersetzt. Küstenbewohner primitivsten Kulturstandes traf man an, die noch kein Eisen kannten, mit Steinwaffen sich behalfen. Das Hauptabenteuer waren die Walfische, die grenzenlosen Schrecken erregten, wirkliche Wale, größer als die griechischen Fahrzeuge selbst; sie schienen groß wie Inseln. Brausend kamen sie dicht heran, Wellenberge erzeugend, Wasserfontänen spritzend; Angstschrei auf Deck: „wir sind des Todes!“ Aber Nearch benahm sich geschickt und tapfer. Das ganze Altertum hat von diesem Erlebnis mit Staunen gelesen. Als sich die Flotte dann endlich Arabien näherte, glaubte man, es röche schon von weitem nach Zimmet; aber es war Täuschung; es wuchs gar kein Zimmet in Arabien.

Bei der Insel Ormuz am Eingang des Persischen Meerbusens unterbrach Nearch die Fahrt, verließ die Flotte und betrat ohne die Mannschaft das Festland. Da kam jemand daher, der ihm beiläufig meldete, Alexander stehe nur fünf Tagemärsche entfernt. Gleich danach hörte auch Alexander, Nearch sei gesehen worden, nur er, nicht die Flotte. Aber Tage vergehen, und Nearch zeigt sich nicht. Alle Boten, die Alexander nach ihm ausgeschickt, kommen vergebens zurück. Vor Wut und Kummer läßt er da den Mann, der zuerst die Meldung gebracht hatte, in Ketten legen: „er hat mich belogen!“, schickt jedoch gleichwohl nochmals Leute zu Wagen aus, und diese begegnen wirklich dem Gesuchten, wollen aber an ihm vorüber; denn niemand erkennt Nearch wieder, so wüst entstellt war er, abgezehrt und bleich, mit schrecklich verwildertem Haar und Bart und wie mit Salzkruste bedeckt; das war das Geschenk des Ozeans. Da gibt Nearch sich zu erkennen, und Eilboten laufen voraus, dem König zu melden: er kommt! Aber die Boten wissen von Nearchs Flotte nichts zu melden. Da ist Alexander schwer betrübt.

Nearch kommt an, tritt zu ihm ein. Alexander erstarrt über seinen Anblick, ergreift seine Hand, führt ihn seitab und schluchzt und findet lange die Sprache nicht vor Tränen. Dann erst kann er nach der Flotte fragen: „zerschellt? verloren? wo ging sie zugrunde?“ Nearch selbst erzählt uns die Szene. Als dieser meldet: „alles heil und gesund“, weint Alexander noch heftiger vor freudiger Überraschung, und als er dann den Bericht gehört hat, ruft er aus: „das ist mir lieber, ich schwör' es beim Zeus, als alle meine Siege!“

So war er, pathetisch und von stärksten Affekten hin und her geworfen, eine Seele, die immer hoch ging; immer Flut, nie Ebbe.

Danach setzte Nearch seine Flottenfahrt bis zum Euphrat fort. Unter den vielen hohen Offizieren, die der König hernach mit dem goldnen Kranz ehrte, war auch er, übrigens auch jener Onesikritus, der Cyniker. Der Kranz vertrat den Orden pour le mérite. Alexander aber wählte zunächst Susa zur Residenz, wo er Roxane, seine Königin fand.

Das große Programm der Wiederherstellung des Weltreichs Darius des Ersten war nun voll und ganz durchgeführt, die Kriege wirklich zu Ende, die zehn Jahre erfüllten. Sogleich wurde Apelles, der Maler, wieder in Tätigkeit gesetzt; er mußte das berühmte allegorische Gemälde entwerfen, das Alexander triumphierend auf dem Siegeswagen zeigte; hinter dem Wagen aber schritt der Kriegsgott Ares, der verhaßte, selbst als Gefangener einher, die Hände schmählich auf dem Rücken gebunden. Der Sinn ist klar: Alexander hatte den Krieg selbst nunmehr in Fesseln geschlagen; er plante vorläufig keine weiteren Kämpfe.

Jetzt also galt es zu zeigen, daß sein bisheriges Lebenswerk nicht vergebens war, und das neu geschaffene Reich in Frieden zu regieren. Im großen Völkerfrieden mußten ungeahnte Glücksgüter erstehen, und die Hand, die all das Blut vergossen, sollte fruchtbar werden wie ein Saatfeld.

Alexander ging rüstig ans Werk. Aber die Enttäuschungen sollten nicht ausbleiben, und er hatte kaum noch zwei Jahre zu leben. Das Jahr 325 war zu Ende gegangen. Sehen wir, wie eigenartig er sein Werk begann; er tat es ohne Hast, als würde die Parze nie müde werden, seinen goldenen Lebensfaden zu spinnen.

***

Völkerversöhnung! Weltfriede! Es gibt kaum ein Wort schöneren Klanges als dies, und wirklich schien der Weltfriede jetzt für lange Zeiten hergestellt. Denn was damals im fernen Westen, in Tunis, Karthago betrieb und was in Italien Rom plante, das eben jetzt erst begonnen hatte aus dem engen Umland Latiums gegen die Samniten loszubrechen, kümmerte den Herrn Babylons vorläufig wenig. So begann Alexander jetzt die Verwaltung des uralten, aber erweitert wiederhergestellten Weltreichs der Assyrer und Perser. Er hatte es unbedingt fester in Händen als alle seine Vorgänger großen Namens. Friede aber bedeutet nicht Muße und Rast, und auch jetzt gab es für ihn alle Hände voll zu tun und eine Fülle des erregenden Erlebens. Wir werden es sehen. Aber was folgte, war kein blindes Darauflosregieren. Durch alles hindurch läßt sich vielmehr ein durchdachter Plan des jungen Weltherrschers sehr wohl erkennen. Es sind, kurz gesagt, die Ideen des Plato, die, wie es scheint, Xenokrates, Plato's Schüler und Nachfolger, ihm noch einmal vorgetragen hatte und die er in seiner Machtstellung zu verwirklichen gewillt war: Schaffung eines in sich geschlossenen Soldatenstandes und vollständige Absonderung desselben von den arbeitenden und erwerbenden Klassen. Dazu Förderung des Erwerbes. Denn die erwerbenden Klassen sollen den Soldatenstand sowie den Herrscher und das Beamtentum, das ihm dient, ernähren. Die Herrschaft aber führt der Philosoph; der Philosoph ist König, der die Maßnahmen seiner Herrschaft auf Recht und Gerechtigkeit, d. h. auf eine durchdachte Ethik gründet. So würde der platonische Idealstaat wunderbar und in kolossalem Ausmaß die Welt umfassen: der Nûs soll es sein, der in der Welt den Thymos und die Epithymie, die „Vernunft", die den „Mut" und die „Begehrlichkeit" regiert. Wenn später in Römerreich Hadrian und Mark Aurel dasselbe versuchten, so war ihr Vorgänger Alexander gewesen.

Also Friede. Es gab Leute, die da behaupteten, der Selbstherrscher und Tyrann entarte, wenn er nicht Krieg führe. Alexander wollte diesen Satz widerlegen. Freilich wurde ihm dies anfangs schwer gemacht.

Denn kaum hatte er Indien verlassen, so gab es dort Aufstand hinter seinem Rücken, und einer seiner Satrapen wurde dort ermordet. Aber die zurückgelassenen Garnisonen reichten hin, die Ruhe herzustellen. Im Reich selbst aber fand er vielerorts schmähliche Mißwirtschaft vor, ja, Rebellion, und es galt blutig einzugreifen; denn Indien lag fernab hinter den Schneegebirgen, und man hatte wieder einmal geglaubt, der waghalsige König werde mit Tode abgehen und komme nicht wieder. Persische, aber auch mazedonische höchste Beamte waren strafbar. Griechen, die er in Städten angesiedelt hatte, waren ausgebrochen. Mazedonen hatten ihre Stellung als Satrapen dazu mißbraucht, Söldner anzuwerben, und so kleine Königreiche gegründet, andere aus Übermut und Religionshaß die heiligen Feuerstätten, die Andachtsstätten der Perser, zerstört. Sogar das Grab des Kyros war ausgeplündert, die Leiche geschändet worden. Alexander war kein Zauderer; bängliches Erwägen ist wie Blei am Fuß, und wer wilde

Hengste zähmen will, braucht scharfen Zaum. Der Tod kam über alle Missetäter. Die Beamten sind nicht dazu da, das Volk zu schinden und zu kränken, sondern seiner Wohlfahrt zu dienen, war sein Grundsatz. Die Ruhe im weiten Reich war erstaunlich rasch wiederhergestellt.

Am tollsten aber war das freche Gebaren des *Harpalus*. Es zeigte sich da wieder einmal die Anhänglichkeit des Alexander an seine Jugendfreunde und wie gründlich er sich durch sie täuschen lassen konnte. Harpalus, den Jugendfreund, hatte er gleich nach den ersten großen Kriegserfolgen, da der junge Mann im Felde unverwendbar, zum Vorsteher der Finanz gemacht; der aber war bald danach aus Überdruß oder Abenteuerlust einfach davongelaufen. Alexander grollte nicht, strafte nicht; er rief ihn mit guten Worten wieder zu sich und machte ihn abermals zum Schatzmeister in Ekbatana. Offenbar war der Mensch für geldwirtschaftliche Dinge hochbegabt. Den ganzen, enormen Reichsschatz, den Alexander erbeutet hatte, bekam er in die Hand, hatte gewiß auch die Münze, das Ausgeben des neugeprägten Geldes zu leiten. Kaum aber stand Alexander am Indus, brannte Harpalus unter Mitnahme des Reichsschatzes oder doch von Riesenmassen Goldes durch, ein Bankdirektor, der mit seiner Bank durchgeht, der größte Defraudant der Weltgeschichte – es ist unter Alexander alles großartig, so auch dies – und Alexander geriet am Indus in solche Geldnot, daß er den großen, für Nearchs Expedition bestimmten Flottenbau auf dem Indus auf Anleihe ausführen mußte. Er entlieh das Geld von seinen Generälen, die erstaunlich bei Kasse waren; sie hatten sich im Verlauf der Dinge gehörig bereichert.

Inzwischen schlemmte Harpalus in Babylon voller Freuden, schmiß mit Geld um sich, ließ sich aus der Halbwelt Athens eine der berühmtesten Schönheiten kommen – Pythionike hieß die üppige Person –, ließ ihr, als sie am Klimafieber alsbald wegstarb, Grabmäler und Denkmäler setzen, die an Ausmaß und klotziger Pracht alles Dagewesene überboten (sie wurde dabei als Göttin frisiert, und ihr Grabbau galt als Tempel), und gab ihr in den Orgien, die er feierte, eine noch üppigere Nachfolgerin. Denn Athen lieferte damals nicht nur die großen Philosophen, sondern auch die elegantesten Verkehrsdamen von unzweideutiger Zweideutigkeit. Damals ließ Alexander in seinem Feldlager am Indus ein Theaterstück spielen, in dem Harpalus mit seinen Weibern auf die Bühne gebracht wurde; Satyrn bildeten den Chor im Stück und umtanzten meckernd den weinestollen Helden. Das Drama war improvisiert; nach Einigen sollte es gar Alexander selbst verfaßt haben. Als aber Alexander plötzlich in Persien erschien, floh der Sünder in heillosem Schreck nach Kleinasien, aber Riesengelder nahm er mit und beschloß sich einmal als Rebell zu versuchen, warb ein kleines Söldnerheer an, versuchte damit die Griechen im Peloponnes zum Aufstand zu verlocken, deponierte seine Gelder im Burgtempel Athens, spielte aber auch dem Demosthenes eine Summe in die Hand, der sie wohl gelegentlich zu politischen Zwecken brauchen wollte; denn Demosthenes, der zähe Patriot, nährte immer noch seinen Alexanderhaß und hoffte noch immer auf einen völligen Umschwung der Dinge. Die Folge war, daß Athen dem großen Redner, als habe er Gelder unterschlagen, den Prozeß machte und ihn in die Verbannung schickte. Der verbitterte Mann, der mit all seinen politischen Zielen gescheitert war, mußte auch das erleben. Alexander bekam indes den Harpalus nicht zu fassen; aber der Mensch fand gleichwohl das Ende des Abenteurers, das ihm zukam, und der groteske Schwindel war damit abgetan.

Alexander aber schmiedete jetzt Heiratspläne; sie beruhten auf weitsichtiger Überlegung und betrafen nicht nur ihn selbst und seine Dynastie. Heirat und Regelung der Fortpflanzung schien ihm das erste und wichtigste Friedenswerk.

Niemand schildert uns leider sein Wiedersehen mit Roxane. Die Weltgeschichte plaudert von diesen Dingen nicht und verrät uns nur allzu selten das Erleben liebender junger Frauen. Roxanes Vater hatte Alexandern, als dieser seine Indusfahrt machte, dort aufgesucht, ihm vielleicht, um modern zu reden, Grüße von seiner Tochter gebracht, wurde von Alexander dort auf das liebreichste aufgenommen und zum Satrapen in seinem Heimatlande, im Bergland des Hindukusch erhoben. Aber auch dem Bruder Roxanes war Alexander freundlich gesonnen und brachte ihn eben jetzt in eine bedeutende Position. Trotzdem mußte Roxane ihren König jetzt mit andern Frauen teilen.

In Mazedonien hatte Alexander als Jüngling deshalb nicht geheiratet, weil ein Sohn aus solcher Ehe reiner Mazedone und zur Erbfolge in Persien ungeeignet gewesen wäre. Die Heirat mit Roxane war ein Liebesbund; aber auch diese Frau war nicht echte Perserin, sondern aus Baktrien gebürtig. Darum beschloß er jetzt eine rein politische Heirat; die Hochzeit aber, die er da beging und veranstaltete, warf alles in Erstaunen, und die Weltgeschichte hatte etwas Ähnliches noch nicht erlebt. Er war der Mann, der das Beispiellose liebte. Man muß sich dabei aber gegenwärtig halten, daß die Vielweiberei etwas durchaus nicht Ungewöhnliches und im Auge der Männerwelt völlig ohne Anstoß war.

Er beschloß, in Susa, wo auch die ehrwürdige Sisygambis lebte, jetzt auch noch die Tochter des Darius, die Enkelin der Sisygambis, mit Namen *Stagira*, zu freien; ein Sohn aus solcher Ehe würde ein rechter Enkel des Darius sein. Aber auch dies schien ihm noch nicht ausreichend, da dieses Darius Anrecht an dem Thron sich hatte anzweifeln lassen, und er nahm gleichzeitig auch noch eine Enkelin des Großkönigs Ochus, des Vorgängers des Darius – sie hieß Parysatis – zum Weib; denn dieser Ochus war Abkomme des persischen Königsstammes in gerader Linie gewesen und hier also die Legitimität des Nachwuchses auf alle Fälle gesichert. Roxane blickte auf diese Frauen mit Haß; aber es half ihr nichts.

Alexanders Plan ging indes noch viel weiter, und was folgt, liest sich wie eine Märchengeschichte des Orients. Es sollte eine Massenhochzeit geben, und 80 seiner mazedonischen Großen mußten sich gleichzeitig und am selben Tage mit Perserinnen vermählen. Gewiß waren diese Herren nicht lauter Junggesellen, und auch für sie waren dies gewiß nur Nebenfrauen. Aber sie fügten sich willig; denn eine Heirat hatte damals nicht alle gesellschaftlichen und juristischen Konsequenzen wie heute. Also 80 Paare. Selbst die Hochzeit der Danaïden wurde damit überboten.

Nicht nur Aussöhnung, sondern ein Ineinanderfließen der Völker durch Blutmischung war Alexanders Programm; damit trat er jetzt rücksichtslos energisch hervor, und er wollte es durch Massenehen erzwingen, ein Vorgehen, ganz in der verstandesmäßig rechnerischen Weise Platos, der in seinem Buch vom besten Staat die Ehe gleichfalls ganz mechanisch wie ein Gestüt behandelt. Der Staatswille bringt Weib und Mann zusammen und übernimmt dann auch, was das Wichtigste, die Kinderfürsorge und Kindererziehung. Eben dies beabsichtigte auch Alexander. Er rechnete planvoll mit der nächsten Generation, die er die Epigonen nannte, er bereitete sie geradezu vor, und diese Epigonen sollten, soweit es Knaben, ausschließlich im Lager als Soldatenkinder erzogen werden. So würde ein persisch-mazedonisches Heer entstehen, in dem die Mischlinge den Kern bildeten, ein stehendes Heer von Berufssoldaten, der Stand des Mutes, nach Plato, der sich vom Stand der Erwerbenden, den Leuten der Begierde, ernähren ließ.

Um noch ein paar Namen zu nennen, so mußte auch Hephästion eine der Töchter des Darius nehmen; Kraterus eine Nichte desselben, Nearch eine Tochter des einst gefürchteten Spitamenes usf..

Die Feier selbst verlief ganz nach persischer Sitte. Die Herren saßen auf Lehnsesseln in Reihen; sie wurden gespeist, dann die Bräute in den Saal hereingeführt; die mußten sich zu ihrem künftigen Gebieter setzen. Handschlag und Kuß folgte. So machte es Alexander zuerst, dann die andern der Reihe nach. Dann verschwanden die Paare. Alexander aber gab allen reiche Mitgift. Außerdem aber mußten gleichzeitig auch noch 10 000 mazedonische Soldaten Perserinnen heiraten. Über sie wurde eine Liste geführt. Auch ihnen gab Alexander Brautgeschenke.

Übrigens hatte Alexander schon längst Perserjungen in großer Anzahl in mazedonischen Drill genommen und hatte seine helle Freude an ihnen, als sie jetzt, da er aus Indien zurück war, vor ihm Parade marschierten, tüchtig und schön.

Man wird nun schon hiernach bemerken, und es kann nicht genug betont werden, daß Alexander an eine allgemeine Völkervermischung in seinem Reich nicht entfernt gedacht hat; die Semiten, Babylonier und Syrer schloß er vielmehr planvoll aus. Es kam ihm nur darauf an, die beiden nach seiner Meinung wertvollsten Nationen, die zudem unter sich am artgleichsten waren und auf die er sich stützen mußte, durch Blutbande auf die Dauer eng zu verknüpfen, Perser und Griechen, Perser und Mazedonen. Er war zwar nicht Antisemit, bestimmte aber für die semitischen Völker die produktivarbeitenden und merkantilen Berufe der Handwerker und Handelsmänner, drückte sie also im Staat in die Masse der dritten Bevölkerungsklasse herab, die für Heer und Regierung, unter deren Schutz sie steht, die nötigen Leistungen aufzubringen hat.

Die große Hochzeit der Achtzig und der Zehntausend war scheinbar ohne Anstoß verlaufen. Aber es sollte nun doch noch zu einem Konflikt kommen, der alle bisherigen überbot. Die sich steigernde Begünstigung der Perser wirkte schließlich Eifersucht, Haß und Wut bei Alexanders Leuten, und dies kam zu unerwartetem Ausbruch.

Für das, was Alexander wollte, hatte niemand außer ein paar der Generäle und der Intimen Verständnis. Es verstand sich aber von selbst, daß er, um das Weltreich dauernd zu sichern, einen Heeresbestand brauchte, für dessen Rekrutierung Mazedonien und Hellas bei weitem nicht mehr ausreichten. Es war jetzt hohe Zeit, auch den besten Teil der Asiaten zu vollwertigen Soldaten zu erziehen, d. h. auf sie die Bewaffnung und Fechtweise zu übertragen, die Alexander und sein Vater ausgebildet hatten.

Sein Heer, das er immer noch kriegsmäßig zusammenhielt, wurde nicht in städtische Quartiere gelegt, sondern führte wie bisher ein Lagerleben. Das Lager war eben bei Opis am Tigrisstrom aufgeschlagen. Alexander kam dorthin und verkündete, die Veteranen könnten in die Heimat abziehen, und verhieß reiche Dotation, durch die sie in Mazedonien groß dastehen würden. Aber das wurde falsch aufgefaßt: „Er will uns los sein, er will nur noch seine Perser!“ Ein höhnisches Geschrei und Getöse entstand: „Wir wollen alle aus dem Dienst. Bleib' du allein mit deinem Vater; der mag dir helfen, nicht wir.“ Mit dem Vater war der Gott Ammon gemeint. Ein Streiken der gesamten Armee. Alexander aber – er stand auf dem Hochstand oder Tribunal –: als er das hörte, flammte er in Zorn auf, stürzte sich furchtlos mitten in die meuternde Menge, nur von ein paar Offizieren begleitet, und befahl die Rädelsführer – es waren 13 Kerle – zu packen oder er griff sie gar selbst und ließ sie sofort zur Hinrichtung abführen. Es fand sich doch noch Personal, das das vollzog. Die Aufrührer im Heer werden auch heut füsiliert.

Das Gebrüll war verstummt, ein tiefes Schweigen der Bestürzung in der Masse, und er hielt eine Rede an seine Mazedonen, wundervoll, wenn der Wortlaut echt ist, der uns vorliegt. Es ist undenkbar, daß damals eine so hochbedeutsame Rede nicht stenographisch oder doch nach ihren Hauptgedanken aufnotiert worden wäre. Der Inhalt ist jedenfalls ganz so, als müsse er wirklich so gesprochen haben. „Ich halte euch nicht. Ihr Undankbaren habt vergessen, was mein Vater, was ich für euch getan. Mein Vater tat viel für euch; aus dem Nichts hob er Mazedonien zur Macht. Ich aber tat mehr; Ruhm und Reichtum und alles, was den gemeinen Mann stolz und glücklich macht, habt ihr durch mich. *Ihr*, ihr habt all das gewonnen, nicht ich. Was hab' ich selbst denn von all den Mühen und Kämpfen als diesen Purpurlappen, den ich trage, und diese königliche Kopfbinde? Ich habe keinen Privatbesitz, keine Schätze außer denen, die euch und dem Reich dienen. Ich esse wie ihr und schlafe wie ihr. Ja, ich bin früher wach als ihr alle und speise geringere Kost als ihr. Und eure Mühen? und eure Tapferkeit? Auch die habe ich geteilt. Trete jeder vor und zeige mir seine Wunden. Ich kann es auch. Keine Stelle an meinem Leib, die nicht Narben trüge."

Es war, als stünde eine Gewitterwolke um seine Stirn. „Nun aber," schloß er, „geht nach Haus ab, alle alle. Ich will euch Mazedonen nicht mehr. Meldet zu Hause, ihr habt den, der euch von Sieg zu Sieg durch tausend Länder geführt hat, verlassen und der Treue überlassen, die die Perser für mich hegen. Geht!"

Dann sprang er vom Tribunal und verschwand für zwei Tage, für alle unzugänglich, die zu ihm wollten. Es war dies seine Art sich nach großen psychischen Erschütterungen zu isolieren. Am dritten Tag berief er die persischen Großen und verteilte unter sie alle Chargen. Es war ihm völlig ernst. Nur seine mazedonischen Leibwächter, zu denen auch Hephästion immer noch gehörte, blieben um ihn. Als aber die Mazedonen im Feldlager das hörten, und daß auch sonst sofort persische Truppenformationen zustandekamen, stürzte die Masse voll Reue und unbewaffnet zum Königsbau und flehte um Vergebung und Einlaß.

Da trat Alexander aus dem Tor zu ihnen, sah ihre Ergebenheit, und die Freudentränen stürzten ihm aus den Augen. Er fand keine Worte. Alles blieb still. Dann rief einer der Leute: „Es war nur das, daß du nur die Perser liebst!" „Ich liebe euch alle wie meine Brüder", war des jungen Königs Antwort, und er ließ sich küssen von jedem, der sich verehrungsvoll ihm nahte. Da brach ein Jubelschrei los, Heilruf und Kriegsgesang, und das abtrünnige Heer stand wieder treu unter Waffen. Eine große Volksspeisung folgte. Alexander saß fraternisierend mitten unter den Leuten, erst unter den Mazedonen, dann unter den Persern, und sprach Wünsche und Gebete für Einigkeit und Versöhnung der beiden Völker.

Und es folgte darauf die Ausbildung eines Heeres aus beiden Nationen, das stark genug war, um dauernd den Bestand des Reiches zu gewährleisten. Erst damit war eigentlich für das Weltkönigtum, das Alexander sich auferlegt hatte, das feste Fundament gewonnen.

Für Griechenland war er immer noch der Wohltäter, seine Wohltaten freilich nicht immer willkommen, und man merkte den Despoten, von dem sie kamen. Er verlangte von den kleinen griechischen Staaten fast gar keine Leistungen mehr, aber sein Befehl erging und kam beim Volksfest in Olympia durch Herolde zur Verkündigung, daß sämtliche Städte ihre politischen Verbannten wieder zurückrufen sollten. Aus den demokratischen Städten hatte man die Aristokraten vertrieben und umgekehrt. Eine noble Wirtschaft. Nun mochte man sich aufregen; denn es handelte sich zum mindesten um 20 000 Verbannte. Man sollte sie jetzt in ihre Rechte, in ihre konfiszierten Besitztümer wieder einsetzen. Das setzte tausend Schwierigkeiten; die Advokaten und Rechtsverdreher rieben sich die Hände; sie bekamen zu tun. Alexander sah das alles aus der Vogelschau; mochten die Kleinen mit solchen Kleinigkeiten sich abfinden; er wollte den Frieden. Dann aber kamen in die Städte ganze Soldatenzüge aus Asien, und das wirkte noch übler. Alexander hatte aus seinem neu gebildeten Heer alle griechischen Söldner endgültig abgestoßen. Die unbeschäftigte Bande strömte nun im Peloponnes zusammen und trieb da ihr Unwesen und wirkte wie Zündstoff. In diesem Ländchen des ewigen Zankes drohten neue Explosionen.

Dem König machte das wenig Sorgen, mehr Sorgen schuf ihm Mazedonien, seine eigene Heimat. Er war jetzt Schah von Persien, Nachfolger des alten Landesfeindes: wie wenn nun Mazedonien sich von ihm lossagte? Er erhielt Briefe über Briefe von seiner Mutter Olympias und von seinem Statthalter Antipater, die sich gegenseitig haßten und anklagten. Olympias schrieb: Antipater plant Abfall. Antipater beschwerte sich über das herrische Auftreten der leidenschaftlichen Frau. Alexander soll da geseufzt haben: „Neun Monate habe ich in meiner Mutter gewohnt; sie läßt mich das nachträglich teuer bezahlen." Wirklich aber scheint es so, daß Antipater dem Alexander grollte seit der Ermordung Parmenios, dessen alter Waffengenosse er gewesen, und seit der Hinrichtung seines Schwiegersohns, den nicht Alexander selbst, aber Alexanders Heer gerichtet hatte. Um die Verhältnisse zu sichern, befahl der König dem Antipater nach Asien zu kommen und schickte einen seiner ergebensten Männer, Kraterus, mit den ausgedienten Veteranen nach Mazedonien; er sollte Antipaters Stelle dort einnehmen. Kraterus war kränklich geworden und der Abschied schmerzlich; es war, als hätte Alexander damals ein Heimweh nach dem Lande seiner Kindheit befallen.

Aber ein ganz anderer Schmerz sollte ihn erfassen. Alexander war nach Ektabana gezogen, um dem Publikum in dieser Residenz ein großes Künstlerfest mit Gottesdienst, Theater, Musik und sportlichen Darbietungen der besten griechischen Künstler zu geben. Das Volk Irans sollte sich eben einleben in griechisches Wesen und die Herrlichkeiten seiner Kultur. Auf dieser Reise inspizierte er auch die großen königlichen Stutereien im nisäischen Gefilde, die schmählich beraubt worden waren; 150 000 Rosse trieben sich da früher frei in der weiten Ebene um; jetzt waren nur noch 50 000 vorhanden. Während der erwähnten Festvorstellungen aber erkrankte sein Freund Hephästion. Alexander brach sofort alle Vorführungen ab, um ihn aufzusuchen; aber er fand ihn tot. Man muß wissen, was Freundschaft im Süden und in der antiken Welt bedeutet hat: Verbrüderung, ein geheiligter Bund fürs Leben: Orest und Pylades! Der Freund ist „das andere Ich"; auch Alexander brauchte diesen Ausdruck; auch Hephästion war also Alexander. Seine Mutter Olympias, die rasende Person, war hierauf so eifersüchtig, daß sie den Hephästion in ihren Briefen verleumdete: „Traue ihm nicht; er wird dich noch umbringen." Alexander schrieb zurück: „Hör' auf damit. Übrigens gelingt es dir nicht mich aufzuregen; ich bin Herr der Lage." Nicht nur auffallend schön, ein zuverlässiger, geschäftskluger und maßvoller Mann war dieser Hephästion, nie sich vordrängend und ganz dazu gemacht die zweite Rolle zu spielen, als Städtebauer und in der Leitung beliebiger anderer technischer Unternehmungen großen Stils bewährt, dann aber auch Stratege und in den Feldzügen, vor allem in Indien, selbständiger Führer großer Truppenverbände, der kämpfend oder auch kampflos durch Vertrag weite Gebiete okkupierte. Den Klimawechsel vertrug der Mann nicht; das Fieber ergriff ihn; er befolgte die Diätvorschriften der Ärzte nicht (gegen ihre Verordnung aß er noch einen ganzen Hahn und trank dazu starken Wein; eigentlich ein Zeichen von Gesundheit) und starb rasch weg.

Für Alexander war es eine Warnung. Seine Trauer ging tief; es war, als sei ihm eine seiner Hände abgehauen. Nicht maßlos äußerte sich sein Schmerz, wie später seine Tadler fabelten, aber doch echt leidenschaftlich nach Art des Südländers. Er schloß sich, um des Affektes Herr zu werden, auch jetzt wieder von den Menschen ab und verweigerte mehrere Tage Nahrung und Körperpflege, ging mit geschorenem Haupt, und man hörte sein Stöhnen. Dann ging sein Befehl in die Welt hinaus, und es gab Landestrauer im ganzen Reich. Man sollte erfahren, was ihm dieser Freund gewesen war. Bei uns gehen in solchem Fall die Flaggen halbmast, und die Glocken läuten klagend von den Türmen. Alexander ließ nach echt persischer Sitte allen Rossen und Maultieren die Mähne scheren; alle heiligen Feuer mußten gelöscht werden (auch dies war in solchem Fall landesüblich); endlich war alle Militärmusik, auch das Signalblasen in den Feldlagern und Kasernen verboten. Weitere Nachrichten sind schwindelhaft, wie daß er von den Festungsmauern die Zinnen entfernen ließ. Hephästions Leichnam wurde balsamiert; denn erst nach Monaten konnte die Verbrennung stattfinden; sie sollte in Babylon geschehen, und die großartigsten Vorbereitungen waren nötig.

Inzwischen griff Alexander zum Schwert. Er mußte sich gleichsam austoben. Es galt in der Nähe Ekbatanas das frech räuberische Bergvolk der Kossäer unschädlich zu machen. Das gelang in zwanzig Tagen. Man sagte, er habe für Hephästions Tod ein Blutopfer gewollt. In Wirklichkeit galt es die lästigen Räuber, an die kein Xerxes und Darius sich gewagt hatten, endlich zu bändigen.

In Babylon aber wurde ein weites Areal freigelegt, und auf ihm sollte im Kolossalstil für den Toten der Holzstoß aufgebaut werden, himmelhoch, das Riesenkunstwerk eines Phantasten, wie es noch kein Auge gesehen, in etlichen Etagen voll Statuenschmuck, Purpur und Gold. Es war, als sollte man das Hochschlagen der Flammen jenseits aller Gebirge und Meere sehen. Aber noch mehr: Hephästions Gedächtnis sollte nie erlöschen, und er brauchte daher heroische Ehren. Also ordnete Alexander an – und das ist besonders bemerkenswert –, daß des Toten gesammelte Asche nicht in Babylon, auch nicht etwa in Mazedonien, sondern bei der neuen Stadt Alexandria in Ägypten beigesetzt werden solle. Zweifellos hat Alexander also auch damals schon bestimmt, im Fall des eignen Todes nicht bei seinen Ahnen, sondern in Alexandria beigesetzt zu werden. Achill wollte bei seinem Patroklos ruhen. Ja, die Pharosinsel vor dieser Stadt sollte nunmehr Hephästonia heißen, so daß auf den Weltkarten hinfort Alexandria und Hephästonia geschwisterlich beieinander lagen. Das Sonderbarste aber ist, daß in Ägypten die Kaufkontrakte der Geschäftsleute hinfort zur Beglaubigung mit Hephästions Namen als

Stempel versehen werden sollten, dem Zeichen der Zuverlässigkeit. Es ist dies fast zu kleinlich für einen Alexander, aber mit rührendem Feinsinn ausgedacht.

Dann bereitete er in Babel noch eine große Gedenkfeier vor mit tragischem Bühnenspiel, Orchester und andern Darbietungen, wozu er 3000 Künstler berief. Man kann sagen: Alexander ließ keinen Anlaß vorübergehen, an dem er die Bühnenkunst und Tonkunst der Griechen zur Geltung bringen konnte. Aber die Anlässe waren doch nur Götterfeste und Gedenkfeiern, und sie waren spärlich gegen die heutige Gewohnheit, da in unsern Großstädten kein Tag ohne große Oper und Konzerte und Mimik aller Art vergeht und in den Zeitungen die Programme ganze Seiten füllen.

Alexanders Kunstgeschmack aber war nicht mehr der echt griechische; er ging ins Bombastische, und das non plus ultra sollte gelten in allem; das läßt sich nicht verkennen. Wir erinnern uns hier wieder an seine Kindheit, wo er als Knäblein den Weihrauch vergeudete, den er in die Flamme streute. Sein Trieb ging von Natur in das Grenzenlose. Was die Kunst betrifft, so beginnt hier also auch in ihr der Überschwang oder das Sultanische, der Einfluß des asiatisch Grotesken, das nach dem Enormen greift.

Hören wir noch kurz einiges von dem, was man uns über den geplanten Aufbau des großen Scheiterhaufens berichtet. Er war auf 50 Meter Höhe berechnet, im Viereck aufgebaut, jede Seite etwa 200 Meter lang. Im untersten Stockwerk sollten zunächst über den hängenden Purpurteppichen 240 vergoldete Schiffsschnäbel in natürlicher Größe ragen; auf ihnen allen Statuen, je 2 Meter groß, die z. B. kniende Bogenschützen darstellten. Höher noch riesige Fackeln, jede 6 oder 7 Meter lang, deren Griff von vergoldeten Kränzen umfaßt war. Noch höher sollten Adler hocken mit weitgespannten Schwingen und gesenkten Köpfen, unter deren Klauen sich Schlangen wanden. Weiter ganze Reliefs von Gigantenkämpfen, Löwenkämpfen, auch sie übergoldet. Endlich ganz oben war für die Sirenen der Platz, die weiblichen Todesdämonen, die hohl waren und wenn die Glut aus den Flammen hoch schlug, dröhnende Klagetöne ausstießen ähnlich den heulenden Sirenen, deren man sich heute als Schreckenssignale bedient. In Wirklichkeit mußten Menschen in den hohlen Figuren sitzen, die die Klage erhoben und die also in die Gefahr kamen mit zu verbrennen. Denn alles, Gold, Elfenbein und die andern Kostbarkeiten, war den Flammen zur Beute bestimmt, also nur für den Augenblick geschaffen.

Wann würde der Bau fertig sein? Die Totenfeier zögerte sich hinaus, und das Jahr 323 hatte begonnen. Der König hatte inzwischen längst mit brennendem Eifer all seine Pläne wieder aufgenommen. Je demonstrativer seine Trauer, um so weniger lähmte sie seine Tatkraft. Eben damals, als er auf dem Wege nach Babylon, kamen ihm in großer Karawane auswärtige Gesandtschaften entgegen, und die Begegnung gestaltete sich zu einem Huldigungsakt der Erdenwelt, der ihm, dem Allmächtigen, galt und der den Gipfel seiner Existenz bedeutet hat. Nicht nur von den eignen Lehnstaaten, auch von den Illyriern, den Kelten, den Karthagern und Etruskern, den fernsten Völkern, ja, wie man glaublich erzählt, auch von Rom kamen die Gesandten, ihn zu ehren, und Alexander hatte den Schiedsrichter zu spielen über die verschiedensten Differenzen, die ihre Länder betrafen: Gottesdienstliches, Grenzregulierungen, Parteihader in den Demokratien, Privatsachen der Vornehmen usf. Eine glänzende Bewirtung gab den Abschluß.

Ihn selbst aber beschäftigten ganz vorwiegend die Interessen des Welthandels, der Völkerverkehr im Reich, die merkantilen Dinge. Es war die beste Friedenspolitik, der dritten Bevölkerungsklasse im Staate, den Erwerbskreisen zur Hilfe zu kommen. Es galt also, die Leistungen Nearchs fortzusetzen. Schon vordem er in Susa die große Hochzeitsfeier beging, war Alexander persönlich nach Nearchs Vorbild aufs Meer gefahren, um die Küste an den Tigrismündungen zu erforschen und aufzunehmen. Dann ließ er die die Schiffahrt hemmenden Stromschnellen im Tigris abgraben und beseitigen. Wie aber stand es mit dem Kaspischen Meer, dem großen Rätsel? Eine Flotte ließ er dort bauen, die es nordwärts befahren mußte. Vielleicht wurde die Landkarte dieser Gegenden, die man später benutzte, dieser Unternehmung Alexanders verdankt. Viel wichtiger aber war ihm noch die Umschiffung Arabiens. Er wollte wissen, ob nicht von Babylon nach Ägypten ein direkter Über-See-Verkehr möglich wäre, der den schwierigen Karawanentransport ablösen sollte. Zunächst sandte er einzelne kühne Seefahrer aus, die aber alle ungefähr nach halber Fahrt zurückkamen. Die arabische Halbinsel schien noch größer als Vorderindien, ihre Küstenbildung aber gefährlich und vorläufig unüberwindlich. Nun rüstete Alexander eine größere Expedition; neuen Schiffsbau gab's. Nearch sollte selbst heran. Unterhalb Babels ließ Alexander einen weit geräumigen Hafen ausgraben, der diesen Zwecken dienen sollte. Man grub in Schlamm und Sumpf; allein alles ging rasch. Er war schneidig hinter allem her. Im Frühling dieses Jahres, bei stillerer Luft, sollte die Expedition beginnen.

Auch sonst gondelte er häufig auf dem Wasser. Der Reitersmann war ganz zum Seemann, der Zeussohn zum Neptun geworden. Er befuhr die großen Kanäle, die vom Euphrat gespeist wurden, nicht etwa zum Vergnügen; es galt Schäden zu bessern. Einer der wichtigsten Kanäle funktionierte schlecht; er befahl nach eigner Besichtigung seinen Ausfluß zu verlegen, ein neues Problem für seine Techniker. Das gab ihm weiter Anlaß, ebendort eine Stadt zu bauen, indem er Dorfschaften zusammenlegte. So erzeugte eine Schöpfung die andere. Denn auch dem Straßenbau war das nützlich. Wo Städte entstehen, werden auch neue Verkehrswege nötig.

Dazu kam die Landmessung. In ganz Asien nahmen seine Geometer eine Neumessung der Entfernungen vor von Ort zu Ort: die Längen der Straßen, der Ströme, der Meeresküsten. Man maß nach Stadien, das ist nach der Länge der griechischen Rennbahn. Die Ergebnisse wurden in Schriften niedergelegt. Baeton leitete das Ganze.

Dazu weiter die Hebung der Geldwirtschaft. Auch sie diente dem Handel. Die Perserkönige waren darin doch nur schüchterne Vorgänger Alexanders gewesen. Sie konnten das sprichwörtliche goldene Schlummerkissen noch nicht entbehren. Erst der große Mazedone machte das Gold, das tot in den Tresors lag, flüssig, und das neue Alexandergeld, das noch in vielen Exemplaren erhalten ist, eroberte sich sogleich den Weltmarkt und blieb noch jahrelang nach seinem Tode in Kurs.

Er selbst war freilich kein Finanzgenie, und man muß annehmen, daß kluge Geldleute ihm halfen. Mit Schulden hatte er dereinst, vor nun 12 Jahren, den Feldzug zu beginnen gewagt; er wußte, der Krieg werde sich bezahlt machen. Hernach war er Verschwender und von blendender Freigebigkeit im Beschenken und Dotieren aller derer, die ihm dienten oder dienen sollten. Das Gold flog nur so aus seinen Händen. Die jährlichen Einnahmen des Reichs beliefen sich angeblich in diesen Jahren auf 300 000 Talent, das sind nahezu 1½ Milliarden Goldmark. So lebten denn seine Herrn Generäle in Saus und Braus und größtem Luxus wie die Könige. Aber auch der gemeine Mann war anspruchsvoll, und Alexander schüttete auch da. Sie sollten in der Lage sein, Familien zu gründen, aber lebten wohl auch oft genug als echte Kriegsgewinnler toll darauf los. Wieviele gab es unter ihnen, die da mit Minus arbeiteten und in Schulden steckten? Eben in der Zeit, von der ich handle, wollte Alexander das feststellen und erließ die Aufforderung: die Leute sollten Mann für Mann kommen und ihre Schulden offen angeben. Aber sie kamen nicht, aus Furcht für ihre Verschwendung belangt, disziplinarisch bestraft zu werden. Da verkündete Alexander: „Ich habe keine Hintergedanken; ein König hehlt nicht und lügt nicht." Dann wurden im Lager Feldtische aufgestellt, und Beamte rechneten jedem, der herantrat und sein Schuldbüchlein vorgelegt hatte, eine angemessene Schenkung zu, ohne doch die Namen der Leute aufzunotieren, und das Letztere war diesen noch lieber als die Schenkung selbst.

Alexander als Organisator: darüber ist noch viel mehr zu sagen. Er war es auch in der Verbreitung der Kultur, in der Beeinflussung der Wissenschaft und des Gelehrtentums. Griechisches Wesen über die Welt zu streuen – dazu ließ er seine Perser griechisch lernen und machte, was noch durchschlagender gewirkt hat, das Griechische zur Verwaltungs- und Amtssprache im ganzen Reich, während die persische Verwaltung ungefähr so vielsprachig wie die Völker gewesen war, die ihr unterstanden. Aber auch die hundert Städte wirkten in gleichem Sinn, die der König überall bis an den Jaxartes und Indus ins Barbarenland legte und mit Griechen bevölkerte; sie sind für die Militärkolonien das Vorbild gewesen, die bald hernach Rom in Italien gründete und durch die Italien planvoll latinisiert wurde. Und dazu kamen noch die großen Festspiele, die Alexander gleichfalls überall gab, wohin er kam, um dort für die großartigen Werke griechischer Poeten und Musiker Widerhall zu wecken. Schon die nächste Generation, die „Epigonen", sollten davon durchdrungen sein.

Jene Städtegründungen waren bestimmt so zu wirken, wie hernach die Militärkolonien Roms für die Latinisierung Italiens gewirkt haben. Für Roms erstaunlich planvolles Vorgehen ist Alexander eben das Vorbild gewesen; er war weitsichtig in allem, und der Erfolg war sicher.

Auch mit den ersten Größen des griechischen Gelehrtenlebens, den Platonikern, insbesondere mit Aristoteles und seiner Schule blieb er in Fühlung. Nicht nur große Summen stellte er diesem großen Naturforscher zur Verfügung, sondern kam seiner Forschung selbst energisch zur Hilfe; er selber organisierte die Arbeit. An die tausend Menschen mußten heran, Tiere sammeln, beobachten, im Dienst der Zoologie: Jäger, Fischer und Vogelfänger in Asien und Hellas. Dazu dienten Volieren, Fischteiche, Bienenhäuser. Als noch nützlicher hat es sich erwiesen, daß er in Babylon den botanischen Garten, den Nachfolger der Gärten der Semiramis, neu bepflanzen und bereichern ließ.

Bücher las er gewiß nicht viel; wir hören selten davon; sondern es genügte, daß ihn die gelehrten Griechen, die ihn umgaben, über die neuesten Ereignisse auf dem Literaturmarkt unterrichteten. Mit dem großen Historiker Theopomp stand er in Briefwechsel. Aber er war vielseitig und hatte auch noch für andere ein offenes Ohr. Vom Indus her war ihm ein Brahmane gefolgt; Kalanos hieß dieser weise Mann. Auch mit diesem Asketen erging er sich gern in Gesprächen – wie einst mit Diogenes, der vor seinem Faß lag –, um ihn vom Vergänglichen und Bleibenden im Menschenleben, von dem Glück der Bedürfnislosigkeit und Entsagung reden zu hören: allen Besitz, auch Liebe und Freundschaft verliert der Mensch, wenn die Zeit kommt (ein Hinweis auf den Verlust Hephästions); das einzige, was ihm bleibt, ist sein eignes enges Ich mit seinem Dichten und Denken. Ein Mann der Tat hört gern einmal die Reden der Stillen im Lande. Aber Kalanos erkrankte; der Klimawechsel war ihm schädlich, und er beschloß sich zu verbrennen. Er wollte zeigen, was ein indischer Asket vermag. Und es geschah wirklich so. Das war ein Auflauf und ein Staunen, das durch alle Länder ging. Der hagere Mann legte sich ruhig auf das Holz und rührte sich nicht, da die Flammen über ihm zusammenschlugen. Alexander hatte versucht ihn davon zurückzuhalten, aber vergebens, und er gestattete die Öffentlichkeit des Hergangs. Er stand keiner religiösen Propaganda im Wege.

Des Kalanos letztes Wort an den König aber soll gewesen sein: „Bald werde ich dich sehen!" Das wurde als Vorausverkündigung seines nahen Todes gedeutet.

Es war dies übrigens nicht das erstemal, daß Alexander einen Menschen in Flammen stehen sah. In Mesopotamien erweckten die Petroleum- und Naphthaquellen sein Interesse. Man zeigte ihm, wie das Naphtha, das helle Erdöl, dem dunklen Petroleum verwandt, aus der Erde ströme und wie rasch es sich entzünde. Im Dunkeln schritt er durch eine enge Gasse der Herberge zu; man betropfte die Gasse mit dem Naphtha, und im Nu war sie prächtig erleuchtet. Als Alexander dann in seinem Baderaum sich bedienen ließ, brachte ein übermütiger Diener den unheimlichen Brennstoff in den Raum und sagte: „Wollen wir einmal eine Probe machen?" Da war ein Knabe, stumpfsinnig und garstig, an dem aber Alexander seine Freude hatte, weil er hübsch sang. Der mußte das Naphtha berühren und stand gleich in Flammen. Alexander sah es ratlos vor Schreck. Dann wurde der Bursche mit Wasser übergossen, aber er litt noch lange.

So stand Alexander auf der Höhe der Allmacht, auch auf der Höhe des geistigen Lebens. Mazedonien war Er, der weite Orient war Er. Das Schicksal der Völker und der Einzelmenschen war Er. Wo andere gezittert hätten unter dem Druck der übermenschlichen Verantwortung, fühlte er sich gelassen und ruhig wie ein beseelter Felsen: ein auserlesenes Werkzeug in der Hand Gottes, bestimmt, die Welt umzubauen, die Menschheit neu zu ordnen und unter eine einheitliche Pflege und Kultur zu nehmen. Man hatte in Olympia schon eine Statue errichtet, die ihn als Zeus darstellte, und es konnte von ihm gelten, was Shakespeare von Coriolan, dem Römerhelden, sagt: ihm fehlte zum Gott nur die Ewigkeit und der Himmel, darin zu wohnen. Er selbst aber hat sich nie als Gott geriert; er hat sorglich zwischen Gott und Gottessohn unterschieden. Er glaubte nur dies, mystisch vom Höchsten abzustammen, ein junger Sterblicher, der sein Leben auslebt in heroischen Kämpfen und Ausübung wahrer Tugend und den erst der Tod zum Genossen der Götter macht.

Denn für wen war das alles, das rastlose Planen und Kämpfen? nur um des Ruhmes willen? zur Befriedigung des Machtgefühls? oder für den Sohn und Erben, der noch nicht geboren war? Vielmehr: er war ein Schöpfer und Bereiter des Zukünftigen. Die Epigonen hat er, die nächste Generation, die kommende Menschheit im Auge gehabt. Er hoffte es selbst noch lange zu erleben und zu sichern, das Gedeihen der sich verjüngenden Völker unter seiner weltumfassenden Fürsorge.

Der Frühling des Jahres 323 war gekommen, in Babylon schon die heiße Jahreszeit. Alexander aber fühlte sich frisch und wohl. Er war erst 32 Jahre alt und in der Muße auch zu allerlei banalen Zerstreuungen stets bereit. Vor allem fehlte das tägliche Bad nie, mit sorglicher Hautpflege und Einölung des Körpers. Die Schweißbildung im Süden machte das nötig. Dazu kam das Ballspielen. Er hielt sich einen eigenen Berufskünstler im Ballspiel, mit dem er sich übte; aber auch ganze Scharen junger Leute waren mit in der Badehalle, und er sah ihrem Spiele zu. Außerdem war er Äpfelfreund (griechisch Philomelos); auch die Äpfel ließen sich als Ball benutzen, und er gab auf dem Wasser geradezu eine Schlacht mit Äpfelwerfen, eine Kanonade von Schiff zu Schiff in ausgelassener Stimmung. So bedurfte er auch abends der Geselligkeit, um so mehr, da ihm ein Familienleben fehlte. Wenigstens erfahren wir nicht, wie oft er und so auch die andern Männer seiner Umgebung sich mit ihren Frauen zusammenfanden. Fragt man die hohe Weltgeschichte danach, so zuckt sie verächtlich die Achseln und sagt: geht zu den Dichtern, den Romanschreibern, die mit solchen Indiskretionen hausieren gehen.

Im Männerverkehr war nicht nur er selbst der Gastgeber. Er ging auch gern zu andern, ohne alle Steifheit und lästige Schranken, auch ohne viel auf Standesunterschiede zu achten. Nett ist es zu hören, wie er sich in Baktrien zu einem gewissen Anaxarch verhielt, als sie dort bei starkem Frost in einer baumlosen Gegend kampierten, wo jedes Brennholz fehlte. Alexander wollte sich entkleiden und seine Körperabreibungen vornehmen lassen; aber der Raum konnte nicht geheizt werden, und es wäre nichts übrig geblieben als zu dem Zweck sein Bett zu verbrennen. Da hörte er, jener Anaxarch, der da als Trainoffizier wirkte, habe statt des Proviants auf den Maultieren große Holzvorräte heranschaffen lassen. Sofort ging er, statt von dem Holz für sich zu verlangen, in dessen schlichte Baracke hinüber und ließ sich da in der Wärme massieren und einreiben. Man erzählte das, um zu zeigen, wie einfach kameradschaftlich oft sein Verhalten war.

Eben jetzt sollte die große Expedition, die Entdeckungsfahrt um Arabien beginnen. Alle Vorbereitungen waren fertig. Von Sidon her, aus dem Mittelmeer waren die nötigen Schiffe weit über Land herantransportiert worden; die Schiffe wurden auseinandergenommen und auf dem Euphrat wieder zusammengesetzt. Dazu kamen die Neubauten, darunter ein gesteigerter Schiffstypus von zehn Stockwerken mit Ruderbänken übereinander. Eine Probefahrt und Wettfahrt der Flotte gab es auf dem breiten Strome; alle Ufer voll Zuschauer: es war gewiß wieder ein großer Tag.

Bis zur Ausfahrt ins Meer galt es jedoch noch einige Tage zu warten, und Alexander pflegte an den Abenden die übliche Geselligkeit. Seit Hephästions Tode hatte er sich mit einem seiner sog. Königsgenossen, den er Medîus nannte, nahe befreundet und verkehrte gern mit ihm. Es war nach der Abendmahlzeit und geselligem Trunk schon ziemlich spät geworden, und Alexander wollte schon schlafen gehen. In jenem tropisch heißen Lande aber führt man gern ein Nachtleben; denn erst die Nächte bringen Erquickung. So forderte Medîus ihn auf, noch bei ihm etwas zu zechen und Kurzweil zu treiben. Alexander war so jung wie die andern und guter Dinge. Warum sollte er sich weigern? Auch folgenden Tags wiederholte sich das. Jedesmal nach dem späten Trunk nahm er ein Bad. So meldet das Hofjournal, das uns über diese Dinge berichtet. Als dies das drittemal geschehen, verfiel er am Tag darauf, nachdem er gebadet und zu Abend gespeist, in Fieber. Es scheint, daß man die Sache kaum beachtete. Der Geier aber war schon aufgeflogen und rauschte über ihm mit seinen Flügeln; es war der Tod. Alexander sollte den Weg Hephästions gehen.

Vor Monaten, als er aus Ekbatana aufbrach, um in Babylon einzuziehen, waren ihm Chaldäer von dort entgegengekommen und hatten ihm, frech wie sie waren, den Tod geweissagt: er werde sterben, wenn er Babylon betrete, es sei denn, daß er von Westen komme. Die Chaldäer waren Astrologen und die Weissagung ihr Beruf. Aber dies war ein dreistes Manöver, um Alexander von ihrer Stadt fernzuhalten; denn sie wußten, der Zugang zu ihr war zum Ende der Winterzeit, wo der Euphrat mit Hochwasser ging und in breiten Sümpfen nach Westen austrat, von Westen aus unpassierbar. Die reiche und mächtige Priesterkaste wollte am liebsten in der Stadt allein herrschen und konnte keinen König brauchen. Vor allem aber hatte Alexander die Absicht, den berühmten

Stufentempel des Bal, den einst Xerxes zerstört, wieder aufzubauen; auch das aber war den Bonzen zuwider; denn der Tempel besaß ringsum reiche Güter und Liegenschaften, die, solange der Tempelgottesdienst ruhte, den Chaldäern selbst zugute kamen; sobald er wieder hergestellt war, wurden die Erträge wieder für den Tempeldienst und Kultus verwandt.

Auf Alexander machte die Drohung doch Eindruck. Als er aber den westlichen Zugang zur Stadt unmöglich fand, schlug er sie seelenruhig in den Wind. Er glaubte nur an die Omina, die Glück verhießen, und bisher war ihm auch nichts Übles widerfahren.

Jetzt aber befiel ihn die Malaria, dieselbe, die heute der Schrecken des Euphratlandes ist. Kein Europäer reist dort ohne Chinin. Damals war das Land freilich entsumpft; gleichwohl hörten wir noch eben von den Sümpfen, die der Übertritt des Stroms zurückließ. Die gefährlichen Moskitos, die das Gift der Bazillen ins Menschenblut treiben, schwirren da über dem Feuchten millionenfach; sie wirkten auch schon damals, und besonders des Nachts. Die Schriftsteller des Altertums, die von dem Wesen der Krankheit noch nichts wußten, meinten freilich, der Weingenuß sei Schuld gewesen. Aber Alkohol erzeugt, so viel ich weiß, kein Fieber.

Da das Fieber einmal eingetreten, war äußerste Vorsicht geboten; aber wir hören von Ärzten diesmal nichts, auch nicht, daß man Babylonier, die das Wesen der Krankheit besser kennen mußten, zurate zog. Das Hofjournal wahrt auch darüber ein unheimliches Schweigen. Der Kranke selbst aber, geladen mit Energien, wie er war, dachte nicht an Sterben und wollte von Rast nichts wissen. Streng fest hielt er (denn auch die Frömmigkeit ist Königspflicht) an den Zeremonien des Gottesdienstes, aber auch am Bad, und dies war das Verhängnisvollste. In 72 Stunden hat die Malaria oft schon ihr Werk getan. Alexander widerstand viel länger. Hören wir noch Einiges aus dem erwähnten Tagebuch.

Nach der ersten schlechten Nacht ließ er sich in der Sänfte ins Freie tragen, um da zu opfern (die Opferdiener standen immer schon zur Handlung bereit); dann ruhte er und besprach die bevorstehende Meeresfahrt und die Reiseroute: „Nach vier Tagen soll das nötige Fußvolk abmarschieren; den Tag darauf besteige ich selbst das Schiff und führe die Flotte.“ Nearch sollte dabei aber natürlich nicht fehlen. Dann begab er sich über den Strom ans Westufer in die königlichen Gärten und badete; das Wasser war so linde und lauwarm, das er fiebernd im Bad einschlief. Der nächste Tag verlief noch ähnlich; er plauderte mit dem Freund Medîus und bestellte sich Nearch auf morgen. In der Nacht stärkeres Fiebern. Trotzdem badet er tags darauf wieder und bespricht mit Nearch die Seefahrt, die in drei Tagen beginnen soll. Der nächste Tag brachte größere Schwäche, aber dieselben Gespräche, und auch diesmal setzte das schwächende Bad nicht aus. Und so ging es noch zwei Tage weiter, und die Besserung kam nicht, die Kräfte schwanden. Schon wurde es ihm schwer, sich zur Opferhandlung aufrecht zu erhalten; trotzdem hörte man ihn noch sagen: „Haltet euch zur Seefahrt bereit.“ Als er ganz kraftlos, schaffte man den Kranken aus den Gärten nach Babylon zurück in den Königsbau. Die Generäle traten ein, umwölkt und herzbeklommen; er erkannte sie noch, aber konnte kein Wort mehr sprechen. Des Nachts schüttelte ihn das Fieber. Da ließen sich die Soldaten, seine Mazedonen, zu denen täglich die Berichte kamen, nicht mehr halten: „Wir wollen ihn sehen. Er lebt noch! Oder ob er tot? Wird uns nicht die Wahrheit gesagt?" In echter Sehnsucht, Angst und Trauer durchbrechen sie die Absperrung und dringen ins Schloß.

Alexander sah noch seine Krieger, wie sie eindrangen und ihn sprachlos umstanden; aber die Stimme versagte ihm. Er hob nur noch schwach das Haupt aus dem Kissen, grüßte die Einzelnen mit den Augen und reichte jedem die Hand hin. Man wollte ihn noch in den Serapistempel schaffen, als ob der Gott ihn noch heilen könnte. Aber es unterblieb. Gleich danach war er gestorben.

Er starb im Mai des Jahres 323; vielleicht war es auch erst im Juni. Er hatte nur zwölf Jahre und acht Monate regiert.

Das Schicksal bricht den Starken in Stücke wie den Schwachen, und alle sind ihm gleich. Was sollen wir hinzufügen? Wo ein ganz Großer stirbt, hat man den Trieb zu schweigen. Es war wundervoll und ein Gottesgeschenk, ihn gekannt zu haben. Da er abgeschieden, starrt man in den Sonnenuntergang, und es ist wie Abendstille im Herzen.

Erst der Zwergmoral der Epigonen blieb es vorbehalten, den Sünden des Toten nachzuspüren. Er aber hatte sich in eine Höhe hinaufgelebt, wo dem Eindruck edler, reiner Größe nichts Irdisch-Menschliches mehr schadet.

Was aber sollte nun geschehen, und wer sollte ihn ersetzen?

Was der Gestorbene für die nähere und fernere Zukunft plante, wissen wir: auch das ging alles ins Große. Fassen wir Einiges zusammen: Sicherung der Einheit des Weltreichs durch starke Militärmacht und gleichmäßig geordnete Verwaltung; Eröffnung neuer Handelswege; Durchforschung aller Meere. Steigerung der Wissenschaft, insbesondere der Naturkunde unter griechischer Führung und Verbreitung dieser Geisteskultur über alle Reichsteile. Alles das klingt friedlich; aber auch einen großen Kriegsplan hegte er immer noch; er hatte ihn damals zurückgestellt, als er sich in Ägypten aufhielt. Es galt noch von Ägypten aus Karthago zu bezwingen und so das wertvolle Griechentum Siziliens und Unteritaliens dauernd vor dem drohenden Barbarentum zu retten

Nun sind, wie Diodor zeigt, die Dinge, die Perdikkas den Hypomnemata entnahm, z. T. identisch gewesen mit den Aufträgen, die Alexander, als er noch gesund war, dem Kraterus, der nach Mazedonien zurückging, mitgegeben hatte. Schon hieraus ersieht man, daß Alexander persönlich ein besonderes Merkbuch als Gedächtnishilfe für die Dinge, die später einmal zur Ausführung kommen sollten, geführt hat. Aus diesem hat er dem Kraterus das, was ihn betraf, damals schriftlich mitgegeben. Es handelt sich also um ein Memorialbuch für auszuführende Aufgaben, und dies muß schon gleich nach

Hephästions Tod hergestellt worden sein; denn es stand darin auch der Auftrag, für Hephästion den großen Scheiterhaufen aufzubauen. An solches Memorialbuch denkt auch Plato Politicus p. 295 C (Schumrick S. 71), wo der Arzt ὑπομνήματα schreibt, deren Inhalt Vorschriften, τὰ προσταχθέντα, sind für Kranke und für Gymnasten; der Arzt schreibt diese auf, damit die, die es angeht, sie nicht vergessen. Ganz ebenso machte es also auch Alexander. Hypomnemata eines Königs aber erwähnt übrigens noch einmal Polybius 18, 33, 3. Der von den Römern besiegte Philipp von Mazedonien vernichtet da in der Stadt Larissa τὰ βασιλικὰ γράμματα, die hernach τὰ ὑπομνήματα genannt werden; er tut es, um sich und seine Freunde oder Verbündeten nicht zu kompromittieren. Sicher also bedeutet da letzteres Wort nicht ein Tagebuch, am wahrscheinlichsten Korrespondenzen, die allerlei politische Pläne, Verabredungen enthielten, die da getroffen worden waren und die sich nicht im königlichen Archiv, sondern in Larissa befanden, also Korrespondenzen, die ebenso auf Zukünftiges gingen wie die Eintragungen in den Hypomnemata Alexanders.

. Daher beschäftigte er sich ganz speziell mit sizilischer Geschichte. Wer weiß? auch mit Rom hätte ihn das in Konflikt gebracht. Rom stand im Jahre 323 v. Chr. noch mitten im Samnitenkrieg; es erlitt zwei Jahre danach seine schwerste Niederlage, wo sein Heer durch das Caudinische Joch mußte. Es hätte damals schwerlich standgehalten, wenn der Schrei erscholl: „Alexander ante portas!"

So spannte aus Asiens Innern Alexanders Geist seine Pläne über Afrika und Westeuropa. Er hatte etwas Ozeanisches, und sein Wille, der in Wogen ging, umfaßte – wie das Meer – alle Kontinente.

Nun flog die Nachricht von seinem Tode gleich wie Blitz- und Donnerschlag über alle Länder, von Indien bis nach Karthago. Es war ein Aufatmen und unheimliches Staunen. Der Zeussohn, der Unbesiegliche, der wie gefeit schien, als sollte er siebenzig Jahre herrschen, war nicht mehr. „Die ganze Welt riecht nach seiner Leiche", ist ein drastisches Wort aus jenen Tagen.

Wo aber blieb die Landestrauer? Wir hören nur von Sisygambis, der Greisin, die Alexander wie einen Sohn verehrte. Niemand, heißt es, habe um ihn so wie sie getrauert, und sie starb in Gram und Kummer gleich in den folgenden Tagen rasch hinweg; ja es heißt, sie tötete sich selbst. Denn Persiens Herrlichkeit schien nun für immer zu Ende.

Persien war nun so herrenlos wie Mazedonien. Neun Tage lang lag Alexander unbestattet. So völlig ratlos waren seine Heermeister. Ja, der Zank um die Macht erhob sich gleich. Wem sollte sie zufallen? Man sagte, Alexander habe noch die Frage: „wer soll dein Nachfolger sein?" gehört und geantwortet: „der Beste." Wäre das wahr, so hätte er selbst den Zankapfel unter die Herren geworfen. Einem der ältesten unter ihnen, dem *Perdikkas*, hatte er seinen Siegelring wortlos hingegeben. Das stand fest. Seinen Leibeserben aber trug Roxane im Schoße. Sie ging im sechsten Monat schwanger.

Ihr Sohn würde Alexander wie sein Vater heißen, und er sollte der Erbe sein. Das wollte sie. Der Hader brach auch unter den Frauen aus, und Roxane ließ die Stagira töten, ihre Rivalin, Alexanders zweite Frau, des Darius Tochter, weil sie fürchtete, auch sie könne gebären.

Aber auch Olympias, Alexanders Mutter, wurde zur Furie. Sie weinte Feuerfunken statt der Tränen. Denn sie schrie: „Mein Sohn ist ermordet worden!" und sie glaubte auch zu wissen, von wem. Und so versank die Welt sogleich in ein Chaos blutigster Wirren. Alexanders Reich zerbröckelte wie ein Sandhaufen unter dem Meeresschwall, und sein ganzes Lebenswerk schien verloren.

Aber nein. Unsere Weisen lehren, daß im ewig bewegten Weltall keine Kraft verloren geht. Wo blieb Alexanders Kraft, da er selbst gestorben?

Was verloren ging, war nur das Äußere, das Politische, die Staatsform des Reichs, die zersprang und vorläufig umsonst der Wiederherstellung harrte. Die Staatsform ist aber nur der Rahmen für das Menschenleben. Daß Alexander die Menschheit selbst durch ein Lebenswerk von nur zwölf Jahren auf einen ganz neuen Boden stellte, das soll der nächste Abschnitt dieses Buches deutlich machen. Denn der Gottessohn war ein Erlöser gewesen, der Erlöser aus den engen Schranken des Völkerlebens, der zum erstenmal den Menschheitsbegriff nicht nur faßte, sondern auch realisierte mit dauernder Nachwirkung, die bis heute reicht.

Weltreiche und Nationalstaaten: nach dem Bedürfnis der Zeiten wechseln sie und lösen sich ab. Rom hat Alexanders Weltreich erneut, und auch das ist untergegangen. Ewig lebendig bleibt der Gedanke, den Alexander zur Tat machte, von der Ebenbürtigkeit der Kulturvölker und der Achtung, mit der sie sich begegnen und in Austausch treten sollen. Und so droht Alexanders Geist auch heute noch, wenn die Völker sich mit immer neuem Neid befehden: schlagen wir sie neu in Fesseln; sie sind ihrer Freiheit nicht wert. Kein Völkerbund, nur die despotische Weltmonarchie ist vor dem ewigen Hader, der diese Welt zerfleischt, die Rettung. Alexander ging voran; Rom folgte; wer wird heut der Erlöser sein? Er müßte aus dem Jenseits kommen; denn die Erdenwelt strotzt heut von politischer Niedertracht, und kein Mann könnte aus ihr erstehen, der mit Allmacht Güte verbände, Wahrhaftigkeit und Gerechtigkeit.

Alexander als Drohung? Soll dies der Abschied sein? Mag die Zukunft sich selber richten. Es ist wohltuender, noch einmal die alten Berichterstatter zu hören.

Ein Phantast, Zeitgenosse und Bewunderer Alexanders – und welcher Phantast und Künstler wäre nicht ein Bewunderer der Größe? – fuhr damals zur mazedonischen Küste gedankenvoll das griechische Inselmeer entlang, auf Pella zu und Saloniki. Da sah er den Athosberg gigantisch über der See stehen, aus der Woge aufwachsend bis in die Wolken; aber er sah den Berg nicht, er sah statt seiner Alexander selbst, den jungen gigantischen Weltenherrscher, der da saß und thronte, ein Mensch, 2000 Meter hoch, die Stirne in

Wolken, den Fuß im Meer, und auf seiner Linken hielt er eine Stadt mit schimmernden Tempeln und frohem Menschenleben, aus seiner Rechten aber ergoß sich ein Bergstrom, der in Kaskaden rauschend über sein Knie ins Meer fiel: Alexander der Städtebauer, Alexander der Befruchter der Menschheit! Es war Stasikrates, der Bildhauer, der sich dies Denkmal ausdachte, das die Pyramiden des Cheops überboten hätte. Es blieb unausgeführt; denn es ging ins Grenzenlose wie der Gestorbene selber. Ich aber baue es neu in meiner Seele auf, da ich mich wende und von Alexander Abschied nehme.

***

Die Neugestaltung der Welt

Genug der Politik, so denkt mein Leser, genug der Schlachten und des großen Weltgetümmels. Wir sehnen uns, einmal in die stille Gelehrtenstube des Aristoteles einzutreten. Aristoteles, der große Mann: war er inzwischen untätig gewesen? und was hat er geschafft? Seine Gestalt erhebt sich mühsam und undeutlich im Halblicht aus dem Wust der Bücherrollen, die ihn umgeben, und hinter ihm tauchen andere Gestalten auf, unzählige, die Geist und Hände rühren, Männer der menschheitlichen und der rein menschlichen Friedensarbeit; sie alle wissen nichts von Politik, die ruhmreichen Astronomen und Physiker wie Hipparch und Archimedes, und die Philologen, die, selbst unfruchtbar, den literarischen Ertrag der großen Vergangenheit buchen; dazwischen neue Poeten, leichtherzig oder sentimental, die sich nur noch im Kleinen versuchen, Menander, der mit seinen Lustspielen wie mit Konfetti beim Karneval um sich wirft, und die Hirten Theokrits mit ihren süßen Flötentönen, und dann die Philosophen, die damals zu Predigern sich erhoben, Epikur, der gottverlassene, aber seelenruhige Verkünder der Atomenlehre und der mechanischen Welterklärung, und Kleanthes und Chrysipp, die Stoiker und frommen Pantheisten, die vielmehr das All selbst zu Gott machten, Verkünder einer neuen Weltreligion, die sich an die Denkenden, die Gebildeten wandte, einer Religion, die die Tapferkeit im Unglück, die Verachtung aller blendenden Erdengüter lehrte und die Seele ruhen lassen wollte in Gott.

Für alle diese Männer war nicht die eine oder andere Nation, sondern die Menschheit die Adresse, aber wir hören nur ihre Stimme, wir sehen ihre Gestalten nicht, bis die Evangelien zu reden beginnen und aus der Tiefe des Volkes, vom Jordan her, der Wundertraum unserer Kinderstuben ersteht, die Geburt Jesu im Stall von Bethlehem. Die Religion der Seligpreisungen ist da, die erste Kampfreligion. Auch für sie aber hatte Alexander der Große den Weg bereitet.

Aber Geduld! Die politischen Dinge geben uns noch nicht frei. Denn der tote Alexander ist noch nicht bestattet, ja, der Waffenlärm erneut sich noch, alles andere übertönend, und wir müssen sehen, wie sich durch Alexanders Nachfolger die Weltlage gestaltete, die Gruppierung der Völker, die Jesus vorfand. Diese Nachfolger nennt man die *Diadochen.* Eine Fülle des Erlebens durch 50 Jahre in unablässigen Kämpfen zu Schiff, zu Roß. Ich kann und will hier nur das Hauptsächlichste geben.

Sollte Alexander einen Nachfolger eignen Blutes haben und die mazedonische Dynastie, deren letzter Sprößling er war, sich erhalten? Der Versuch sie zu retten mißlang völlig, und seine Generäle rissen sich um sein Erbe und zerrissen das Weltreich. Es gab schließlich ein Bukett von Königreichen – ich nenne nur Syrien, Ägypten, Mazedonien und Pergamum –; das aber waren nicht etwa Nationalstaaten, sondern nur fürstliche Domänen oder Herrenländer, die daher kläglich zusammenbrachen, als der große Nationalstaat Roms sich reckte und mit seiner gierigen Faust nach Osten griff. 300 Jahre nach Alexanders Tod war Ägypten wie Asien römisch bis zum Euphrat.

Ein Nationalkrieg brach nur im armen Griechenland los. Kaum hörte man dort vom Tod des Allgewaltigen, so war der Aufstand schon im Gange. Los von Mazedonien! Viele entlassene Söldner waren zur Hand, die in den Städten herumlungerten, und Demosthenes lebte noch. Athen rief den großen Redner jetzt aus der Verbannung zurück, und den alten Haß brachte er mit heim. Er war noch derselbe, der einst die Philippischen Reden gehalten. Der junge Alexander hatte ihn greifen lassen wollen, doch aber gnädig verschont. Seitdem beugte sich Demosthenes vor der Übermacht; auch konnte er die überlegene Größe des Verhaßten nicht verkennen. Als in Athen die mazedonische Partei für Alexander göttliche Ehren forderte, hat Demosthenes das befürwortet. Gleichwohl nahm er von Harpalus, als dieser Milliardendieb mit seinen Schätzen nach Athen kam, große Geldsummen an, sicher nicht, um sie im Interesse Alexanders zu verwenden. Jetzt scholl wieder sein peitschendes Wort über Hellas. Aristoteles, der Mazedonenfreund, der in Athen sein wissenschaftliches Institut aufgeschlagen hatte, mußte Hals über Kopf aus der Stadt. Wirklich drang das griechische Bundesheer im Kampf gegen Mazedonien siegreich nach Norden; aber nach kurzen Erfolgen lief es wieder auseinander. *Kassander,* der despotische Sohn des Statthalters Antipater, legte sogleich mazedonische Besatzung in Athens Hafen – das war noch nie geschehen –, und über die Hetzer wurde unerbittlich der Tod verhängt. Demosthenes floh. Er floh in einen Tempel auf einer der nahen kleinen Inseln. Die Häscher kamen, ihn vom Altar zu zerren. Da nahm er Gift. Das war sein Ende. Seine Tragödie war die Tragödie Athens.

Freitod beim Untergang der Freiheit! Wer denkt dabei nicht an Cato, den Römer, der dasselbe tat und in sein Schwert fiel, um nicht die Tyrannei des Cäsarentums zu erleben? Aber man merkt alsbald den Unterschied. Denn Demosthenes nahm nicht etwa damals Gift, als Athens Freiheit unterging; er tat es erst, als ihm persönlich der Henker drohte; er verabscheute also nur die gemeine Todesart. Cato hatte solche persönliche Vergewaltigung gewiß nicht zu fürchten; nur Cato starb wirklich für die Idee.

Aber unsere Gedanken fliegen nach Babylon zurück, zu jenen Terrassen, über denen der Königspalast Nebukadnezars ragte. Dort oben lag Alexanders Leiche, einbalsamiert.

Er war erst vor zwei Tagen gestorben. Auf den Terrassen sammelten sich Generäle und Truppen, und man beriet, was werden sollte; nur Mazedonen; kein Perser war zur Beratung zugelassen. Schon das war gewiß nicht im Sinn des Toten.

Wären nun die Mazedonen Römer gewesen, so hätte sich rasch ein Senat der Vornehmen gebildet, wie er in der Tiberstadt nun schon einige Jahrhunderte lang bestand, ein Senat der Geschäftskundigen, deren Staatssinn ausgebildet genug war, um Majoritätsbeschlüssen wirklich zu gehorchen und in Einmut eine Reichsverwaltung anzuordnen und auszuüben, die dauernd selbst ein Weltreich zu umfassen vermochte. Die Mazedonen aber waren, trotz aller griechischen Kultureinflüsse, doch nichts als Haudegen und wundervolle Banditen; sie waren keine Gruppenmenschen, sondern jeder stand spreizbeinig für sich als starkknochiges Individuum mit überernährtem Selbstgefühl. Alexander der Große, das große Ich, spaltete sich jetzt in ein Dutzend machthungriger Naturen. Sie alle waren zwölf Jahre durch Alexanders Kriegsschule gegangen und hatten unter ihm wie die Fürsten gelebt. Staunenswert, daß der junge König all die Recken, die jetzt erst ihr Wesen enthüllten, bezwungen, sie zu willigen Dienern gemacht hat.

Mazedonien hat keine Dichter und Philosophen (dafür mochte Griechenland sorgen), es hat damals nur geniale Strategen, und die in erstaunlicher Fülle, hervorgebracht: Herrenmenschen sie alle.

So kam es nun gleich vor dem Palast in Babel zur erregten Debatte, ja, zum Krawall. Sogar die Truppen selbst standen gereizt gegeneinander, die königliche Reiterei gegen das Fußvolk. Es floß schon Blut, indes Alexanders stumme Leiche noch unbeigesetzt in der Halle lag.

Perdikkas wurde schließlich als Reichsverweser anerkannt, das Heer, der Reichsschatz ihm überwiesen. Ja, auch ein provisorischer König fand sich; nicht etwa Herakles, Alexanders einziger Sohn, der damals erst etwa elf Jahre zählte und unbeachtet in Pergamum aufwuchs; denn er war Bastard und nicht erbberechtigt. König des Weltreichs wurde vielmehr Alexanders Stiefbruder, der sich jetzt nach seinem Vater *Philippus* nannte; freilich auch er ein Bastard, aber er war wenigstens erwachsen, dazu aber schwachsinnig und eine bequeme Puppe in des Perdikkas Hand. Dann wurden die 30 oder 40 Provinzen von diesem unter die Generäle verteilt; sie sollten sie für diesen neuen, schwachsinnigen König Philipp verwalten. Die Verteilung wiederholte sich hernach noch öfter. Sogleich aber kam damals *Ptolemäus*, der feinsinnigste unter ihnen, nach Ägypten, das dauernd in seinen Händen blieb; Alexandrien seine Residenz.

All das sah Olympias, Alexanders grollende Mutter, in fiebernder Spannung. Sie war nach Epirus geflüchtet; denn sie fürchtete sich vor dem alten Antipater, dem Statthalter des mazedonischen Stammlandes, der sich da völlig als Herr zu benehmen begann. Sie haßte ihn und Antipaters Sohn, den *Kassander*, erst recht. Kassander, der verruchte, hatte Alexander in Babylon beim Trunk ermorden lassen; Gift in den Wein! Das war gar nicht der Fall; aber sie glaubte es fest und brütete Rache. Zu ihrer Freude war Perdikkas königstreu; zu ihrem Ärger war der erbärmliche Philippus König. Aber Geduld! Bald mußte Roxane gebären.

Perdikkas spreizte sich nun aber unklug in seiner Würde. Ein Konflikt entstand um Alexanders Leiche. Perdikkas wollte sie nach Mazedonien schaffen; aber dem Ptolemäus gelang es, ihren Transport nach Ägypten durchzusetzen; es war kein Transport, es war wie die Prozession, die ein Gottesbild mit sich führt. Also war Ptolemäus Rebell; er gehorchte der Zentralgewalt nicht. Perdikkas wollte ihn strafen und führte seine Truppen gegen Ägypten. Da erschlug ihn sein eignes Heer im Aufruhr, nicht nur ihn, sondern auch seine Schwester Atalante. Olympias erschrak. Nun stand wieder alles in Frage.

In Ptolemäus aber wirkten Pietät und Ehrgeiz zusammen. Denn er wußte, Alexanders letzter Wille war es, in Alexandrien, seiner stolzesten Gründung, zu ruhen, und er glaubte fest, der göttliche Geist des Toten werde in alle Zukunft mit dem sein, dem es zufiel, sein Grab zu hüten und zu ehren.

Der Mord des Perdikkas aber wirkte wie ein Signal. Wem sollte man nun gehorchen? Bald danach starb auch der alte Antipater, und der Kampf aller gegen alle begann. Die Männer, die noch eben kameradschaftlich in Drangsal oder in wüster Fröhlichkeit zusammen marschiert, gefochten, getafelt und gezecht, schlugen jetzt, um sich die Provinzen abzujagen, gegeneinander große Schlachten und trauerten dann ehrlich, wenn der Gegner fiel, der einst der beste Freund gewesen. Rasch versöhnte man sich dann auch wieder, und dazu mußten die Frauen dienen. Heiraten halfen, Verschwägerungen. Die Töchter wurden hin und her geschickt. So bot damals auch Alexanders Schwester *Kleopatra*, die schon Witwe war, wiederholt ihre Hand aus; ja, etliche verlangten nach ihr; denn Alexanders Schwager zu werden schien etwas Großes. Aber sie selbst verschob die Entscheidung.

In Thrazien saß als Landesverwalter der stolze *Lysimachus*, in Babylonien *Seleukus*. Seleukus war der Mann der Zukunft. Aber vorläufig brauchte Olympias diese beiden nicht zu fürchten. Der entschlossenste Rebell dagegen war *Antigonus* mit seinem Sohn *Demetrius:* Antigonus, der grimme Recke, einäugig wie der grimme Hagen, eine der imposantesten Figuren, damals schon fast Greis, 60jährig und also 30 Jahre älter als Alexander. Auffallenderweise sind wir seinem Namen noch nie begegnet; Alexander hatte ihn in seinen Feldzügen nie verwandt; gewiß hatten die beiden Charaktere sich abgestoßen; Eisenstirn gegen Eisenstirn, Despotennaturen sie beide. Jetzt aber – was kümmerte den Antigonus Alexanders Erbe, jener schwachsinnige Philippus? oder gar der Säugling, den Roxane inzwischen geboren hatte? Der Mann war entschlossen: keine Teilung! Das Weltreich sollte bestehen bleiben, wie es war; aber er selbst wollte sich dies Gesamtreich erkämpfen, das Werk Alexanders geradezu wiederholen. Nur eine

Kraftnatur erster Größe konnte das unternehmen. Einen Kollegen nach dem andern warf er schon aus ihren Satrapien, und seinen Sohn erzog er sich zum Helfer. In Antigonus und seinem Sohn Demetrius lebten also gleichsam Parmenio und Philotas wieder auf, die, wie wir uns erinnern, einst bei Alexanders Lebzeiten heimlich schon dasselbe geplant hatten: Rebellion, aber Fortsetzung des Werkes Alexanders. Es fehlte nur noch, daß dieser Antigonus dreist sich König nannte.

Auf wen sollte Olympias jetzt noch hoffen? Jawohl, da war noch einer, auf den sie baute, kein Mazedone; es war nur ein Grieche. *Eumenes* hieß der Mann. Ein kluges Kerlchen. Als Schreiber und reiner Bureaumensch war er hochgekommen. Alexander machte ihn zum Chef seines Archivs und der königlichen Kanzlei. Als solcher entwickelte Eumenes sich in der Stille zum Strategen; denn er hatte im Hofjournal die täglichen Kriegsereignisse, also auch den Verlauf der Gefechte selbst aufzuschreiben oder doch darüber die Aufsicht zu führen, und dabei lernte er allerlei. Tatsächlich betraute ihn dann Alexander auch schon mit der Leitung militärischer Expeditionen in Indien. Jetzt bewährte er sich als Stratege und dazu als königstreu wie kein anderer. Er wollte der Dynastie seine Treue bis in den Tod bewähren. Denn zwischen all den mazedonischen Großen hatte er, der subalterne Mensch, für sich selbst doch nichts zu hoffen. Der herrschsüchtige Antigonus warb um seine Freundschaft umsonst. Vielmehr behauptete Eumenes im Kampf mit ihm das Feld, in glänzenden Operationen, die hin und her bis nach Iran gingen. Der zierliche Mann (er fiel auf durch Zierlichkeit und Anmut des Wesens) bewährte sich sogar auch im Zweikampf. Einer der mazedonischen Herren war ihm persönlich verhaßt; der Haß war gegenseitig. Es kommt zur Schlacht. In der Schlacht sich sehen und aufeinander losstürzen war eins. Beide zu Roß; beide lassen den Zügel fahren, um sich zu packen; die Pferde gehen durch; beide fallen zu Boden übereinander, und das Ringen und Stechen beginnt. Eumenes strotzte von Wunden, aber der andere mußte daran glauben.

So wurde das Griechenmenschlein groß wider Willen, er tat aber so, als ob er in Wirklichkeit nichts bedeute; denn er fühlte den Neid seiner mazedonischen Offiziere. Ein Königszelt baute er in seinem Feldlager auf, als lebte Alexander der Große noch und könne sich auf seinen Thron setzen; auf den leeren Thron legte er Szepter und Diadem, als ob Alexander selbst den Vorsitz führe, so oft er mit seinen Offizieren Kriegsrat hielt. Aber die verbissenen Leute traten schließlich doch zum Komplott gegen ihn zusammen; es war wieder eine große Schlacht; die Schlacht war unentschieden geblieben; da zerrten sie den Eumenes aus seinem Zelt und lieferten ihn dem Antigonus aus. Der sah wohl ein: es war schade um den Menschen; aber er ließ ihn töten und war nun auf einmal Herr der Lage. Sein Sohn Demetrius war inzwischen erwachsen, ein zweiter Alkibiades an Keckheit, Eleganz und Schönheit, der, wohin er kam, die Herzen der Soldaten und der Frauen im Sturm nahm. So sah sich Antigonus fast schon am Ziel; den Seleukus warf er aus Babylon; Ptolemäus verkroch sich in Ägypten.

Alexanders Mutter Olympias traf das wie mit Keulenschlägen. Alle Hoffnung auf Asien war, seit Eumenes umgekommen, dahin, und ihre Erbitterung wuchs. Sie hatte Roxane mit dem Knäblein, das nach seinem Vater „Alexander" hieß, zu sich nach Epirus bringen lassen und plante nur noch das eine, wenn auch nicht Asien, so doch das Stammland Mazedonien, dessen Gebiet übrigens damals durch den Verlust von Thrazien und Epirus erheblich geschmälert war, für den geliebten Enkel zu retten.

In Mazedonien war der verhaßte Kassander immer noch allmächtig. Aber Olympias hielt sich nicht; sie wollte endlich etwas wagen, und Rache war ihr Gewerbe. Als Kassander in auswärtigen Kämpfen abwesend, rückte sie wie ein Feldhauptmann aus Epirus vor, besetzte mit ihren Soldaten Mazedoniens Hauptstadt und hatte, was sie wollte. Ein Bruder Kassanders fiel ihr in die Hände und weiter hundert seiner Parteigänger, die sie sämtlich massakrieren ließ. Nicht nur das; auch jener Philippus sollte nicht mehr leben, der schwachsinnige König, den Perdikkas zu Alexanders Nachfolger gemacht hatte. Auch ihn ließ sie sterben. Raum für Roxanes Sohn, Alexanders echtes Blut! Die alte Frau ward zur Megäre. Es fehlte nur, daß sie selbst das blutige Messer schwang. Solches geschah im Jahre 317.

Aber sie ward ihres Triumphs nicht froh. Der böse Kassander kam aus dem Peloponnes zurück, und sie mußte kämpfen. Ihr Militär verließ sie. Sie wurde in eine der Städte eingeschlossen, belagert, ausgehungert, gefangen; sie floh umsonst und zischte noch Wut als Gefangene, bis man sie niederstach (i. J. 316). Das war das Ende der Frau, die den Alexander geboren.

Ihr sechsjähriger Enkel überlebte sie wehrlos. Aber Kassander ließ ihn am Leben, und es folgte jetzt zunächst eine königslose Zeit, bis der wertvolle Knabe im Jahre 311, da er zwölfjährig geworden, wirklich von etlichen der Machthaber als König des Weltreichs anerkannt wurde. Alexander der Große hatte also doch einen Erben eigenen Blutes. Aber nur für wenig Tage. Kassander hielt es denn doch für besser, ihn samt der Roxane umzubringen.

So dankte Mazedonien seinem glorreichen Fürstenhaus! Es war wie der grause Prinzenmord in Shakespeares Tragödien: „ach arme Prinzen, zarte Knaben! unaufgeblühte Knospen!" Aber wir hören den Angstschrei des Gemordeten nicht, wissen auch nicht, ob er begabt, ob er in den Zügen seinem Vater glich. Es war kaum jemand, der ihm die Totenklage hielt.

War es damit nicht genug? Erst jetzt erinnerte man sich, daß ja auch jener *Herakles* noch lebe, der Bastardsohn, den Alexander mit der Barsine gezeugt und der jetzt volle 17 Jahre zählte. Es scheint, sein Vater hat sich um diesen Sohn nie sonderlich gekümmert. Jetzt fand sich ein Widersacher Kassanders, der den Herakles nach Griechenland brachte, um ihn als Trumpf gegen Kassander auszuspielen. Aber auch er fand rasch dasselbe Ende. Man lud den Jüngling zum Festgelage. Er lehnte ab, denn er ahnte Böses. Man zwang ihn zu erscheinen. Da wurde er, nachdem er noch einmal fürstlich gespeist, niedergemacht. Es war auch hier dasselbe; sein Verbrechen war, Alexanders Sohn zu sein.

Und jetzt erst konnte die Weltlage sich klären. Der Herr Großasiens, Antigonus, zog rücksichtslos die Folgerung. Kleopatra, Alexanders hochangesehene Schwester, residierte noch immer in Sardes, und Ptolemäus warb um ihre Hand. Es war das Jahr 308, da wurde sie von ihren dienenden Frauen durch Gift beseitigt. Antigonus hatte das angestiftet. Man kann nicht gründlich genug sein. Dann nahm Antigonus endlich, im Jahre 306, den Königstitel an. Das Heer selbst war es, das ihn zum König ausrief, nachdem er eben wieder gegen Ptolemäus, den Ägypter, eine Schlacht gewonnen. Darin lag der Anspruch, sich zum Herrn über alle zu erheben; das anspruchsvolle Programm war damit aufgedeckt. Auch Demetrius, sein Sohn, unterzeichnete sich seitdem als König Demetrius.

Der Protest aber blieb nicht aus. Ptolemäus und die anderen Machthaber, die als Satrapen sich dem König Antigonus keineswegs unterstellen wollten, nahmen sofort sämtlich denselben Königstitel an. Es wimmelte im Orient auf einmal von Königen. Aber freilich, was nützte der bloße Titel?

Antigonus wußte, was er wollte; mit Asien begnügte er sich nicht; er ließ durch den Demetrius schon Athen besetzen. Auch die Balkanhalbinsel sollte Teil seines Reiches werden. Je sicherer indes da sein Erfolg, je mehr wuchs die Sorge bei den andern. Man sah ein: wir sind alle bedroht! und beschloß, sich zum Kampf zu verbünden. Das Bündnis geschah, und in der großen Schlacht bei Ipsus im Jahre 301 verlor Antigonus Macht und Leben, im Lande Phrygien. Ein 80jähriger Kämpe, aber hart wie Granit: so stand er befehlend im Getümmel und trug noch die schweren Waffen, bis man ihn niederschlug.

Erst damit war das uralte Weltreich Salmanassars, Nebukadnezars und des Darius, das Alexander so hoffnungsvoll verjüngt hatte, endgültig beseitigt. Es fiel auseinander. Die Diadochenreiche entstanden. Je mehr ihrer waren, je unfähiger zum Widerstand wurde der Orient.

Tote über Tote! Zwanzig Kriegsjahre waren nun vergangen; sie nahmen viele der Besten weg. Das Schicksal streute die Leichen vor sich her. Die Zeit der sagenhaften Drachenmänner schien wiedergekommen, die im Rauftrieb sich selber umbrachten. Aber auch auffallend viele Frauen treten dabei auf den Plan. Nicht nur Olympias und jene Atalante, die die Soldaten in Ägypten erschlugen; auch die Perserin Amastris, die als Königinwitwe in der Stadt Heraklea am Schwarzen Meer sich erfolgreich in die große Politik der Diadochen mischte, oder die Kratesipolis, auch sie Witfrau, die um Sikyon im Peloponnes siegreiche Gefechte focht und, um sich Respekt zu verschaffen, kaltblütig einige dreißig ihrer Gegner kreuzigen ließ.

Den Ländern selbst aber brachten diese Kriege wenig Verwüstungen; es genügte, daß die Haufen der Berufssoldaten ihre Kräfte maßen, und man ließ die Leute sonst möglichst in Ruhe; denn ausgeplünderte Provinzen konnte man nicht brauchen. Gewaltige Steigerung aber erfuhren die Kampfmittel, die Technik des Krieges, der Belagerungspark, der Aufbau der Kriegsschiffe. Und dazu die Elefanten. Indien war ja erschlossen, und jeder der Potentaten hatte große Stallungen für sie. Seleukus, der wieder in Babylonien herrschte und das syrische Königtum gründete, führte allein 480 davon in die Schlacht bei Ipsus. Sogar vor Athen tauchten eines Tages 56 dieser trompetenden Bestien auf und stampften die Wiesen um Eleusis, rieben sich an der Stadtmauer, als wollten sie sie durchbrechen und der Göttin Pallas heilige Burg ersteigen. Der genialste Förderer der Kampfmittel im Krieg war ohne Frage *Demetrius*, der schöne, des Antigonus Sohn; aber er war ein Blender, der, anfangs abgöttisch bewundert, sich und die Welt schwer enttäuschte. Er zertrümmerte selbst seinen Ruhm und sein Glück, und, um den Wandel jener Zeiten zu verstehen, muß man ihn kennen. Es gilt noch kurz auf Demetrius achtzugeben. Er war das Gegenbild Alexanders.

Im Feldlager war er erzogen und von seinem herben Vater streng gehalten. Des Antigonus Heer war immer in Bewegung. Fragte der Junge: „wann brechen wir auf?“ so antwortete Antigonus nur: „Das Signal wird geblasen; hast du Angst, daß du es nicht hörst?“ Das heißt: du mußt dich gedulden wie der gemeinste Soldat. Aber ihre Herzen waren fest verbunden. Kam Demetrius von der Jagd zurück, so setzte er sich, so wie er war, mit dem Jagdspeer in der Hand, neben den Vater und küßte ihn. Alles verwunderte sich; denn es war eine Zeit, die immer gleich Mord witterte und in der selbst der Vater die Waffe des Sohnes fürchten mußte. Antigonus aber sagte stolz: „Seht her und verkündet den Leuten draußen, wie Vater und Sohn sich lieben.“

Zweiundzwanzigjährig begann der junge Mann schon selbständig Schlachten zu lenken. Die Veteranen unter den Söldnern zählten dagegen oft 50, 60 Jahre. Welch ein Gegensatz! Der Krieg ging zumeist gegen Ptolemäus, den Ägypter. Die erste Schlacht verlor Demetrius; dann aber gab es Sieg auf Sieg, zur See, zu Lande; er selbst fröhlich vorfechtend (vorne auf dem Schiffsschnabel stand er, kraftvoll und elegant), so daß die Gegner fielen unter seinem Hieb. Er schien ein zweiter Alexander, ja, mehr als das; denn Alexander hatte nur Perser und Baktrer besiegt; hier focht der Mazedone gegen den Mazedonen.

Als er Athen nahm, war es das reine Götterleben. Er brachte der Stadt angeblich die Freiheit; das heißt, er warf die Mazedonen des Kassander aus der Stadt, um selbst darin zu herrschen, und Athen knierutschte vor ihm; ein unerhörter Vorgang, aber schmachvoll; er wurde voll Jubel zum Gott erklärt, er und sein Vater, ein Altar an der Stelle aufgebaut, wo er zuerst athenischen Boden mit der Fußsohle berührt hatte, sein Bild in das Festgewand der Göttin Athene eingewebt. Dabei spielte er den Don Juan, jovial und königlich munter. Man verglich ihn mit Dionys: er berauschte sich nicht nur;

er wirkte berauschend. Dann stürzte er sich wieder in die Schlacht und gewann den großartigsten Sieg, bei Cypern, im Jahre 306, den Sieg, dessen Folge war, daß sein Vater den Königstitel annahm.

Berühmt ist seine Belagerung der Inselstadt Rhodus. Alexander hatte Tyrus, die Inselstadt, genommen; Demetrius wollte ihn übertrumpfen. Ein Jahr lang lag er zu Schiff ausdauernd vor der stolzen Festung, die weit gespannt wie ein Theaterbau über dem Meer am Felsen hing. Es mißlang ihm; er mußte abziehen; aber alles sah trotzdem bewundernd auf ihn. Denn am Gestade arbeiteten und hämmerten seine Techniker; Maschinenbau; 3000 Arbeiter, von den ersten Ingenieuren, die man kannte, geleitet. Demetrius selbst aber stellte ihnen die Aufgaben; er entwarf und hetzte die Phantasie seiner Ingenieure: Geschütze, Sturmböcke, Schilddächer: es galt alles ins noch nicht Dagewesene zu vergrößern. Besonders wird uns der bewegliche Turmbau geschildert, den man den Festungsbrecher nannte, ein viereckiger Holzbau in neun Etagen, über 41 Meter hoch; mit Treppen; jede Seite 20 Meter breit; drei Seiten geschlossen, die vierte offen, aber mit verschließbaren Fenstern. In jeder Etage standen Geschütze, unten das schwerste Kaliber, oben die leichteren. Dazu die nötigen Artilleristen, eine Fülle von Personal. Der Bau stand auf Rädern, jedes Rad annähernd zwei Meter hoch. Sollte dieser Festungsbrecher freilich weitere Strecken über Land transportiert werden, so dauerte es eine Ewigkeit; in zwei Monaten kam er auf seinen Rädern nur ein Drittel Kilometer (zwei Stadien) voran.

Als Demetrius von Rhodus abzog, schien er gar nicht sonderlich enttäuscht, ja, bester Laune. Das Ganze war ihm nur ein großartiger Sport gewesen, und als die Rhodier beim Abschied ihn zum Andenken um ein paar von den Maschinen baten, gab er sie ihnen auf das freundlichste.

Es mußte immer das non plus ultra sein; so auch sein Prunk; die Leute liefen hinterher, wenn der schöne Mann des Weges kam. So auch seine Liebeleien. Ein maßloses Sichgehenlassen. Sein zweiter Aufenthalt in Athen wurde zum Skandal, wie ihn die Religionsgeschichte der Antike nicht noch einmal erlebt hat. Da ein Königsschloß in Athen fehlte, so wohnte er droben als Gott in dem Jungfrauenhaus der Göttin Athene selbst, im Parthenon, nannte Athene seine Schwester und empfing in den geweihten Räumen die Blüte der reizenden Halbwelt der Stadt.

Die Gesellschaft war unendlich nachsichtig; seine Gattin *Phile*, die ausgezeichnete Frau, die er in Kleinasien zurückgelassen, hing in hingebender Treue an ihm, und ihm wurde überdies eine Prinzessin nach der andern zur Ehe angeboten, die er bereitwillig neben- oder nacheinander geheiratet hat. Aber solche Frauen still häuslichen Charakters waren kein Erlebnis. Anders die Fürstin Kratesipolis, die ich schon nannte und die da in Sikyon herrschte. Er eilte dorthin, ließ in der Nähe des Städtchens ein schönes Zelt aufschlagen, und da fanden sich die beiden, Kratesipolis und er, zur Nacht. Aber das Zelt wurde in der Morgenfrühe von dreisten Leuten überfallen, und beide huschten im

Halbdunkel eilends davon in verschiedener Richtung. Ganz beherrscht aber wurde der üppige Mensch von der Hetäre Lamia, die aus Ägypten stammte. Die Spötter nannten sie eine alte Schachtel und meinten, sie sei nur noch das Gestell für ihre künstliche Schönheit. Aber die Kunst Helden zu bezähmen, ist reiferen Kurtisanen eigen, und sie beherrschte ihn ganz. Sonst ließ er sich nur lieben; hier liebte er selbst. Wer denkt dabei nicht an Kleopatra, ich meine die ägyptische Königin, die alt geworden noch den Mark Anton in Fesseln schlug? Der Stadt Athen hatte Demetrius einen Tribut auferlegt, und die Bürger zahlten untertänigst; die Lamia lachte belustigt auf, als die Zahlung einlief, es war ihr köstliches Lachen, und das ganze Geld rollte in ihren Geldkasten. Der Vater Antigonus lebte damals noch, hochbetagt; Demetrius war also damals noch der große Mann, der demnächst als Großkönig über ganz Asien gebieten würde, und alles, was er tat, war darum wohlgetan.

Dann aber eilte er in die Entscheidungsschlacht bei Ipsus und ritt den großartigen Reiterangriff, in dem er den Seleukus warf; er warf ihn; aber er hatte dabei sich zu weit vorgewagt; sein Vater fiel, die Schlacht ging verloren und er wurde flüchtig.

Es war der große Glücksumschlag. Was nun? Den Königstitel hatte er, aber kein Königreich. Lysimachus und Seleukus teilten jetzt unter sich Asien auf. Er aber war guter Dinge, warf sich wieder auf Griechenland, um wenigstens auf der Balkanhalbinsel sich ein Reich zu schaffen, und fiel zunächst von Athen aus mit seinen Kampfmaschinen über die kleinen Griechenstädte her. Daher hieß er allgemein „der Städtebedränger", Poliorketes. Er faßte die Städte, wie man mit der Zange Nüsse bricht. Ein hastig unstetes Treiben. Alles in Angst vor ihm. Das große Ergebnis aber fehlte. Auch seine Kriegsschiffe sah man noch auf See, und auch sie waren ein Schrecken: Kolosse zu 15 oder 16 Ruderreihen, Galeeren, die da mit tausend Rudern das Wasser schlugen, aber im Kampf sich glänzend bewährt haben sollen. Freilich ließ sich über diesen Schiffstyp nicht hinausgehen. Später wurde einmal in Ägypten eine Galeere mit 40 Ruderreihen hergestellt; 100 Meter Länge hatte der Monsterbau und brauchte 4000 Ruderknechte und 400 Matrosen. Aber er erwies sich als bloßes Schaustück und unverwendbar.

Schließlich gewann Demetrius doch Mazedonien, Alexanders Kronland; denn Kassander war gestorben, und sechs Jahre lang ist Demetrius da König gewesen. Aber er mißfiel; er regierte nicht; er war kein Staatsmann; er trieb nur seinen Kriegssport weiter, wurde dabei aber von dem jungen König *Pyrrhus* ausgestochen; denn jener Pyrrhus, der hernach gegen Rom focht und die ersten Elefanten nach Italien brachte, trat eben damals als König von Epirus in die Weltgeschichte ein. Das wirkte ungünstig auf den Charakter des verwöhnten Menschen. Demetrius posierte jetzt und drapierte sich als der große Mann, der er bisher wirklich gewesen. „Er mimt Alexander den Großen, aber schlecht", so sagten die Leute. Unzugänglich für die gemeine Welt, stolzierte er nur noch im golddurchwirkten Purpur einher; sein Schuhwerk mit hohen Hacken war aus demselben Stoff, auch der mazedonische Hut mit Krempe, den er trug, purpurn, und darüber stand noch eine Mütze aus Goldstoff hoch, deren Ende ihm hinten auf den Rücken fiel. Der Fürstenmantel jedoch, den er sich weben ließ, dunkelviolett, mit eingewebter Sonne und Gestirnen, ein Abbild des Himmels, wurde nicht fertig; denn er mußte aus Mazedonien flüchten, und seine edle Gattin Phile vergiftete sich vor Trauer.

Er selbst aber verlor die Laune auch jetzt nicht, und seine elastische Natur gab nicht nach. Irgendwo, glaubte er, wartete noch das Glück auf ihn. Er brachte trotz allem noch Mannschaften zusammen und warf sich als Glücksritter damit wieder nach Asien, auf Armenien zu. Da kam die Not, der Proviant ging ihm aus, die Mannschaften verliefen sich, und er wußte nicht weiter.

Seine Rettung wurde seine Tochter, die märchenhaft schöne Stratonike, die Phile ihm geboren hatte. Die nahm der mächtigste Herr in Asien, der Syrerkönig Seleukus zur Ehe. Ein rührend sentimentaler Liebesroman hat sich an diese Ehe geknüpft, den ich hier übergehe. Seleukus aber war durch sie des Demetrius Schwiegersohn. Als sich Demetrius in den Landschaften Kleinasiens wie ein Abenteurer und Wegelagerer umtrieb, bis er sich mit wenig Leuten endlich in die südlichen Gebirge warf – er glaubte anfangs auch da noch als Herr auftreten zu können, dann aber faßte ihn die Verzweiflung –, geriet er schließlich in des Seleukus Gewalt. Der aber dachte nicht an Verwandtenmord; denn Seleukus zählte nicht zu den Tyrannen, die aus Angst den Henker spielen. Mit echt sultanischer Großmut schuf er dem Gefangenen ein enges, aber fürstliches Heim, stellte ihm prächtige Gärten und einen Jagdpark zur Verfügung, und Demetrius vergnügte sich da, bis er vor Langerweile dem Trunk verfiel und starb.

Die Langeweile war tödlich gewesen und der Rastlose nun tot; seine Kriegsmaschinen ruhten. Die ganze Welt war beruhigt, aber der Eindruck nicht erhebend. Denn es wirkt niederschlagend, eine der glänzendsten Naturen sich vergeuden und in Verfall enden zu sehen. Uns aber ist dies Demetriusleben obendarein ein Symbol, und darum mußten wir bei ihm verweilen. Denn wie ihm, dem Einzelmenschen, so erging es dem ganzen Königtum, das sich jetzt im Orient aufgetan hatte; es waren die Dynastien in Syrien, Ägypten, Mazedonien, Epirus, demnächst auch in Pergamum. Sie alle fingen wie Demetrius glänzend an, aber trugen den Keim des Verfalls in sich; denn sie entarteten nur allzubald, und ihr Wesen war unecht und hohl; das gilt vor allem von Syrien, Ägypten und Pergamum.

Man irrt, wenn man meint, Alexanders Weltreich sei jetzt unter den Ptolemäern, Seleuciden und Attaliden durch Nationalstaaten abgelöst worden. Nationalstaaten sehen anders aus. Diese Königshäuser waren ja nicht national, sie waren ihren Völkern nur aufgepfropft und aus Mazedonien zugewandert. Was hatten diese Herren mit den Syrern und Ägyptern selbst gemein, die sie regierten? Mochten sie bauen und sonst allerlei Gutes stiften und ihre Geldstücke, auf die sie ihr Bild prägten, durch alle Hände gehen: sie waren doch nur Fremdherren und äußere Zutat, wie unzugehörige Deckel auf den Töpfen und kamen für das wirkliche Volksleben, das auf Blutsgemeinschaft beruht, nicht in Betracht. Vielmehr geschah ihnen zum Trotz in den drei Jahrhunderten, die dem römischen Kaisertum voraufliegen, das, was Alexander gewollt hatte: das Volksleben des Orients verwuchs in friedlichem Austausch mehr und mehr, nicht physisch, aber seelisch und kulturell zu einer Einheit.

Denn es siegte allerorts erstaunlich rasch der *Hellenismus* – keine Gebirge, Ströme und Meeresbreiten konnten es hemmen –, der Hellenismus, das ist die Vergriechung der nichtgriechischen Völker oder der Sieg des nichtgriechischen Bluts im Griechentum. Er brachte eine wechselseitige Durchdringung der Denkungsart und Lebensart der Völker, eine Nivellierung der Welt; griechisch aber wurde die Weltsprache, griechisch die Formen des Weltverkehrs, für den die Grenzen der neugeschaffenen Königreiche so gut wie nichts bedeuteten. So konnten die Römer sich in der Tat als Alexanders Erben ansehen, als für sie die Zeit gekommen war, ihre nivellierende Kraft zu zeigen. Weltreich folgte auf Weltreich, in dem aller Sonderbesitz Gemeingut wurde: griechische Kunst und Forschung, babylonische Astrologie, ägyptischer Aberglaube, semitische Apokalyptik, persische Religion, endlich gar römisches Recht und Verwaltungskunst.

Anders stand es mit Indien. Freilich reichte auch dorthin der Hellenismus, und unverkennbare Einflüsse des griechischen Wesens sind auch im Indusgebiet festgestellt worden. Aber der große Seleukus konnte die indische Satrapie nicht halten, und das ganze Hochasien, das Alexander so mühsam gewonnen hatte, brach vom Seleucidenreich ab. Denn in Persien erhob sich unter der Führung heimischer Könige, der Arsaciden, der Volksstamm der *Parther* zur Herrschaft; in Baktrien, Sogdiana und am Indus aber setzten sich kleine griechisch-mazedonische Könige selbständig fest, die mit dem Reich des Seleukus den Zusammenhang preisgeben mußten, doch aber so lange wacker sich hielten, bis sie von übermächtigen kirgisischen Horden, die aus Turkestan vorbrachen, weggeschwemmt und überrannt wurden. Seitdem führte Hochasien, Iran wie Indien und China, sein dem Westen entfremdetes, abgetrenntes Völkerleben, und nur noch der Handel, der nie rastet, brachte die fremdartig schönen Waren von dort an das Mittelmeer.

Aber ich sprach auch schon von den Römern und dem römischen Recht. In der Tat verfielen in eben denselben Jahrhunderten auch die Römer, obschon die Sieger, allmählich, aber völlig dem Hellenismus; der griechische Geist war unüberwindlicher als Rom; nur seine lateinische Sprache gab der Sieger nicht preis.

Kein Nebukadnezar oder Alexander kam von Westen, sondern ein staatenbildendes Volk stand auf. Marsmänner waren die Römer mit dem Wolfshunger, der unersättlich nach Beute und Ausraubung fremden Besitzes giert. Kein Sommer verging ohne Krieg und Kriegsgewinn, so lange Rom bestand. Das Heer ein Volksheer, ein Bürgerheer. Der Machtwille, der Staatswille riß alles, was da atmete, zusammen; er stieg aus den breiten Wählerversammlungen zum Senat, den Prätoren, Konsuln und Prokonsuln auf. Im Felde galt das Kommando der vom Volk Erwählten, und das Römertum war gegürtet in Disziplin.

Noch war nicht einmal die ganze italienische Halbinsel unterjocht, als Rom schon auf Spanien, Afrika, die Balkanhalbinsel übergriff; es knebelte nicht nur Karthago im Sinn Alexanders, sondern ging weiter; Karthago wurde – wie Korinth in Hellas – sogar dem Erdboden gleichgemacht. So ballte sich in Roms Hand der Okzident zusammen und warf sich massiv und schwer auf den brüchigen Osten. Dabei lernten die Römer als Schüler des Hellenismus den Griechen den Seekrieg ab, ebenso das Festungsbrechen, die Technik der Belagerungen. So machte Rom nacheinander unwiderstehlich Mazedonien, Epirus, als Beigabe das kleine freiheitssüchtige Hellas zu römischen Provinzen. Im Jahre 133 fiel Pergamum, der erste Fetzen Asiens, an Rom, und der Orient zersplitterte. Kein Bündnis kam zustande, das seine Kräfte zum Widerstand gesammelt hätte. Nirgends erhoben sich die Bevölkerungen in Freiheitsdrang. Nur mit den Königen und ihren Söldnern hatten die Scipionen zu kämpfen. Dann drangen Sulla, Lukull, Pompejus, die großmächtigen Feldherren, aus Westen nacheinander in Asien vor, und die morschen Throne zerbrachen; die hohlen Königreiche sanken zusammen.

Mark Anton, der Römer, der erste Erbe des ermordeten Julius Cäsar, wollte den Orient, alle Länder der Nachfolger Alexanders, als ein in sich geschlossenes Reich noch einmal retten; Alexandrien machte er zu seiner Hauptstadt, und die ägyptische Königin, die letzte Ptolemäerin, Kleopatra, inspirierte ihn. Aber Oktavian zerschlug den Plan.

So war Oktavian der Schöpfer des römischen Weltkaisertums geworden, und Rom übernahm endlich den weiten Orient Vorderasiens bis zum Euphrat, so wie er durch Alexander geworden war; die Königreiche wurden wieder zu Provinzen oder Satrapien; die Dynastien waren verschwunden, sie hatten längst abgewirtschaftet, und niemand vermißte sie.

Gleichwohl nennen wir einen Seleukus, Ptolemäus Lagi und Eumenes, den Pergamener, mit hoher Achtung, und ihr Name wird uns noch öfter begegnen. Denn diese illegitimen Könige haben im Sinn Alexanders für die Modernisierung der uralten Kulturländer des Ostens, für die Verbreitung der griechischen Hochkultur und die Steigerung ihrer Leistungen mit persönlichster Teilnahme unendlich viel getan; so auch die Thronfolger, ihre nächsten Nachkommen. Der Aufschwung nicht zwar der Poesie (denn sie erlebte keinen Aufschwung), wohl aber der bildenden Künste, sodann der Technik im Dienst der Großbetriebe, endlich der wissenschaftlichen Studien, vor allem der Naturforschung und Medizin, von dem ich zu reden haben werde, wird in vielen Hinsichten der Gunst und Fürsorge dieser üppigen Könige verdankt. Dazu kam der Städtebau und die Steigerung des Reichtums in Handel und Wandel. Ich nenne nur die Großstadt Seleukia am fernen Tigris, die dort zum Stützpunkt des Hellenismus bestimmt war, um das Babylon der Chaldäer totzumachen, sowie Antiochia am Fluß Orontes, die neue Residenz Syriens, landeinwärts gelegen in der Nähe Alexandrettes, da wo Cypern der syrisch-phönizischen Küste vorgelagert ist.

Je weiter diese kulturellen Bestrebungen gingen, je kläglicher schrumpfte das kleine Hellas, die erste, vielgepriesene Heimat all des Guten, in sich zusammen. Es hat noch wieder und wieder auf seinem engen Boden für die alte Freiheit gegen Mazedonen und Römer gekämpft. Aber das war für den großen Gang der Dinge bedeutungslos. Das Griechentum war mit seinem geistigen Reichtum im kleinen Hellenenland vermauert gewesen und wie eingekorkt; der Korken flog auf, und der Geist floß aus in unendlicher Ausdehnungsfähigkeit wie das Sonnenlicht; das heißt: die auswärtigen reichen Königshöfe lockten, und die Besten trieb es aus Griechenland zur Auswanderung. Sogar Athen wurde still; denn der Welthandel fand jetzt andere Wege; immerhin war die Stadt der Eulen für die Philosophen, die die Halbdämmerung brauchen, noch immer der rechte Ort.

Den Welthandel rissen indes die asiatischen Plätze an sich. Dort draußen pulsierte ein ganz anderes Leben. Das Griechentum fand da frisches Erdreich und den üppigsten Boden, um aufzuwuchern; und ob es dabei den alten schlichten Adel verlor und in geilen Trieben entartete, es war doch immer ein Gewinn; denn alles wuchs jetzt ins Große und Mächtige, ein strotzendes Blühen und Gedeihen. Ich nenne Städte wie Byzanz, Sinope, Trapezunt, Ephesus, Milet, Tarsus in Cilicien, Laodicea in Syrien, vor allem die Königsstädte Antiochia und Alexandrien. Sie alle und die andern, die ich nicht genannt, sie lagen prangend in Reihen an den weiten Gestaden wie schimmernde Wunderblumen, die mit weit offenem Kelch sich sonnen, und wie die geflügelten Insekten und Honigsauger flogen die Handelsschiffe mit schwellenden Segeln in Schwärmen heran und von einer zur andern, um zu nehmen und zu geben, ein schwelgendes Treiben und Blühen und Befruchten: ein Wohlleben in Arbeit, vergänglich zwar wie alles, was irdisch ist, aber täglich sich erneuernd wie die Stunden, die die Jahre füllen. Man denke sich das Mittelmeer nicht so spärlich befahren wie heute. Die halbe Menschheit lag auf dem Wasser.

Der Mensch will sich nähren und sich vermehren, und Hunger und Liebe treibt alles durcheinander. Aber war das alles? Das Bürgertum will denn doch mehr, wenn es sich in den Städten sammelt. Denn es gibt, Dank den Göttern, auch noch idealere Instinkte, die hinausgreifen über das Alltägliche: und wäre es nur der Sinn für den Ruhm der Stadt, in der man geboren ist, der Sinn für Ordnung und Gesetzlichkeit, für Sitte und Anstand, aber auch für Reichtum und Fülle und Abundanz, die den Hochstand des Lebens steigert; dazu der Trieb nach dem Schönen und Prangenden, der unermüdlich nicht nur den Tempelbau und Gottesdienst, sondern auch den Griff des Dolches, das Siegel, die Lampe und die kleinste Nadel veredelt und schmückt; endlich die Sehnsucht über das Sichtbare hinaus und über alles Vergängliche in das, was zeitlos beharrt und ohne Nichtsein und ewig ist; ich meine die Sehnsucht nach Wahrheit, die Gott ist und unwandelbar ist wie die Sterne.

Das alles war es, was jene Zeit mit Macht bewegte und dem Hellenismus bis auf den heutigen Tag seine Bedeutung gibt. Es war überall das Gleiche, und Landesgrenzen galten nicht. Trotzdem aber wurde die eine Stadt Alexandria unter den Ptolemäern, wie sich uns zeigen wird, der Hauptsitz dieser Bestrebungen, Alexandria, die Stadt, wo Alexander der Große sein spätes Grab gefunden. Halten wir also noch einmal still und hören zuvor, wie man den Toten, der der Mitwelt als Gott erschien, zu Grabe trug und wie es mit seinem Nachruhm stand: der Nachruhm eines Regimentes von nur zwölf Jahren. Wir nennen ihn Unsterblichkeit.

***

Alexanders Nachleben

Alexander ging, als er starb, zu den Göttern ein. Das war sein Glaube. Eine Auferstehung des Fleisches gab es nicht; nur die Seele, so dachte man, die selbst luftartig feinster Körper ist, lebt nach dem Tode weiter. Denn sie ist ewig und der Tod ihr fremd; sie ist nach dem Tode die nackte Seele, wie die Griechen sich ausdrückten. Die Legende erzählte, daß, als er sterben sollte, eine Feuerschlange vom Himmel zum Meer niederfuhr und mit ihr ein Adler; dann erhob sich die Schlange wieder, der Adler flog mit ihr auf und trug dabei einen leuchtenden Stern in seinen Fängen. Wie der Stern im Himmel verschwindet, schließt Alexander die Augen. So ist er zu den Sternen eingegangen. Er setzte sich aber droben nicht stolz neben seinen Vater Zeus, sondern gesellte sich nur zu Herakles und Athene, den Zeuskindern, die ihm am nächsten standen. Eine goldne Stube war ihm eingeräumt, und er trug dort oben die Mitra der Perserkönige.

So galt er nun auch als Gott in der Griechenwelt.

Es gab so viele Götter wie Staaten. Die Vielstaaterei hatte die Vielgötterei mit sich gebracht. Hier war nun ein Gott mehr, der als Wohltäter und Schutzpatron für viele Städte Bedeutung behielt. Bei Lebzeiten hatte Alexander das nicht gefordert. Jetzt kam es dahin, daß auch die Könige, seine Nachfolger, bei Lebzeiten schon als Götter galten, ihre Bilder auf das Geld prägten, Götter, die auf Erden (um theologisch zu reden) nur ihre Epiphanie haben und zeitweilig auf Erden in Menschengestalt erscheinen, um im Tod zu ihrer göttlichen Natur zurückzukehren. So der König Seleukus und seine Nachkommen, so die Ptolemäer, so hernach auch die Kaiser Roms. Ein guter Regent muß göttliche Natur haben, hatte schon Aristoteles gelehrt. Das wird jetzt der Glaubenssatz der Diadochen und Epigonen, der bis zu Konstantin dem Großen reicht.

In vielen Stadtgemeinden wurden also jetzt Stätten der Verehrung für Alexander eingerichtet, wo ein Priester oder Verwalter des Kultus die Gedächtnisfeiern leitete. Ich erwähne nur den ihm geheiligten Hain an Kleinasiens Küste in der Nähe Smyrnas, wo eine Vereinigung der dortigen Griechen noch zur Zeit um Christi Geburt ihm „alexandrische" Festspiele gab. Bestattet wurde er schließlich in Alexandrien. Aber auch das Volk der Mazedonen muß später geglaubt haben, daß er bei ihnen in der alten Fürstengruft beigesetzt ruhe. Denn noch nach 500 Jahren ging Alexanders Geist in Mazedonien um; man sah ihn; er war auferstanden, und man hörte das Rasseln der Waffen seiner Krieger. Auch noch andere Völker glaubten sein Grab zu haben.

Der Leichnam Alexanders war in Babylon mumisiert worden wie der der Pharaonen. Aber er hatte dort volle zwei Jahre zu warten, ehe die Erde ihn aufnahm. Welche Erde? Er war heimatlos, und niemand wußte es. Die Verzögerung aber hatte ihren Grund. Denn es galt für den großen Toten den Reisewagen zu bauen, und alle Verehrung seiner überlebenden Marschälle zeigte sich hier in dem durchdachten Prunk, der darauf verwendet wurde. Das noch nicht Dagewesene sollte geschehen, aber man hielt sich doch maßvoller als Alexander, als er den Aufbau des Scheiterhaufens Hephästions entwarf. Schließlich ging der Transport nach Memphis, der alten ägyptischen Königsstadt. Ptolemäus setzte das durch.

Der Sarkophag war in Gold geschmiedet, getriebene Arbeit, angefüllt mit Aromen, die dauernd der Verwesung wehrten. Das Volk aber glaubte, der Körper liege in Honig. Über dem Sarg eine golddurchsponnene Purpurdecke und dazu seine Wehr und Waffen, die er in all den Schlachten getragen. Der Wagen war ein Gebäude auf Rädern nach Art unserer Möbeltransportwagen von annähernd 4 Meter Breite, 5½ Meter Länge. Sein Schutzdach golden, der Plafond Mosaik. Im Wagen stand der Sarg auf einem goldnen Götterthron; dieser Thron war ein weit ausgedehnter, viereckiger Aufbau und mit asiatischen Bockhirschköpfen verziert, die zwei Hände breite Ringe hielten, aus denen ein Kranzgewinde hing, prachtvoll in bunten Farben gearbeitet. Oben am Thron aber war ein Geläute von Glocken angebracht, so daß man das Nahen des Wagens schon von weitem hören konnte. Dies war dem Geläute der Karawanenzüge nachgeahmt, das man auch heute noch dort in den Wüsten vernimmt. In den Ecken Siegesgöttinnen; übrigens das Dach von einem Peristyl goldener Säulen jonischen Stils getragen; die Säulen an allen vier Seiten durch goldenes Netzwerk verbunden, an dem weiter vier Tafelgemälde angebracht waren: da war Alexander thronend gemalt, umgeben von Trabanten; sodann Kriegselefanten; die Flotte, zur Ausfahrt gerüstet; die Reiterei, in Schwadronen aufgestellt. Die Wagentür war mit zwei goldenen Löwen flankiert. Hoch oben auf dem Dach aber stand noch eine Viktoria, den goldenen Olivenkranz vorstreckend, in dessen Golde die Sonne des Südens spielte und prachtvolle Reflexe warf, so daß man schon aus der Ferne den blitzenden Glanz wahrnahm. All die Gegenstände mußten solide befestigt sein, damit sie, wenn der Wagen stieß, nicht umfielen.

Von 64 prachtvoll aufgezäumten Maultieren an vier Deichseln gezogen, so machte der Wagen mit seiner Last unter starker militärischer Bedeckung langsam die gewaltige Reise vom Euphrat durch die syrische Wüste über Damaskus, an Judäa vorüber, auf der Küstenstraße bis Pelusium und über den Nil weiter nach Memphis. Schaulustige von allen Orten kamen dem Zug entgegen und pilgerten mit und konnten sich nicht satt sehen. Aber auch Wegebauer und Ingenieure begleiteten ihn, um bei schwierigem Terrain jedes Hindernis zu beseitigen. An der ägyptischen Landesgrenze holte Ptolemäus, die Eskorte ablösend, den Zug mit seinen eigenen Truppen ein. In Memphis fand die erste Beisetzung statt; aber auch da kam der Tote nicht zur Ruhe. Nach Alexandrien wurde er weiter überführt in seinem goldenen Sarge, dort ihm ein würdiges Heiligtum mit Grabstätte errichtet und glänzende Gedenkfeiern gottesdienstlicher Art begangen. Die Götter, heißt es, dankten das den Ptolemäern: denn das Glück war fortan mit ihnen; aber auch die Menschen: denn viele der Besten zog es nach Alexandrien, und sie traten gern und freudig in den Dienst dieser Könige.

Das Größte oder doch das Wertvollste war, daß jener Ptolemäus, der unter Alexander mitgefochten und dem sogar Alexander selbst das Leben gerettet haben sollte, sich entschloß, nach bestem Wissen ein Buch über Alexander zu schreiben, das Werk eines Nächstbeteiligten und das Zuverlässigste, was es über des Gestorbenen Regiment und Kriegsführung im Altertum gab. Ohne Frage legte er dem Vergöttlichten das Werk als Totenspende in das Grab; außerdem aber gingen Abschriften ins Publikum, und das Werk wurde grundlegend.

Etwa gleichzeitig erschienen – auch das unendlich wertvoll – Alexanders persönliche Korrespondenzen, seine gesammelten Briefe in Buchausgabe. Sie waren schlicht und kurz geschäftlich und ohne die schöne Wortmacherei abgefaßt, wie die Griechen sonst sie lieben. Wir sind glücklich, noch einige Zitate daraus zu besitzen. Wie kläglich ist die Wahrnehmung, daß das Altertum uns sonst eine Fülle von Briefsammlungen voll von seichtem Geschwätz, vielfach noch gar unter gefälschten Verfassernamen, aufbewahrt hat, dagegen jene wichtigsten Dokumente hat untergehen lassen. Je später die Zeiten, je beliebter wurde die bombastische Phrase und die Redeübung über das mehr oder weniger Selbstverständliche.

Besagter Ptolemäus war unter den Paladinen Alexanders der einzige Mazedone von tiefgehender literarischer Bildung und schon darum sein würdigster Nachfolger. Glänzend seine Verwaltung Ägyptens, die Alexanders Grundsätze durchführte. Vieltausend Papyrusblätter sind aus dem heißen Sand jenes Landes als Zeugen aufgestanden, durch die unsere Gelehrten heute über die Landesverwaltung, über Grundbücher, Miete, Pachten, Steuern, Monopole und Bureauwesen, wie sie dort unter den Ptolemäern bestanden, weit genauer unterrichtet sind als wohl mancher von uns über die betreffenden Dinge in der eigenen Heimat. Hier geht uns an, daß er es war, der die erste öffentliche Bibliothek gründete oder zu ihrer Gründung doch die erste

Anregung gab, ein riesiges Bücherlager, mit königlicher Opulenz durch Aufkaufen von Büchermassen aus allen Städten zusammengebracht, das, von besoldeten Bibliothekaren verwaltet, dem Gelehrtentum nicht nur Alexandriens, sondern der Welt zu dienen bestimmt war.

Doch wir reden von Alexander. Begreiflich, daß man zu jenen Zeiten nicht nur in allen Buchläden nach neuen Büchern griff, die von ihm erzählten, sondern auch in allen Künstlerateliers Alexanderbilder forderte als Büsten, Plaketten oder auf geschnittenen Steinen.

Der Winter geht zu Ende, im dortigen Klima, wie man weiß, die mildeste Zeit des Jahres, und die ganze Stadt ist auf den Beinen. Dem Gott Bacchus gilt das Fest und die Prozession; aber auch da darf Alexander nicht fehlen. Ein Augenzeuge schildert uns den Zauber auf fünfzehn engen Seiten. In unserm Gedächtnis aber bleiben davon nur einige Eindrückc haftcn.

Wir stehen auf der Straße und machen große Augen. Ein Prahlen in Reichtum! Das Unermeßliche, die Abundantia herrscht hier im Nilland wie nirgendwo. Alles so vergänglich nur für den flüchtigen Augenblick hergestellt, aber ein Kulturbild, das die Jahrhunderte nicht vergaßen. Von einem Prunkzelt aus von fabelhafter Ausstattung beobachtet die königliche Familie den Zug. Der Mittelbau dieses Zeltes ruht auf 500 Ellen hohen Säulen in der Form von Palmen und Thyrsosstäben; das Ganze mit Statuen, Gemälden und bunten persischen Teppichen verschönt; der weite Boden mit frischen Blumen bestreut. Da braust schon der Beckenschall und die Flöten; denn der Zug naht schier unabsehbar. Silene als Platzmacher voran und ein Schwarm von Satyrn; junge Frauen als Viktorien mit goldnen Schwingen; ein von vergoldetem Epheu umrankter Altar; die geleitenden Satyrn nicht etwa nackt, sondern in Purpurstoffen. So auch weiterhin eine Vergeudung von Purpur und Gold. Zunächst folgt „das Jahr“; es ist ein Mann und wandelnder Riese, der ein goldnes Fruchthorn trägt und den die vier Jahreszeiten oder Horen umgeben. Dann auf einem Wagen Gott Dionys selbst, ein zehn Ellen hohes Bildwerk, im Purpurrock, der Wagen mit Thyrsusstäben, Schallbecken und Theatermasken behangen. Hinterher Bacchantinnen mit lebenden Schlangen in den aufgelösten Haaren. Dann wieder auf einem Wagen eine Sitzfigur, Nysa, die Amme des Dionys, die, durch Mechanik bewegt, aufstehen kann, als Spende aus goldner Schale Milch ausgießt und dann sich wieder niedersetzt. Der nächste Wagen wird von 600 Mann gezogen; ein ungeheurer Weinschlauch aus Leopardenfellen liegt darauf, der 3000 Metreten, das sind etwa 12 000 Liter, faßt und aus dem immerfort unterwegs Wein abfließt; die folgenden Satyrn fangen den Wein auf. Weiterhin noch einmal Gott Dionys, diesmal auf einem Elefanten; denn der Gott hatte einst, wie Alexander, das Inderland erobert; dazu Jäger aus Indien mit indischen Jagdhunden. Hinterher Wagen ziehende Strauße, ebenso Büffel und Elefanten; dann in Käfigen Papageien, Pfauen, Perlhühner usf. eine wandelnde Zoologie. Dann schließen sich gleichsam als Festgäste auch andere

Götter dem Zuge an: Alexanders Statue erscheint als Landesgottheit neben der Statue des Ptolemäus, beide bacchisch in goldenen Epheukränzen; im weiteren Zug endlich Gott Zeus selbst und mit ihm noch einmal Alexander, diesmal ganz golden; vor seinen Wagen sind Elefanten gespannt; rechts und links neben ihm stehen Athene und Nike. Übrigens marschiert fast die ganze Stadt mit im Zug, alle bacchisch verkleidet; auch Tausende von lieblichen Kindern in den schönsten Kleidern; alles strotzend in Gold; so auch die zahllosen Schalen und Mischkrüge aus dem Tempelschatz, die man einhertrug.

Aber genug des Allzuvergänglichen; wir schauen uns endlich nach Büchern um. Denn inzwischen hatten sich die griechischen Literaten gehörig gerührt: Alexander ihr Thema. Konkurrenzwerke zu dem, was Ptolemäus geschrieben, entstanden in wachsender Anzahl, die dessen Inhalt ergänzten durch geographische Einlagen, vor allem durch Mitteilungen von mehr persönlicher Note. Man versuchte sich an dem Charakterbild – in der Weltliteratur der früheste Versuch eines literarischen Porträts großen Stils –, indem man in den leeren Umriß der Gestalt allerlei feine Züge eintrug; zunächst gut Verbürgtes; denn Unzählige hatten Alexander persönlich gekannt und kolportierten seine Aussprüche. Sehr bald aber mischte sich auch allerlei nett Erfundenes hinein; so seine Erlebnisse mit der Amazonenkönigin; er sollte ihr begegnet sein. Natürlich; denn irgendwo in der Nähe des Kaspischen Meeres lag das Amazonenreich, das stand fest; es schien also unglaublich, daß Alexander damit nicht sollte in Berührung gekommen sein. So focht ja auch noch Pompejus angeblich gegen die Amazonen. Sogar Mitkämpfer Alexanders erlaubten sich den tollsten Schwindel vorzutragen; sie rechneten darauf, daß der Südländer gerne staunt und alles für wahr nimmt, was im Buch steht. Dann aber wurde das Alexanderleben auch schon in die allgemeine Weltgeschichte eingereiht; denn auch an einer allgemeinen Völkergeschichte und Menschheitsgeschichte haben sich damals schon die weitschauenden Griechen versucht

Daß unsere Darstellung, wo immer dies ausreicht, den Arrian, soweit er dem Ptolemäus und Aristobul folgt, zu benutzen hat, bedarf keiner Erörterung. Nicht nur Ptolemäus, sondern auch Aristobul verdient Vertrauen. Es ist wichtig zu wissen, daß dieser, wie auch Onesikritus, Alexander persönlich kannte; Alexander beauftragte ihn z. B. mit der Wiederherstellung des Grabes des Kyros (Arrian VI 29, 10). Was Lucian, Quomodo hist. sit conscribenda 12, über ihn erzählt, ist offenbar dreiste Erfindung; es handelt sich da um den unhistorischen Zweikampf des Alexander mit Poros, der aus dem Alexanderroman (III 4; oben) stammt. Falsch aber ist es, die Werke des Ptolemäus und Aristobul als „offizielle" Darstellungen zu bezeichnen (so W. Hoffmann, Das literarische Porträt Alexanders des Großen, Leipzig 1907). Denn diese Werke wurden nicht in Alexanders Auftrag, sondern erst lange nach seinem Tode geschrieben; „offiziell" könnte doch aber nur „im königlichen Auftrag" heißen. Daß Ptolemäus die vorhin erwähnten Ephemeriden nicht zugrunde gelegt hat, ist schon "Daß Ptolemäus die königlichen Ephemeriden..." gesagt. Ebenso wenig trifft die Behauptung zu, daß bei Ptolemäus und Aristobul beschönigende Tendenz waltete. Sie schrieben überhaupt tendenzlos und ihr Zweck war auch, wie die Reste zeigen, noch gar kein eigentlich biographischer. Man darf nicht vergessen, daß die Kunst der Biographie ja damals noch kaum existierte. Sondern Ptolemäus verfolgte nur den Zweck, das Politische und Strategische zu geben und festzuhalten und von dem Persönlichen nur das, woran sich wichtigere Entscheidungen knüpften. Aristobul tat vor allem Geographisches hinzu.

Nicht leicht aber läßt sich entscheiden, in wie weit wir außer Arrian auch Diodor, Curtius Rufus und Plutarch ausnützen dürfen. Auch bei ihnen steckt reiches Material, das echt ist und den Arrian ergänzt. Daran läßt sich gar nicht zweifeln. Aber der verfälschende novellistische Erzählungstrieb hat früh eingesetzt, der zunächst noch tendenzlos war. Dazu kam dann aber ein Autor von Alexanderfeindlicher Tendenz, die als solche mit den Händen zu greifen ist. Von wem stammen diese unechten Zutaten?

Nicht von Kallisthenes. Er hat Alexander, solange dieser als Grieche auftrat, gefeiert, in den Himmel erhoben; daß er aber Dinge erzählte, die nicht geschehen waren, läßt sich durch nichts beweisen. Daß er schwülstig oder hochtrabend (μετέωρα Ps. Longin III 2), d. h. für das große Publikum wirksam schrieb (was man ziemlich unpassend rhetorisch schreiben nennt), betrifft nur die Redeform, nicht den Geschichtsstoff. Sein Werk enthielt zahlreiche antiquarische u. a. Exkurse, die von den Späteren vor allem noch benutzt wurden; daß er aber auch die Kriegsdinge, die er erlebte, ausführlich vortrug, zeigt besonders Fr. 33 M., wo er nicht nur über die Truppenverschiebungen in der Schlacht, sondern auch über die Terrainhindernisse genaue Angaben bringt, wennschon nach Art des Laien. Kallisthenes sagt an dieser Stelle übrigens nicht, daß Alexander den Darius in der Schlacht bei Issus sah und sich auf ihn stürzte, sondern nur, daß er nach einem Zweikampf mit ihm eifrig strebte (σπουδάζειν). Von freien Erfindungen keine Spur. Daher nehme ich alles Szenische, das sich mit einiger Wahrscheinlichkeit auf ihn zurückführen läßt, mit hohem Interesse an. Kallisthenes war oft Augenzeuge und schrieb aus dem Moment heraus. Das betrifft auch Alexanders Dicta. Es wäre ja erstaunlich, wenn Alexander nie bemerkenswerte Äußerungen getan hätte und Kallisthenes sie im Hauptquartier nicht aufgefangen und aufgeschrieben hätte. Als Stilkünstler mag er sie immerhin zugespitzt haben. Das müssen wir hinnehmen. Neben Kallisthenes nenne ich noch des Anaximenes Werk Τὰ περὶ Ἀλέξανδρον von ungewisser Buchzahl, das im Didymuspapyrus zitiert wird. Über Dicta in der Historiographie des Altertums und den Grad ihrer Zuverlässigkeit habe ich in einem Aufsatz, der demnächst in der Jubiläumsschrift des Hamburger Johanneums erscheinen wird, gehandelt.

Aber die Genannten genügen nicht. Um weiter zu kommen, gilt es zuerst die tendenziösen Erfindungen, wie sie besonders bei Curtius und Justin vorliegen, auf ihren Urheber zurückzuführen. Man hat gesagt, sie seien von einem Mitglied der den Alexander hassenden altmazedonischen Partei, also aus dem Kreis Kassanders ausgegangen. Jedenfalls aber war dies kein Mazedone. Denn außer vom Ptolemäus und vom Marsyas, Alexanders Jugendgespielen, wüßte ich von keinem Mazedonen, der geschriftstellert oder gar Geschichte geschrieben hätte. Es gilt vielmehr auf das Hauptmerkmal dieser Tendenzerfindungen zu achten, die auf einer Linie mit dem bösartigen Klatsch stehen, den schon Theopomp seinen Figuren anzuhängen liebte. Vieles derart haben sogleich die Schriftsteller der peripatetischen Schule wie Theophrast dem Alexander nachgesagt; ihr Haß gegen den König erklärt sich aus dem Schicksal, das Kallisthenes durch Alexander gefunden hatte. Wie schon Aristoteles selbst in seiner Ethik Alexander diskreditierte, habe ich oben gezeigt. So fabelten nun gar Dikäarch und Hieronymus über dessen angebliche Liebeleien, auch Knabenliebe, Agatharchides über den unerhörten Luxus und die Begünstigung der Schmeichler... Aber dies waren doch nur gelegentliche ausfällige Äußerungen an verstreuten Stellen, keine zusammenfassende Darstellung des Alexanderlebens. In die Biographie müssen diese verunglimpfenden Züge von anderer Seite eingefügt worden sein, und dies geschah allem Anschein nach durch einen Stoiker, den wir freilich nicht namhaft machen können; denn die Stoiker haben sich jener Bezichtigungen stets mit Freude bemächtigt; sie waren wie für sie geschaffen. Der Autor, den wir supponieren, nahm denselben strengen Standpunkt ein, den wir aus Sallust kennen und der bei Sallust auf Posidonius zurückweist (s. Wachsmuth, Einleitung in das Studium der alten Geschichte). Auch Timagenes ist gewiß von dieser Behandlungsweise, die den König zum haltlosen Tyrannen machte, beeinflußt worden. Und aus jenem Autor entnahmen nun also auch Cicero und Seneca die Alexanderschilderungen, die ihn zum warnenden Beispiel, ja, Schreckbild in der Tugendlehre machen; vgl. schon bei Cicero Ep. ad Atticum 13, 28, 3; Tusc. III 21; De rep. III 20; offic. I 90; besonders dann Seneca De ira III 7; De benef. 2, 16 u. 7, 2, 5; Epist. 53, 10; 83, 19; 113, 29 und sonst (vgl. oben. Anm. "Vgl. Seneca De benef. I 13, 4..."). Dahin gehören solche Geschichten wie von Lysimachus, den Alexander angeblich dem Löwen vorwarf (so auch Seneca; fehlt bei Diodor), von der grausamen Tötung des Batis in Gaza (ebenso), von den Branchiden (Curtius 7, 23), vom Verkehr mit Liebesknaben, vor allem von der Trunksucht. Wie es hiermit in Wirklichkeit stand, ist schon in "Zuerst hat der Mediziner Littré..." ausgeführt. Dazu die gehässige Ausmalung der Klitusaffäre und des Prozesses des Philotas und Parmenio; die so gefärbte Darstellung des letzteren Prozesses kann nicht alt sein; denn sie war wie dem Plutarch so dem von Diodor benutzten Autor noch nicht bekannt (vgl. Diodor 17, 79 u. 80); sie kann demnach schwerlich schon von einem Anhänger des Kassander herrühren.

Offenbar hat alles dies auch schon dem Livius, der im 9. Buch über Alexander herfällt, vorgelegen; Livius setzt dies ungünstig gefärbte Charakterbild schon als allbekannt voraus.

Ganz abzusehen aber ist hier von der „Rhetorenschule“ als Quelle (!) für die Späteren, von der Hoffmann S. 48 redete. Den Rhetorikunterricht erhielt man als etwa 17jähriger Mensch. In den schriftlichen Ausarbeitungen wurde da allerdings auch Alexander behandelt; der Tyrann war das gern gescholtene Objekt; die Stoffe und Situationen aber wurden da doch nicht etwa frei erfunden, sondern vielmehr der Geschichtstradition entnommen; sie setzen also Geschichtsbücher voraus. Absurd wäre es, anzunehmen, Seneca, der betagte, habe aus diesem Jugendschulbetrieb, der für ihn 40 Jahre zurücklag, seine Angaben über Alexander geschöpft; vielmehr stehen diese Angaben bei ihm auf einer Linie mit denen über Cäsar, Pompejus u. a. historische Figuren, die ihm als Beispiele dienen. Dabei kann er freilich irren, wie wenn er einmal Korinth mit Megara verwechselt (oben. Anm. "Plutarch, Περὶ μοναρχίας κτλ...").

Das Charakterbild Alexanders, das uns Curtius gibt, ist infolge all dieser Zusätze ganz uneinheitlich und voll Widersprüche. Daß derselbe jedoch, davon abgesehen, doch noch manches Brauchbare aufgelesen hat, das wir bei Arrian und Diodor nicht finden, ist zuzugestehen; wie oft sich z. B. seine topographischen Schilderungen als zutreffend erweisen, hat Fr. von Schwarz a. a. O. S. 32; 40 und sonst gezeigt. Es gilt von Curtius, was er selbst IX, 1, 34 in bezug auf Indien sagt: equidem plura transcribo quam credo.

Als eigentliche Fundgrube für den Alexandererzähler hat nun im Altertum lange Zeit Klitarch gedient, der noch gegen Ende des 4. Jahrhunderts geschrieben zu haben scheint. Man brauchte nach Alexanders Tod dringend ein wirklich lesbares und umfassendes Buch über ihn, und er hat es geliefert; er lieferte die erste eigentliche Biographie, die zugleich ein Charakterbild sein wollte. Dabei benutzte er, wie er mußte, den Kallisthenes; aber auch seine weiteren Bezugsquellen brauchen nicht nur Wachtfeuergespräche und Kolportage der heimkehrenden Söldner gewesen zu sein; er konnte gewiß auch die mündlichen Mitteilungen führender Personen sowie eine Fülle von Briefen benutzen, die aus dem Heerlager Alexanders von Offizieren u. a. geschrieben waren, die bündelweise mit der Post einliefen und eine Menge des Interessanten enthalten haben können oder müssen. Vielleicht auch die Ephemeriden? Aber er ging damit, um den Stoff interessanter zu machen, sehr leichtfertig um, und man hat seine Unzuverlässigkeit schon früh erkannt. Er ist es gewiß auch gewesen, der die Idee aufnahm und durchführte, Alexander zu einem zweiten Dionys zu machen. Das betrifft vor allem die bacchischen Orgien der Mazedonen bei Nysa und die in Carmanien. Diese Orgien sind in die Zeit verlegt, die Kallisthenes nicht mehr behandelt hatte; ebenso die durchgehende Vergleichung des Königs mit Herakles, welcher Heros gleichfalls bis nach Indien vorgedrungen sein sollte (vgl. z. B. Diodor 17, 85 u. 96). Dafür, daß diese Fabeleien, die auch Arrian V 3, 1, aber mit Zweifeln vorträgt, schon bei Alexanders Lebzeiten aufkamen, spricht der Umstand, daß damals der König sogar in Athen als Gott Dionys aufgefaßt und anerkannt wurde (s. Diog. Laert. VI 63; vgl. übrigens Athenäus p. 537 D ff. über solche göttliche Verkleidungen Alexanders). Aber weder auf den Dichter Agis oder seinesgleichen noch auf Onesikritus wird man sie zurückführen wollen; also auf Klitarch.

Das Bild, das Klitarch gezeichnet hatte – gewiß bot er auch schon die Geschichte von der Thaïs –, ist dann von dem Autor, der dem Diodor zugrunde liegt, noch weiter dramatisch belebt und auf den tragischen Effekt hin zugestutzt worden. Mutmaßlich war dies nicht Duris, sondern Diyllos (vgl. Wachsmuth a. a. O.). Gegen Duris spricht folgendes. Klitarch brachte auch schon, und zwar neben Polyklet und Onesikritus als erster die Geschichte der Begegnung Alexanders mit der Amazone, die auch Arrian VII 13, 2 berührt, aber ablehnt. Das Gesagte bezeugt Plutarch Alex. 46; zugleich sagt uns Plutarch aber, daß Duris die Geschichte für Erdichtung erklärte. Da Diodor sie seinerseits ohne alle Skepsis vorträgt, kann er hier nicht den Duris abgeschrieben haben. Also vielleicht den Diyllos. Jedenfalls kann aber nach alledem, wenn man von der dramatischen Behandlungsweise des Stoffes absieht, neben Arrian auch Diodor für den modernen Erzähler immer noch eine sehr brauchbare Quelle sein.

Plutarch endlich verfuhr in seinem Alexanderleben eklektisch, wie er es gewohnt ist, indem er bald wertvollstes Material, bald unzuverlässig Anekdotenhaftes mosaikartig zusammensetzte. Bei Strabo konnte er mutmaßlich sowohl dieses wie jenes gesammelt finden.

Es ist nun Sache der Divination, das Glaubhafte aus Curtius und Diodor auszulesen und dem Geschichtsbild einzufügen, und ein gewisser Sinn für das Wahrscheinliche muß dazu helfen, der freilich leicht täuschen kann. In den Anmerkungen habe ich hie und da mein Verhältnis zu den Quellen ausführlicher begründet. Daß insbesondere der Bericht von den letzten Worten des sterbenden Darius schon bei Alexanders Lebzeiten, ja, sofort nach des Darius Tod und zu Alexanders Vorteil verbreitet worden ist, habe ich gezeigt.

Übrigens verraten uns neuere Papyrusfunde, um auch das noch zu erwähnen, daß die Alexanderliteratur noch reicher war, als wir vorher wußten. Jedoch ist mit den dürftigen Resten, die da vorliegen, vorläufig nichts anzufangen; vgl. Archiv für Papyrusforschung III S. 491 über Oxyrh. Pap. 679 (Alexander und Kilikien genannt) und VII S. 66 über Oxyrh. Pap. 1798: dem hungernden König wird ein Stück Brot gereicht, die persönliche Verfeindung des Parmenio mit dem Arzt Philippus (διάφορος ὢν τῷ Φιλίππῳ) auch hier vorausgesetzt.

Nur Auszüge späterer Skribenten sind uns aus all den Büchern erhalten. Klassische Musterwerke waren es augenscheinlich nicht; aber sie wurden mit Eifer gelesen und immer wieder umgearbeitet. Dabei mischte sich bald auch die Tendenz ein, die Tendenz der kleinbürgerlichen Moralisten und Pazifisten im Lande, die das überkommene Charakterbild unbedenklich und planvoll verzerrten und Alexander zum Sklaven der Leidenschaften und wüsten Trunkenbold machten. Der Stoiker steht gegen das Schicksal nur in der Defensive; er hüllt sich in seinen Mantel, wenn man ihn anspeit, in sein gutes Gewissen, wenn der Blitz ihn trifft. Für die Stoiker ist Alexander ein Popanz und Schreckbild, ein erhabenes Ungeheuer geworden.

Nun hatten also alle für lange Zeit etwas Erregsames zu lesen, die nörgelnden Kleinhändler der Tugendlehre so gut wie die Enthusiasten und alle die ganz

Gewöhnlichen, die da zu solchen Menschenphänomenen mit offnem Mund emporsehen wie die Kinder zum Seiltänzer. Aber auf all diese Leser kam es nicht an, wohl aber auf die großen Machthaber, Politiker und Feldherren der Folgezeit, die Genies der Tat, die weiterhin die Weltgeschichte machten und sich durch die Jahrhunderte die Hände reichen. An der Alexandergeschichte lernten sie Strategie und mehr als das.

Von Hannibal, der da wie Alexander stets nur mit Minderheiten siegte, wissen wir, daß er ihn als den größten seinesgleichen bewundert hat; denn obschon angeblich Barbar, las Hannibal doch ohne Schwierigkeit griechische Bücher. Hannibals glücklicherer Besieger war Scipio Africanus, der erste große Römer, der da mit starker Individualität aus der Masse sich abhob. Die geistige Vergriechung der Römer hatte damals schon begonnen, und das Alexanderkopieren, das schon Demetrius einst versucht hatte, wurde jetzt Mode bei den Größen der Tiberstadt. Scipio ging mit Alexanderfrisur, zeigte sich großmütig gegen gefangen genommene vornehme Frauen, immer mit dem Seitenblick, als wollte er sagen: seht, ich bin wie er! Merkwürdig genug, daß es die Römer gewesen sind, die die Bezeichnung Alexander der Große, Alexander magnus, einführten. In den griechischen Geschichtsbüchern fehlt diese Bezeichnung durchaus.

Dann kamen Cäsar und Pompejus, und das Kaisertum Roms, die absolute Monarchie bereitete sich für die Welt, die Rom beherrschte, vor; denn ihre republikanische Verwaltung erwies sich als unhaltbar. Julius Cäsar, dem es endlich gelang, die Republik zu knebeln und die intelligente Despotie mit dem Programm einer pflegsamen Völkerfürsorge durchzusetzen, der Ehrgeizige hatte sich als junger Mensch ganz in Alexander eingelesen. Als er in Spanien stand, hatte er dort in einem Herkulestempel ein jugendliches Alexanderbildnis gesehen und voll Ekel über sich selbst geseufzt: „der war so jung, als er die Welt unter den Fuß trat, und ich in meiner Trägheit habe noch nichts vollbracht!" Das gab ihm den Anstoß zu seiner großen staatsmännischen Laufbahn. Cäsars Vorarbeiter aber war der große Sieger Pompejus, der zuerst das asiatische Erbe Alexanders, die annektierten weiten Länder Vorderasiens mit Weisheit ordnete und einer humanen Verwaltung zuführte. Diesmal waren es die Soldaten selbst, die in diesem Pompejus, so lange er jung war, einen zweiten Alexander zu sehen glaubten, und er nahm schon früh unverlegen die Benennung Magnus an, die man seinem Vorbild gegeben.

Octavian, Julius Cäsars Erbe, mußte um die Alleinherrschaft noch einmal kämpfen. Als er nach dem Sieg bei Actium nach Ägypten kam, ließ er sich das Alexandergrab öffnen, die Mumie herausheben. Alexander lag im Glassarg; denn der goldene Sarg war inzwischen geraubt worden. Aber Octavian sah Alexander ohne Frage da noch ganz unversehrt, schmückte ihn mit einem goldnen Kranze und frischen Blumen, aber verging sich so weit, ihn zu betasten, wobei er ihm die Nase etwas verletzt haben soll. Auch er war sich bewußt, daß Rom jetzt nur das fortsetzte, was der große Tote begonnen.

Damals dichtete wohl auch Vergil sein merkwürdiges Epigramm, das vom Exil Alexanders redet, da dieser sein Grab nicht in Mazedonien gefunden

ALtius et caeli sedibus EXtulerat

wo die vier hervorgehobenen Buchstaben auffallenderweise Alexanders Namen entnommen sind. Der v. 8

Corruit et patria pulsus in exilium.

weist darauf hin, daß Alexander nicht in der mazedonischen Königsgruft zu Aigai beigesetzt war; also war er als Toter im Exil, und seine Heimatsehnsucht war vergeblich gewesen. Das ist im Sinn des Perdikkas und der Mutter Olympias gesagt und gibt eine antialexandrinische Auffassung wieder, die auch dem Römer sehr wohl ansteht. Alexander war eben ὀθνιότυμβος, wie Manetho IV 281 es nennt. (Spätabgefaßt ist offenbar Anthol. lat. 437, wo Alexander gar in der putris harena begraben liegt. Man nahm es später mit solchen Angaben nicht genau; vgl. den Vers des Kaisers Hadrian auf den toten Pompejus, Anthol. Pal. IX 402.) Durch das Gesagte erledigen sich die Ausführungen, die W. Bährens in der Berliner philol. Wochenschrift 1921 S. 500 gegeben. Vgl. noch Kaibel, Epigrammata graeca 1088.

Kaiser Octavian, den wir Augustus nennen, verwarf übrigens die absolute Monarchie, für die Alexander Cäsars Vorbild gewesen war, und suchte die republikanische Staatsform noch halbwegs zu retten; aber er siegelte doch mit einer Alexandergemme, und so schleppte man denn auch sonst mit Gier die besten Alexanderbilder nach Rom; denn, wie Napoleon, der auch in dieser Hinsicht das Cäsarentum nachahmte, plünderten die italienischen Herren die Kunstsammlungen der unterjochten Länder rücksichtslos aus. Im Pompejusportikus war Alexanders Porträt, das einst Nikias gemalt hatte, zu sehen, Alexander als Sieger, von Apelles gemalt, auf dem von Augustus erbautem Forum; das große Werk Lysipps, das den König umgeben von seinen Reitern zeigte, sah man in Rom schon längst. Das Knabenbildnis, das derselbe Lysipp von Alexander gemacht hatte, kam in Kaiser Neros Hände; Nero ließ es vergolden; darunter litt es aber, und das Gold wurde wieder abgekratzt. Respektloser verfuhr noch Kaiser Claudius, der dumme, der aus zwei Alexanderporträts des großen Koloristen Apelles den Kopf wegschneiden ließ, um den Kopf des Augustus dafür einzusetzen. Die reichen Quiriten, die damals, um die Zeit totzuschlagen, wie unsere Globetrotter in der Welt herumreisten und tiefsinnig alles Merkwürdige wie die Venus von Knidos, den Koloß von Rhodos besichtigten, setzten sich in Andacht unter die Eiche, unter der der junge Alexander einst während der Schlacht bei Chäronea sein Zelt aufgeschlagen hatte. Nero, dieser Theaterprinz, wollte dann gar am Kaspischen Meer einen echten Alexanderkrieg führen und ließ dazu aus den längsten Kerlen Italiens eine „Alexanderlegion" zusammenstellen. Natürlich wurde nichts daraus.

Aufregend aber war die Frage, was geschehen wäre, wenn Alexander länger gelebt hätte. Er hätte dann gewiß auch gegen Rom ausgeholt. Würde er es auch bezwungen haben? Mit Entrüstung lehnten sich die chauvinistischen römischen Historiker hiergegen auf und holten alle Schwächen und bösen Eigenschaften, die man dem Mazedonen angedichtet hatte, seine Trunksucht, seinen sinnlosen Jähzorn hervor, um das zu widerlegen. So lesen wir es heute in des *Livius* neuntem Buche, und so entschloß sich nun endlich ein Römer, *Curtius Rufus*, dazu, ein Alexanderleben für seine Landsleute zu schreiben. Es ist das erste uns erhaltene Werk dieses Gegenstandes, etwa aus dem Jahr 50 n. Chr. Der Verfasser war Liviusverehrer; er wollte interessant schreiben, aber zugleich die Tendenz des Livius wahren und trug in das heroische Bild seines Helden mit grellen Farben und breitem Strich all das ein, was zu seinen Ungunsten sprach. Das Werk liest sich gut und ist doch völlig mißraten; denn ein glaubliches Charakterbild kommt dabei nicht zu Stande.

Die reine Bewunderung setzt erst wieder ein, als der blöde römische Chauvinismus aufhört und nicht mehr Stadtrömer oder Italiener, sondern Ausländer, erst Spanier, dann Afrikaner und Syrer das römische Kaiserschwert führen. Ich meine die Zeit Trajans und der Severe im 2. Jhd. unserer Zeitrechnung. Dazu kam, daß die Offensive gegen Persien im Stil Alexanders jetzt endlich wieder aufgenommen wurde.

Persien, das verschlossene Land, hatte sich schon bald nach Alexanders Tod, wie wir sahen, unter der Führung des streitbaren Volksstammes der Parther von Westasien gelöst. Sein Herrschergeschlecht, die Arsaciden, streckte erobernd die Hände sogar oft über Tigris und Euphrat bis nach Armenien aus, die römischen Kaiser aber hatten sich gegen sie bisher nur abwehrend verhalten. Trajan machte zum erstenmal wieder den Vorstoß gegen Zentralasien: Alexander sein Wegweiser, und darum wurde nun auch das Alexanderstudium neu und wesentlich ernsthafter wieder aufgenommen. So haben die Kaiser auch immer noch für die Aufrechterhaltung des Grabeskultes Alexanders in Alexandrien gesorgt. Es kommt hinzu, daß auch die Platoverehrung im Occident in diesen Zeiten neu einsetzte und der bisher fast allein herrschenden Weltanschauung der Stoiker mehr und mehr Boden abgewann; d. h. man lernte im Publikum wieder mehr staatsmännisch denken und das ausschließliche Wertlegen auf die eigene sittliche Person trat zurück vor dem Pflichtgedanken des sich Einordnens in ein System des Lebens, das ganze Menschengruppen und Völker umfaßt. Aber auch die Erkenntnis setzte jetzt endlich sich durch, daß nur die absolute Monarchie, wie Alexander sie ausgeübt, für ein Weltreich möglich, ja, notwendig ist, aber im platonischen Sinne, d. h. so, daß der Monarch philosophisch erzogen, eine sittliche Größe und erfüllt sei von der Idee der Gerechtigkeit. Was Alexander getan, hat nun auch Kaiser Hadrian im römischen

Weltreich zu verwirklichen versucht, und das Militärkaisertum näherte sich hernach seinem Vorbild immer mehr.

So erklärt sich, daß erst so spät um das Jahr 150 n. Chr. das beste Geschichtswerk entstand, das wir über Alexander besitzen. *Arrian* schrieb es in griechischer Sprache. Derselbe fügte noch ein Buch über Indien hinzu. Das Werk ist tendenzlos, streng sachlich und ohne den Bombast der früheren Autoren abgefaßt, und es ist daher zuverlässig und auch von mir vornehmlich meiner Darstellung zugrunde gelegt; denn Arrian griff für seine Arbeit zum Glück auf die ältesten und zuverlässigsten Zeugen, auf König Ptolemäus und dessen Zeitgenossen Aristobul zurück.

Die Alexanderliebe aber steigerte sich dann rasch zum Fanatismus. Eine Sehnsucht nach ihm brach aus, als müßte er auferstehen. Aus Asien flutete es herüber. Kaiser Septimius Severus, der wie Alexander einen Schlachtensieg bei Issus gewann, war Afrikaner, seine Kaiserin aber Syrerin; sie war es, die diese Stimmungen mit nach Rom brachte (man sprach damals am Hof in Rom nur noch griechisch), und ihr Sohn, der junge Kaiser Caracalla, mimte nun wieder den Alexander, indem er den Kopf hübsch schräg nach links trug, steckte seine Soldaten in altmazedonische Waffen und taufte seine Offiziere um; sie mußten wie die Offiziere Alexanders Perdikkas und Hephästion heißen. Einer der nächsten Kaiser aus derselben Sippe hieß dann endlich auch selbst „Alexander"; es ist der junge Alexander Severus, dem man sogar eine Amme mit dem Namen Olympias gegeben hatte. Leider wurde er trotzdem kein Held. Jener Caracalla aber verfolgte überdies rabiat alle Gelehrten, die für die Philosophie des Aristoteles eintraten, deshalb, weil Aristoteles angeblich an der Vergiftung Alexanders des Großen mitschuldig gewesen sein sollte.

Dies alles gipfelt endlich in Kaiser Julian, dem Apostaten, dem Neffen Konstantins des Großen. Dieser kaiserliche Jüngling aber war seinem Vorbild wirklich kongenial, ein treffsicherer Stratege und Held zugleich, tollkühn im wildesten Getümmel, und auch er zog über den Tigris siegesfroh gegen Persien. Aber er kam um und war im Tod so jung wie der Mazedonenkönig, der unvergeßliche, dessen Beispiel ihn zu Taten hinriß. Es ist ergreifend zu sehen. Denn wir besitzen Julians Schriften, in denen seine Begeisterung schwungvoll sich auslebt.

Auch die jüdische Phantasie hat sich damals mit Alexander liebreich beschäftigt, aber geschichtsfälschend. Die Christen nahmen das gern auf und erzählten, in Jerusalem sei der große König dem jüdischen Hohenpriester begegnet und zu dessen Begrüßung ehrfurchtsvoll vom Roß gestiegen; denn im Traum sei ihm dereinst schon, als er Mazedonien verließ, derselbe Hohepriester erschienen, der zu ihm sprach: „zieh aus und du wirst siegen"; und daher habe es sich Alexander dann auch in Jerusalem nicht nehmen lassen, dem Gott des auserwählten Volkes fromm zu opfern und ihm Weihegaben zu stiften.

Begreiflich, daß nun endlich auch das Märchen begann; oder vielmehr, das Märchen hatte schon begonnen und kam jetzt im Volk zum Siege. Es entstand der sogenannte *Alexanderroman;* ein Werk absoluter Bewunderung. Die Tatsachen begnügten nicht, das Wunder kommt nun hinzu. Das Wunder hebt den Bewunderten ins Märchenhafte.

Wer war der Verfasser? Wir wissen es nicht; auch ist offenbar, daß die Geschichte mehrfach umgestaltet wurde. Für die Leute im griechischen Orient ist sie geschrieben worden, fand dann aber auch bald lateinische Bearbeitungen, und zwar in Prosa und im Volkston.

Ein politischer Roman fürs Volk! Es lohnt noch einen Blick hineinzuwerfen; denn es gibt wenig der Art. Und das Buch ist hernach fast allein noch gelesen worden, das ganze Mittelalter hat es beherrscht, und Arrian und Curtius Rufus, die ich nannte, wurden darüber fast vergessen.

Der Erzähler betrachtet die Dinge von Ägypten aus, ist offenbar in Alexandrien zu Hause und wahrt den Typus des Geschichtswerks, der Heldenbiographie; ja, er hat uns tatsächlich manche wertvolle Nachrichten erhalten, übrigens aber den Hergang auf das Dreistete phantastisch umgedichtet. Warum soll man die Weltgeschichte nicht korrigieren?

Alexander unterwirft also erst Rom (seine erste Tat), dann Karthago, dann gründet er die Stadt Alexandrien und dann erst kommt der Kampf mit Darius. Sein Reitpferd Bukephalos frißt Menschenfleisch, wird wie eine Bestie im Käfig gehütet; abgefressene Menschenknochen liegen im Käfig, als Alexander es zähmt. Alexander erkrankt, nachdem er im Fluß Kydnos gebadet; der Feldherr Parmenio verleumdet den Arzt Philippus, der den König retten will; da läßt der König den Parmenio sofort hinrichten. Der Dichter korrigiert hier die Geschichte, und er tut es mit Recht! – Wozu übrigens die vielen Schlachten? Zweikämpfe sind viel wirksamer. Im Zweikampf erledigt Alexander hier also den Inderkönig Porus. Auch Täuschungen sind beliebt. In Verkleidung kommt Alexander zu Darius als sein eigner Gesandter, wird so von Darius bewirtet und steckt bei Tisch alle goldnen Becher ein, die er leer getrunken hat. „Das ist so Mazedonensitte", sagt er. Dann jagt er zu Roß davon und setzt über einen zugefrorenen Fluß; es ist ein Wunderfluß mit Namen Stranga; sofort, nachdem Alexander hinüber ist, schmilzt das Eis, als wäre es nie dagewesen, und die Perser, die ihn verfolgen, müssen bestürzt wieder umkehren. Verkleidet kommt er dann auch zur Mohrenkönigin Kandake, aber nicht etwa als Liebhaber; denn opernhafte Verliebungen fehlen hier noch ganz. Diese Mohrin ist die Urenkelin der Semiramis; ihr Palast ein Wunderbau, dessen Gemächer zum Teil durchsichtig wie Glas sind; denn sie sind aus Luftsteinen gebaut. Kandake aber erkennt den Verkleideten nach einem Porträt, das sie von ihm besitzt, und huldigt ihm sogleich unterwürfig und voll Dankbarkeit, weil Alexander edelmütig für Kandakes Sohn mit dem Schwert gefochten, dessen Geliebte aus Räuberhänden befreit hatte. Dann kommt er in die Höhlen der Götter; ein neues Abenteuer; denn die Götter hausen, wie wir hier erfahren, märchenhaft unterirdisch in Zaubergrotten. Gleichwohl sieht er, als er eintritt – wie in den Mithrasgrotten – funkelnden Sternenschein über sich, und auch die Augen der Götter selbst strahlen wie Glanzlichter aus dem Dunkeln. Da stellt Alexander seine Schicksalsfragen, und die Götter erheben ihre Stimme und reden zu ihm. Am abenteuerlichsten aber die Geschichte von Alexanders Geburt: wie der ägyptische Zauberer Nektánebos im Namen des Gottes Ammon der Olympias beiwohnt; allerlei Trug und Schlangenwunder müssen helfen. Alexander selbst aber ist in diesem Roman durchgängig nur der grundedle Mensch und Held; er berauscht sich nicht im Wein. Die Tötung des Klitus, der Prozeß des Philotas sind weggelassen. Auch tadelt er voll Gottesfurcht den Darius, der sich für Gott hält, und betont, ihm selbst stehe solcher Wahn fern. Aber etwas Neues, ein tückischer Zug ist ihm angedichtet; ganz unverlegen belügt und überlistet er ab und an seine Gegner; das ist echt ägyptisch und sollte offenbar zu seiner weiteren Verherrlichung dienen.

Am tollsten aber sind die dem Roman eingefügten unechten Alexanderbriefe. Die echten Alexanderbriefe ließ man untergehen, um ihm das Albernste unterzuschieben. Es ist die wahnsinnig gewordene Zoologie jener Spätzeit, die für das Einhorn schwärmt und für den Vogel Greif. Da erzählt Alexander brieflich dem Aristoteles oder seiner Mutter Olympias, wie er in Medien Riesen begegnet, die 24 Ellen hoch sind, und sie haben Sägen statt der Nägel an Händen und Füßen. Wilde Esel sieht er, die sind 20 Ellen lang und haben sechs Augen. In der Höhle eines Riesen hüpfen Flöhe herum, so groß wie Frösche usf. usf. Man sieht eine Insel und will auf ihr landen; aber die Insel versinkt; sie ist ein Riesenwalfisch, und die da gelandet sind, gehen kläglich unter. Interessanter, daß er in einem Zauberpalast eine Leier gewahrt, die wie unsere Maschinenklaviere von selber spielt. An der Meerenge von Gibraltar stehen bekanntlich die beiden Säulen des Herkules; die eine, hören wir, ist von Gold, die andere von Silber. Alexander will sehen, ob sie massiv sind und läßt die goldene durchbohren. Dadurch entsteht ein Loch, das er mit 1500 Goldstücken wieder ausfüllen muß.

Ich habe hierbei länger verweilt, weil dieser zum Teil so kindliche Roman durch tausend Jahre das Lieblingswerk des Mittelalters geblieben ist, im Occident wie Orient; ins Syrische, Armenische, Arabische, man kann sagen, in alle Sprachen der Welt ist er übersetzt worden. Die Päpste in Rom forderten in jenen Zeiten, da das Christentum noch mit den Waffen focht, die Befreiung des heiligen Grabes; die Kreuzritter zogen aus, und das Auge der Christenheit Europas war ständig auf jenes Wunderland Asien gerichtet, wo einst Alexander gefochten hatte. Daher die Beliebtheit des Romans auch bei uns. Auch in Verse wurde er gebracht, und daher hat das bei den Franzosen herrschende Versmaß, der Alexandriner, seine eigentümliche Benennung erhalten. Wir Deutschen besitzen aus jener Zeit das feine Alexanderlied des Pfaffen Lamprecht, wo Alexander schließlich das Paradies, das ewig verlorene, stürmen will, aber gezwungen wird umzukehren. Lehrreich ist auch, was wir in der Dichtung „Erek“ unseres Hartmann von der Aue lesen, daß Erek, der Held, vier Tugenden besaß, daß er weise wie Salomo, schön wie Absalon, stark wie Simson und milde wie Alexander war. Da haben wir die Idealfiguren, drei Bibelhelden und Alexander.

Traumstimmung, Spuk und Wunder, der Ritt ins Unbekannte, die treibende Sehnsucht in die unermessenen Fernen! Man sieht, daß die Romantik eigentlich schon in der Antike erblüht war; im Mittelalter aber wucherte sie in Wäldern auf. Und die Liebe, der Frauendienst kam jetzt hinzu, der sich erging in schmelzenden Tönen. Jetzt mochte das Zauberhorn Oberons ertönen und Hüon seine Geliebte, im Gefecht wider die blinkenden Säbel der Heiden, aus Babylon oder Bagdad retten. Paladine und Barone schweifen auf ihrem Streitroß durch Einsamkeiten und treffen schöne Frauen. Im Parzival die Mohrenkönigin Belakane. In weißer Rüstung, mit flatterndem weißem Helmbusch, reitet Bradamante daher; ihr Bruder ist Rinaldo, der Haimonssohn. In die unheimlich dunkle Grotte des Zauberers Merlin verirrt sich Bradamante; die Grotte aber wird wunderbar durch den steinernen Sarg, der da steht, erhellt; denn der Stein selbst leuchtet magisch wie die Sonne. Mit Indern und Medern sogar kämpft Roland, der rasende, der die Angelika liebt, bei Ariost. Ariosts Horizont ist so weit wie der Alexanders. Aber Ariost ist schon einer der Spätlinge der Romantik, und sie verklang.

Die Romantik war verklungen. Die Kreuzzüge hatten längst aufgehört, das heilige Grab war längst verloren. Aus Ostasien aber, von Turkestan her, war Tamerlan, der gräßliche, erschienen, der mit seinen Horden die Kultur und das Städteleben des ganzen Orients niederbrannte, in Mesopotamien, Syrien, Kleinasien. Das Türkenregiment verstand sich nicht auf den Wiederaufbau. Die Öde blieb; die weiten Bezirke, die einst Alexander beherrscht, waren wie ausradiert aus dem Weltverkehr, und das Auge Europas wandte sich ab.

Unsere Seefahrer fanden bald nach Ostindien andere Wege; sie fanden ein zweites Indien in Amerika. Neue Welten erschlossen sich; man hatte jetzt andere Ziele, andere Helden. Die Spuren Alexanders verwehten; seine Popularität war dahin. Er mochte so groß sein, wie er wollte; aber er hatte keine Bedeutung mehr. Neue Krisen, neue Namen: Peter der Große, Prinz Eugen, dann Friedrich der Große, Napoleon.

Was nützte Racines Drama „Alexandre"? Es war ein schwächliches Jugendwerk und blieb ohne Nachwirkung, und kein großer Dichter hat sonst den Vergessenen neu auf den Kothurn gestellt. Wir werden sagen: zum Glück. Denn ein Mann des ständigen Erfolges kann nicht der Held einer Tragödie sein. Shakespeare erkannte Alexanders einzige Bedeutung sehr wohl. In der Totengräberszene greift Hamlet einen Schädel auf, versinkt in Grübeln über die Vergänglichkeit der Menschengröße, und Alexander ist es, an den er dabei denkt: Alexander! „Sein edler Staub, wo blieb er? verweht oder gar zu Lehm geworden, mit dem man irgendwo ein Spundloch zustopft?" Ganz ähnlich hatte einst schon der tiefsinnige Kaiser Mark Aurel geredet: „Was ist der Ruhm? Vergessenheit im Auge des Ewigen. Alexander ist ein Häufchen Asche, und sein Maultiertreiber ist es auch.“ Shakespeare hat den Seufzer des Kaisers nach seiner Art ins Drastische gewendet.

Achtsamer waren die Historienmaler; ich denke an Lebrun; aber wieviele sehen dessen Gemälde im Louvre: „Alexanders Triumph in Babylon“, „Alexander nach der Besiegung des Poros“? Ebenso Thorwaldsen: auf wen wirkt noch Thorwaldsens Alexanderfries? um nicht von Max Klinger zu reden, der im Festsaal der Leipziger Universität sich einfallen ließ inmitten der Pracht des Griechentums den jungen Heldenkönig sonderbar knirpshaft und wie einen dämlichen Unterprimaner darzustellen.

Es bleiben die gelehrten Bücher: aber auch sie machen es nicht. Soll die Vergessenheit aufhören, d. h. Alexanders Bedeutung der Masse bei uns wieder zum Bewußtsein kommen, so müssen Dichter helfen (aber Shakespeare und Schiller schwiegen, und auch der moderne historische Roman hat nicht geholfen), oder aber es muß ein schlichtes Volksbuch sein, was man uns gibt. Ein Alexandervolksbuch. Wir brauchen es. Wir haben genug Dekadenz, genug Quietismus, genug Einfühlung in Armseligkeit und Schwäche gehabt und lechzen nach Aufblick, nach Kraftgefühl, nach Beispielen für das Höchste, was Menschennatur hergibt. Die Beispiele sind rar in der politischen Welt. Alles Romanhafte hinweg; man zeige uns nur den Mann der kolossalen Wirklichkeit.

Wäre das nichts als die Ausgrabung einer Mumie? Es wäre mehr, es wäre aktuell. Denn wer weiß, was die nahe oder ferne Zukunft den so eng unter sich verwachsenen Kontinenten noch bringt? Die Gestaltung des Völkerlebens ist ein ewig bewegtes Problem, und die großen Könner auf diesem Gebiet sind selten. Hier ist ein Mensch von hinreißender Genialität; die Sympathie schlägt die Brücke zu ihm über den Abgrund der Jahrtausende, und die umstürzenden Politiker der Zukunft mögen immer wieder auf Alexander blicken, um zu lernen, wie das schrankenloseste Machtstreben und der eisernste Herrenwille mit humanem Geist und sittlichem Adel sich verbindet. So war er ja nach seinem Tode für alle Männer, Kaiser und Könige, die am Steuer der großartigen Staatengebilde des Altertums standen, durch volle sieben Jahrhunderte das Ideal und der Leitstern geblieben.

All das Gesagte gilt für Europa. Anders steht es nun aber doch im Orient. Da reden Städtenamen wie Alexandrien im Nilland, Alexandrette bei Zypern noch immer täglich vernehmlich von dem, der sie gegründet hat. In Persien trägt Alexanders Namen heute noch eines der großen Sandfelder, „Alexanders Sandwüste“, Rig-i-Iskenderi. Und auch ein persisches Gedicht redet von ihm, das Rückert unter dem Titel „Alexanders Vermächtnis“ wiedergegeben hat und das etwa so anhebt:

> Als Alexander starb, verordnet' er,
> Daß man die Hand ihm aus dem Sarg ließ hangen,
> Damit wir sähen, daß mit Händen leer
> Er sei des allgemeinen Wegs gegangen, usf.

Es ist der Gedanke der Cyniker und der Brahmanen von der Nichtigkeit alles Machterwerbs, der dem Alexander angeblich schon bei Lebzeiten vorgehalten wurde und der im Orient und bei den Persern also dauernd mit seinem Andenken verknüpft blieb.

Aber auch im weiteren Inneren Asiens erinnern die Städte Herat und Kandahar an ihn; denn auch diese beiden hießen ursprünglich Alexandria, und der sie gründete, hatte für sie den rechten Platz ausersehen: Herat im Lande Arien, heut afghanisch, mit seinen 20 000 Einwohnern am Schlüsselpunkt zu der einzigen Straße gelegen, die von Persien nach Indien führt; Kandahar gleichfalls afghanisch, jetzt Bahnstation und Zentrale für Industrie und Handel, oft zerstört und immer wieder aufgebaut. Ja, in den Gebirgen Zentralasiens, im Umland von Samarkand, ist sogar das Andenken an Alexanders Person noch ganz lebhaft, als wäre er erst vor hundert Jahren gestorben Es gibt da Familien von Häuptlingen, die direkt von ihm abzustammen behaupten; sie selbst sind Alexanders Enkelsöhne, die übrigen Bewohner im Land sind die Nachkommen seiner mazedonischen Soldaten. Man zeigt da sogar sein angebliches Grab und trägt bei festlichem Anlaß eine rotseidene Fahne herum, die er auf seinen Feldzügen gebraucht haben soll. Welch überwältigende Erscheinung muß Alexander doch einst gewesen sein, wenn, während es nur mündliche Überlieferung gab, in einer Zeit von mehr als zwei Jahrtausenden kein Dschingiskhan und Tamerlan sein Andenken dort auszulöschen vermochten!

Ein Reisender erzählt uns, daß er eben dort einen jener leiblichen Nachkommen Alexanders persönlich kennen lernte. Es war ein Jüngling von 15 Jahren, Sohn eines afghanischen Gouverneurs, der seine Umgebung durch seine Schönheit, sein lebhaftes Temperament und die Intelligenz, mit der er an diplomatischen Gesprächen sich beteiligte, in Erstaunen setzte. Das echte Blut Alexanders? Welch stolzer Wahn! Uradel, vor dem man sich tief verneigen möchte. Ohne diesen Wahnglauben wäre Alexanders Name in jenen Bergen gewiß vergessen. Der naiven Phantasie ist auch das Zeitenfernste zum Greifen nah, und der Asiat hüllt sich in die Vergangenheit wie in einen Mantel, den er unverbraucht weitergibt und vererbt an Kind und Kindeskind.

***

Das Weltgriechentum und sein Geistesleben

Aristoteles.

Während Alexander, des Aristoteles Schüler, als Kriegsmann in Jugendlichkeit und Stärke die Welt umgestaltete und ihr politisches Zentrum verschob, saß sein Lehrer Aristoteles selbst still in Athen, von Schülern sehr anderer Art umgeben, und baute seinerseits als Denker die Welt auf. Er tat es noch in der Enge des Studienbetriebes und in örtlicher Begrenzung; aber seine Schüler erweiterten ihren Wirkungskreis; der

Hellenismus begann, und, indem sich das Griechentum über die Welt ergoß, strömte aus der Enge in die Weite auch griechische Wissenschaft und Kunst mit aus und erfüllte das Geistesleben aller Zonen. Es ist vor allem die Blüte der Wissenschaft, die jetzt sich auftut und weit erschließt und die wir ewig bewundern werden. Der Ausblick hat sich enorm erweitert, und neue Probleme in Unzahl bringen eben so viel neue Lösungen. Es gilt Himmel und Erde, den unermeßlichen Bereich des Körperlichen zu kennen, in dem wir leben; es gilt aber auch den Zweck zu finden, für den wir leben: Naturkunde und Religion. Wir werden sehen, wie bedeutend der Einfluß war, den Alexander zunächst direkt, sodann indirekt auf alles dies ausgeübt hat, bis zum Auftreten Christi, der in seiner Heimat das Judentum sprengte, um, Kosmopolit wie Alexander, zu seinen Jüngern das „gehet hin in alle Völker“ zu sprechen. Die Menschheit streckt die Arme nach Erkenntnis. Wissen und Glaube sind die beiden Hände, die sie hochstreckt, um die Wahrheit zu fassen, die ihr immer wieder entgleiten will. Das Griechentum gab das Wissen, der Orient gab den Glauben. Wir Heutigen haben beides aus ihren Händen genommen. Mit Aristoteles ist zu beginnen. Aber er war, so großartig auch seine Arbeit, nicht eigentlich der Bodenbereiter für das Neue, sondern der Abschluß der vergangenen Gedankenarbeit und Naturforschung des Griechentums. System, System! das erste philosophische System, das uns annähernd lückenlos vorliegt; es wölbt sich hoch und fest gefügt wie ein Tonnengewölbe, das sich selbst trägt. Nimm einen Stein heraus, und es fällt zusammen: ein Zyklus von Schulschriften, die planvoll sich fortsetzen und das All erschöpfen, die zwei in sich verwachsenen Welten der Körper und der Seelen. Es gibt wohl keinen zweiten Philosophen in der Welt, der, das Gesamtwissen seiner Zeit zusammenfassend und alles Auseinanderstrebende sorgsam verknotend, sein System so abgeschlossen schriftlich festgelegt hätte wie Aristoteles. Daher hat er auch die Geister späterer unselbständiger Jahrhunderte geknechtet; denn es ist nichts beruhigender als sich in solchem System geborgen niederzulassen. Wie anders der große Frager, der platonische Sokrates! Es ist lobenswert, seinen Bürgerpflichten zu genügen; denn der Staat ist nötig; wertvoller aber – so dachte er – und der Gipfel der Existenz ist es, von allen Staatspflichten losgelöst nur der Betrachtung zu leben: ein Leben des Schauens. Das Staunen ist der Anfang aller Philosophie, und sie läßt uns nicht los. Daher lebte Aristoteles, seit Alexander nach Asien ausgerückt, als aufenthaltsberechtigter Ausländer (oder Metöke) in Athen. Als solcher hatte er mit dem Staat nichts zu tun, zog gleichgesinnte Genossen und Schüler zu sich heran (auch sein Sohn war darunter) und fing mit sammelndem Blick wie ein Mensch aus Spiegelglas alles, was ist und gewesen ist, geduldig in sich auf, um es neu aus sich darzustellen. Nein, nicht also; er war gewiß nur zum kleineren Teil selbst Beobachter. Aus Archiven und Büchern vielmehr sammelte er planvoll umsichtig und mit grenzenlosem Fleiß die Fülle der schon vorhandenen Kenntnisse, um den Mikrokosmus und Makrokosmus, das lebende Einzelwesen und das Weltall erschöpfend zu erklären, ja, dem vornehmsten Lebewesen, dem Menschen, auch noch seine Aufgaben zu stellen und seine Ziele zu weisen.

Aristoteles

Aristoteles. Marmorkopf im Hofmuseum zu Wien. Antike Kopie eines Bronzebildnisses. Nach Delbrück, Antike Porträts, Tafel 19.

Im Winter 335 auf 334 hat er in Athen seine Schule eröffnet. In einem Hain in der Nähe des Apolloheiligtums oder Lyzeums hielt er öffentlich Vortrag. Daher nennt man seine

Schule selbst Lyzeum. Hörerinnen fanden sich da nicht ein, und es ist eine seltsame Übertragung, daß sich heute unsere Töchterschulen Lyzeen nennen. Außerdem verschaffte er sich Räume, um seine Bibliothek aufzustellen; dabei fand sich ein Garten mit Säulenumgang; dieser Umgang nennt sich Peripatos, und so hießen die Philosophen, die von hier ausgingen, die Peripatetiker. Es ging dabei ganz so wie in der Schule Platos her: Universitätsbetrieb. Die Genossen lernten nicht nur; sie waren zugleich Helfer beim Lesen und Stoffsammeln, ja, auch beim Niederschreiben der neuen Schulbücher, Aristoteles selbst ein Organisator der Arbeit erster Ordnung, seine Schule ein Forschungs- und Lehrinstitut und Konkurrenzinstitut zur Schule Platos, aus der Aristoteles selbst hervorgegangen war. Denn Plato war jetzt tot, die Leitung der Platonischen Schule seitdem rückständig. Auch in seinen Überzeugungen rückte er als nunmehr 50jähriger Mann mehr und mehr von Plato ab und beschloß in dogmatisch-disputatorischen Schulschriften, wie sie sonst auch bei den Medizinern üblich waren und die er nur für das eigene Institut bestimmte, seine neu sich gestaltende Philosophie methodisch auszuarbeiten. Nicht allein der gegenwärtigen, auch noch den kommenden Generationen sollten sie dienen.

Mit kaltem Hirn sind die Schriften geschrieben, und wer sie anfaßt, glaubt in den Fingern diese Kälte zu fühlen. Es ist, als schöbe man stundenlang zwischen kahlen Kalkwänden einher, rastlos geradeaus, ohne ermunternden Seitenblick und ohne Kurven. Monotoner Gelehrtenstil, erbarmungslos und blutlos. Von den Medizinern war diese Schreibweise ausgebildet; Aristoteles' Schule übernahm sie. Ob Topik, ob Physik, nichts unpersönlicher als diese Bücher. Man denke, daß auf den 2000 eng gedruckten Seiten des Aristoteles das Wort „ich" überhaupt nicht vorkommt. Wie anders als in seinen Jugendschriften, wo er seine Person geradezu unliebsam vordrängte! Ständig redet er nur per „wir": „wir wollen jetzt fragen", „wir wollen untersuchen". Das heißt: die Genossenschaft redet, doziert und ficht. Aber der Meister hat dabei die Führung. Nichts großartiger als die Einheitlichkeit des Geistes, die durch alles hindurchgeht, eine triumphierende Systematik, und so empfindet schließlich, wer sich eingelesen hat, auch diesen Lehrstil als klassisch, da eben nur er angemessen der Sache dient. Wer eintreten will in diese Kreise, ziehe zuvor den Werktagskittel an; es geht nicht zum Genießen, sondern zur Arbeit. Schließlich wirkt aber auch diese Nüchternheit berauschend; jedes Buch schäumt gleichsam über von „wenn" und „aber", „darum" und „also", und man taumelt von Einsicht zu Einsicht.

Auf die Fachausdrücke, die durch alles hindurchgehen, kommt es an. Durch Definition werden sie allemal festgelegt, jeder schwankende Wortsinn streng verhütet. Kategorie und Syllogismus, Energie, Immanenz und Entelechie, die Ausdrücke schwirren seitdem durch die Jahrhunderte; und des Aristoteles Logik legte damals den Schienenstrang fest, auf dem alles abstrakte Denken der Späteren weiterrollte.

Leider kann aber die strengste Logik in der Naturforschung die Beobachtung nicht ersetzen, und der Moderne lächelt erhaben über die fünf Elemente, aus deren Mischung das Altertum alle Substanzen entstehen läßt; er lächelt ebenso über das Weltbild, das damals Aristoteles, indem er den Plato berichtigt, entwirft. Kreisform und Kugelform galten als ideal; also ist – kurz gesagt – das All eine große Hohlkugel; das konnte nicht anders sein; der Himmel ist die Schale der Kugel, aber man sieht sie nur von innen. Die Erde aber – auch sie kugelförmig – steht oder hängt still und unbeweglich im Zentrum des Alls, und um sie dreht sich alles. Ihr Umfang beträgt 400 000 Stadien oder 74 000 Kilometer. Das ist die Welt, und es gibt nur diese eine. Jenseits der Himmelsschale ist das Nichts. Denn aller Raum ist Begrenztheit; jenseits der Grenzen kann also auch kein Raum mehr sein. Denn einen leeren Raum gibt es nicht.

Vergessen wir nicht, daß jene Zeiten noch keine chemischen Analysen kannten, auch nicht Fernrohr noch sonst Vergrößerungsgläser, nicht Barometer noch Thermometer, nicht einmal die Minuten- und Sekundenzählung auf den Uhren. Man konnte weder Luft noch Wasser chemisch spalten, hielt das flackernde Feuer für einen besonderen Grundstoff, konnte keine Temperaturen messen, und dem Anatomen war Fleisch eben nur Fleisch, das alle Empfindungen aufnimmt, und Zellen wie Nerven blieben seinem Auge verborgen. Man war gewiß weiser als wir, die Erscheinungswelt aber betastete man noch wie das Kind mit den bloßen fünf Sinnen. Gleichwohl, wie reich und imposant ist des Aristoteles Schrift über das Himmelsgewölbe! Die Kette der Schlüsse, die dieser Mann zog, schien bindend und unzerreißbar für mehr als ein Jahrtausend, und die christliche Kirche nistete sich gläubig in das aristotelische Weltgebäude ein.

Die entsinnlichte Welt der platonischen Ideenlehre lehnte Aristoteles ab; es war nichts damit anzufangen. Ein grenzenloser Objektshunger kommt in ihm zum Siege (schon Plato selbst hatte ihn empfunden). Und ein unendliches Fragen beginnt, aber ein Fragen, das nie ohne Antwort bleibt. Was ist das Wirkliche? Das, was sinnfällig und greifbar ist. Gepriesen sei das Auge. Der Mensch ist nicht umsonst optisch veranlagt. Und was ist das Werden? die Entwicklung aus dem bloß Möglichen in das Wirkliche. Das Lebendige ist in der toten Materie prädisponiert. Und da stellt sich nun gleich das Unsichtbare, das Rätselwesen, die Seele ein. Denn in die tote Materie oder Substanz kommt durch sie die Bewegung; sie ist Beseelung. Die Selbstbewegung der Wesen wird nur durch ihre Beseelung bewirkt. Also ist die Seele selbst körperlos, aber sie ist Zweck des Körpers, und durch den Zweck wird der Körper gestaltet; die Seele gestaltet die Materie zum Lebewesen. Sie ist das Werdeprinzip.

Ein schaffender Gott fehlt. Die Natur tritt dafür ein. Die Natur macht alles zweckmäßig, tut nichts zwecklos, wennschon sie unbewußt wirkt wie der geniale Künstler, und so wird der Zweck selbst zum Anlaß oder zur Ursache der Entwicklung der Gestaltungen im Pflanzen- und Tierreich.

Die Seele aber stirbt mit ihrem Leibe, mit dem sie entstanden und dem sie immanent oder eingewachsen war. Ihr Zweck ist mit dem Gelebthaben erfüllt. Nur ein loser Teil von ihr, die Vernunft, die dem Menschen allein eignet, überlebt das Ich; denn sie ist göttlich, aber sie ist ganz unpersönlich und verfließt ungreifbar und körperlos wie ein Gedankenstrich in das Irgendwo, nach dem jede Frage vergeblich ist.

Kaum taucht aber das Vernunftwesen, der Mensch auf, so faßt ihn schon der Philosoph mit beiden Händen, um ihm seine Ziele zu setzen.

Wozu lebt der Mensch? Zur Freude. Gemeint ist die Freude nach der guten Tat, die Freude am Kunstwerk, die Freude des Erkennens. Denn der Mensch ist erstlich Mensch, er ist zweitens Bürger, drittens Künstler und viertens Denker.

Dreimal hat Aristoteles in Hinblick hierauf seine Ethik abfassen lassen; dazu kam seine Lehre vom Staat; für den Denker schrieb er seine Logik; die Kunstlehre für den Künstler hat er nur zum Teil bewältigt.

Hochgeistig und zugleich als ein Mann der Weisheit, der nur das Praktische oder Ausführbare will, steht Aristoteles hier vor uns. Bezeichnend aber ist, daß er für seine Staatenlehre zuvor die Verfassungsgeschichte von zirka 158 griechischen Städten buchte oder buchen ließ (eine gewaltige historiographische Leistung) und für die Lehre von der Dichtkunst unter anderem aus dem Archiv zu Athen sämtliche Notizen über Theateraufführungen und die Siege der Theaterdichter sammeln und chronologisch ordnen ließ. So arbeitete er; rückschauend zog er als Empiriker durchgängig aus dem Gewesenen seine Lehren.

Auch seine Ethik hat nicht etwa den Ton des Erziehers; dazu ist sie zu wissenschaftlich. Von sittlichen Fortschritten der menschlichen Gesellschaft redet er hier nicht. Auch die Ethik ist vielmehr ein Buch der Beobachtung. Er klassifiziert nur unsere Tugenden und unsere ungünstigen Affekte, wie der Botaniker die Pflanzen sortiert, und stellt die verschiedenartigen Charaktere fest, aus denen allemal unweigerlich das Handeln fließt. Er sieht in uns nur Typen, die als solche bestehen bleiben. Für die Größe außerordentlicher Persönlichkeiten ist in dieser Schematik kein Raum, und das Auge verschließt sich vor dem Wunder des Individuellen, das prominent über alles Typische hinausgeht. Dabei zieht Aristoteles auch schon die Physiognomik heran: wer gradgezogene Augenbrauen hat, ist sanftmütig, wer große Ohren hat, ist klatschhaft. Übrigens empfiehlt er in volkstümlicher Weise für alles Tun und Lassen die goldene Mittelstraße, die den alten Herren und allen schwunglos vorsichtigen Naturen eigen ist: sei tapfer, aber weder feige noch kühn usf. So findet er sich endlich auch in aller Gelassenheit mit den bestehenden Staatsverfassungen ab. Einen „besten“ Staat kann er sich wohl denken; er legt ihn dar, aber er drängt ihn niemandem auf. Merkwürdig ist dabei, daß er mehr als alles das Tyrannentum in den Städten verwirft, während er doch persönlich gerade mit solchen sog. Tyrannen enge Freundschaft hielt.

Der Zweck des Staates aber ist nicht nur die Sicherung der Bürger und Steigerung ihres Wohllebens, sondern auch die Erziehung, d. i. die Hebung des Kulturstandes. Hier also regt sich in Aristoteles endlich der Pädagoge. Er begann schließlich auch Vorschriften über ein staatliches Unterrichtswesen zu geben. Leider entsank ihm dabei die Feder. Nichts wäre uns wertvoller gewesen für die Kenntnis des reifen Griechentums als eben dies. Schon dies hört man gern, daß er von den Knaben nicht nur das Musizieren forderte; sie sollten in der Schule auch zeichnen lernen.

So weit die praktische Philosophie, die da vom Menschen handelt. Sie betrifft wohlgemerkt nur den Mann. An die Frauen wird nicht gedacht. Freilich gab es auch damals schon eine Frauenfrage; warmherzige und weitsichtige Männer hatten sie aufgeworfen, vor allem die Cyniker, und vielleicht erklärt sich daraus auch, wie ich schon früher sagte, Alexanders ritterliches Verhalten zu der Frauenwelt Asiens. Gleichwohl drangen ihre Forderungen nicht durch, und die Frauenfrage blieb im Altertum gleichsam ohne Antwort, da die Frauenwelt selbst nicht reif war, sich zu organisieren. Auch Jesus hat zu seinem Gedächtnismahl, zum Abendmahl, nur Männer geladen.

Leben und Seele: das All ist davon erfüllt, und nicht nur der Mensch hat sie. Die Fichten rauschen in den Bergen; die Saaten reifen; die Zikade singt; der Falke kreist. Auch das Tier lebt, auch die Pflanze hat Seele, durch die sie vegetiert, ihr Geschlecht wahrt und sich fortpflanzt. Der Mensch wandelt unter Millionen Lebewesen dahin, die anders als er sind und ihr inneres Gesetz wahren – welch wunderbare Fülle! –; er ist nur eine Gattung unter tausenden. Auch die ganze Botanik und Zoologie gehört zur Weltkunde des Aristoteles, zur Physiologie und Biologie des Weltalls, und es gibt für ihn nichts zu Kleines; von den Zähnen des Elefanten und der Mähne der Giraffe bis zum Schwamm und dem Einsiedlerkrebs am Meeresgrund: er sieht alles und beeifert sich, mit fabelhaftem Fleiß die unendlichen Varietäten zu sondern und in Gruppen zu zerlegen.

Halten wir uns nur an seine umfassenden zoologischen Schriften, die uns am schönsten die Schärfe der Naturbeobachtung jener Frühzeit zeigen und bis in die neueren Zeiten, bis zu Cuvier und weiter wegweisend geblieben sind.

Aristoteles benutzte dabei jedoch auch die voraufliegende Literatur; das ist nicht zu vergessen. Denn schon Demokrit, schon Antisthenes hatten Tierbücher geschrieben. Auch an des Aristophanes munteres Lustspiel „die Vögel" sei erinnert; wie fein werden da schon Rabe und Nachtigall, Eule und Kropfgans und Wiedehopf charakterisiert, die Feldflieger, Raubvögel, Sumpf- und Seevögel unterschieden und zum Teil von maskierten Schauspielern dargestellt! Vor allem hat auch Plato in seinem Forschungsinstitut, der Akademie, mit seinen Schülern botanische und zoologische Studien betrieben, die sich bis zur Laus herabließen und in Athen so stadtbekannt waren, daß die Komiker den Plato mit seinen Genossen zur Ergötzung des Publikums in dieser Beschäftigung auf die Bühne brachten; zu diesen Genossen aber gehörte damals auch Aristoteles.

Erst Aristoteles aber hat diese Studien abgeschlossen und das Ergebnis in monumentalen Büchern niedergelegt. Was er gibt, ist nicht etwa eine Beschreibung sämtlicher Tiere, wie unser Brehm sie gibt; darin versuchten sich damals andere, wovon uns bei Plinius ein Auszug vorliegt. Er behandelt den Stoff, den er schon als leidlich bekannt voraussetzte, vielmehr vom höheren, wissenschaftlichen Gesichtspunkt, indem er in das Chaos des Vielerlei greifend, im Mannigfaltigen das Gemeinsame sucht, die Gattungen und Arten als solche an ihren Merkmalen feststellt und für jeden Typus, für jede Gattung und Art Beispiele beibringt, wobei es auf Vollständigkeit der Aufzählung der Tiere nicht ankommt. Das Ganze gründet sich auf Anatomie, auf Sezierung der Tiere, wonach Aristoteles auch ein „Anatomien" betiteltes Werk, das mit Zeichnungen versehen war, herstellen ließ. Auf alle Fälle kann man, was er da seiner Zeit dargeboten hat, nicht genug bewundern. Man nannte ihn mit Recht den Geheimschreiber der Natur, der seine Feder in das Denken taucht. Keiner aber war wohl so gespannt auf dies Werk als sein Schüler und König Alexander.

Hier also sehen wir die Tierwelt zum erstenmal eingeteilt in Wirbeltiere und Wirbellose, die Wirbeltiere in Säugetiere, Vögel, Fische, Reptilien und Amphibien. Dabei weiß er, daß das größte Wassertier, der Wal, kein Fisch, daß die Fledermaus kein Vogel, daß beide Säugetiere sind. Die Fische, die Kiemen haben, haben keine Lunge. Dann kommen die Weichtiere, die Krustentiere, die Insekten, endlich die Übergänge zum Pflanzenreich. Aber nicht nur nach Bau und Gestalt wird gruppiert; welche Tiere sind Fleischfresser? er nennt sie; welche Tiere wandern? welche leben herdenweis, welche einsam? welche halten Winterschlaf? Die einen saufen Wasser durch Lecken wie die Wildkatzen, andere durch Schlürfen wie der Gaul (VIII 6, 1). Die Zahl der Füße kommt in Betracht und ihre Form, ob Hufen, ob Krallen. Der Schnabel ersetzt dem Vogel Lippen, Zähne und Nase; aber er hat auch keine Wimpern. Wie atmet die Ziege? Töricht sind die Hirten, die glauben, daß sie durch ihre Ohren atmet (I 10). Die Krabben sehen nur seitwärts (IV 3).Furchtbar ist die Armkraft des Kraken oder Polypen, der den Kopf zwischen den Beinen hat (IV 1). Die Kuh brüllt tiefer im Tonklang als der Ochse (IV 11, 7). Die Hühner wälzen sich im Sand, um die Läuse loszuwerden (V 31, 2). Auch die Fische aber haben Läuse; dies sind die Schmarotzerkrebse.

Dabei bieten sich Probleme in Fülle: wie pflanzt sich der Aal fort und die Biene, die Spinne (IV 11; V 21 und 27)? Können die Fische auch riechen und hören? Dies gibt Anlaß, den Fischfang zu besprechen, der durch Locken geschieht (IV 8). Die Turteltaube lebt monogam (IX 7, 3). Vom Geier aber glaubte das Volk, er brüte gar nicht, ja, es gäbe nur Geierweibchen, die, wenn sie sich befruchten, bloß gegen den Wind anfliegen; Aristoteles dagegen weiß und betont, daß auch der Geier, dessen Horst so unzugänglich, normal sich fortpflanzt (VI 5, 1 u. IX 11). Wie seltsam aber, daß der Hase auf Ithaka nicht gedeiht, der Insel des Odysseus! Nicht jedes Land ist jedem Tier genehm (VIII 28)! Seltsam auch, daß alle Kerbtiere sterben, wenn man sie mit Öl bestreicht – und so geht es ins Unendliche. Auch falsche Beobachtungen fehlen nicht, wie daß die Zikade, das Sommertier, nur vom Morgentau lebt (IV 7, 7).

Mitten zwischen dem allen steht endlich auch das Körperleben des Zweihänders, des Menschen, in Ausführlichkeit. Da hören wir u. a. auch, daß beim Mann sich die Glatze einstellt, wenn er zu liebreich gelebt hat; ja, schließlich verliert solcher Mensch auch noch die Wimpern (III 11, 6). Und auch von Vererbung redet Aristoteles schon; auch die Blindheit kann in Familien erblich sein (VII 6, 4). Man hatte berichtet, daß es unter den Negern in Zentralafrika ein Zwergvolk gebe, das man die Pygmäen nannte. Die klugen Leute riefen damals und auch noch in unserem 19. Jahrhundert: das ist Fabel; Aristoteles aber beteuert, dem sei wirklich so (VIII 12, 2), und in der Tat hat unser Afrikadurchquerer Schweinfurth das Zwergvolk dort wirklich wieder angetroffen und festgestellt.

Bei alledem ist nun aber die Kenntnis der inneren Teile des Menschen in dieser Naturlehre noch allzudürftig; das lag daran, daß es noch keine Anatomie des Menschen gab; selbst Sklavenleichname sezierte der Grieche nicht, aus Scheu vor der Seele des Toten. Zwischen Venen und Arterien unterscheidet daher Aristoteles noch nicht, weiß auch von Nerven nichts; kaum daß er die Muskeln erwähnt. Das Fleisch als solches genügt ihm als Träger aller Tastwahrnehmungen und zur Übertragung des Antriebs zur Körperbewegung, der angeblich vom Herzen ausgeht.

Alexander der Große hat diese Arbeiten seines Lehrers nie kennen gelernt. Er starb und Aristoteles starb in kurzer Zeit ihm nach, und die großen Sammlungen asiatischer Fauna in Menagerien und Aquarien, die Alexander für ihn schuf, blieben unbenutzt. Ganz vereinzelt nur redet Aristoteles einmal von einer Antilopenart aus Belutschistan oder erwähnt, um die beängstigende Fruchtbarkeit der Ratten und Mäuse zu belegen, in Persien gebe es einen Landstrich, wo diese Tiere schon trächtig zur Welt kommen. So kam es, daß die Erweiterung des Welthorizonts damals der Zoologie wenig nützte, und nur versprengte Notizen gingen um, die von dem Gefolge Alexanders ausgingen und von der späteren Literatur kritiklos aufgenommen wurden. Die Seeschlange taucht auf; immer nahe der Küste treibt sie sich heute noch im Indischen Ozean um. Nearch sah sie da; aber er überschätzte ihre Länge bis zu zwanzig Ellen; die Größe eines gestrandeten Walfischs gab er dagegen richtig an. Klug wurde bemerkt, daß die Tiere ihre Färbung oft dem Lande angleichen, in dem sie leben. Das waren, wie gesagt, versprengte Notizen, und so ist die Zoologie nie wesentlich über Aristoteles hinausgekommen, ja, schließlich ganz verwahrlost. Daß man die Paviane für Satyrn hielt, ist noch das Gelindeste. Wie anders die Botanik!

Wie war des Aristoteles Ende? Sein Lyzeum kann als der erste Versuch einer Staatsschule oder vom Staat fundierten Universität in der Weltgeschichte gelten; denn Alexander sicherte sie als Staatsoberhaupt durch Zuwendung großer Summen. Der Betrieb verlief offenbar so, daß da gelegentlich auch mehrere Werke gleichzeitig und nebeneinander literarische Form gewannen, und welches des Aristoteles letztes Werk war, ist daher schwer zu ermitteln. Er selbst aber hatte sich in den Schlußjahren nebenher den Fragen der praktischen Politik, wenn nicht gar der politischen Agitation zugewandt. In welcher Tendenz? Sicher nicht antimazedonisch. Vielmehr war der Phalereer Demetrius sein Schüler, der hernach Athen als Tyrann im Sold Mazedoniens eine Zeit lang beherrscht hat. Übrigens trat Aristoteles, wo er sich zeigte, wie in der Jugendzeit im Äußern immer noch als vornehmer Herr auf, ein Mann der Eleganz und Selbstpflege, zugleich aber ein Mann der scharfen Zunge. Ich denke dabei an seinen Jugendfreund Xenokrates. Denn neben der peripatetischen Schule bestand noch immer die Platoschule unter dieses Xenokrates Leitung. Dieser hatte die Geldunterstützung, die Alexander für wissenschaftliche Zwecke ihm anbot, abgelehnt; ihm waren offenbar die Verpflichtungen unbequem, die daraus entstanden. Aristoteles witzelte nun gegen ihn. Ein schnöder und ganz unanständiger Witz ist uns aufbewahrt, mit dem Aristoteles ihn verhöhnte. Daß der andere sich rächte, hören wir nicht. So hat er sich gewiß manchen Feind erworben. Ein Gelehrter, der wie Plato sich fragend und suchend an andere wendet, gewinnt sich leicht viele Herzen. Wer dagegen dozierend auf alles und jedes die Antwort selbst bereit hat und in Selbstgewißheit gepanzert nie das Gefühl hat sich zu irren, kann, wie wir wissen, oft recht unliebsam auf seine Umgebung wirken. Die Grazie fehlte dem Aristoteles und die Ironie, die sich selbst verkleinert. Er neigte zum Sarkasmus.

Da starb Alexander. Sofort erhob sich Athen zum Freiheitskampf gegen Mazedonien, und der allgemeine Haß, die Wut richtete sich gegen den großen Forscher, den Griechen Aristoteles, der sich von Mazedonien hatte kaufen lassen. Auf Atheismus wurde er verklagt. Das lag nahe; denn in seiner Philosophie hatten tatsächlich die Staatsgötter, an die das Volk glaubte, nicht Raum. Auf Atheismus stand der Tod. Eilends floh er. Seine Landkarten und Naturaliensammlung, seine große Bücherei konnte er nicht mitnehmen; auch seine Schüler und Mitarbeiter ließen ihn allein abziehen. Er wollte zum Statthalter Antipater nach Pella, getraute sich indes noch nicht dorthin und wartete auf der Insel Euböa ab, wie sich die Frage nach der Thronfolge in Mazedonien entschieden haben würde. Da erkrankte er und starb, 63 Jahre alt. Er konnte die Aufregung nicht vertragen. Die Gelehrsamkeit liegt den Büchermenschen wie Blei in den Gliedern. Nach einem Leben ungetrübten Glücks und stolzer Erfolge, nach zwölf Schlußjahren körperlich wohligster Ruhe und geistiger Hingabe an das, was ihm das Höchste schien, jählings in Angst und Hetze geworfen – der Kontrast war zu groß. Kongestionen kamen, seine Ernährung litt, und der Körper versagte. Es scheint nicht, daß ihm seine Freunde sehr nachtrauerten. Wir hören nichts davon. Wie anders die Bezeigungen der Ehrfurcht und abgöttischer Verehrung, die dem gestorbenen Plato galten! Erst als Aristoteles als Mensch vergessen war, wuchs der Forscher und Weltweise für die Menschheit ins unantastbar Große und Erhabene empor.

Philosophenmosaik

Versammlung von sieben Philosophen. Mosaik aus der Gegend von Pompeji im Nationalmuseum zu Neapel. Im Hintergrund links stehen auf zwei Pfeilern einige eherne Gefäße, daneben ein Baum, rechts von diesem eine Sonnenuhr, ganz rechts im Hintergrund ein umwallter Hügel. Römische Arbeit nach einem hellenistischen Gemälde. Nach Photographie.

Das Unglück will, daß wir von ihm kein zuverlässiges Porträt besitzen. Und doch! Auf dem berühmten Mosaik aus Herkulanum glaube ich ihn zu erkennen, jenem Bildwerk, das eine Konferenz von Gelehrten, eine Versammlung von Philosophen, genauer doch wohl eine Sitzung der Akademie darstellt; Plato selbst, der hochbetagte, mitten darunter. Eine hochgestreckte Gestalt, durch sorglich zugeschnittenen Bart ausgezeichnet, dem Alter nach etwa vierzigjährig, verläßt da mit Protest die Versammlung; der Gesichtsausdruck überlegen energisch und kampfbereit. Das ist er, das ist Aristoteles. Das Bild soll uns sagen: sein Austritt aus der Akademie steht nahe bevor.

Jedenfalls irrt, wer Porträtstatuen oder Büsten mit ausrasiertem Gesicht für Porträts des Aristoteles hält. Der selbständige Mann hat sich der neuen Mode, die Alexander zunächst nur für sein Militär aufbrachte, sicher nicht unterworfen.

***

Hellenistische Naturforschung

Der Allumfasser menschlichen Wissens und Begreifens war mitten aus seiner Arbeit gerissen. Aber seine Methode wirkte in den Peripatetikern weiter, die ihn überlebten und die Lücken ausfüllten, die er gelassen; denn so geschlossen und abgerundet wie das All sollte auch unser Wissen sein. Echte Wissenschaftler und Enzyklopädisten waren auch diese seine Fortsetzer, zum Teil gar nicht viel jünger als er, und sie arbeiteten zunächst so rückschauend, retrospektiv, wie ihr Vorbild, indem sie aus den Vorarbeiten anderer die Summe zogen. Aber der erweiterte Horizont brachte ungeahnt neue Probleme, und die Zeit der erstaunlichen Entdeckungen begann, die ein ganz neues Weltbild schufen. Wohl durch fünfzig Jahre wurde das geistige Leben der weit aufgeschlossenen Kulturwelt durch die Männer, die wir jetzt zu nennen haben, beherrscht. Es war das Zeitalter der siegreichen Wissenschaft und Gelehrtenliteratur, die bienenfleißig vom Speziellen ins Große geht und sich dabei in ganz neue Disziplinen verzweigt. Obenan Kosmologie und Erdkunde; die Empirie die Grundlage aller Untersuchungen; aber die kühne Hypothese tritt hinzu. Zwerghaft war dagegen die Dichtkunst jener Zeiten, und man hört ihre Stimme kaum.

Das ergab eine Fachliteratur größten Umfangs, aber sie war vielfach nur für die geringe Zahl der Mitarbeiter verständlich; denn es herrschte darin die knappe und an Fachausdrücken reiche Sprache der Wissenschaft. Von den kostbaren Werken konnten deshalb immer nur wenige Abschriften zum Weitergeben hergestellt werden – so wie sich nötigenfalls auch bei uns heute Lesezirkel auftun –, bis ein großes kapitalkräftiges Verlagsinstitut sich auftat, das auch so unpopuläre Werke vervielfältigte.

So schrieb nun zunächst rückschauend *Theophrast* seine Geschichte der philosophischen Systeme, *Eudem* eine Geschichte der Rechenkunst, *Aristoxenos* eine unschätzbare Lehre der Musik, der Takt- und Harmonielehre (er schrieb sie freilich umsonst; denn die Verwahrlosung der Musik war damals wie heute nicht aufzuhalten). So schrieb – doch was nützen die vielen Namen? Ich greife nur noch weniges heraus, und die Botanik Theophrasts stehe voran.

Auch von ihm, von Theophrast, wird uns wieder mit Neid gesagt, daß er, elegant bis in die Fingerspitzen, ein Junggesell, stets nur prachtvoll gekleidet in die wissenschaftlichen Sitzungen des Peripatos kam. Wenn er vortrug, saß er beim Sprechen steif und regungslos wie ein Wachsbild und leckte sich nur bisweilen die Lippen. Reich oder begütert (um dies ein für allemal zu sagen) waren fast alle diese Gelehrten, die neue Bahnen suchten; sie widmeten sich ihren Zwecken so sorgenlos wie die englischen Barone, die uns in Prachteinbänden über Shakespeare oder Homer aufklären oder mit großem Personal die Pharaonengräber öffnen, ganz anders als die deutschen Professoren, die da knapp von ihren Gehältern zehren und doch mit Erfolg in großem Zug unter die Entdecker gehen.

So hat Theophrast selbst in Athen einen botanischen Garten angelegt, allerdings nicht ohne Staatshilfe; er ist es, der die Botanik als Wissenschaft für die Folgezeiten begründet hat, und ihm half dabei nun auch schon in bedeutsamer Weise die Erschließung Ostasiens. Eine nützliche Sache; denn vom staatswirtschaftlichen Standpunkt betrachtet war die Förderung der Pflanzenkunde viel wichtiger als die Zoologie. Was nützte dem Volksleben die Kenntnis der Fledermäuse Indiens? der Wildesel Irans? Ganz anders die fremden Nutzpflanzen, die da Gegenstand des Importes und schließlich unentbehrlich werden. So hat sich denn die Botanik auch später über Theophrast hinaus in ausgezeichneten Büchern fortgesetzt; kostbare Handschriften mit eingelegten Pflanzenbildern sind uns davon erhalten. Ja, man stellte Bilderbücher her, die lediglich die Pflanzen in Farben zeigten mit einer kurzen Notiz darunter. Die Sorgfalt konnte sich nicht genug tun.

Von Alexander dem Großen hören wir, daß die Gelehrten, die er mit sich führte, Pflanzenkunde treiben mußten und daß er ihre Aufzeichnungen sogar persönlich kontrollierte, die dann im Staatsarchiv zu Babylon aufbewahrt wurden. Wenige konnten sie benutzen; Auszüge daraus aber gingen ohne Frage von dort in die gelehrte Welt hinaus. Das kam auch dem Theophrast zugute.

„Fast alle krautartigen Pflanzen, die in den Stengel schießen, vollenden, wenn sie ihre Frucht zur Reife bringen, dadurch ihre Gestalt, daß sie Sprossen aus den Zweigen treiben, mit Ausnahme derjenigen, die nur einen Stiel haben wie Lauch, Steckzwiebeln und Knoblauch. Der Kohl vermehrt sich durch Ausläufer der Zweige; man muß aber etwas Wurzelartiges mit dazu nehmen; anders wieder die Raute“ usf. Wie brav klingt es, wenn so Theophrast, der feine Mann, seine Leser belehrt, ob er nun von Dill oder Gurken spricht! Und es geht in diesem Stil durch dreihundert Seiten.

Wollen wir noch mehr hören? Wer selbst einmal durch Feld und Wald mit der Botanisiertrommel herumgestrichen ist, wird es bejahen. Geduld ist nötig, und nur die Liebe zur Sache kann sie geben.

Die moderne Botanik frägt nach Gestalt und innerem Bau der Pflanzen (Morphologie und Histologie), nach ihrem Wachstum und Ernährung (Physiologie), nach ihrer örtlichen Verbreitung (Floristik), um schließlich zusammenfassend ein System aufzubauen. Dieselben Aufgaben hat sich vor gut 2000 Jahren schon Theophrast gestellt; aber die Ausführung ist zum Teil noch primitiv; denn er besaß kein Mikroskop, und von Zellen im inneren Bau weiß er noch nichts. Er redet statt dessen nur von Saft, Fasern, Geäder und Fleisch in Stamm und Stengel.

Eingeteilt aber werden die Millionen Gewächse nach den offenkundigsten Merkmalen in hochstämmige, in Gesträuch, Stauden und Kräuter; dazu Getreide und Hülsenfrüchte. Für die wurzellosen Pilze und Trüffeln bleibt daneben wenig Raum. Jede Gruppe zerfällt wieder in wilde und veredelte Gewächse; die veredelten sind minder langlebig als der Wildwuchs (IV 13). Der wilde Baum aber läßt sich veredeln, der Strauch läßt sich einstämmig ziehen wie die Malve, die dann wie eine Lanze, die Blüten trägt, in die Höhe schießt (I 3). Übrigens variiert die Stammbildung, ebenso variiert die Rinde, die Blattform, und auch das sind grundlegende Merkmale. Endlich weiß der Verfasser auch schon von männlichen und weiblichen Bäumen, ob Tannen, ob Palmen; nur die weibliche Linde blüht und trägt Früchte (III 9, 6 u. 10, 4). Auch die Blütenblätter werden gezählt; berühmt der Rosenflor in Philippi im Land Mazedonien; da soll es Rosen zu hundert Blättern, Zentifolien, geben (VI 6, 4). Von der Weinrebe hören wir, daß sie den Lorbeer haßt und sich wegdreht, wenn man sie in seine Nähe pflanzt (IV 16, 6). Wichtig ist endlich auch der Ort selbst und das Klima, und dies betrifft die Pflanzengeographie: Kreta liebt die Zypresse, Cilicien die Zeder usf. (III 2). Alpenkräuter verkümmern in den Tiefenlagen (III 3–4). Interessant auch die Frage nach dem Alter der Bäume. Dies festzustellen war damals schwieriger als heute. Berühmt war die einsame Palme auf der heiligen Insel Delos, unter der einst die Götter Apoll und Artemis sollten geboren sein. Wer aber konnte ermessen, wie lange das her war?

Seine Beobachtungen entnahm Theophrast nicht etwa nur aus älteren Büchern. Vielfach liegen Erkundigungen bei den Landbewohnern selbst, den Mazedonen, den Arkadiern, den Anwohnern des Ida, für die Küchengewächse bei den Gärtnern zugrunde. Gelegentlich macht er sich's bequemer; um zu wissen, wie weit die Wurzeln der Bäume reichen, untersucht er die Platane in seinem Institutsgarten beim Lyzeum, deren Wurzeltriebe bis auf 33 Ellen gingen. Aber Theophrasts Horizont reicht erstaunlich weit; nicht nur für Sizilien, auch für Latium, das Umland Roms, auch für Syrien und Ägypten, aber noch weiter, auch für Iran und Indien hat er genaue Nachrichten; diese letzteren flossen ihm also schon aus dem Archiv in Babylon zu, und so sagt er uns, daß in Baktrien der Nachttau den Regen ersetzen muß (VIII 6, 6), wie lange in Iran das aufgeschüttete

Getreide sich aufbewahren läßt (VIII 11, 6), daß der Lotos nicht nur in Ägypten, sondern auch auf dem Euphrat blüht. Dazu die gesegneten Weizenernten in Babylonien, der berühmte Baumgarten, den dort Harpalus auf Befehl Alexanders pflanzte. So wird endlich auch Indiens Vegetation beschrieben (IV 4, 5). Für die Tangarten des Indischen Ozeans ist Nearch ihm Zeuge (IV 7, 3).

Dabei aber nahm er nicht etwa alles gutgläubig hin, was man ihm auftischte. Die Zimtstauden wachsen in Arabien, im Land der Königin von Saba, in unheimlichen Schluchten, wo viel giftige Schlangen sind. Man muß sich vorsehen beim Sammeln der Rinde. Ein Drittel davon weihen deshalb die Sammler gleich am Ort voll Dank dem Helios, der dort Landesgott ist; jedesmal aber, wenn sie dann fortgehen und sich noch einmal umwenden, brennt schon der Zimt, den sie geweiht haben; er hat sich dem Gott zu Ehren selbst entzündet. Mit solchen Geschichten gingen die Handelsleute hausieren; Theophrast aber setzt sein Fragezeichen dahinter. Wie kann auch ein rechter Philosoph an Wunder glauben?

Alles das war gut wissenschaftlich gedacht und aufgebaut; aber es genügte nicht; auch die Nutzbarkeit ist eine Eigenschaft vieler Gewächse, und auch dies galt es zu erwähnen. Das betrifft nicht die Nährpflanzen – da wußte es jeder –, wohl aber die Medikamente, ihren Gebrauch und Mißbrauch (IX 8–15). Sodann das Feuermachen, ein tägliches Bedürfnis! Wie sollte man damals eine Kerze, wie das Herdfeuer entzünden? Unsere Zündhölzer waren noch nicht erfunden. Theophrast sagt uns, daß man Holz vom Efeu nahm und es an Lorbeerholz rieb, bis es Funken und Flamme gab. Sodann das Bauholz; beim Schiffsbau dient ein anderes Holz für den Kiel des Schiffs, ein anderes für die Planken usf. Bettstellen macht man aus Ahorn, Wagensitze aus Buchen.

Auch wann die Holzfäller ihre Arbeit tun, erfahren wir genau (V 1). Leider aber fehlte die eigentliche Forstwirtschaft vollständig; niemand dachte an Wiederaufforsten. Das zeigt uns auch Theophrast. Griechenlands Wälder waren schon damals arg gelichtet, woraus sich erklärt, daß man eben zu Alexanders Zeit zu Athen und sonst die hölzernen Theater durch Steinbauten zu ersetzen begann.

Mit der wirklichen Ausnutzung der neuen Entdeckungen auf dem Gebiet der Botanik aber ging es langsam, so wie sich bei uns die Kartoffel aus Amerika nur sehr langsam eingebürgert hat. Allerdings kam es schließlich dahin, daß nach Indien große Flotten unter Segel gingen, um die Produkte zu holen, die dann in den Speichern Alexandriens lagerten. Das hören wir aber erst für die Zeit um Christi Geburt. Es dauerte lange, bis man in Rom wirklich seinen Reisbrei essen konnte. Ebenso stand es mit dem Pfirsich, dem persischen Apfel. Die köstlichen Orangen hatte zwar schon Theophrast im Haus; aber man fand daran sonderbarerweise durchaus keinen Geschmack und legte sie nur in den Kleiderschrank gegen die Motten. Besonders beliebt wurden die fertigen indischen Stoffe aus Baumwolle; ja, eine Leidenschaft brach in der Männerwelt für exotische Salben und Parfümerien aus (das letztere ist verzeihlich, wenn man bedenkt, daß man noch den

Tabak nicht kannte; wir rauchen heute Zigaretten oder schwere Manila, um unsere Nerven anzuregen, und die Nase will schließlich auch ihr Recht haben). Alexander hatte einen ganzen Kasten voll solcher Parfümerien in des Darius Zelt erbeutet; dadurch soll dieses wohltuende Laster zu den Luxusmenschen des Okzidents gedrungen sein. Wir gönnen es ihnen, bedauern aber um so mehr, daß man am indischen Zuckerrohr völlig verständnislos vorüberging. Nur die griechischen Ärzte nutzten den fremdartig kostbaren Zucker gelegentlich als Medikament, das sie ihren Patienten verschrieben. Vom Rübenzucker wußte man noch weniger. Was würden dazu unsere Hausfrauen sagen? Die Biene, die Imkerei spielte im Wirtschaftsleben eine ganz andere Rolle als heute, und man süßte nach wie vor seine Speisen und Getränke ausschließlich nur mit Honig.

Anders wieder die Palme. Denkwürdig ist, daß, seit Alexander gestorben, ihre Bedeutung wuchs. Theophrast gibt uns die Mitteilung, daß man die Götterbilder jetzt anfange aus Palmenholz zu schnitzen. Das scheint mir symbolisch; der Orient drang vor; er will jetzt auch das griechische Religionsleben durchdringen.

Aber Theophrasts Blick schaute noch weiter; die Pflanzengeographie lenkte ihn auf das große Problem hin, das die Geographie überhaupt, das die Weltkarte betraf: es war die Frage nach der Grenze zwischen Europa und Asien. Eine Frage der Klimatologie: Europa schien das düstere, Asien schien das Sonnenland, die Balkanhalbinsel aber das Mittelland, in dem sich die Düsternis zum Licht durchrang. Als Merkmal galt dem Forscher die Bergtanne. Sie war am Nil so fremd wie im inneren Kleinasien und in Syrien und Iran; seine These ging also dahin, die Tanne sei spezifisch europäisch und wo immer sie wachse, sei Europa; Harpalus habe sie in seinem neuen Pflanzgarten zu Babylon zu akklimatisieren versucht; der Versuch sei vollständig mißlungen. Nun aber stellte Alexanders Inderzug dieselbe Konifere auch auf dem Himalaja fest. Sollte das Merkmal täuschen? oder ist die Weltkarte vielmehr so zu zeichnen, daß Europa sich durch die Steppen im Norden von Turkestan bis zu den Kirgisen erstreckt? Es gab Leute, die das nunmehr ernstlich forderten.

Und damit stehen wir plötzlich mitten in den Problemen der Erdkunde. Das ganze Weltbild kam damals ins Wanken. Aristoteles war schon überholt, die tellerförmigen Landkarten, die er besaß, unbrauchbar. Man mußte die nebeneinander lagernden drei Kontinente, die der unendliche Ozean umspülte, ganz anders aufs Papier bringen.

Denn auch noch eine andere Erkenntnis hatte sich dem Alexander und den Männern, die ihn umgaben, erschlossen; sie betraf die Geologie: daß nämlich alle alpinen Hochgebirge Asiens in *einem* mächtigen Strich unter sich zusammenhängen vom Taurus über den Elbrus bis zum Himalaja, die riesige Wirbelsäule des Kontinents. Diese Gebirgslinie wurde nunmehr zur Scheidelinie der bekannten Welt: südlich von ihr lagern die Länder der subtropischen Flora und der heißen Wüsten, nördlich von ihr die Steppengebiete und die Länder des Klimas, in dem die Tanne gedieh. Der

Geograph *Eratosthenes* aber zog sie vom Westen her noch weiter durch, so daß sie von der Meerenge von Gibraltar aus bis zu den Indusquellen die ganze Weltkarte durchschnitt und in ein Süden und Norden zerlegte.

Ich habe jedoch den Eratosthenes zu früh genannt. Zuvor gilt es vom *Dikäarch* zu reden.

Wie wenige wissen heute noch von Dikäarch? und doch sollte auch er zu den Unvergeßlichen gehören. Aber es geht mit ihm wie mit den meisten geistigen Arbeitern, von denen ich hier zu reden habe: der Arbeiter ist vergessen; nur die Arbeit bleibt im Gedächtnis, bis auch sie überholt ist.

Dikäarch war Sizilianer, dorisches Griechenblut; daher ließ er sich, nachdem er sich für kurze Zeit den Einflüssen des Aristoteles ausgesetzt hatte, fernab in Sparta nieder und stand als selbständiger Forscher zu seinen Kollegen in Athen in erklärtem Gegensatz. Wir wissen: es geht nicht immer glatt und glimpflich her unter den Gelehrten. Vielseitig wie viele seinesgleichen, beherrschte der ausgezeichnete Mann die Geisteswissenschaften so gut wie die Physik; dabei warf er ganz neue Probleme auf und reiste viel, um ihnen nachzugehen. Von seinen zahlreichen literarischen Unternehmungen erwähne ich nur das Schönste; er schrieb als erster unter den Sterblichen eine Kulturgeschichte; das erste Werk seiner Art. Welcher Verlust, daß wir es nicht mehr besitzen, während wir so manches Entbehrliche lesen müssen! Es war eine Entwicklungsgeschichte, wobei er die Linie vom unentwickelten Urmenschen erst zu den Hochkulturen Babyloniens und Ägyptens und dann erst zum Griechentum zog; d. h. ein sog. goldnes Menschenalter hatte es in der Urzeit nie gegeben, und die stolzen Griechen waren wohlgemerkt anfangs als Lehrlinge beim Ausland in die Schule gegangen. Zu dieser Auffassung stimmte der originell gewählte Titel des Werkes; er nannte es „die Biographie Griechenlands"; denn zur Biographie gehört vor allem die Beobachtung der Jugendzeit und der Erziehungsjahre.

Aber Dikäarch war auch Physiker, und auch als solcher trieb er Heimatskunde. Die viel besungenen Berge Olymp und Pelion, Helikon und Parnaß waren dem Wissenschaftler keine Märchenberge mehr. Er reiste durchs Land und maß vielmehr die Berghöhen. Dikäarch ist der erste gewesen, der solche Messungen stereometrisch und mit Hilfe des Visierinstrumentes (der Dioptra) ausführte; die Diadochenkönige unterstützten ihn hierbei mit Geldern.

Dazu kam sein Lehrbuch der Geographie, das er den Spaziergang über die Erde (oder den Globetrot) nannte, und dazu weiter seine Weltkarte. Er konnte dieser Karte schon die umfassenden Landmessungen, die Alexander in Asien hatte ausführen lassen, zugrunde legen und führte damit ohne Frage das aus, was der weltbeherrschende König gewollt hatte: eine Generalstabskarte und Seekarte zugleich.

Es hat auch heute noch Reiz für jeden, die Gestalt seines Heimatlandes in die weiten Bereiche des Umlands und der Meere eingeordnet zu sehen – ein Blick, vertikal nach unten wie aus dem Luftschiff. Wichtiger aber ist noch der Nutzen; denn das so entworfene Bild dient dem Reisenden und dem Militär, da es ihm seine Ziele und das Maß der zu überwindenden Entfernungen zeigt.

Heute zeigen grell bunte Farben auf den Atlanten die politischen Landesgrenzen an, deren Verschiebung man mit Haß und Liebe verfolgt. Das fehlte damals durchaus. Die Karte Dikäarchs war so international wie ihr Zeitalter. Politische Grenzen gab es nicht. Der Grieche und der Römer sah sich auf ihr nur als ein Teil der Menschheit. Es war nur physikalische Geographie, die man betrieb. Auch noch die Römer benutzten dies Zeichenwerk, das so gut wie sonstige Bilderbücher, da man von mechanischer Reproduktion nichts wußte, durch Zeichner vervielfältigt wurde. Gleichwohl hatte diese Kartographie mit Kunstmalerei doch nichts zu tun; es kam nur auf Deutlichkeit des Hauptsächlichen an. Die Namen der Städte und Flüsse wurden möglichst deutlich hingeschrieben; die Plastik der Hochgebirge (die Orographie) kam so gut wie gar nicht zum Ausdruck. Vor allem wurde von der Kugelform der Erde abgesehen; Dikäarch gab auf einem Bogen, der sich einrollen ließ, nur ein Streifenbild, nur den flachgelegten Erdgürtel derjenigen Breitengrade, zwischen denen die antike Weltgeschichte sich abgespielt hat. Dabei teilte er das Bild schon durch die vorhin von mir erwähnte, von Gibraltar durchs Mittelmeer bis zum Himalaja sich erstreckende klimatologische Scheidelinie in eine Welt des Südens und des Nordens. Vorschrift war dabei, daß solche Karte nicht weniger als sieben Fuß Länge haben mußte; wurde ein Erdglobus hergestellt, so sollte sein Durchmesser 10 Fuß betragen.

Aber wozu ein Globus? Auf ihm mußten weite Strecken der terra incognita, vor allem die ganze Rückseite leer bleiben; denn der Grieche kannte ja seine Antipoden so wenig wie die Hinterseite des Mondes. Es gab Männer, die solchen Globus wirklich aufstellten und ihn phantastisch ausfüllten. Die Einsichtigen aber lehnten es ab.

Aber ein Gradnetz fehlte noch. Das war es, was *Eratosthenes*, der große Rechner, hinzuzufügen begann. Durch ihn kamen wenigstens die Meridiane in das Bild, die die Lage sicherten und die wie die Rippen im Körper sind, die unscheinbar das Ganze zusammenhalten.

Und es geschah noch mehr. Ein Buch kam aus Marseille in den Osten. In Marseille – Massilia –, der griechischen Handelsstadt, war es geschrieben; darin stand der Reisebericht des *Pytheas*, und es war ein Ereignis wie der Inderfeldzug Alexanders. Durch Pytheas, den Seefahrer, war wieder eine Wand, die das Altertum einengte, niedergerissen, und die Aussicht über den Erdball wuchs.

Ein Vorgänger des Genuesen Christoph Columbus, war Pytheas aus Massilia in den offenen Atlantischen Ozean ausgefahren, aber nicht um Indien zu suchen. Pytheas bog vielmehr nach Norden ab, denn er hatte keinen Kompaß, und tastete sich, wir wissen nicht mit wie vielen Schiffen, nordwärts an der Küste Spaniens entlang durch die Brandung, weiter durch das Sturmmeer von Biscaya bis zur Normandie und weiter nach Irland, ja, bis zu den Shetlandinseln und noch über den 60. Breitengrad hinauf, als zöge ihn ein Magnet. So wurde damals unser Nordland, so wurde Nordwesteuropa vom Mittelmeer aus entdeckt. Hier war kein Nearch im Königssold, sondern ein schlichter Bürger der Entdecker. Man darf sein Unternehmen den Nordpolexpeditionen unserer Gegenwart vergleichen, die da im Dienst der Erdkunde geschehen. Freilich verknüpften sich damals zugleich damit die Handelsinteressen Massilias.

Der Mann stand auf der Höhe der Wissenschaft, er war Seeheld und Forscher zugleich; denn er machte kartographische Aufnahmen der fremden Küsten, bestimmte geometrisch und mit Hilfe des Visierens die Entfernungen und Horizontabstände, bestimmte die sog. Kulminationen der Zirkumpolarsterne, führte Ebbe und Flut, den Pulsschlag des großen Ozeans, schon auf die Einwirkungen des Mondes zurück, zog endlich durch sein Kartenbild vielleicht auch schon den nördlichen Polarkreis. Und er entdeckte Thule; durch ihn wurde die „ultima Thule“ (mutmaßlich die Shetlandinseln oder gar Island) in die Literatur, in den Phantasiekreis der Dichter eingeführt, die den Namen fortan in ihre Verse stellten, wenn ihre Gedanken mit Grausen über die Schrecken Germaniens hinweg in den fernsten Norden schweiften. Es war so, wie wenn wir von Patagonien, Labrador oder Kamtschatka reden, und von einem König von Thule, dem gar die Augen übergingen, wenn er seinen Wein aus goldenem Becher trank, wußte das Altertum noch nichts.

Viele nahmen damals den ganzen Reisebericht des Pytheas für Schwindel; mochten die Dichter sich damit befassen. Eratosthenes, der ihn in Alexandrien las, nahm ihn jedoch ernst. Er stellte auch Thule in seine Karte ein, die nun also ein wesentlich vervollständigtes Europa zeigte. Sodann aber stützte er sein Kartenbild, wie schon gesagt ist, durch Meridiane.

Meridian bedeutet den Mittagskreis, und eine Linie auf dem Globus zeigt ihn an. Damals wurde das Wort aufgebracht.

Es besagt, daß alle Plätze, die auf derselben Linie liegen, dieselbe Mittagsstunde, daß sie gleiche Zeiten haben. Eratosthenes führte durch seine Karte nur sieben solche Hilfslinien, den Hauptmeridian über Alexandria und die Dardanellen bis nach Thule, das er nach Gutdünken fixierte. Dieser bedeutsame Versuch, die Landkarte mathematisch zu regulieren, erwies sich freilich bald als unvollkommen. Aber er wurde berichtigt und man schuf schließlich unter dem Einfluß der Astronomie ein vollständiges Gradnetz, in dem sich die Meridiane mit den Breitenkreisen kreuzen, die dem Äquator parallel laufen.

Die große Himmelskugel, die der Erdenmensch nur von innen sieht, war das Vorbild. Diese war längst von den Astronomen mathematisch eingeteilt. Es lag nahe, die

Einteilung von ihr auf die kleine Erdkugel, die angeblich genau in ihrer Mitte hing, zu übertragen, als wäre diese von Glas und spiegelte die Linien, die man am Himmel gezogen. Dem Nordpol am Himmel entsprach also der Nordpol auf Erden; so auch der Äquator, d. h. „der Gleicher", den man so nannte, weil, wenn die Sonne im Himmelsäquator steht, Tag und Nacht gleich lang sind; nicht anders endlich die Wendekreise des Krebses und des Steinbocks. Durch diese Kreise wurden dann Streifen der Erdoberfläche eingefaßt, die Bändern gleichen und die man Zonen nannte; „Zone" heißt Gürtel. Damals ist unsere Erde mit den Zonen gegürtet worden, die sie geduldig noch heute trägt.

So griff damals alles fördernd ineinander: Erdbeschreibung, Botanik, Mathematik, Astronomie, und man begnügte sich nicht mehr mit den Lehren des Aristoteles. Er hatte das Wissen seiner Zeit gesammelt und so die Welt notdürftig unter Dach gebracht. Aber ein Geist der Neuerung, des Fortschritts, der Entdeckung war erwacht: weiter, weiter! Es war der Heißtrieb Alexanders des Großen nach Eroberung, zwar ohne Jugendlichkeit, aber voll zäher Geisteskraft.

Wie hatte sich schon in den letzten zwanzig Jahren alles verändert! Schon der Begriff Mensch, in jeder Erdzone war er nun ein anderer. Freiere Winde wehten durch die Welt, von Island bis zum Ganges, und das All selbst wuchs und wuchs und atmete tiefer. Die Zahlensysteme reichten kaum noch aus, die Raummaße auszudrücken, als sollte man mit dem Unendlichen rechnen, und alles, wohin man sah und horchte, im Himmel und auf Erden war Schwingung und Bewegung, das Weltall der wundervolle Automat, der sich scheinbar seit Ewigkeit von selbst bewegt; nur der Mensch stand als der Zuschauer auf unbewegtem Grunde, als wäre das Ganze ein Schauspiel, für ihn hergerichtet. Die Erde stand reglos fest, sie allein im All. Es fehlte nur, daß auch sie sich zu drehen begann, daß auch sie wanderte!

Es war schon viel, daß Eratosthenes damals den Umfang des Erdgürtels auf zirka 6300 Meilen berechnete (in Wirklichkeit beträgt er 5400), daß Eudemos den Winkel, mit dem die schiefe Sonnenbahn oder Ekliptik auf dem Äquator steht, auf den fünfzehnten Teil des betr. Meridians bestimmte. Lassen wir die Einzelheiten. Es ist nötig, noch einmal weiter zurückzuschauen, um die Triumphe zu würdigen, die die Astronomie damals feierte. Astronomie: die Griechen schufen dies Wort als Lehre von der Verteilung der Gestirne. Sie hatte den Schlüssel zum unerschlossenen Weltall in Händen, und sie brauchte ihn. Der Schlüssel aber war die Rechenkunst und die Hypothese.

Der Südländer ist in die Himmelswelt ganz anders eingelebt als wir, in inniger Vertrautheit. Die dunstige Atmosphäre in unserm Nordland verwischt den Sternenglanz im Sommer nur allzusehr; im Winter aber frieren wir und verkriechen uns nachts in unsere Hütten. Am Euphrat ist die Atmosphäre dagegen wandellos klar wie Glas. Mag man sich dort während der Tagesglut im tiefen Schatten bergen, die Nächte verbringt der Babylonier auf den Dächern, wach und rege, über sich das Himmelszelt, das unermeßlich weit aufgeschlagen über dem Tiefland steht, gleichsam ein offnes Buch mit Sternenschrift von Gottes Hand, mit Millionen hingeschriebenen Sonnen. Sie scheinen so nah und scheinen zu sprechen, zu winken, die Seele hochzuziehen. Die Weisen des Landes aber, die Chaldäer, stehen auf der Plattform des Stufentempels, ihrem Observatorium, und wissen jeden Planetenlauf und Ort und Zeit für jede Konstellation, ohne Galileis Fernrohr, jenes Teleskop, das die Weltkörper völlig herabzog, aber entzauberte und ihres Strahlenkranzes beraubte. Sie wandeln und leuchten, die Sterne, jeder mit anderm Licht, mit anderem Schrittmaß, mit anderer Kraftwirkung, und sie sind Götter und von Göttern beseelt.

So wie in Babel, so gedieh die Himmelsforschung auch am Nil, und die Vorstellungen waren auch dort keine anderen, hier wie dort die Freude am geheimnisvollen Zauber und Wunder, an der Göttlichkeit im Kreislauf der himmlischen Phänomene, die von obenher unsere Erdenzeit und gar auch unser Schicksal regeln und lenken.

Bei diesen altersgrauen Völkern ging das junge Griechentum früh in die Schule. Daß der Rücken des Meeres gewölbt, daß die Erde also eine Kugel, mochten die Griechen freilich schon selber finden, wenn sie, vom Ufer spähend, am Horizont zunächst nur die Mastspitzen der Schiffe auftauchen sahen. Dann holte sich *Thales* allerlei Weisheit aus Ägypten. *Anaxagoras*, der Freund des Perikles, hatte schon die Fixsterne als Sonnen erkannt, etwa gleichzeitig Meton in Athen den ersten Kalender aufgestellt, der das Mondjahr mit dem Sonnenjahr auszugleichen versuchte, d. h. die nach den Phasen des Mondes abgemessenen zwölf Monate dem 365tägigen Sonnenjahr anzupassen suchte. Dann aber schuf *Eudoxus*, Platos genialer Mitarbeiter, seinen Kalender; es ist der Kalender, dem Julius Cäsar hernach für das römische Reich dauernde Gültigkeit verschafft und der noch das Mittelalter, noch Galileis Zeit überdauert hat, bis der Gregorianische ihn ablöste.

Eudoxus hatte sich in Ägypten zu einem Astronomen gebildet, wie Griechenland noch keinen gesehen; zugleich aber stand er auch schon unter dem Einfluß der Chaldäer Babylons. So schuf er schon vor des Aristoteles Zeit den Himmelsglobus, der auf seinem Rund mit Äquator und Meridianen den ganzen Fixsternhimmel zeigte mit den griechischen Namen und den Figuren der Sternbilder, Kassiopeia, Orion usf., die uns immer noch geläufig sind. Man kann sagen: durch Eudoxus wurde so beiläufig der Himmel hellenisiert, schon bevor durch Alexander mit der Erde dasselbe geschah. Aber auch die genaue Kenntnis des Planetensystems dankte man endlich dem Eudoxus, und nun erst wurde in Athen durch Plato und Aristoteles der Aufbau des gesamten Kosmos versucht, eine Riesenkonstruktion, die die Himmelssphären wie Hohlkugeln kühn um die Erde legte.

Die geozentrische Welt, da stand sie! ein Bau, scheinbar so brüchig und doch so solide, daß erst ein Kopernikus kommen mußte, um uns für immer aus ihm zu befreien. Des Aristoteles Name deckte ihn. Von der kompliziertesten Maschinerie wird da die stille

Erde umgeben, wonach ein paar Dutzend sich drehender Hohlkugeln (es sind schließlich gar 55) ineinander steckten.

Die Kugel, ob hohl oder nicht, heißt griechisch Sphära. An der äußersten der Sphären hingen sämtliche Fixsterne befestigt, die in rasendem Tempo ihre Umdrehung täglich in 24 Stunden vollziehen. Dabei umfaßte sie die in anderer Richtung rotierenden Sphären des Saturn, Jupiter, Mars, der Sonne, des Mondes, der Venus und des Merkur: dies sind die Planeten. Durch Sonne und Mond wurde die bedeutsame Siebenzahl der Planeten hergestellt. Jeder von ihnen beanspruchte seine eigene Sphäre für sich. Dabei sollten nicht etwa sie selbst sich bewegen, sondern die Sphären tun es, an denen sie haften.

In allem waltet das heilige Gesetz und die göttliche Regel, ja, göttlicher Wille und Beseelung. Aber welch schwirrender Wirbel der ungeheuren Massen! Der Gedanke taumelt, der durch die sieben Himmel fährt, um dort Himmelsfrieden zu finden. Er hört nur das Sausen wie von tausend schwingenden Rädern in der ungeheuren Arbeitsstätte Gottes. Damit nicht störende Reibungen entstünden, legte Aristoteles als Puffer noch eine Anzahl weiterer Sphären dazwischen. Auch sollten die Sphären aus feinster Substanz, aus Himmelsäther (vielleicht auch zum Teil aus Feuer) bestehen. Der Äther ist damals als fünftes Element neben Erde, Wasser, Luft und Feuer extra für den Himmel erfunden worden. Keiner der fünf Sinne des Menschen hat ihn je wahrgenommen, aber unsere Gelehrten brauchen ihn heute noch, um das All jenseits unserer Luftregion damit anzufüllen. Der horror vacui, die Angst vor dem leeren Raum, ist sein Erzeuger.

Endlich aber bleibt die Erde, um die sich das Universum dreht, von dem allen doch nicht unbeeinflußt, und das Kosmische wirkt auf das Tellurische ein. Aus dem Umschwung jener Sphären sollen sich die Windesströmungen, die die Erde periodisch umbrausen, die Gewitter und sonstiges, was man zu den „Meteoren“ rechnete, erklären.

Ungelöste Rätsel blieben genug. Warum wandeln die Fixsterne in anderer Richtung über den Horizont als die Planeten? woher die Ungleichheiten in der Bahn dieser Wandersterne, die Langsamkeit des Saturn, die Schnelle des Merkur? usf. Aber es frommte nicht zu fragen. Man war schon mit dem Gegebenen zufrieden; es war das sinnfällig Gegebene. Der Augenschein konnte nicht trügen.

Hiernach taucht der Name des Chaldäers *Berossus* auf. Denn seit Alexander Asien erschloß, hatten auch die Leute in Babylon Griechisch gelernt, und durch sie wurde das Weltbild, das Aristoteles gegeben, jetzt noch weiter gesichert. Berossus schrieb um das Jahr 280 v. Chr. ein griechisches Buch, in dem er den altbabylonischen Sternenglauben vortrug. Kein Zweifel, daß durch ihn zuerst unsere siebentägige Woche aus Babylon zu den Griechen getragen worden ist, die Woche, deren Tage sich heute noch nach den sieben Planeten benennen. Aber Berossus brachte mehr; er brachte auch die Sterndeutung, die Astrologie, ein ungeheures Ereignis. Es war wie Offenbarung.

Sternkunde und Sterndeutung war für jene Orientalen eins und untrennbar. Es ging um das Schicksal der Menschen. Der Chaldäer lehrt, daß jedes Menschen Schicksal an dem Horoskop seiner Geburtsstunde hängt. Ein wundervoll mystischer Zusammenhang zwischen Himmel und Erde. Sonne, Mond und Planeten sind dazu da, die heiteren und die dunklen Erdenlose zu verkünden. Die Erde steht darum unbedingt fest im Mittelpunkt des Ganzen: das war für die Astrologie die notwendige Voraussetzung, und so wurde diese Lehre für den geozentrischen Weltenbau sogleich zu einer neuen Stütze.

Und auch der große *Archimedes* – obgleich die Astrologie ihn nicht berührte – hielt an demselben fest; aber auch er soll und darf hier in unserer Betrachtung nicht fehlen. Archimedes, eine der Prachtgestalten unter den Spätlingen des Griechentums! Mir ist, als finge meine Hand zu leuchten an, da sie den Namen niederschreibt. Er war als Zeitgenosse des Berossus und des Eratosthenes ein Mann der neuen Bahnen wie kein anderer, aber er griff nach andern Zielen, denen er seinen unvergänglichen Ruhm verdankt.

Unter den Forschern, von denen ich handle, ist er der einzige, der auch als Mensch uns persönlich etwas näher tritt, und wer, der von ihm hört, muß ihn nicht lieben und verehren? Weltbürger und doch glühender Patriot; ein Sizilianer, der kernhaft seinen dorischen Dialekt sprach und diesen Dialekt aller Welt zum Trotz auch als Schriftsteller beibehielt. Er ist es, der da in heller Freude das „Heureka" rief (es klingt wie das Jauchzen eines Jünglings: „gefunden!"), als er im Bade einen Reifen aus Gold und Silber ins Wasser tauchte und dabei den Lehrsatz vom spezifischen Gewicht fand, der die Grundlage zur Hydrostatik wurde. Der Satz lautet: „jeder in eine Flüssigkeit eingetauchte Körper verliert von seinem Gewicht soviel, wie das Flüssigkeitsquantum wiegt, das er verdrängt hat".

Wohlhabend und frei dastehend, an keinen Beruf festgeschnallt, konnte er seine Arbeit nach jeder Richtung werfen, wohin der Genius ihn rief. Denn der Kosmos strotzte immer noch von ungelösten Fragen. Welche Größe hat der Durchmesser der Sonne und des Mondes? Aber auch praktisch griff er zu, in *einer* Person Astronom, Mechaniker, Physiker und Arithmetiker. Er erfand die Wasserschraube zum Ausschöpfen des Wassers aus den Bergwerken, schuf Automaten, Apparate, die sich selbst bewegten (wie vieles, was uns modern dünkt, hat das Altertum schon vorweg genommen!) und feierte durch originellen Maschinenbau großen Stils, wie ihn noch kein Auge gesehen hatte, seine höchsten Triumphe, und zwar nicht nur als Techniker, sondern auch als Patriot. Denn er stellte sich schließlich als Greis in den Dienst seiner Vaterstadt Syrakus, die gegen den Raubstaat Rom sich wehrte.

Die Zeit drängte; der Römer belagerte Syrakus im Jahre 214 v. Chr. zu Lande und zu Wasser; es galt die Abwehr schnell zu schaffen. Da baute Archimedes in Hast jene mächtigen Geschütze, die die feindlichen Belagerungsbauten zerschmetterten; da machte er zugleich die feindliche Flotte kampfunfähig, indem er mit beweglichen Balken und Kranen, die er durch Druckschrauben, Rollen und Flaschenzüge in Bewegung setzte, die ganzen Schiffe, die drohend vor der Hafenmauer lagen, aus dem Wasser in die Luft hob und umwarf. So stand der Heldengreis auf der Mauer, ein Vorkämpfer des Hellenismus. Die Römer aber töteten ihn; er sollte den Sturz seiner Heimatstadt nicht überleben.

Wir aber sind noch nicht am Ende. Archimedes, der Zahlenrechner, ist noch übrig, und auch als solcher war er ein Kämpfer; es ist der Kampf mit dem Begriff des Unendlichen. Es gibt freilich ein Unermeßliches; das ist die Vaterlandsliebe und die Hingabe an jedes Ideal. Aber in der Physik sollte es nicht gelten. Er wollte auch das räumlich Unendliche in Zahlen fassen. Daher schrieb er sein merkwürdiges Buch von der Sandrechnung. Es gibt nichts, was die Zahl nicht ausdrückt. Er kannte den Sand der Wüste sehr wohl; denn seine Reisen führten ihn nach Ägypten; aber die Sahara genügte ihm nicht. Den Inhalt des ganzen Erdballs, nein, den Rauminhalt des ganzen von Plato und Aristoteles aufgebauten Kosmos will er in Zahlen fassen mit der stolzen Versicherung, mehr Land, als das Weltall zu füllen, könne es nicht geben. Die übliche Zahlenschrift genügt nicht; er gibt der Zahl 1 Millionenwerte und steigert sie immer weiter, so weit das Bedürfnis reicht, zu unendlichen Ziffernreihen.

In der Tat war das Weltall des Plato und Aristoteles endlich, nicht unendlich; denn es war durch die äußerste Fixsternsphäre von Grenzen umschlossen. In dieser Vorstellung blieb auch noch des Archimedes Phantasie befangen. Er hatte schon in seiner Jugend in diesem Sinne das vielbewunderte Planetarium gebaut, den Automaten der die sieben Planeten in ihrer Bewegung um die Erde zeigte. Durch Wasserkraft wurde die Bewegung hergestellt: das wirbelnde Karussell des Universum im Selbstbetrieb.

Aber derselbe Archimedes sprach später das berühmte Wort: „gib mir, wo ich stehen kann, und ich setze den Erdball in Bewegung“ (dós moi pou stô kaì kinô tèn gên). Da regt sich der Mechanikus grandios, der auf sein Hebelwerk vertraut. Irgendeine astronomische Debatte muß diese Äußerung veranlaßt haben. Die Erde steht still, aber sie sollte sich bewegen, wenn er es nur machen könnte. Es galt, wie Galilei sich ausdrückt, die Erde an den Himmel zu verlegen.

Archimedes ließ gleichwohl die Erde in Ruh'; aber ein anderer sprach: und sie bewegt sich doch! Auch dahin kam es: ein Mann derselben Zeit; Archimedes kannte ihn gut, es war *Aristarch*, dessen Gestalt auf demselben Sockel mit Kopernikus zu stehen verdiente. Aristarch, der Astronom aus Samos, hat damals den Weltbau des Aristoteles wirklich umgeworfen und die Erde zum Planeten gemacht wie Venus und Saturn. Sie war nicht besser als diese, ein Wanderstern, der zufällig von uns Menschen bewohnt ist. Sie ist wie ein unwesentliches Nichts, wie ein Punkt im All. Das Zentrum des Alls war damit verlegt. Die Sonne kam endlich zur Ruhe, mit ihr der im unerhörten Presto die Welt umsausende Fixsternhimmel. Die heliozentrische Welt, in der wir heute leben, war da.

Durch Hypothese war sie gewonnen. Ob diese nicht etwa damals durch ihre Evidenz alle Denkenden ebenso mit sich riß, wie es anderthalb Jahrtausende später mit des Kopernikus Aufstellung geschah? Wir wissen es nicht. Aber so wie das Papsttum, das für den kirchlichen Glauben die alte zentrale Position der Erde brauchte, den Galilei mit dem Scheiterhaufen bedroht hat, auf dem Giordano Bruno verbrannte (und Galilei gab nach und widerrief unter Qualen) –, so erging auch damals das Anathema gegen Aristarch. Das Haupt der frommen und damals schon einflußreichen stoischen Sekte, *Kleanthes*, schleuderte ein Pamphlet gegen Aristarch: Gotteslästerung sei, was er lehre. Religionsfrevel! So dachte man schon damals. Es war wie ein Bannspruch. Zum Glück hatte Kleanthes keine Macht, um den Scheiterhaufen zu schüren. Aber der ganzen Gottes- und Heilslehre der stoischen Religion schien die neue Weltkonstruktion wie später dem Christentum freventlich ins Gesicht zu schlagen. Das Entscheidende indes war, daß auch der letzte große Astronom jener an Entdeckern so reichen Epoche, daß auch *Hipparch* sie ablehnte. Hipparch war der Meister der Beobachtung und Rechenkunst, aber ein Mann der Vorsicht und Feind aller scheinbar verfrühten Hypothesen. Zugleich aber war Hipparch, wie auch die Stoa, ein gläubiger Anhänger der babylonischen Astrologie, wie Berossus sie ins Land getragen, und das hat ihn ohne Frage mit beeinflußt.

Alle Himmelskörper sind beseelt; und sie alle, so geht die Lehre, der Tierkreis, Sonne, Mond, Jupiter, Venus und Mars dienen dazu, das Schicksal der Menschen, ja, auch die Natur der Menschen auf Erden unausgesetzt zu beeinflussen und ihr Los den Kundigen vorauszuverkünden. Sie wollen nur gedeutet sein; dann enthüllen sie uns unsere Zukunft. Das sind „die Geschenke des Himmels", die wir gläubig empfangen sollen; die Wirkung des Kosmischen auf das Tellurische. Das alles aber wäre nun sinnlos, wäre diese Erde nichts als ein Punkt im All und liefe maschinenhaft mit der Herde der andern Planeten um jene Sonne, die ihr doch dient. Mit dem unerhörten Vollsieg dieser Astrologie, die alsbald alle Machthaber Roms und alle Führer des herrschenden stoischen Glaubenslebens erfüllte, war die Niederlage des Aristarch entschieden. Die Mystik siegte über das Wissen, ja, sie gerierte sich selbst als höchste der Wissenschaften. Das Übernatürliche erstickte die Naturforschung für mehr als ein Jahrtausend.

Die Astrologie gewann die Herrschaft zugleich mit dem Sternenkultus und zugleich mit dem Sieg der Woche, die nach den sieben Planeten ihre sieben Tage ordnet; auch bei der Benennung der Wochentage steht ja die Sonne mit Mond und Saturn auf einem Boden; der Sonnabend steht als der Saturntag (englisch Saturday) neben dem Sonntag und dem Mondtag.

In Unsicherheit ging der antike Mensch durchs Leben. Die mancherlei Garantien, die uns die heutige Gesellschaft und die moderne Technik bietet, fehlten dem Altertum; es gab kein Versicherungswesen weder für das Diesseits noch für das Jenseits. Feuersbrunst und Pestilenz, Krieg, Schiffsuntergang auf See und tausend Fährnisse drohten ihm, auch die eigene vulkanische Leidenschaft, die eigene Sünde mit ihren Folgen. Er will die Zukunft wissen, mit Angst den dicken Vorhang zerreißen, der ihm sein Erdenlos verbirgt. Auf die Nativität, auf die Konstellation oder die Gruppierung der Himmelskörper zur Zeit der Geburtsstunde des Fragenden kam es an. Der Chaldäer muß kommen, die Nativität zu bestimmen, und Kaiser Domitian erfährt seine Sterbestunde, Kaiser Severus sein zukünftiges Herrscherglück, der gemeine Sterbliche die Stunde, wann er zur Seefahrt das Schiff besteigen darf usf. Schon Kaiser Augustus dachte so; er ließ auf das Geld, das er münzte, den Steinbock, das Gestirn seiner Geburt, prägen. Das führte aber auch zur Wahl der Berufsarten: Schiffer wird, wer unter dem Sternzeichen des Wassermanns, Richter, wer unter der Wage geboren.

Auch noch durch andere Hilfen, durch die Beobachtung des Vogelflugs, auch durch Eingeweideschau suchte man fatalistisch die Zukunft, die Vorbestimmung der Götter zu ergründen. Die christliche Kirche unterdrückte, als sie zur Herrschaft kam, dieses beides als heidnisches Gebaren; die Astrologie dagegen hat sie geduldet, wie auch der Islam sie duldete. Ja, die Päpste selbst ließen sich in der Zeit der Renaissance abergläubisch durch das Horoskop, das ist durch die „Stundenschau" die günstige Stunde ermitteln, wann sie sich krönen lassen, wann sie ihr Konsistorium berufen sollten: ein zäher Glaube – zäh wie aller Fatalismus –, der auch nach dem endgültigen Sieg der Kopernikanischen Lehre nur langsam geschwunden ist. Die Macht dieses Glaubens empfand noch Schiller, als er den Wallenstein dichtete; sie verleiht seinem Helden die eigenartig mystische Größe, die uns fesselt; er sucht mit Seni, seinem Astrologen, die himmlischen Aspekte, und die Tragik wächst, da dem Sternengläubigen seine Sterne trügen. Wohl liegt der Wahn selbst als abgetan längst hinter uns, die wir Schillers Drama schauen; aber die Wirkung ist tief und wahr: der Sehende blind, der Wille des großen Mannes verstrickt in den Fatalismus, in den unbedingten Glauben an überirdische Führung! Jahrtausende haben schon zuvor dasselbe erlebt und werden es in der einen oder anderen Form immer wieder erleben.

Freiheit der Wissenschaft das köstlichste Gut! Gepriesen seien darum die Ptolemäer und die andern Monarchien, die in den Zeiten jenes Weltgriechentums die freie Forschung schützten, sicherten und förderten. Aber wir haben gesehen, wie sie nur zu bald und schon mitten in der blühenden Antike eingeengt und gefesselt wurde, bis sie in ihren Fesseln starb. Es sollte lange, lange währen, bis sie zum Leben und Wirken neu erwachte.

Die Probleme, die der Hellenismus stellte, erst die Arbeit der Neuzeit hat sie wieder aufgenommen. Mit ungleich reicheren Hilfsmitteln bauen wir weiter am ewig unfertigen Weltenbau der Wissenschaft. Wie oft ist das Gefundene schon das Überwundene, und was Wahrheit schien, war nur eine Vorstufe der Erkenntnis! Aber der moderne Forscher denkt, wie auch schon jene Männer, ein Aristarch und Archimedes, dachten:

Das ist, was wir hoffen, daß ein Schluß
Einst endlich den Bau doch krönen muß,
Ein All-umfassender Schluß, der leicht
Bis in das Wesen der Gottheit reicht.
Darum hinweg mit allen Schranken,
Herbei mit jedem kühnsten Gedanken,
Und komme er auch grundstürzend neu
Und ob die Pfosten im Gebäu,
Ob alle Fundamente wanken.
So lange Menschen atmen und Geist
Durch Millionen Hirne kreist,
So lang' übt sich Geduld und Kraft
Im Weltenbau der Wissenschaft.

***

Das alexandrinische Museum.

Perikles hatte einst Athen die Bildungsstätte für alle Griechen genannt. Als alleingültige Sprache hatte sich in der Literatur und ebenso im Munde aller Gebildeten im 4. Jahrhundert v. Chr. der attische Dialekt, der in Platos Dialogen seine Schönheitstriumphe feiert, durchgesetzt. Das war jetzt zu Ende; denn Demosthenes war verstummt, auch Aristoteles bei den Toten. Ein Allerweltsgriechisch (die Koiné genannt) bildete sich in der Epoche, von der ich handle, aus unter dem starken Einfluß des Idioms der Griechen Kleinasiens, in welchem Gemeingriechisch sich jetzt Ägypter, Syrer, Juden und Perser verständigten. Welche Stadt aber sollte jetzt literarisch und geistig die Führung nehmen? Alexander der Große hatte vielleicht Babylon dazu bestimmt; jetzt wurde es die Stadt, die seinen Namen trug, das ägyptische Alexandrien.

Derselbe Alexander hatte durch königliche Munifizenz und persönliches Interesse Wissenschaft und Kunst leiten und steigern wollen; jetzt übernahmen dies die Ptolemäer; denn Mazedonien war zu arm, das pergamenische Königtum noch unfertig und im Entstehen, die großen Herren Syriens und Asiens, Seleukus und sein Sohn Antiochus I., mit kriegerischen Aufgaben, die ihr unorganisch zusammengesetztes Reich sichern mußten, zu sehr beschäftigt. Die Ptolemäer dagegen saßen abgesondert im fetten Nilland, bis an die Zähne bewaffnet, und strotzten in Reichtum; es konnte kein Feind so leicht an sie heran. Sie machten ihre Residenz planvoll zur Zentralstelle des gesamten geistigen Hellenismus, der dort durch volle drei Generationen blühte, und so nennen wir diese Zeit bis zum endgültigen Siege der Orientpolitik Roms die Alexandrinerzeit. Die ausgezeichnete Dynastie entartete schließlich im Hochgenuß des Lebens durch Inzucht, die allemal sich verderblich erweist, und unter dem entnervenden Einfluß des schwelgerisch schönen Klimas; aber die letzte Ptolemäerin, Kleopatra, die erst den großen Julius Cäsar, dann Mark Anton zu fesseln, zu beherrschen wußte, war immer noch ein Weib königlicher Art, von außerordentlichen Gaben, tückisch, aber rassig, intelligent, stolz und zielbewußt. Sie wußte mit ihrem Königtum zu sterben. Das Ptolemäertum endete in Schönheit.

Alexandria, die Griechenstadt, lag da am Strand des alten Ägypten wie ein üppiger junger Veilchenstrauß in der Hand der Mumie; das Land selbst so fremdartig seltsam, fesselnd und abstoßend, voll natürlichen Reichtums, aber wie eine Sackgasse der Kultur, die darin reglos stecken blieb; der Nil, der Befruchter, nach geheimnisvollem Gesetz sich hebend und senkend und geheimnisvollen Ursprungs wie die Schöpfung Gottes selber; kahlgeschorene Gebirge rechts und links; Gluthauch der Wüste und das Lachen der Hyäne. Die Tierwelt abschreckend monströs und garstig und doch für heilig gehalten. Das bewohnte Land selbst schmal wie die Furche in der Stirn des Denkenden; üppig bewachsen, aber nichts als bestellte Äcker, Saatfeld und wieder Saatfeld, Palmen und Schilf, Schilf und Palmen. Dazwischen die Wunderbauten von Menschenhand in ihrer bestürzenden Größe und Bilderfülle, Tempel und Grabbauten, die, auf weiten Arealen und doch dicht gedrängt, alle Träume der Phantasie überbieten, indem sie uns von den Königen Teti und Pepi, Cheops, Ramses und Amenhotep reden, und daneben in Tausenden von Dorfschaften die leichten Lehm und Rohrhütten der Eingeborenen, jener Unzähligen, die als Schlepper unter der Peitsche einst im Dienst der Priester und Könige jene Kolosse türmten. Fremdartig, wie das alles, das Volk selbst, häßlich und verschmitzt, voll Devotion und Unbildung und seiner Priesterschaft blind ergeben, die an längst veralteter Weisheit krankte.

Alexandrien kehrte dem Hinterland den Rücken; die Stadt war wie die lachende Gegenwart, die die Vergangenheit hinter sich schiebt. Nach dem Meer zu breitete sie sich wie ein weiter Reitermantel mit Raumverschwendung aus, aber maßvoll in den Hochbauten; ganz griechisch stilisiert, das Athen Ägyptens; das Straßennetz wie im Piräus. Wer es überschauen wollte, stieg auf den künstlichen Berg, südlich der Stadt; es war ein Schneckenberg mit einem Aufstieg in Serpentinen. Zwar den Athenekult ließ man den Athenern; aber ein Eleusis gab es hier wie dort, vor allem auch Dionysien mit Tragödienspiel im Theater, das rauschend berauschende Dankesfest für den Weinertrag der letzten Lese.

Wer von der See heranfuhr, ahnte schwerlich, daß hier nun auch in Konkurrenz zu Athen sich die Wissenschaft ihr Nest gebaut. Man sah zunächst nur das Handelsgetriebe und die Königspracht: den Leuchtturm, die Molen und Quais mit Landungstreppen, Schiffsmagazine und Speicher und ein tosend bunt gemeines Volkstreiben aller Rassen, gelbe Ägypter, Neger, Griechen und Juden; aber alles sprach griechisch, auch die Juden; die Sprache gab dieser Mischbevölkerung die Einheit. Von vornherein war hier auch die Judenkolonie sehr stark; sie zogen sich schon damals wie heute besonders gern in die Großstädte, ob Babylon, Tarsus oder Alexandrien, nahmen hier als Handelsherrn den Transit in ihre Hände, hielten als kompakte Masse zusammen, und ihre Zahl und ihr Einfluß wuchs.

Die Könige aber übten sich im Herrschen mit heiterer Miene; sie saßen in ihrer Hauptstadt wie in einer Zwingburg; ein großes Militärlager voll Söldnertruppen sicherte ihr Herrschertum, während das Ägyptervolk selbst waffenlos und dem Heeresdienst fern blieb (es ist das Prinzip, das heute auch England in den Dominions gern befolgt); dazu erhoben die Herren mächtige Zölle und Steuern: Kopfsteuer, Haussteuer, Gewerbesteuer; auch die Geldgeschäfte jener Großhändler wurden von der Steuerschraube gehörig gefaßt. Auch Monopole halfen, und der Staatsschatz schwoll, so daß die Könige sich Soldaten, Schiffe, aber auch Gelehrte kaufen konnten, so viele sie wollten. So hielten sie sich denn auch eine Kriegsflotte von 5000 Galeeren aller Typen, mit denen sie das Meer beherrschten, und Zypern und die meisten griechischen Inseln stellten sich unter ihren Schutz; auch in einem Strich Syriens, auch an Kleinasiens Küsten machten sie sich zum Landesherrn, so daß im Nilland selbst tiefster Friede war. Kein Feind konnte so leicht das Land bedrohen.

Alexander hatte als König Asiens eine Doppelrolle gespielt; für die Perser war er der Perser, für die Mazedonen der Grieche gewesen; ähnlich hielten es nach ihm auch die Ptolemäer; sie brauchten keine Aufstände zu fürchten. Um die Priesterschaft zu beruhigen, spielten sie in Memphis hübsch den Pharao und bauten den ägyptischen Göttern in Philä und sonst neue Schmucktempel ägyptischen Stils, deren wunderbar harmonisch anmutende Reste der Reisende noch heut bewundert.

Der erste Ptolemäus war noch ein rechtes Abbild Alexanders, als Mazedone ein tüchtiger Kriegsmann und Stratege, aber zugleich voll Bildungshunger und den geistigen Dingen zugewandt, tatkräftig und hilfsbereit. Anders sein Sohn, Ptolemäus Philadelphus, der im Jahre 285 v. Chr. zur Regierung kam. Er war kränklich, und sein Vater nahm daher den Prinzen auf seinen Kriegszügen gar nicht mit. Auch später hat der Sohn sich persönlich aus Ägypten nie entfernt und seine Feldzüge, die alle erfolgreich verliefen, seinen Generälen überlassen. Es gab aber nicht nur Krieg, sondern auch wissenschaftliche Expeditionen: durch Elefantenjäger ließ er die Gründe der regelmäßigen Nilschwellungen erforschen; rühmlicher noch, daß er das große Projekt, den mit Schleusen regulierten Kanalbau vom Nil zum Roten Meer, zur Ausführung brachte, der nun den direkten Handel mit Arabien und Indien ermöglichte.

Ein kluger Geschäftsmann, war Ptolemäus Philadelphus zugleich auf alle musischen Dinge wie versessen, ein echter Sybarit und Lebenskünstler in günstigster Lage, um die Wonnen des Daseins auszukosten. Den Musen diente er und dem Dionys. Man denke, daß von der gesamten Weinernte Ägyptens der sechste Teil in die königlichen Keller kam. Mit unerhörtem Pomp – wir haben es schon früher gehört – ließ er die Gottesfeste begehen.

Aber auch Alexandrien selbst war die Stadt des frivolen Taumels und grenzenloser Üppigkeit, ein zweites Babel; es ging da her wie in allen großen Seestädten. Besonders das verrufene Kanobus in der Nähe war der Ort des flotten Treibens, der lockende Vergnügungsort. Auf einem Kanal kam man dahin, ganze Vergnügungsgesellschaften auf Barken tags und nachts, zügellos und ausgelassen; schon auf den Schiffen selbst tanzte man zum Flötenschall, Männer und Weiber, um dann in die Lokale, wo der heiße Wein, der Mareotiker, floß, einzufallen und frech und fröhlich sich auszuleben. Für den Cancan, der dort heimisch war, dichtete *Sotades* seine sündigen Walzerlieder; aber es bekam ihm übel; denn er erlaubte sich eine unverschämte Anspielung auf die Eheverhältnisse der Majestät, mußte fliehen, wurde auf der See eingefangen und in einem Bleikasten ins Meer versenkt. Da mochte er lernen stumm zu sein wie die Fische. Auch den berühmten Seufzer des Königs hören wir, der, zeitweilig durch übles Podagra ans Haus gefesselt, vom Fenster aus dem gemeinen Volk zusah, wie es am Strom sich im Sand zum Frühstück lagerte, indem jeder beitrug, was er gerade hatte, – den Seufzer: „Ich Armer, daß ich nicht einer von diesen bin!" Ein beliebtes Motiv: der Neid des geplagten Reichen, der den Armen glücklich sieht.

Sollte dies muntere Alexandrien nun aber wirklich ein zweites Athen sein, Athen übertrumpfen, so fehlte noch die Hauptfache, die Gelehrten, die Dichter, die Literaten. Die genannten Könige, Vater und Sohn, unternahmen dies; sie gründeten das Museum Alexandriens, Gelehrteninstitut nebst Bücherei, im Bezirk der königlichen Paläste, und es glückte ihnen.

Das Ganze entwickelte sich also direkt unter den Augen des Monarchen. Es war eine Sache großartigen Zuschnitts und eines Alexanders würdig; in der Tat, der Erfolg zeigte dies, da sich im Verlauf der Dinge nicht nur der ganze Literaturmarkt völlig nach Alexandrien verschob, sondern auch der Charakter der literarischen Produktion in der Griechenwelt in eigentümlicher Weise sich wandelte.

Die Philosophen freilich blieben in Athen, der Stadt des Sokrates. Für Tugendlehre, Staatstheorie, Logik und andere abstrakte Dinge war das Weltstadtgetriebe Alexandriens ein schlechter Boden, und die Könige begünstigten das nicht. Mochten die Platoniker, auch der Peripatos bleiben, wo sie waren. Auch die Stoiker, auch Epikur wählten Athen zum Standort ihrer Predigt. Gleichwohl kamen zwei Aristotelesschüler als Überläufer herbei, um den Ptolemäern mit Ratschlag und Lehre zur Hand zu sein: *Demetrius*, den man den Phalereer nennt, machte den Entwurf zur Bibliotheksgründung, *Straton*, der Physiker, lenkte das königliche Interesse zeitgemäß auf die Dinge der großen Naturforschung, und so wurde das Museum eine Freistatt für Gelehrte, ein Forschungsinstitut, dem die fürstliche Freigiebigkeit den reichsten Lehrapparat zur

Verfügung stellte. Der König war der Stifter und Gründer, nahm aber auch selbst, wenn er Lust hatte, an den Sitzungen teil. Ein realistischer Geist herrschte; man wühlte in Büchern nicht nur; man sah auch über das Buch hinaus in selbständig freier Beobachtung; auch ein Virtuosentum in der Technik blühte.

Man dozierte disputatorisch in einem Hörsaal mit Sitzplätzen (Exedra) oder auf und abwandelnd im Institutsgarten (Peripatos). Die Fachvertreter müssen sich da stundenweise abgelöst oder die Räume passend unter sich verteilt haben. Die Schüler im Jünglingsalter aber lagerten und hockten gewiß, wie es kam, auf dem Erdboden, so wie es bei den Lehrstunden in den Moscheen jener Südländer noch heute Sitte ist. Auch ein großer Speisesaal war da; darin wurde man verköstigt. Wo die gelehrten Herren schliefen, bleibt dunkel; vielleicht in Räumen der nahen königlichen Paläste. Es ist auffallend, daß wir von keinem der Männer erfahren, ob sie Familie hatten. Es wäre bestürzend, wenn wir glauben müßten, daß sie sämtlich unbeweibt dahinlebten. Aber sie dienten zum wenigsten den lieben Musen. Denn das Institut hieß Museum. Warum? Das Wort „Museum" ist bei uns Modernen unendlich häufig, aber durch den Gebrauch fast schäbig und ganz trivial geworden. Damals hatte es feierlich religiösen Klang; es besagt, daß das Ganze sich tatsächlich in den Dienst der Musen stellte, die von den Mitgliedern der Gesellschaft gottesdienstlich verehrt wurden. Das Ewig-Weibliche zieht den Denkenden hinan. So dachte der Grieche. An einem Priester fehlte es darum im Museum so wenig wie an einem Kassenwart.

Es ist, wenn ich nicht irre, die erste große, in den Dienst der Wissenschaften gestellte Staatsanstalt, die die Menschheit erlebt hat und in die wir hiermit Einblick tun. Alexander der Große hatte nur an Athen gedacht, als er die Akademie wie den Peripatos mit großen Geldzuschüssen versehen, d. h. sie verstaatlichen wollte. Die Ptolemäer führten jetzt in ihrer Residenz seinen Gedanken aus. Man kann damit also ganz wohl unsere Universitäten vergleichen. Freilich fehlte die juristische und die theologische Fakultät; über Recht und Gerechtigkeit zu reden überließ man den Philosophen; ebenso waren aber auch Theologie und Philosophie für den Griechen dasselbe, und letztere war in Athen geblieben.

Was bleibt übrig? An Hilfsmitteln ließ es der zweite Ptolemäer nicht fehlen; seltene Tiere sammelte er mit größtem Aufwand in Tiergärten oder Menagerien; uns wird die Jagd auf eine Boa constrictor geschildert, die in seinem Auftrag geschah: wie das Ungeheuer etliche Jäger umbrachte, bevor es durch List glücklich gefangen und zur Hauptstadt transportiert ward, damit das Publikum es sehe. Aber das diente eben nur zum Schauen und Staunen. Eine Förderung hat die Zoologie als Wissenschaft dadurch nicht gefunden, und auch mit der Botanik stand es wohl nicht besser; die Musen botanisierten nicht. Gleichwohl ist die Vielseitigkeit dessen, was da geleistet wurde, groß, und eine Reihe von Männern erster Ordnung sehen wir am Werke. Von allen Seiten strömten die Mitarbeiter herbei, aus Syrien, vom Pontus, von den Inseln, international gesonnen wie alle echte Wissenschaft und willige Diener einer aufgeklärten Despotie. Ein Außenstehender ergoß seinen Hohn über sie: „die Leut' sind wie die Masthühner, die man in den Stall sperrt und füttert". So sprach der Neid; denn es gab augenscheinlich gute Kost und Salär. Übrigens hatte Ptolemäus Philadelphus gelegentlich seinen Spaß mit den weisen Herren. Ein Mitglied mit Namen *Sosibios*, ein besonders spitzfindiger Philologe, will sich von der Kasse sein fälliges Gehalt holen; auf des Königs Befehl aber sagt ihm der Schatzmeister, er habe das Geld schon erhalten. Der Enttäuschte eilt zum Ptolemäus; der läßt sich das Rechnungsbuch bringen und zeigt dem Sosibios, daß andere vier Mitglieder ihr Geld schon erhalten haben; in deren Namen aber sind die vier Silben des Namens So-si-bi-os zufällig enthalten: „nimm die vier Silben zusammen und gestehe: du bist bezahlt!" Wir hoffen, daß sich die Szene gutartig in Lachen aufgelöst hat.

Fragen wir noch kurz nach den Leistungen des Alexandrinischen Museums; sie sind zum Teil noch im Auge unserer Gegenwart unvergänglichen Werkes.

Voran stehe *Euklid*; er ist der bekannteste und auch heute noch voll lebendig; denn sein vor 22 Jahrhunderten geschriebenes Lehrbuch über die Geometrie, „die Elemente" des Euklid, es beherrscht, so wie es vorliegt, auch heute noch den Mathematikunterricht in unsern Schulen, in England sogar direkt; der Text wird zu Schulzwecken in England immer wieder neu gedruckt. Die Wahrheit ist eben zeitlos; das gilt, wenn nicht sonst, so doch gewiß in der Rechenkunst, und die Darstellungskunst des Buchs ist klassisch, mit dem Griffel der Notwendigkeit geschrieben; aber man merkt dabei den Lehrmeister; man merkt, daß Euklid von Schülern umgeben war, wenn er den Pythagoräischen Lehrsatz vorträgt, die Teilung der geraden Linie durch den goldenen Schnitt, die Berechnung des Kreises usf. (den Kreisdurchmesser benennt er Diameter, das versteht sich; der Kreismittelpunkt aber heißt Zentrum; das Wort Zentrum bedeutet eigentlich nur den Stachel des Zirkelinstruments, den wir in das Papier einsetzen, wenn wir den Kreis schlagen). Der vierte Werkteil handelt weiter von der Quadratur des Zirkels, der fünfte von den Proportionen. Von der Flächenmessung aber geht es zur Stereometrie, zur Messung der Pyramiden, Kegel und Zylinder weiter. Auch von der Algebrarechnung sieht man bei Euklid die Anfänge, die später der Alexandriner Diophant planmäßiger behandelt hat.

Bei alledem galt Euklid seinen Zeitgenossen schwerlich als epochemachend, da er nicht so sehr Neues brachte, als vielmehr in unübertrefflicher Weise zusammenfaßte, was großenteils schon andere Rechner vor ihm gefunden hatten. Er war mehr Lehrmeister als Entdecker. Entdecker dagegen war *Aristarch;* groß ist der Ruhm des Museums vielmehr durch ihn, den Mann von Samos, den Astronomen, der damals sein Sonnensystem fand; denn auch er war Mitglied des Museums. Sein Gedanke strahlt wie das Licht des Pharos über dem Meer der Zeiten. Er selbst freilich ist für uns nur ein Schatten: wir hören sonst kaum etwas von ihm und seinem Treiben. Wo hatte er sein

Observatorium? Ein flaches Dach genügte; er brauchte keinen Aufbau von Teleskopen; aber auch Einsamkeit brauchte solcher Mann, und man möchte gerne wissen, in welcher Umgebung ihm seine weltbefreiende Erkenntnis aufging. Die Kunde davon drang gleich in die weiteren Gelehrtenkreise; auch fand Aristarch Gläubige; der Name eines *Seleukus* wird uns genannt, der hundert Jahre später dasselbe System verfocht: angeblich ein Babylonier mit mazedonisch klingendem Eigennamen. Es war etwas Großes, wenn in diesem Fall wirklich ein Sternengläubiger, ein Chaldäer, sich zu Aristarch bekannte.

Fragt man, wie sich der König dazu verhielt? Er wird zufrieden gewesen sein, daß er selbst die Sonne war, um die sich alles drehte. Günstiger als Aristarch traf es jedenfalls ein anderer Astronom, der ein vollendeter Hofmann war. Die Königin Berenike war jung vermählt, und es galt ihr in sinniger Weise zu schmeicheln; da benannte der findige Mann kraft seines Amtes eine Gruppe von Fixsternen, die noch namenlos am Himmelsglobus stand, kurzweg „die Locke der Berenike“. Die blonde Locke war erhöht und verewigt, und gleich mußte dann auch ein Dichter die Sache in Verse bringen; auch der war Museumsmitglied. Wir lesen die künstlichen Verse von der Himmelfahrt der Locke noch heute; sie riechen stark nach Gelehrsamkeit und unendlich höfischer Schmeichelei. Ein Vogel Strauß muß da herbei, der fliegen kann (man denke!) und das Haar durch die Luft davonträgt.

Nebenher ging sodann das Studium der Physik und ihre Auswirkung, die Mechanik, die mit Experimenten vorgeht. Auch das führte zu überraschenden Ergebnissen; allein es wurde den Erfindern doch nicht zuteil, für die antike Kultur, in der der Sklave die Maschine hinlänglich ersetzte, ein Maschinenwesen zu schaffen, das unser modernes Treiben vorweggenommen hätte; virtuell wäre das durchaus möglich gewesen. *Ktesibios* ist hier der Mann am Werk, und es handelt sich um Automaten.

Schon unsere Uhr ist ein Automat; die Spannung der Feder bewegt sie. Mit Hilfe der Automaten reisen wir auf Schienengleisen oder ohne sie mit Hilfe des Dampfs und der Elektrizität, und jeder Straßenjunge stammelt bei uns griechisch, wenn er das Wort Auto ruft. Schon Ktesibios hat für seine Zwecke den Dampf, den Luftdruck, den künstlich hergestellten leeren Raum, das Vakuum, in den Kolben und Kesseln seiner Maschinen benutzt. Aristoteles hatte die Existenz des leeren Raums geleugnet, Ktesibios bewies sie durch Experiment und nutzte sie aus. Darin liegt seine wissenschaftliche Bedeutung; Heron aber war in den technischen Leistungen sein Fortsetzer.

Da hören wir denn von allerlei netten Sachen, von Siphonen, die für Druckwerke dienen, von der Vexierkanne mit hohlem Henkel, die so eingerichtet ist, daß man daraus nach Belieben dem einen Wein, dem andern Wasser, dem dritten Wasser und Wein gemischt einschenken kann. Weiter zu magischer Wirkung beim Gottesdienst Weihwasserautomaten in den Tempeln; eine Mechanik, durch die sich die Tempeltüren von selber öffnen, oder eine Trompete, die im Tempel zur rechten Zeit von selber bläst.

Alles das blieb im Grunde nur geniale Spielerei ohne praktische Folgen; wertvoller war schon der sich selbst regulierende Badeofen, die Feuerspritze im Dienst des Löschwesens, die Wasseruhr mit beweglichem Zeiger, der Taxameter, der schon damals die Länge der Wagenfahrt von selbst angab, endlich die Wasserorgel. Die Wasserorgel, deren Pfeifen, wenn man die Tasten rührte, von selber tönten, wurde gern und oft in Konzerten vorgeführt. Aber auch das Marionettentheater sei nicht vergessen: ein Bühnenkasten, in dem die beweglichen Puppen ganze Dramen abspielen, ob im Waffenkampf, ob im Sturm auf dem Meer; es wird uns genau beschrieben. Solche Marionette großen Stils war nun auch die sitzende, hochgewachsene Frauenfigur, die in der großartigen Prozession, die Ptolemäus Philadelphus zu Ehren des Dionys veranstaltete, auf einem Wagen daherfuhr, die sich mechanisch vom Sitz erhob, Milch ausgoß und sich wieder niedersetzte. Gewiß ist sie ein Werk des vielbewunderten Ktesibios gewesen. Von solchen im feierlichen Gottesdienst zur Darstellung einer heiligen Handlung verwandten Marionetten hören wir auch noch in der späteren römischen Kaiserzeit.

Aber auch den besten Namen, *Archimedes*, muß ich hier noch einmal nennen. In Syrakus fand er nicht sein Publikum; vielmehr war Alexandriens Gelehrtenrepublik auch für ihn das Zentrum, nach dem er gravitierte; in Briefwechsel mit den dortigen Größen stand er, sandte seine eigenen Arbeiten zur Kenntnisnahme dorthin, gleichsam als korrespondierendes Mitglied der Akademie, und knüpfte sorglich an die dortigen Arbeiten an. Daher sein großartiger Maschinenbau, daher seine Behandlung der Quadratur des Zirkels.

Der König war kränklich, wie wir sahen. Er rief die besten Ärzte herbei, und sie kamen, *Herophilus* und *Erasistratus*, aber sie scheinen seinem Podagra nicht geholfen zu haben. So entwickelte sich nun aber auch die Medizin in Alexandrien unter königlichem Schutz zu größerer Vollendung; ihr wissenschaftlicher Charakter wurde gesteigert. Schon bisher war die Medizin Hofkunst gewesen; jetzt gedieh ihr dies zu besonderem Vorteil. Denn der König gestattete das bisher Unerhörte, das Sezieren menschlicher Leichname. Die Zubereitung der Mumien, die in Ägypten herkömmlich war und die gleichfalls das Sezieren, das Herausnehmen der Eingeweide voraussetzt, gab zu dieser freisinnigen Verfügung den Anstoß. Ja, auch Vivisektion an zum Tod verurteilten Verbrechern wurde gestattet; der König selbst soll, wenn ihn die Laune befiel, dilettantisch sich am Schneiden versucht haben. Mit Entrüstung blickte die spätere Zeit hierauf zurück.

So wurden nun Herophilus und Erasistratus die Anatomen, die sahen, was kein anderer sah; das Gehirn, Herz, Adern und Nerven, auch Glaskörper und Netzhaut im Auge lag jetzt offen. Aber auch praktiziert wurde; das ist selbstverständlich, und Schüler wurden angelernt. Eine ambulatorische Klinik stand offen; die Großstadt lieferte das reichste Krankenmaterial. Wie freilich unsereinem zumute sein würde, wenn ein

Herophilus sich an unser Bett setzte, wage ich nicht auszudenken. Man schnitt nicht nur, sondern auch Schröpfköpfe und Katheter waren am Werk; die Pharmazie aber tat das meiste. Auch die Kenntnisse der Heilkräuter wurde damals planvoll gesteigert. „Heuresis", d. i. das Finderglück, so hieß der weibliche Genius, der dem Pharmazeuten beim Suchen solcher Pflanzen half. Erasistratus aber war nicht nur Anatom, sondern von Hause aus Physiologe und Pathologe. Man war jetzt so weit, zu erkennen, daß die Diagnose für den Arzt wichtiger ist als die Prognose; daß man die Symptome am Kranken beobachten soll, nicht um sie selbst zu bekämpfen, sondern um aus ihnen auf den Ort der Krankheit zu schließen. Das Fieber selbst ist keine Krankheit, sondern nur ihr Symptom und die Wirkung irgendeines inneren Schadens, den es zu beseitigen gilt.

Als Beispiel wird uns folgende Liebesgeschichte gegeben, die im Altertum allgemein gefiel, weil sie den Arzt verherrlicht und zugleich die Herzen rührt. Seleukus, der stolze König Syriens und Babylons, hatte etwa 50jährig als Witwer die junge bildschöne Stratonike, die Tochter seines Gegners, des Demetrius Poliorketes, zu seiner Königin gemacht. Antiochus aber, sein Sohn erster Ehe, erkrankte, als Stratonike am Hof erschien, und niemand konnte ihn heilen. Erasistratus aber, der damals dem Seleukus diente, erkannte, daß er liebeskrank. Der Jüngling hüllte sich in Stummheit. Wen liebte er? Es galt dies festzustellen, um ihm zu helfen. Der Arzt verließ also das Zimmer des Kranken nicht, beobachtete sein Verhalten beim Ab- und Zugehen jugendlicher Personen, sein Antlitz, seine Augen, sein Zucken in den Händen. Es zeigte sich nichts; als aber Stratonike, die holdselige, herzutrat, waren plötzlich alle Symptome der Liebe da, Verwirrung, Stocken der Stimme, fahle Blässe und Angstschweiß bis zur Ohnmacht. Welch bedrohliche Entdeckung! und was sollte geschehen? Seleukus, der König, liebte seinen Sohn; so beschloß Erasistratus, zu ihm zu gehen, und sagte: „ich habe das Leiden erkannt; dein Sohn liebt, eine vergebliche Liebe". „Wen liebt er?" Der Arzt versetzte klug: „er liebt meine Frau". Seleukus darauf: „So trenne dich von ihr und gib sie ihm hin; denn du siehst, wie wir unglücklich sind." „Nein," rief der andere; „das würdest doch auch du nicht tun, wenn Antiochus etwa dein Weib, wenn er Stratonike liebte." Da sagte der König lebhaft und unter Tränen: „O Freund, möchte ein Gott oder irgendein Sterblicher seine Leidenschaft ablenken, da ich sogar mein Königtum hingeben würde, wenn Antiochus mich bäte!" Da ergriff der Arzt des Königs Rechte und sagte: „Wohlan, ich bin hier nicht nötig; denn der Vater selbst, des Weibes Gatte, der König ist hier der beste Hausarzt, der die Heilung bringt." Seleukus verstand, trennte sich großherzig von seinem Weib und gab es dem Sohne. Durch dies Erlebnis ist Erasistratus eine Figur in den Königsgeschichten des Orients geworden. Aber er siedelte dann nach Alexandrien über; vielleicht war doch im Herzen des Seleukus ein geheimer Groll übrig geblieben.

Aber genug von Ärzten, von Astronomen und desgleichen. Sind wir hiermit am Ende? Keineswegs. Wir haben das Eigenartigste, das Weltwunder jener Zeit, die Bibliothek des Museums noch nicht betreten. Wir fassen uns in Andacht, treten ein, und uns empfängt der Mann des Buchs, der Philologe. Es ist immerhin doch erwähnenswert, daß damals in

Alexandrien auch die Philologie entstanden ist, die heute unsere Schulen beherrscht. Sie ist die bescheidene, doch unentbehrliche Schleppenträgerin der Dichtkunst, die Hüterin ihrer abgelegten schimmernden Gewänder, und eine frauenhafte Geduld ist ihr eigen. Auch der Philologe ist Denker, aber er denkt nur, was andere gedacht haben. Dabei muß er Handschriften lesen, Stilarten unterscheiden können. Das erfordert Begeisterung für das Kleine. Aber er ist stolz darauf bis zur Zanksucht; stolz mit Recht. Denn wir haben dieser Philologie Alexandriens viel zu danken, vor allem die Rettung der Literatur von Hellas, die Rettung der Bücher, ohne die die Vergangenheiten stumm und tot und ein verlorenes Gut sind, aber noch ein zweites, die Begründung des Sprachstudiums, des Verständnisses für das Wort, das wir im eigenen Munde führen. Man nennt das Grammatik, „die Lehre vom Buchstaben oder vom Laut".

Es war etwas, an der eigenen Sprache die Gesetze, die sie beherrschen, aufzudecken. Nur die Inder und die Griechen haben das geleistet. Daß wir Deutschen Zeitwort und Nennwort und die Formen der Fälle am Substantiv, die Formen der Zeiten und Modi am Verbum unterscheiden und das Gesetzliche in dem allem wahrnehmen, haben wir von den Römern, die Römer haben es sklavisch von den Griechen genommen. Die griechischen Philosophen halfen zu eben der Zeit, von der ich handle, vor allem die Stoiker; von ihnen stammen die Ausdrücke Nominativ, Genitiv, Dativ, Imperativ, Perfekt, Adverb, Pronomen usf. Die Grammatiker des alexandrinischen Museums aber suchten am gesamten Sprachmaterial die Regeln, die hierfür gelten, festzustellen und die Ausnahmen zu notieren, und eine Lautlehre und Formenlehre entstand. Das hatte rein wissenschaftlichen Zweck; es war auch dies Naturforschung. Denn die griechische Sprache hat sich damals im Hellenismus über die fremden Nationalitäten nicht etwa mit Hilfe des Lehrbuchs, das viel zu spät kam, sondern naturwüchsig durch mündlichen Verkehr und überdies durch Lektüre der Schriftsteller verbreitet.

Die Bibliothek war ein geniales kaufmännisches Unternehmen der Könige. Spekulation, Raubrittertum und Idealismus wirkten bei der Beschaffung der Büchermassen zusammen. In allen auswärtigen Städten, bei den Behörden, bei Privaten, machten sie Gebote zu hohen Preisen, und die kostbaren Bücher flogen herbei von allen Seiten, auch der Homertext, den man im fernen Marseille hatte. Die Tragiker Aeschylus, Sophokles und Euripides waren in käuflichen Exemplaren weit verbreitet; Alexander der Große ließ sie sich aus Athen nach Persien kommen, und zwar ihre sämtlichen etwa 300 Dramen. Die Ptolemäer aber verschafften sich aus Athen von ihnen die sog. Staatsexemplare, die den zuverlässigsten Text boten. Die Handelsschiffe, die in Alexandrien anlegten, führten oft im Dienst des Buchhandels ganze Ladungen von Büchern; die Könige spürten danach und nahmen sie ohne Bedenken weg. Ungeordnet kamen die Massen von Rollen dann zunächst in das Magazin, die Bibliothek, die feuersicher lediglich aus Stein ohne Holzgebälk errichtet war. Ihre Front lag nach Osten, da man Morgenlicht brauchte. Es wurde nur vormittags gearbeitet, und in der Vorhalle, die das Licht empfing, wurde studiert.

Ägypten hatte den enormen Vorteil voraus, daß dort allein Papier fabriziert wurde; denn nur dort wuchs die Papyrusstaude. Alle auswärtigen Schriftsteller und Buchschreiber waren gezwungen, das Papier von dort zu beziehen. Die Ptolemäer hatten es auf alle Fälle stets zur Hand. Wir hören, daß, wie die jüdischen Kaufleute in Alexandria die Transitwaren auf Lager zurückhielten, um die Preise zu steigern, man es in Nachahmung ihres Verfahrens auch mit dem Papier machte. Auch ohne das waren die Papierpreise nachweislich im Altertum exorbitant und mit den heutigen nicht zu vergleichen. Für das Zusammenkleben eines Papierstreifens aus 20 Blättern zahlte man in Ägypten selbst, nicht etwa im Ausland, so viel, daß man sich drei Liter Linsen dafür hätte kaufen können. Auf alle Fälle aber hatten die Ptolemäer das Schreibmaterial viel billiger als etwa die Athener und stets in Fülle zur Verfügung. Es galt diesen Vorteil auszunützen, und es stellten sich demnach zwei Aufgaben, erstlich, das wüste Chaos der Buchmassen zu ordnen, die allzu dicken Rollen, die bisweilen an 100 Fuß Länge hatten, zu zerlegen, sodann aber mit Hilfe der Papiervorräte neue Reinschriften, lesbare Neuausgaben aller Schriftsteller, die es gab oder bei denen es sich noch irgendwie lohnte, herzustellen. Dazu aber waren Buchkenner, Schriftkenner, es waren dazu Philologen nötig, und so erzeugte die Bibliothek die Philologie, um ihrerseits durch sie erst das zu sein, was sie sein soll, um durch sie erst ihr Wesen zu erhalten. Die neu hergestellten Ausgaben aber waren natürlich für den Verkauf bestimmt. Sie waren Vervielfältigungen. Auch von des Aristoteles bisher schwer zugänglichen Lehrschriften erschien eine Anzahl; auch die zeitgenössischen Autoren gaben ihre neuen Sachen her; 700 000 Rollen hatte man schließlich auf Lager, und so wurde Alexandrien rasch und nahezu konkurrenzlos das Zentrum für den Buchhandel der damaligen Welt.

Durch vier, fünf Generationen entwickelte sich hier die neue Wissenschaft, und ein ausgezeichneter Gelehrter reichte sie dem andern weiter. Man begann mit der Ordnung der Bücherstapel; dazu mußten drei Männer heran, *Zenodot* aus Ephesus als dirigierende Kraft, daneben ein *Alexander* aus Aetolien und *Lykophron* aus Euböa, und sie lasen aus der Menge zunächst die Bücher der epischen und lyrischen Dichtkunst, die Tausende von Tragödien und Lustspielen aus. Die so hergestellten Gruppen wurden in besondere Schränke gelegt. Im weiteren Verlauf aber wurde es so gehalten, daß nur die Bibliotheksdirektoren auf Grund der Texte, die sie vorfanden, Neuausgaben veranstalteten, die sonstigen Arbeiten, die sich als notwendig ergaben, andern Philologen zufielen. So gestalteten die Direktoren Zenodot, Aristophanes aus Byzanz und Aristarch (der Namensvetter des Astronomen) den zerrütteten Homertext in immer neuer Durcharbeitung auf Grund der Vergleichung zahlreicher Exemplare in einer Gestalt, die dauernde Geltung gewann.

Wir wissen heut, wie mühselig es ist, alte zersplitterte Papyrusrollen zu entrollen und ihre Schrift zu lesen; bei Homer nun gar, der schon bisher in Kleinasien wie in Sizilien, Tarent, Marseille, auf Kreta und sonst allerorts Lehrgegenstand in den Knabenschulen gewesen, ist es begreiflich, daß er unendlich viele Entstellungen, ja, dreiste

Einschaltungen erfahren hatte, und der Feinsinn, die Spürfähigkeit der Philologen für das Echte steigerte sich in Alexandrien in bewundernswerter Weise. Der Name jenes *Aristarch*, des letzten der großen Bibliothekare, wurde zum Renommiernamen des Fachs, und viele angesehene Fortsetzer dieser Arbeiten rühmten sich hernach, seine Schüler zu sein. Noch mehr Bewunderung aber verdient der neben ihm genannte *Aristophanes*, der in umfassendster Weise all die Tragödien, die Komödien, die lyrischen Dichter wie Pindar und seinesgleichen, aber obendrein auch Prosaautoren in gesichertem Wortlaut neu lesbar machte, indem er bei den Liedertexten in Beobachtung der Versmaße eine durchdachte neue Zeilenteilung herstellte.

Dazu trieb man auch Metrik, freilich ohne hinreichendes Verständnis; denn jene griechischen Lieder und Gesänge sind ohne Kenntnis der Musik, nach der man sie gesungen hatte, nicht aufzufassen, was viele auch noch heute verkennen. Aber die Philologen des Museums scheinen nicht so musikalisch wie der Arzt Herophilus, der Anatom, gewesen zu sein, der den Puls der Fieberkranken, da er kein anderes Meßinstrument besaß, nach dem Rhythmus bekannter Musikstücke zu messen pflegte.

Aber auch viele dunkle Stellen und seltene, außer Gebrauch gekommene Wörter und Dialektformen fanden sich im Homer, in den Tragödien und Komödien; in den Sitzungen des Museums wurden sie ausführlich besprochen, und daraus gingen Kommentare und Lexika oder Glossare hervor, die sich schließlich zu Bergen häuften; der Philologe, der diesen Studien den Abschluß gab, *Didymus*, „der Mann mit dem Gedärm von Eisen", hat nicht weniger als 3500 Bücher solchen Inhalts hinterlassen.

Diese Arbeiten waren mühselig und gingen ins kleine bis zum kleinlichen; ein Kleben am Worte; aber der Lohn war groß, der geistige Gewinn für die Folgezeit von unsäglicher Bedeutung; denn nicht nur die Literatur selbst von Homer bis Aristoteles war vor Verderb und Verzettelung gerettet; man hatte nun auch zum erstenmal über sie einen Überblick gewonnen, konnte sie endlich als Gesamtheit nehmen, historisch aufbauen, in Gruppen zerlegen, die Entwicklung jeder Gattung feststellen, Literaturgeschichte treiben. Darin liegt das Hauptverdienst des Philologen *Kallimachus*, daß er in einem katalogartig gestalteten Literaturgeschichtswerk in 120 Büchern den Gesamtinhalt der Literatur mit dem Anspruch auf Vollständigkeit verzeichnete, die Gruppen sonderte, zu jedem der Autoren die sämtlichen Werktitel angab, biographische Notizen hinzufügte: ein wahrer Thesaurus, eine Schatzkammer ohnegleichen. Dieser Kallimachus war Page am Hof gewesen, aber seine reichen geistigen Interessen trieben ihn zu den Bücherschränken, und nichts war so entlegen, daß es nicht sein Interesse fand bis zu den Kochbüchern und Tischregeln, die man in Buchform aufbewahrte. Zum Glück wurde er nicht Bibliotheksdirektor; sonst hätte er zu seinen weitschichtig registrierenden Arbeiten gewiß keine Zeit gehabt. Wohl aber fand er Zeit, gelegentlich noch seinen Vers zu machen; er wollte der Mann sein, der den Musen des Museums auch als Dichter diente: ein dichtender Philologe, ein Zeichen der Zeit. Es ist begreiflich, daß das nichts Berauschendes wurde. Die Gewissenhaftigkeit kann den Schwung nicht ersetzen.

So ist denn auch die Ästhetik, das ästhetische Kunsturteil, das ins Große blickt, nicht eigentlich von diesen Grammatikern ausgebildet worden, sondern vielmehr von den Lehrern der Beredsamkeit; denn nur wer selbst Produzent ist, kann das gegebene Produkt in seinen Werdebedingungen erfassen. Nichts herrlicher auf diesem Gebiet als das griechische Buch, das sich „vom Erhabenen“ betitelt; aber kein Philologe hat es geschrieben. Wer da gebückt lebt, um die Knoten im Grashalm zu zählen, versteht nicht, was die Waldeswipfel rauschen, die der Odem Gottes im Sturm bewegt.

Gleichwohl war nun für eine Literaturgeschichte wissenschaftlich der Grund gelegt, und es schlossen sich Männer an Kallimachus an, die nun auch ausführlichere Biographien der Dichter und Philosophen schrieben, freilich ohne den Wahrheitssinn, der den Meister auszeichnete. Vor allem beteiligte sich der große *Eratosthenes*, der Mann, der die Geographie neu aufgebaut, auch auf diesem Gebiet des Bücherstudiums, Eratosthenes, der Mann, der gleichsam Zeit und Raum beherrschte; er schuf die Chronologie, den Aufbau der Vergangenheit nach Jahreszahlen, der bisher noch fehlte; es galt genau zu wissen, wann Herodot gelebt, wann Sophokles geboren usf. In die Zeitenfolge der Weltgeschichte wurde von ihm die Chronologie der Literaturgeschichte eingebaut. Erst nach dieser großen wissenschaftlichen Leistung des Eratosthenes konnten die nach Jahren geordneten Chroniken entstehen, an denen schon Männer wie Cicero sich orientierten, und auch der heutige Liebhaber des Hellenentums wäre ratlos ohne diese Hilfe.

Ihr Werk war den Ptolemäern gelungen, das Museum ein Treibhaus der Gelehrsamkeit, in dem alles wundersam gedieh; das machte die köstlich ebenmäßige Temperatur, und keine Sorge, auch kein Heimweh, so scheint es, behelligte die Männer, von denen ich gesprochen. Auch die Disputationen, bei denen man sich an der Lösung von Problemen übte, verliefen wohl meist harmlos. Der Spott blieb freilich nicht aus, wenn die Philologen im Homer von der Göttin Aphrodite lasen, die sich gegen Diomedes in die Schlacht wagt, und sich darüber ereiferten und stritten, ob sie da an der rechten Hand oder an der linken verwundet wurde. Vom Herkules genügten die zwölf Taten nicht; man mußte wissen, bei wem er schreiben gelernt, wer ihm Singstunden gab. Es war üblich im Gefäß Lose herumzureichen, und die, die dasselbe Los zogen, mußten sich gegenseitig solche Fragen stellen. Das deutet auf Verfall, der in der Tat nicht ausblieb. Die Herren wurden feist und faul. Die Dynastie selbst blieb nicht auf ihrer Höhe; Roms Einfluß wurde allmächtig, die besseren Gelehrten wanderten aus Alexandrien dorthin, in die Stadt am Tiber; denn Rom hatte sich inzwischen mit Ehrgeiz hellenisiert. Für die griechische Medizin wie für die Philologie wurde so Rom der Mittelpunkt, schließlich auch für das ganze Verlagswesen. Dazu kam, daß die Bibliothek in Alexandrien in Flammen aufging. Julius Cäsar kämpfte dort, im Hafen, gegen die Aufständischen; die

Schiffe brannten; übermütige Soldaten trugen den Feuerspan in das kostbare Magazin der 700 000 Papyrusrollen. Fortan waren die üppigen kaiserlichen Bibliotheken in Rom die Sammelstätte, wo man die griechischen Bücher fand.

Wir aber können Alexandrien noch nicht verlassen; denn allerlei Dinge gediehen auch außerhalb des Treibhauses des Museums: die Goldmacherei, die Alchymie, das Unkraut, aus dem erst in unserer späten Gegenwart das Edelgewächs der Chemie hervorging. Von den ägyptischen Priestern war sie ausgegangen, jene Geheimkunst, und sie schlich sich nun auch in die Stadt Alexandrien ein. Man wollte der Natur nachhelfen, Gold aus Kupfer machen, Smaragden aus Kristall. Warum sollen die Elemente sich nicht verändern, wenn man sie unter magischer Besprechung in die Retorte tut? warum nicht aus einem Stäubchen Gold ein ganzes Pfund Gold werden, wenn doch aus einem Saatkorn, wenn man es richtig bettet, hundert Körner wachsen? Wahn, Wahn! Betrug und Schwindel! Aber die Sache wuchs sich fachmäßig zur Lehre, zur Industrie aus, und die Gewinnsucht gab den Antrieb. Die Ptolemäer, die reichen Könige, haben sie ignoriert; anders dagegen der römische Kaiser Diokletian in der Zeit der Geldnot und des Verfalls des Geldwesens; er ließ im Interesse seiner großen Münzreform im Jahre 297 n. Chr. sämtliche Goldmacherbücher in Ägypten konfiszieren und verbrennen. Wie hoch steht dieser Herrscher über den Königen Englands, die umgekehrt im 16. und 17. Jahrhundert sich der Hilfe der Goldmacher bedienten, um ihr Land mit falscher Münze geradezu zu überschwemmen! Auch deutsche Fürsten, wie die Kurfürsten von Sachsen, die die polnische Krone trugen, haben es im 18. Jahrhundert nicht besser gemacht, und der Betrieb ging im lieben Dresden in das Große. Aber man hatte nun doch auch in unsern Ländern das Kochen der Elemente und ihre Analyse gelernt; die Sache kam unglaublich spät, aber sie kam doch endlich in die Hände ehrlicher Leute, und die moderne Chemie entstand, die Befreierin, die unser physisches Leben heute durchhellt und eine ganz neue Industrie schuf, die uns auch ohne unechtes Gold reich macht. Die Kunst der Retorte hat das böse Gewissen verloren. Im Judenviertel Alexandriens aber entstand gleichzeitig ein Werk, von dem unsere Theologen wissen und das zur Popularisierung der jüdischen Volksreligion und damit zur Begründung des Christentums die Voraussetzung war: die „Septuaginta", die griechische Übersetzung des Alten Testaments. Denn viele Juden in der Diaspora verlernten das Aramäisch, das sie sprachen; die hellenisierten, griechisch sprechenden Juden brauchten für den Gottesdienst in ihrer Synagoge den heiligen Text in griechischer Sprache. Sie selbst erzählten hernach die Wundermär, der König Ptolemäus Philadelphus selbst habe die Übersetzung aus dem Hebräischen veranlaßt, indem er 70 kundige Israeliten damit beauftragte, die jeder abgetrennt in besonderer Klause das Werk vollbrachten; diese 70 Übersetzungen hätten wörtlich übereingestimmt, und so war man versichert, daß keines der heiligen Worte veruntreut sei. Nun aber standen die Bücher Moses auch den Nichtjuden offen, und es konnte eine Propaganda des Glaubens beginnen. Freilich war in dieser Übersetzung die griechische Schriftsprache eigentümlich barbarisiert; sie erhielt ausgeprägt semitischen Typus, vor dem der verwöhnte Schönheitssinn der gebildeten Griechen zurückschreckte. Aber es mußte trotzdem dahin kommen, daß auch sie sie lasen; denn überdies entstand im ägyptischen Judentum, das bald eine Million Köpfe zählte, eine neue, propagandistisch ausgreifende, religiös-philosophische Literatur, die sich an Plato und der Stoa nährte, den Griechen aber zeigte, daß die Weisheit ihrer Weisen nicht neu, daß sie sich schon bei Moses finde. Vor dem Griechen aber, der die Bücher Moses entfaltete, erstand nun der eifrige orientalische Gott, der da sprach: es werde Licht, und es ward Licht, das Drama der sechs Schöpfungstage, Himmel und Erde aus dem Nichts geworden, die Gartenszene des Sündenfalls, Moses auf dem Sinai, das Manna in der Wüste, die großzügig belebte Familienlegende der Patriarchen und überall derselbe Gott, der sein Volk erzieht, liebt und züchtigt, eine Fülle neuer Bilder, in starker, oft wilder Sprache, die Figuren selbst in grellen, fast schreienden Farben auf dunklen Grund gestellt. Welche Bereicherung der Phantasie, welche Bereicherung der Gedankenwelt! So geschah es, daß der Hellenismus nicht nur gab, sondern auch nahm, daß sich der Orient ihm aus seinen Tiefen immer mehr erschloß und seine erregenden Einflüsse dreifältig aus Persien, aus Babylon, aus dem Judentum über den ruhig kontemplativen, der Wissenschaft zugewandten griechischen Geist ergoß. Was das Museum Alexandriens gab, war doch nur für die dünne Schicht der Gebildeten, der Aristokratie des Geistes; der ägyptische Isis- und Osirisdienst dagegen, der Sternglaube Babylons, die persische Lehre vom Kampf des guten und bösen Weltgeistes, der bis in unsere Herzen dringt, und der Judaismus wirkten auch auf die breiten Volksmassen, und bei den Massen ist im großen Werdegang der Geschichte die Entscheidung. Wir werden es sehen.

***

Hellenistische Kunst

Doch uns ruft der Apoll von Belvedere, uns ruft der Laokoon, uns rufen die Hirten des Theokrit, der völlig neue Kunstbetrieb, der da anhob, als Alexander die Welt aufschloß.

International war die Wissenschaft geworden, aber wir sahen dabei doch nur Männer echt griechischen Blutes am Werke. So wurde jetzt auch die Kunst Trägerin des Weltgriechentums; auch sie kam immer noch aus griechischen Händen; aber sie griff naturgemäß viel tiefer ins Volksleben ein als die Arbeit der Gelehrten. Sollte die Menschheit in ihr Genüge, in ihr Rast und Frieden finden?

Nicht die babylonische, nicht die ägyptische Kunst, nur die griechische erwies sich damals als entwicklungsfähig und ihrer Zeit gewachsen; wie in ewiger Jugend wurde sie immer neu befruchtet, und eine große Ernte stand auch jetzt noch bevor.

Die Bildkunst hatte schon bisher im Dienst der kleinen Republiken die Tempelräume fleißig mit Weihegaben und Siegesdenkmälern geschmückt; jetzt überbot sie sich an Produktivität ins Erstaunliche, ein großartiges Vorwärts, ein Ausgreifen im Sinne Alexanders: es gibt nichts Unmögliches! ein Trieb in das Hochmoderne. Dabei saßen die Bildmeister selbst noch immer an den alten Stellen, in Sikyon, Athen, Rhodos, und waren doch fähig, in ihrer stillen Klause dem Zeitgeist seine Ideale zu schaffen, mit virtuos gesteigerter Technik.

Aber es gab seit Lysipp und Apelles auch wandernde Ateliers, und durch sie wurde die Griechenkunst weithin nach dem Osten getragen. Sie siedelten sich selbst unter dem Himalaja an. Denn jenseits Persiens, das jetzt in Händen der Parther war, hatten sich inzwischen in Iran, in Baktrien und am Indus, vom Riesenreich des Seleukus abgesplittert, neue Königreiche mit tapferen griechischen Dynastien gebildet: Soldatenkönige, Abkömmlinge aus Alexanders Heerlager, die dort durch drei Jahrhunderte bis zur Zeit Christi gleichsam als Vorposten standen, bis sie dem Ansturm barbarischer Reitervölker aus Turkestan erlagen. An griechisches Theater, griechische Münzprägung, griechische Bauten, griechische Plastik gewöhnte sich der Ostasiate; der griechische Meißel übte sich jetzt darin, auch persische gottesdienstliche Bräuche in Marmor darzustellen. Im Land des Ganges war durch den frommen Hindukönig Asoka die Buddhareligion zur Staatsreligion geworden; jetzt baute man dort endlich Steinbauten, die Stupas, unter Einfluß des junggriechischen korinthischen Stils, und in Reliefbildern erzählte man Buddhas Leben in griechischer Aufmachung, den fremdartig frauenhaft weichen indischen Heiland und Erlöser zwischen jonischen Säulen und Arkaden. Wer weiß, ob da nicht auch die Iphigenie und Phädra auf die Bühne trat? Es war ein Vollklang der Musen vom Parnaß und Helikon, der vernehmlich bis zum Dach Asiens klang und noch lange nachhallte, bis er sich scheinbar ins Nichts verlor. Die Seele des Inders ist langsam; erst 400 Jahre hernach entstand das indische Drama, das uns die Sakuntala gegeben. Aber hundert Jahre sind dort wie ein Tag und das Gestern wie das Morgen. Der Inder zählt die Jahre so wenig wie die Ähren im Saatfeld.

Diese griechische Kunst aber ist jetzt Königskunst, und sie wurde nun auch ihrerseits in ihrer Großartigkeit von orientalischem Geist getragen. Der Palastbau der Perser drang vor; die Könige brauchten ihn; aber auch die Gotteshäuser der Könige wachsen in ungewohnte Dimensionen aus und die Gottesaltäre zu riesenhaft weiten Feuerstätten für den Feuerbrand unter freiem Himmel dem Zeus zu Ehren, wobei aber ein Zeusbild, auch ein Zeustempel fehlt, ganz nach Art des Feuerdienstes Persiens. Raumverschwendung: ohne das ging es nicht; Olympia war glänzend übertrumpft. Schon Alexander freute sich am Enormen, am Übermaß und am Barock: Übermaß in der Weite und Höhe. Die Säule treibt, als würde sie auf dem Dungbeet hochgezüchtet, und sie multipliziert sich und tritt in Regimentern an, um stolz und voll Eigenleben und mit reich geschmücktem Haupt, das voll Marmorblüten hängt, die Felderdecken der Hallen zu tragen. Die Stockwerke steigen aufeinander, und die Schönheit wiederholt sich; weicher Schatten flutet hindurch.

Strotzender Reichtum überall; davon hat hernach Rom gelernt. Der pompöse Schmuckbau ist das Ornat des Königtums. So nun auch die Neuschöpfungen der *Plastik*, ob dekorativ im Dienst des Bauwerks oder selbständig und isoliert in Rundplastik. Auch in ihnen bäumt sich jetzt das Gewaltige auf. Die Welt schäumte noch vom Alexandersturm, und alles ist jetzt Erregung, auch im Bilde. Und greller Realismus. Die Aufträge gingen in die Ateliers, und die Künstler verstanden, was die Herren brauchten; ihre Kunst steigerte sich zum Virtuosentum. Es ist so, wie des Rubens üppige Kunst sich in den Dienst der ruhmsüchtigen Bourbonen stellte.

Und es war damals ein Stolz, Künstler zu sein; denn die hohen Herren huldigten den Meistern, wie schon Alexander, man möchte sagen, mit Inbrunst. Als Demetrius, der phantastische Königssohn, die Inselstadt Rhodos mit schwerem Geschütz und Feuerbrand belagerte, erfuhr er, daß dadurch die Werkstatt des berühmten Malers *Protogenes*, die in der Vorstadt lag, in Gefahr kam; sofort ließ er die Geschütze anders aufstellen, und die Stadt ging ihm darum verloren. Aber es reute ihn nicht, er betrat vielmehr die Werkstatt und bewunderte die neueste wunderbare Schilderei des Mannes. Die Kunst schien eben international; und so tönt uns aus dieser Zeit und aus Malers Mund das Wort herüber: „der Kunst allein zu leben ist das wahre Glück; mag alles andere in Krieg und Umsturz untergehn; sie bleibt bestehn“.

Das Wort „Barock“ ist gefallen; ich meine den brillanten Stil, der, aus der Erregung geboren, Erregung wirkt; ein Prahlen des Könnens. Wohin war die stille Größe, die erhabene Ruhe der Götter, wie Phidias, wie Praxiteles sie schaute? wohin die Seligkeit, der Himmelsfriede? in ihrer strengen Würde unnahbar, in ihrer überirdisch leidenschaftslos verträumten Schönheit Andacht weckend und allem Irdischen so fremd? Der Apollino selbst, der, schlaff an den Baum gelehnt, auf die Eidechse starrt, wie in Einsamkeiten eingehüllt, voll Seelenstille wie die Blumen, in unverwelklicher Huld; jede Furche der Sorge weggeglättet vom Kuß des sonnigen Äthers!

Das ist zu Ende. Jetzt, da Menschen, die sich Könige nennen, Götter geworden sind, wird auch der Gott wieder ins Menschliche hinabgerissen, und er blickt wieder wach, ja leidenschaftlich, er greift wieder derb in das Erdenleben wie bei Homer. Durch Alexander ist homerisches Denken neu auferstanden; der Abstand schwindet wieder zwischen Gott und Mensch.

Im Apoll von Belvedere verkündet sich zuerst das Neue. Er ist in Alexanders Jugendzeit zu Athen entstanden, und er ist allerdings noch so idealistisch überirdisch gedacht wie die knidische Venus, im Sinn der voraufgehenden Generation, eine Vision und lichtumflossene Offenbarung der Gottgestalt, die blendend wie aus Wolken tritt, von Schönheit triefend, jede Härte der Muskeln weggenommen, da es so sein soll, als ob man ihn aus der Ferne sähe; aber dieser Apoll träumt nicht mehr und ist nicht mehr lässig erdenfremd. Er ist schon Drama, im Pathos hochgereckt, der energische Gott der Ilias, der, durchschauert vom Gefühl der eigenen Herrlichkeit, aber erhaben, unnahbar, den Sündern mit Vernichtung droht, Heilung verspricht den Frommen.

Von hier an beginnt das Theatralische, die Sucht nach Effekt in der Plastik; es beginnt zugleich die Kunst, in einem Einzelbildnis einen ganzen Hergang auszudrücken; denn die Gestalt wirft ihre Seele nach außen, und wir sind gezwungen, uns das Ziel, das der Gott mit seiner Gebärde bedroht und ohne das seine Haltung sinnlos wäre, hinzuzudenken. Wann sonst aber kann *Leochares*, der Künstler, diesen Apoll ersonnen haben, als da Alexander – wie Agamemnon – Asiens Grund betrat, um Troja zu nehmen, um dort gar Achill, den Apollo tötete, zu feiern? Die Pest bedroht den Unfrommen; das sagte dies sprechende Bildwerk dem Alexander Es ist bekannt, daß Alexander damals Troja, das der Gott begünstigte, nicht nur nahm, sondern wirklich auch ehrte und verschönte, so wie er sich auch hernach als frommer Apolloverehrer zeigte.

Fortan schwindet aber aus der Plastik, die da Neues geben, die modern sein wollte, das Idealische, der sog. klassische Stil. Hingegen was bleibt, ist die Aktion, und sie steigert sich gelegentlich bis zur Wildheit. Alles tritt jetzt ins schärfere Licht der Wirklichkeit; auch das göttlich Erhabene wird uns nahegerückt bis zum Intimen; das ehrfürchtige Fremdgefühl setzt aus. Auch der Gott wird jetzt gleichsam photographisch auf die Platte gebracht. Man wollte nicht mehr das Formschöne an sich, sondern das Wahre, das optisch Richtige, das Charakteristische, das nach zufälligem Detail greift, um zu frappieren: strotzende Kraftfülle, rasendes Ungestüm, den Hauch auf der Lippe des Sterbenden, den Angstschrei der Not. Das zeigt sich vor allem in der Reliefkunst; überraschend die Wirkung des sog. Alexandersarkophags, des wundervollen, der aus Sidon stammt (für die Phönizierstadt war das Werk gemeißelt); da sehen wir in farbig getöntem Marmor eine Löwenjagd, aber auch Perser und Griechen im Kampfe als Schmuck des Sarges. Berühmter noch der Gigantenfries von Pergamum. Aber auch die statuarischen Meisterwerke atmen ganz denselben Geist, der sterbende Fechter, der Gallier und sein Weib: pathologisch wahr und ergreifend. Dazu die Nike von Samothrake, eine Viktoria der Seeschlacht, die begeistert in die Posaune stößt, vom Gewand stürmisch umflattert, indem sie hoch auf dem schwanken Bug der Galeere steht.

Alexander-Sarkophag

Alexandersarkophag. Schmalseite des kostbarsten Marmorsarkophags aus der Königsnekropole von Sidon in Phönizien. Auf der einen Langseite ist eine Schlacht Alexanders gegen die Perser dargestellt, daher die übliche Bezeichnung „Alexandersarkophag". Auf unserer Schmalseite im Giebelfeld: Kampf zwischen Griechen und Persern, unten: Perser auf der Jagd. Griechisches Marmorwerk der Zeit um 300 v. Chr. jetzt im Ottomanischen Museum zu Konstantinopel. Nach Hamdy Bey-Reinach, Nécropole royale de Sidon, Tafel 26.

Pergamum, in Trojas Nähe, war der Königssitz der Attaliden; auch diese Attaliden waren wie die Ptolemäer mazedonische Leute, Parvenüs, die sich dort in den üppigsten

Strecken Kleinasiens geschickt ein kleines Königreich schufen. Da Alexandrien uns keine antiken Baureste hinterlassen hat, sind wir froh, durch die Ausgrabung Pergamums, die deutschen Forschern verdankt wird, Anschauung gewonnen zu haben von der Pracht einer Residenz jener Zeiten. Erst nach dem Ablauf der Diadochenkämpfe, von denen ich früher berichtete, ist das pergamenische Königreich im Jahre 281 v. Chr. (richtiger erst 241) entstanden; bestanden hat es nur etwas über 100 Jahre; seine Herrscher nannten sich abwechselnd Eumenes und Attalus, und auch sie ließen nun ihren Staatsschatz nicht verrosten, sondern förderten als echte Mäcene Kunst und Gelehrsamkeit in großartiger Weise, beides in Konkurrenz mit den Ptolemäern. Dabei suchten sie enge Fühlung mit Athen, als wäre Pergamum Athens Filiale. Hier wie dort war die Göttin Athene Stadtpatronin, und auch auf Pergamums Akropolis stand ihr Parthenon; der Aufbau dieser Akropolis mit vorgebautem Theaterrund und kolossaler Terrasse – in der Höhe der Säulenwald des Tempelvorhofs und daneben wie eine Riesenbastion der Unterbau des Zeusaltars – wirkt in der Rekonstruktion wahrhaft fürstlich und grandios.

Gruppe vom pergamenischen Zeusaltar

Stück aus dem Nordfries des großen Zeusaltars von Pergamon im Museum zu Berlin. Kampf der Götter mit den Giganten, die Götter unserer Platten sind Personifikationen von Gestirnen. Nach Altertümer von Pergamon III 2, Tafel 17.

Auch Kriege haben die Attaliden geführt; ihre Großtat war die Besiegung der Gallier oder Galater, die von fernher, von Rhein und Rhone auswandernd, in barbarischem

Völkersturm daherkamen, erst Rom, dann Hellas auszuplündern versuchten und schließlich besiegt in Kleinasien in der Provinz Galatien zur Ruhe kamen. Es sind dieselben Galater, an die Paulus, der Apostel, seinen Brief im Dienst der christlichen Propaganda schrieb. Zur Feier ihrer Siege aber ließen die Könige jene Gallierstatuen schaffen und auf dem Berge aufstellen, die nicht nur kunstgeschichtlich ein Novum, sondern auch ethnographisch so interessant sind: pathetisch, heroisch, rassig. Welch prachtvoller Vorwurf für die Künstler: ein Barbar im Sterben! ein anderer, der, um der Knechtung zu entgehen, erst sein Weib und dann sich selber tötet! Nicht der Hohn, vielmehr das Mitleid des Siegers spricht sich in solchen Werken aus.

Der Terrassenbau des Zeusaltars aber – der „Thron des Satans“, wie die Johannesapokalypse ihn nennt – wurde mit jenem Gigantenkampf im wuchtigsten Hochrelief geschmückt, dessen kolossalische Reste man heut' in Berlin sieht; sie stehen da zu ebener Erde, bequem für die archäologische Untersuchung und auch da ist der Effekt groß. Ganz anders aber, mit einer Überzeugungskraft ohnegleichen mußte die Riesengötterschlacht hoch am Felsenhang in freier Landschaft wirken, und sie war Symbol: sie bedeutete den Sieg des guten Prinzips über das böse, der Kultur über die Barbarei, die Bezwingung der Elementarmächte durch die Weltwalter der Ordnung, ein Hymnus auf Zeus, im Fortissimo, fast zu stark instrumentiert. Die Fläche ist überfüllt. Aber das Stöhnen, der Angstblick der Vernichteten dringt uns wahrhaft ans Herz. Das Sentimentale feiert hier seine Siege; der Zeitgeist, für alle Erregungen offen, begünstigte auch solche Stimmungen. Der Affekt, der von jenen Sterbenden ausströmt, ist derselbe, den wir auch vor dem Laokoon, dem vielbesprochenen, erleben; nach Motiven jener Gigantomachie ist der Laokoon, der schlangenumwundene, in der Tat um das Jahr 50 v. Chr. in Rhodos gearbeitet worden, auch er ein Frevler, den des Apoll Strafe ereilt, und auch er ist, beiläufig, wie das Relief nur auf Vorderansicht berechnet. Aber auch an den schönen Büstenkopf des sog. sterbenden Alexander sei hier noch erinnert: es ist, als stammte auch er aus dem reichen Atelier der Pergamener.

Das Elegische wurde also Mode, wie ich sagte, die Freude am Ausdruck des Leidens, an der Passion; ein Künstler übertrug das auf den andern; die Motive gingen in Skizzenbüchern durch die Länder bis zum Indus, und auch dort erscheinen nun auch wirklich verwandte Typen in den Gandharaskulpturen, deren Abbildungen leider noch wenig verbreitet sind; frappierend ist da der Ausdruck der vier Telamonartig gesimstragenden, knieenden männlichen Gestalten, die fast in Vollplastik sich geben; sie sind geflügelt, aber die mächtigen Schwingen wirken nur hintergrundbildend. Der Effektstil des Gigantenfrieses aber kehrt auch hier wieder; die Augen ausdrucksvoll durch starke Unterhöhlung; die Körper en face, die Köpfe in halber oder viertel Seitendrehung; die Wirkung kraftvoll und doch sentimentalisch; die Gebärden sprechen; die Männer leiden unter der Last, die sie tragen.

Daß endlich auch die Maler mitgingen und naturalistisch im selben Geiste wirkten – denn auch ihre Palette war viel reicher geworden –, ist begreiflich, und man beschreibt uns solche Bilder wie den gefesselten Prometheus, den ein gewisser *Euanthes* als Schmuck eines Zeustempels malte; da sah man den Adler, der die Fänge in den Schenkel des Leidenden schlägt und seine Leber frißt; der Bauch ist dem Prometheus aufgerissen; der Schnabel wühlt in der Wunde. Der Körper des Riesen ist vor Schmerz zusammengezogen, die Brauen krümmen sich, die Zähne blecken. „Wer es sieht, muß Mitleid empfinden". Die Augen aber waren belebt, und der Gequälte spähte in halber Hoffnung schon nach dem Erlöser Herakles aus, den Zeus ihm sendet.

Alles das war Königskunst; die Potentaten hatten das Gold; sie winkten, die Künstler kamen mit dem Trieb, sich zu überbieten, indem sie Hallen und Tempelhöfe schmückten.

Mochten denn die Götter sich daran freuen; denn die Götter lieben das Vollkommene, und ihnen ist all das Herrliche dargebracht. Wie das aber auf das Publikum wirkte? Wir werden uns nicht täuschen; es war gewiß nur ein hohles Staunen und Bewundern mit Ah! und Oh!, weiter nichts. Die Seelen wurden nicht satt, und der gemeine Mann konnte mit dieser Phantastik nichts machen. Sie war und sie ist für die Luxusmenschen, die da Zeit haben dem Schauen zu leben und andere für sich arbeiten zu lassen.

Uns wird einmal geschildert, wie ein paar Weiber mit ihren Dienerinnen in einen reichgeschmückten Tempelhof treten. Es ist ein Heiligtum des Genesungsgottes Äskulap; auch eine Höhlung ist da, in der die Schlange liegt, die dem Gott heilig ist. Die Frauen rufen, da sie eintreten, mit frommem Ton den guten Gott erst huldigend an und sagen geziemend Dank dafür, daß die Krankheit in ihrer Familie vorüber ist. „Wir bringen dir einen Hahn; wären wir reicher, es sollte wahrlich ein gut gemästetes Schwein oder Rind sein." Gleich aber werfen sie ihre Augen herum, und es geht das Schwatzen los: „sieh nur, was für Bildwerke! aus Marmorstein! Wer hat's gemacht? des Praxiteles Söhne? Der Gott sei solchen Meistern gnädig! Da sitzt ein Mädchen und guckt in die Höh', nach einem Apfel; ich glaube, sie stirbt, wenn sie ihn nicht greift. Und dort der Bub, der mit der Gans kämpft: er will ja losschreien. Man wird noch dahin kommen, daß die Steine beseelt herumlaufen. Auch da wieder der andere Knabe: wenn ich ihn steche, ich wette, es kommt Blut heraus! und der Stier, und die Leute, die ihn führen, der eine mit der Habichtsnase! Die Haare stehen ihm steil. Wie natürlich!" Das Geschwätz wird plötzlich durch Schimpfen unterbrochen; denn auch die Dienerin steht untätig da und gafft und sollte doch den Sakristan oder Tempelhüter holen. Aber da kommt er schon, und der priesterliche Mann spricht über die Weiber den Segen Gottes aus, weil sie den Hahn darbrachten, und die ordnen nun an: „wir zerlegen den Vogel jetzt gleich; das eine Bein bekommt der fromme Mann da. Der heiligen Schlange geben wir einen Opferkuchen, aber leise, leise, wie es sich ziemt. Den Rest essen wir, wenn wir zu Hause sind. Und nun Allheil! Der Heilsruf ist noch wertvoller als was wir opfern."

Die Frömmigkeit, die wir da sehen, ist echt. Wer im Süden gewesen ist, weiß, daß es auch in den Kirchen Süditaliens, Siziliens nicht anders hergeht, nur daß man da statt des Hahnes eine Wachskerze bringt. Aber die Wirkung der Kunst? Ein helles Staunen, naiv und unverfälscht; man wünscht dem, der das so hübsch gemacht hat, alles Gute und steigt wieder in die Tretmühle des Alltags zurück, um für Haus und Hof und für die Kinder zu sorgen, die nicht krank sein dürfen und bestimmt sind, die gleiche Alltäglichkeit fortzusetzen.

So ist das Leben. So war es auch damals. Sehen wir uns denn endlich auch nach der Dichtkunst um.

Eine Hofpoesie, die es der Königskunst, von der ich sprach, gleichgetan hätte, gab es nicht, und einen Hochgesang, der etwa den Galliersieg der Attaliden gefeiert hätte, hat niemand angestimmt. Um so mehr wurde damals von den Rednern Weihrauch gestreut. Schon Alexander hat das erlebt, so schlicht und nüchtern er auch sich selbst in seinen Briefen auszudrücken liebte. Kein Demosthenes warf mehr blitzende Parlamentsreden in die Welt; statt dessen trieben jetzt die Festredner ihr Handwerk im Tamtamstil. Eine schwülstige Prosa kam auf, eine hastig erregte Redeweise mit dicken Akzenten, für die gröberen Sinne und das heißere Blut der Asiaten, und davon wurde dann auch die Geschichtsschreibung mit ergriffen. Aber neue geistige Werte brachte das nicht zum Vorschein. Es war nur immer ein Lobpreisen des Erfolgs und ein blindes Staunen über die überraschende Macht des Zufalls, der in der Politik, der in der Geschichte waltet. Nichts aufdringlicher, aber auch nichts hohler als dies Reden von der Tyche, vom Glück, das im Leben alles umwirft. Aber diese Literatur ist mit den Königreichen, denen sie diente, fast völlig untergegangen, und unser Herz hat damit nicht viel verloren. Wenn wirklich ein Gelehrter heute darum trauert, ist es Halbtrauer.

Achten wir denn auf das Menschentum außerhalb der großen gekrönten Welt und der politischen Dinge, wie es in den altmodischen Kleinstaaten und Landstädten weiterging. Das Volk lebt in den Tag hinein in Gutmütigkeit und Verschlagenheit, platt und doch voll reger Triebe in Zagen und Hoffen; etwas Frivolität wird zur Aufmunterung der Existenz beigemischt. Die Bürgerschaft, Krämer, Höker und Matrosen, Gevatter Schuster und Schneider, auch der Bauer, das ganze buntscheckige Volk, das im Theater zusammenläuft, will sein Vergnügen, und das Dichten hört zum Glück nicht auf. In der Kunst aber wollen diese Leute nur hübsch sich selber sehen, und dafür war das Theater gut. Man dichtete Komödien, eine ganz neue Spielart des Dramas; immerhin ein literarisches Ereignis.

Für das Bühnenwesen war Athen längst nicht mehr der Mittelpunkt. Eine Schauspielerinnung, die ihren Sitz draußen auf einer der Inseln hatte, bediente die weite Welt auf Bestellung vom Euphrat bis zum Tiberstrom. Das Aufführungsprogramm allemal buntscheckig: Musik, Solisten und Chor, und Theaterzauber mit Schauspielern erster und zweiter Güte; die Personalien dieser Mimen waren aller Welt so bekannt wie heute bei uns; nur die Photographien fehlten bei der Reklame. Athen aber war trotzdem immer noch der schöpferische Sitz dieser neuen Dichtung, für deren Technik im Aufbau der Szenen vorzüglich des Euripides Schauspiele das Modell waren. Die Sprache attisch. *Menander*, der Athener, Hauptname; aber er war nur einer unter vielen, die jetzt Komödien auf den Markt warfen. Hunderte, ja, Tausende solcher Stücke entstanden, alle ungefähr nach dem gleichen Schema; die Verfasser bestahlen sich gegenseitig weidlich in den Motiven, und die Anklagen darüber hörten nicht auf.

Von der derb zufahrenden Lustigkeit des großen Aristophanes waren diese „neuen Komödien" ganz verschieden. Nichts mehr von seiner kühnen Phantastik und grotesken Satire. Es war zahme Bürgerkunst, oft geradezu Spießbürgerkunst, mit der man sich jetzt begnügte, und der Horizont der Interessen so philisterhaft eng wie möglich. Die Windstille, der Quietismus siegte, den Alexanders Erfolge in die Welt der griechischen Kleinstaaten brachten, ein Grauen vor aller Politik und jedem Anklang an vaterländische Wünsche. Man hielt sich die Ohren zu, wenn draußen der Ozean der Weltgeschichte in hohen Wellen ging; diese Dichtungen sind wie das Plätschern im Karpfenteich. Familientratsch; das Publikum sah nur sich selber auf der Bühne: brave oder liederliche Haussöhne, die sich verlieben und heiraten sollen oder wollen; ausgesetzte Kinder; geizige Väter, schlaue Bedienten, dreiste Hetären; das Ächzen der verführten jungen Mädchen, die hinter der Szene in Wehen liegen. Nach jedem Konflikt nette Versöhnung. Von Milieu kann man insofern nicht sprechen, als alles auf der Straße spielt vor den üblichen zwei oder drei Hausfronten, durch deren Türen alle Personen ein- und auslaufen. Dabei gab es nie Ortswechsel in der Handlung. Diese äußerlichen Nachteile mußte der fein und lebhaft geführte Dialog und der spannende Gang der Handlung aufzuwiegen versuchen.

Wer heute den Inhalt der Lustspiele eines Moser und Schönthan oder anderer Theaterfirmen nacherzählen wollte, hätte es schwer. Der allzu alltägliche Inhalt behält sich nicht. Sie sind wie ein Glas Wasser: hat man es leer getrunken, laßt man es stehen. Das gilt auch von jenen Komödien.

Eigentliche Lustspiele waren sie nur zum Teil; der Inhalt ist vielmehr oft rührsam, und nur Nebenfiguren wie Köche und Parasiten brachten den nötigen Spaß hinein oder der Kuppler, der gehörig verprügelt wird. Werfen wir gleichwohl einen Blick in einige der Stücke, deren dramaturgischer Aufbau oft sehr geschickt ist.

Charakterstücke wie Molières „Avare" sind selten; auch das Satirische ist, wo es auftritt, immer nur Beiwerk, nie, wie bei Molière, der bittere Zweck des Ganzen. Häufiger sind schon die Intrigenstücke, und zumeist ist dann der Bediente der Intrigant. Sonst waltet der Zufall, der alle Überraschungen bringt; und es geht lebhaft zu; denn die Stücke sind kurz, und es passiert viel. Dabei sind manche gut bürgerlich brav im Ton und von praktischer Lebensweisheit getragen wie die „Adelphen", das Stück von den zwei Vätern, die über das Erziehungsproblem sich streiten; andere gehen sogar ins Ideale, wie das

Drama von den zwei kriegsgefangenen Freunden (lateinisch Captivi benannt), von denen einer mannhaft sich für den andern opfern will; die Wirkung ist ergreifend, umsomehr, da die Sprache ganz schlicht bleibt und nicht auf tragischen Stelzen geht.

Die Mehrzahl ist jedoch leichterer Art.

Der Jünglinge Herz entzündet sich leicht, und Sehen und Lieben ist eins. Der junge Mann hat eine Stiefmutter; diese Stiefmutter hat ein Töchterchen, ein Fallkind, das sie liebt, aber verbergen muß. Im Nachbarhaus ist es untergebracht. Um ihr Kind zu sehen, hat die würdige Dame die Lehmwand zum Nachbarhaus durchbrochen und im Übergangsraum eine Kapelle errichtet mit Altar und Blumenschmuck und hält dort täglich Hausgottesdienst, und das hübsche Mädchen tritt dann von drüben herzu, der Mutter zur Freude. Dabei überrascht sie der Stiefsohn; er hält das Mädchen anfangs, da sie im Heiligtum steht, für eine Geistererscheinung (so mystisch erregbar und göttergläubig war jene Zeit); dann aber ist die glühende Liebe da; die Vorgeschichte wird aufgedeckt, und der Vater gibt den Segen zur Ehe.

Ohne solche Kinder, die verfrüht zur Welt kommen, oder sonst irgendwie verschleppte Mädchen geht es so leicht nicht ab. Ein blutjunges Ehepaar lebt in Athen. Das Frauchen bekommt ihr Kind leider schon im fünften Monat, und sie setzt es aus, aus Angst vor dem Gatten. Dabei weiß sie gar nicht, von wem sie es hat; der junge Ehemann aber grollt und rächt sich durch Untreue und vertut das Geld der Frau im Verkehr mit anderer Weiblichkeit. Da taucht das Findelkind selbst auf, und durch lauter wunderbare Entdeckungen, die der Zufall herbeiführen muß, stellt sich heraus, daß er selbst der Vater des Kindes ist und seiner kleinen Frau schon vor der Ehe beim Götterfest der Artemis im Rausch zu nahe gekommen ist. Die Selbstvorwürfe des jungen Menschen, der sich bisher als Tugendprinz aufgespielt hat, hören sich rührend an; sein Herr Schwiegervater aber, der mit Grund nach dem Rechten sieht und schilt und wettert, wird trotzdem als der Alberne hingestellt.

Kecker noch die Geschichte von dem jungen Kerlchen, dem Chärea, der schon 16jährig den Don Juan spielt und sich dabei als Eunuch verkleidet. Der Rollentausch war leicht; denn ein Eunuch sieht immer weibisch aus, und auch der Chärea ist noch so mädchenhaft. Es handelt sich um ein durch Räuber und Mädchenhändler verschlepptes Bürgerkind aus gutem Haus, das ihm in den Weg läuft; er sieht die Schöne und ist entbrannt. Thaïs, die vornehme Hetäre, die ein eigenes Haus führt, will das Mädchen vor Mißbrauch hüten und sich selbst in der Stadt dadurch Ansehen und Achtung verschaffen, daß sie es ihren Verwandten wieder zuführt. Ein rechter Eunuch wird darum in Aussicht genommen, der es hüten soll; aber der Chärea verkleidet sich als solcher in abenteuerlich orientalisch bunter Tracht, schleicht sich ein, genießt eine Freudenstunde, kommt jubelnd wieder zum Vorschein, kann dann aber die schmähliche Eunuchentracht nicht loswerden; er rennt so durch alle Gassen, und die Angst ist groß. Da wird entdeckt, daß das Mädchen die Schwester eines seiner guten Freunde ist, und eine legitime Ehe steht in Aussicht. Die Angst ist immer groß, bevor der Zufall die endliche Lösung bringt, und die Göttin Tyche wird dann gepriesen. Aber auch frechere Sujets fehlten nicht, und man suchte das wiehernde Lachen zu erzeugen, das die Gemeinheit begleitet: ein schmähliches Foppen verliebter Greise; Skandal und Ehebruch; die hübscheste Sklavin im Haus unter den Lüstlingen, die ihr nachstellen, ausgelost. Schweigen wir davon. Es gibt Besseres zu reden.

Die Nachahmung der lässigen Sprache des Alltags mit allen Nuancen, abgerissenen Sätzen, Fragen, Seufzern, Selbstanreden und Gepolter ist ausgezeichnet, obwohl alles in Versen geht. Es liest sich fast schon wie Prosa; aber die Überzeugung, daß die Muse nur in Versen redet, saß noch zu fest, um sie aufzugeben. „Menander oder das Leben, wer von beiden ist der Nachahmer, wer das Vorbild?“ so urteilte man damals. Der Naturalismus also war es auch hier, der durchschlug, wennschon er nur die Charakterzeichnung und die Sprache, keineswegs aber die Handlung selbst betraf, in der der tolle Zufall nur zu oft in einer Weise die Lösung bringt, wie sie im wirklichen Leben wohl selten vorkam. Welcher Ton herrscht, mag uns etwa der Sklave zeigen, der da zum jungen Taugenichts spricht:

> Viel Übles bringt das Lieben mit sich, als da sind
> Mißtrau'n und Rechtsbruch, Feindschaft, Aussöhnungsversuch,
> Bald Krieg, bald Frieden, alles Unbestand. Wenn du
> Den Unbestand beständig machen wolltest, wär's,
> Als sollte die Verrücktheit selbst vernünftig sein.
> Und wenn du in der Wut so zu dir sprichst: „ich lieb'
> Sie, und sie den? Was tut sie mir nicht an
> Ohn' Maß! Eh'r tot sein! Doch ich zeig ihr, wer ich bin!“
> All solche Worte löscht ein falsches Tränlein aus,
> Das sie durch Reiben mühsam aus den Augen preßt,
> Glaub mir's, und du bist dann der Angeklagte, du
> Mußt Buße tun.
> Unwürdig! ach, was soll geschehn?

ruft dann der Jüngling:

> Lebendig, sehenden Aug's soll ich zugrunde gehn? usf.

Die Sprache der Erotik ist in diesen Komödien Athens auf das mannigfaltigste entwickelt, und sie beherrscht seitdem den Sprachton aller Folgezeit. Die Liebesworte schillern in diesen Stücken wie die Fischschuppen im Licht, und man ergeht sich im Sentimentalen.

Schnell wachsen unsrer Liebe Flügel, wenn sie hofft,
Und schnell entfiedert sie, wenn ihr die Hoffnung schwand,

so sagt Menander, und so findet sich auch sonst manches schöne und denkwürdige Wort; denn das Altertum liebt das Sentenziöse.

Berühmt vor allem das „homo sum“: „Mensch bin ich Mensch; nichts sei mir fremd, was menschlich ist,“ ein Satz, der als Motto über der Front dieser ganzen Komödiendichtung stehen könnte. Ein herzgewinnender Freimut liegt darin; der ganze Adel des attischen Geistes, aber auch seine ganze Schwäche ist darin eingeschlossen. Dabei ist merkwürdig, daß gerade immer die Hausdiener Weisheit predigen, an Bildung ihre jungen und alten Herren oft überragen und geradezu Epikur und andere Philosophen zitieren: „Was rufst du in der Not die Götter an? Glaubst du, die haben Zeit in all den tausend Städten sich um den Kleinkram jedes Sterblichen zu kümmern? Jedem von uns ward seine Eigenart eingegeben; deine Eigenart, nach der du lebst, sie ist der Gott in dir, der dein Schicksal wirkt.“

Von Menander ist auch das melancholische Wort: „jung stirbt, wen die Götter lieben.“ Es klingt, als stammte es aus einer Tragödie, aber es ist bestimmt, die arme Frau zu trösten, die sich gezwungen sieht, ihre Leibesfrucht zu töten, weil sie das Kind nicht ernähren kann. Sonst wird in Sentenzen gegen das Geld, den Zorn, das Neidischtun, die Käuflichkeit der Freunde losgefahren, vor allem aber die Weiber und die Ehe gescholten – das gehörte zu den beliebtesten Paradoxien –, während doch all diese Lustspiele Ehestiftungen sind und die jungen Gattinnen darin oft so brav und so schätzenswert erscheinen. Menander selbst, der reiche Hagestolz, hauste vergnügt mit seiner Maitresse, der Glykera, die früher mit dem berüchtigten Harpalus gelebt hatte, und konnte sich solche Ausfälle gestatten; denn er sprach über die Ehe nicht aus Erfahrung. Glykera aber stand, wenn man ein Stück von ihm gab, zitternd hinter den Kulissen und umhalste den Dichter voll Ehrgeiz, wenn wirklich einmal der Beifall scholl, was keineswegs immer der Fall war.

Soll ich noch mehr von solchen Weisheiten zitieren? daß es das Seltene ist, was Verlangen erweckt? oder gegen die Ärzte: „Die vielen Ärztebesuche haben mich krank gemacht.“ „Worte steigern den Wert der Kunst nicht, sondern das Werk selbst ist ihr Lob.“ Wie sein! Oder endlich:

Willst du die Könige preisen
Und die Weisen?
Ob klug, ob reich:
Sieh ihre Gräber.
Im Tode sind sie alle gleich.

Das war die Bühne Athens zu jenen Zeiten, eine Selbstdarstellung des Bürgertums im engsten Rahmen, eine Ironisierung der eigenen Existenz, mit ängstlicher Vermeidung jeder Größe. Athen war eben kleinlaut, es war damals fast schon die eintönig stille Stadt geworden, wie die späteren Römer sie kannten.

Und die sonstigen griechischen Poeten? Gewiß, es gab deren immer noch in allen Ecken. Sie saßen still in ihren Hütten und Lauben und sangen allerlei kleine Sachen vor sich hin, zartsinnig, aber geräuschlos. Es fehlte jede erregende Mystik, die vulkanische Leidenschaft, und kein gewaltiger Ton scholl mehr durch die Welt aus Dichtermund. Es war, als könnte man nur noch Gemmen schnitzeln.

Einsamkeit, Naturandacht, Stilleben, Versonnenheit! Die Landschaft lebt auf, und hinter den Bergen sind die Stadtmauern versunken. Man lauscht; da glaubt man das Treiben der Waldgeister zu hören:

> Rausche nicht, hoch auf der Klippe du Eichwald! rauscht nicht, vom Felsen
>   Stürzende Quell'n! Still sei, still auch das Herdengeblök.
> Horch, Pan selber, der Gott, spielt tönend ein Lied auf der Syrinx
>   Heimlich, indem er den Mund feucht an die Rohre gelegt.
> Aber die Nymphen im Kreis, Hydriaden und Hamadryaden,
>   Schweben auf jungfrischem Fuß um ihn den seligen Reihn.

Eine Kapelle steht am Meer mit dem Venusbild; auf einen Stein schreibt da andächtig die Dichterin:

> Dies ist der Kypris Stätte; die Göttliche liebt es, vom Land aus
>   Weithin das strahlende Meer stets sich zu Füßen zu sehn.
> Draußen den Schiffern bereitet sie günstige Fahrt; denn in Furcht rings
>   Senkt sich die Flut, die ihr Bild über dem Strande gewahrt.

Die wackere Dichterin heißt *Anyte*, die dies in schlichtestem Ton geschrieben; dieselbe weist den Feldarbeiter, der müde von der Ernte kommt, auf eine Ruhebank hin:

> Setz' dich hier in den Schatten des reich aufsprießenden Lorbeers.
>   Jung ist der Quell, und aus ihm schöpfe dir labenden Trunk,
> Daß du die keuchenden Glieder, die lieben, vom Sommergeschäft hier
>   Ausruhst, wo dir die Stirn kühlender Zephyr umhaucht.

Der Ziegenbock soll dem Bacchus geopfert werden; Anyte sieht das Tier und schreibt:

> Sieh mir den Bock, den gehörnten, bacchantischen, wie er in Hochmut
>   Mit frech glotzendem Aug' schielt auf den eigenen Bart,

Stolz; denn es strich im Gebirg' die Najade mit rosigen Händen
Oft ihm kraulend den Kopf oder das zottige Fell.

Das ist Idyll. Durch den Obstgarten streicht der Wind. Die Erlen am Bach wiegen sich. Die Grille zirpt. Man will nichts weiter. Auch in der Bildkunst, die den bürgerlichen Kreisen diente, kamen damals diese bescheidenen Motive auf. Man hing eine Votivtafel in die Kapelle, wo im Relief ein Weib bei ihren Schafen kauert oder ein Landmann seine Kuh vor sich hertreibt, und das waren zugleich die Anfänge der Landschaftsmalerei, die wir aus Pompeji kennen. Vor uns aber taucht noch des *Theokrit* Name auf, des vielgeliebten, und seine Hirten greifen zur Flöte.

Theokrit war Sizilianer, ein Mann, erfüllt von der Bildung seiner Zeit, der auch an den Höfen der Könige verkehrte. Bei den nicht griechischen Ureinwohnern Siziliens war das Wettflöten und Wettsingen der Kuhhirten und Ziegenhirten üblich. Zwei Knaben singen; ein dritter und älterer verteilt den Preis, sei es eine mehrstimmige Syrinx oder ein geschnitzter Becher oder ein Ziegenlamm. Das griff Theokrit auf und führt uns so in das naive Leben dieser Menschen, auf die Weiden und in die Bergesstille hinaus.

Hebet, geliebteste Musen, so hebet den Hirtengesang an!

Nur in der Mittagsstunde, wo das große Schweigen herrscht, da darf man nicht flöten; sonst erbost sich der gespenstische Gott Pan, der zu dieser Zeit im Wald ausruht, „und in der Nase sitzt ihm alsdann stets heftige Galle". Gern singen die Knaben dann aber vom Daphnis, dem schönsten Sänger, der einst in unglücklicher Liebe sich verzehrend hinsiechte: o Liebesschmachten! Oder sie sonnen sich in der Naturfreude, und der eine, Menalkas, hebt an:

Ringsum Lenz und Triften ringsum; rings dehnt sich der Kühe
Euter von schwellender Milch. Schön wird das Junge genährt
Da, wo das liebliche Mädchen herannaht. Aber entweicht sie,
Schmachten die Rinder nicht nur, schmachtet der Hirt, der sie treibt.

Daphnis selbst aber bringt wettsingend das Echo:

Schafe gedeih'n dort, Ziegen mit Zwillingen, reicher an Honig
Dort sind die Bienen, es stehn höher die Eichen an Wuchs
Dort, wo *er* hintritt, Milon, der liebliche. Aber entweicht er,
Dorren die Gräser zugleich, dorret der Hirte dahin.

Aber auch Männer der höheren Bildung machen mit; sie maskieren sich geradezu als Hirten, schlendern so in der Natur, singen sich in pastoralem Ton ihre neuesten Verse vor und ruhen endlich im Genuß des Erntefestes, der „Thalysien“, aus, die zu Ehren der Göttin Demeter gefeiert werden und wobei auch der Wein fließt. Theokrit erzählt dies und schließt:

Segen des Sommers, der rings uns umduftete, Segen des Herbstes!
Birne auf Birn' fiel rollend zu Füßen uns, Äpfel auf Äpfel
Rollten zur Rechten, zur Linken verschwenderisch. Nieder zur Erde
Hingen die Äste, mit Pflaumen beschwert, und entluden sich selber.
Oben vom Weinfaß löste man nun vierjähr'ge Verkittung.
Oh, die ihr weilt auf den Höh'n des Parnaß, kastalische Nymphen,
Hat denn auch Chiron dereinst, der alte, dem Herakles jemals
Solch ein Getränke gemischt in der steinigen Grotte des Gastfreunds?
Hat auch *ihn* einstmals, den Hirten vom Flusse Anapo,
Hat Polyphem, den gewalt'gen, der Felsen zu schleudern vermochte,
Solch ein Nektar begeistert, bis daß in den Hürden er tanzte,
Wie *der* Trunk war, welchen uns jetzo ihr Nymphen gemischt habt,
An der *Demeter* Altar, der erntenden? Dürft ich die Schaufel
Stoßen aufs Neue doch bald ins gedroschene Korn, und *sie* lächle
Wieder, wie heut, in den Händen ein Bund Mohnblumen und Ähren.

So hebt sich die Naturfreude zum Hymnus. Wer das liest, sieht die Statue der lächelnden Göttin Demeter mit Augen. Es sind wohl die schönsten Worte, die die Dichtkunst des Hellenismus gefunden hat.

Wir nennen das alexandrinische Dichtung. Großes hat sie nicht gegeben; sie hielt auf kleine Formate, hat aber ganz neue Gattungen oder Darstellungsarten in die Welt eingeführt, Unerfreuliches und Erfreuliches: für praktische Zwecke das Lehrgedicht, das banausische.

Die Art der Didaktik, die da entstand, die bare Memorialdichtung, ist bei uns mit Recht völlig in Verruf gekommen. Zum Beispiel die Sternbilder am Himmel: sie behalten sich besser, wenn man sie in klangvolle Verse bringt; so tat es *Arat*, und alle Welt griff nach seinem Opus, weil ja auf Kenntnis des Sternhimmels nahezu das halbe Leben, die Zeitmessung, der Reiseverkehr bei Nacht beruhte. Eigentlich kann man Arats Sternbüchlein nur lesen, wenn man eine astronomische Himmelskarte daneben hat. Ebenso brachte man aber auch die Chronologie des Eratosthenes in Verse, den Fischfang, die Kochkunst, die Medikamente.

Erfreulicher dagegen das Gelegenheitsgedicht und vor allem die Novelle.

Einer vornehmen Hausfrau wird vom Dichter eine Spindel aus Elfenbein mit einem bescheidenen Billet in Versen übersandt, und in den hübschen Worten entsteht nun vor uns das liebenswürdige Bild der Empfängerin, das sie verewigt. Wie modern! Das ist

Gelegenheitsdichtung. Ebenso modern nun aber auch die Novelle, die kurz und bildmäßig bald von Heldentum erzählt und bald von Liebe. Viele Talente übten sich darin: es war ein großes Geschenk für die Folgezeiten.

Die Helden und Göttergeschichten werden jetzt gern in das Genrehafte hinabgezogen, und das wirkt intim. So wurde eben damals auch in der bildenden Kunst der stürmischstarke Eros, der Liebesgott, zur Amorette, zum Flügelkind verkleinert, der nun genrehaft im Kinderschwarm spielt, aber vertraulich sich einnistet in das Herz der Liebenden. Spezialität des Malers *Pausias* war es, Putten zu malen. Hören wir, wie da einmal von einem Alexandriner die strenge Göttin Artemis besungen wird, die Tochter des Zeus. Als Artemis noch klein und ein Kindlein war, nahm Zeus sie auf den Schoß. Da saß sie und sprach zum Vater: „Gib mir ewige Jungfräulichkeit, Papachen, und viele ehrende Beinamen, damit mein Bruder Phöbus nichts vor mir voraus hat. Pfeile und Bogen sollen mir gleich die Zyklopen machen. Auch Dienerinnen will ich haben, die für mein Schuhzeug und für meine Hunde sorgen, wenn ich auf die Jagd gehe" und so fort. Also sprach sie und versuchte oft den Bart des Zeus zu fassen, streckte aber die Händchen umsonst. Da lächelte dann der Vater und sprach gute Worte der Bejahung.

Die Liebesgeschichten aber sind fast immer tragisch und rührsam, ja, herzzerreißend, ein Verächzen in Leid.

Kallimachus, der Philologe, war der Programmacher dieser neuen Art zu dichten, mit dem Bannspruch gegen alles, was weitschweifig in das Breite ging. Es ist aber immer nachteilig, wenn die Kunst nach Programmen arbeitet; die sind das Spalier, das jeden freien Wuchs hemmt, und das Schema soll nicht vor dem Thema da sein. Aber schon vor Kallimachus war die Sucht nach dem Winzigen aufgekommen. Die Poeten pflanzten nur noch Spalierobst und Zwergobst. Man stand eben im Zeitalter der Philologie, und sie brachte das mit sich. Wer gegen sein Programm sich stemmte, den überfiel Kallimachus mit einem Schimpfgedicht, in dem er dem Abtrünnigen alle erdenklichen Todesarten anwünschte, in registerhafter Aufzählung, wobei sich obendrein jede Todesart aus der Literatur und Weltgeschichte belegen ließ. In seinem Programm aber stand erstlich: nur keine Vollständigkeit! ich hasse sie. Ein Epos wie das Homerische ist wie der Euphrat, der in seinen Wellenmassen auch allerlei Schmutz und Unrat mitführt; der reine Quell der Poesie fließt zwischen schmalen Ufern. Ebenso haßt er aber auch das Volkstümliche; „mir ekelt davor", sagt er. Dies aber bezieht sich lediglich auf den Sprachausdruck, der möglichst kostbar und gewählt sein muß. Die Stoffe dagegen – und das war des gelehrten und grundfleißigen Mannes Verdienst –, sie nahm er im Gegenteil gerade aus dem Volk, das noch immer reich an unbenutzten Legenden war, die es nur zu sammeln galt. Denn dies war des Kallimachus dritter Grundsatz: ich singe nichts, wofür ich keinen Beleg habe.

Denen, die sich noch am Epos versuchen, geht es also jetzt schlecht. Zerstückelung der Größe ist Vorschrift, und so wird das Epos vielmehr durch den erzählenden Hymnus, vor allem durch das sog. Epyllion ersetzt. Dies Epyllion gibt sich wie ein isolierter kurzer Einzelgesang aus dem Homer, wie eine Episode, z. B. die Geschichte, wie Herakles als Kind nachts in der Wiege liegend die bösen Schlangen tötet, die Hera im Zorn wider ihn ausgesandt hat. Großes Geschrei in der Kinderstube, das die Eltern hören; die kommen erschreckt mit dem Lichtspan, den sie aus dem Herd reißen. Siehe da, die Vipern sind schon stranguliert, und das siegreiche Bübchen lacht aus seiner Windel hervor und tut, als wäre nichts geschehen.

Dabei ist aber die Art zu erzählen oft unruhig und lenkt absichtlich von der Hauptsache ab: Schachtelsystem. Eine zweite Geschichte ist in den Rahmen der ersten eingelegt. Held Herakles soll z. B. den Augiasstall reinigen, ein übler Auftrag. Er kommt zum Gehöft des Königs Augias. Da sieht er die Herden des Königs, und der Dichter (es ist diesmal der edle Theokrit) verliert sich in ihrer Schilderung; an tausend schwerwandelnde Kühe ziehen wie ein schwarzes Wolkengetriebe von der Weide zu den Stallungen; da werden sie angebunden, sie werden gemolken, die Kälber an die Euter gelegt, usf. Von der berühmten Reinigung der Stallungen aber hören wir dann nichts, sondern Herakles erzählt statt dessen auf Anforderung sein Abenteuer, wie er den nemeïschen Löwen getötet. Das sind Aphorismen. Der Eindruck des Planlosen ist gewollt.

Kallimachus war eine Gottschednatur, ein Literaturtyrann. Wie soll man ihn als Dichter werten? Wirksam zeigte sich seine Sprache, wo er sich ganz kurz faßte, geizend mit Worten, aber mit spitzer Zunge, im Epigramm. Kleombrotos, ein Mann aus Ambrakia, ging mit Selbstmord aus dem Leben; warum? Kallimachus erzählt kurzweg:

„Sonne, ade!“ Kleombrotos rief's, der Ambrakiote,
Sprang von der Mauer alsdann tief in den Orkus hinab.
Hatte nichts Übles erlebt, nichts Sterbenswertes; er hatte
Eben nur Platos Buch „Über die Seele“ studiert.

Im Buch Platos war nämlich die Unsterblichkeit der Seele bewiesen und das Elysium ausgemalt. Da lohnte es sich zu sterben. Alexander der Große hatte seinem Roß Bukephalus ein Grabmal geweiht, ja, eine Stadt nach ihm benannt; das Tier war also heroisiert. Kallimachus höhnt, indem er den Geist eines Verstorbenen, des Charidas, aus der Unterwelt beschwört:

Charidas, was gibt's drunten? „Nur Finsternis.“ Und Auferstehung?
„Lüge.“ Und Pluto, der Gott? „Fabel.“ Vernichtendes Wort!
„Dieser Bericht den ich gab, ist die Wahrheit. Doch willst du was Schön'res?
König der Toten ist jetzt des Mazedoniers Roß.“

Schlimmer, wenn der Philologe sich an etwas Größeres wagt; denn Größe läßt sich noch nicht aus einer Häufung von Kleinheiten gestalten. Als Beispiel dient mir seine Elegie von der blonden Haarlocke der Berenike, die da als Sternbild an den Himmel versetzt wird, sich aber nach dem Scheitel der Königin kläglich zurücksehnt und auch jetzt noch nach Salbe und Pomade, die man ihr wie einer Gottheit im Tempel darbringen soll, verlangt: bizarr in der Erfindung; das geht noch hin; störender ist die Mühseligkeit in Wortwahl und Satzbau. Das fließt nicht wie ein Quell; das ist Wasserleitung mit langsamem Pumpwerk. Man sieht den armen Poeten dabei an der Feder kauen, und wir begreifen, daß ein anderer hochbegabter Dichter des Altertums, ein wirklicher Könner wie Ovid, der wußte, was Genialität und was bloße Technik ist, im Hinblick auf Kallimachus sagte: „kein Genie, nur Routine". Ein anderer, der ihn haßte, nannte ihn gar den verholzten Verstand.

Aber nun die Liebesnovellen selbst. Dem Kallimachus und den andern alexandrinischen Dichtern bleibt das Verdienst, die Stoffe gesammelt zu haben, die uns zum Teil noch heute entzücken und ergreifen und Kabinettstücke in der Weltliteratur geblieben sind. In Elegienkränzen stellten sie sie zumeist zusammen. Die Wirkung aber ist oft balladenhaft. Ich brauche nur Hero und Leander zu nennen: die harrende Hero, Leander der Schwimmer; der Meeresarm, der die Liebenden trennt; das Licht vom Turm als Signal der Sehnsucht; der Sturm in der Nacht, der den tapferen Schwimmer verschlingt. Das Licht war erloschen. Grausam das Schicksal, aber ewig rührend die Hingebung der entzündeten jungen Seelen, die in sich verloren sind, bis in den Tod! Auch die Geschichte von Sappho und Phaon war in diesen Kreisen gestaltet: Sappho, die Dichterin, vom schönen Phaon verschmäht; sie springt in den Abgrund, die Leier in den Händen. Weiter Pyramus und Thisbe, die Tragödie der Irrungen, oder auch Akontius, der Jüngling, der die schöne Kydippe liebt.

Auf der Insel Delos war Festfeier zu Ehren der Artemis, welche Göttin dort einst unter der Palme geboren wurde. Da war Kydippe mit unter den Pilgern, die von Athen zu Schiff kamen; aber auch Akontius kam und sah sie, und Amor tat in seinem Herzen sein Werk. Als Kydippe im Tempel unter dem Bild der Artemis sitzt, wirft Akontius ihr einen Apfel hinein, der ihr zu Füßen rollt; in dessen Schale hatte er geschrieben: „ich schwöre, ich werde dem Akontius mich vermählen". In jenen Zeiten las man laut. Kydippe liest das Schwurwort laut ab im Angesicht der Göttin und ist gebunden. Die Zeit vergeht. Ihre Eltern wollen sie einem andern Manne in die Ehe geben; aber jedesmal erkrankt sie, wenn die Hochzeit naht. Da gibt eine Orakelstimme die Lösung, und Kydippe genest als Weib des Akontius. Seitdem aber ist es Sitte, daß junge Bräute der Artemis auf Delos einen Apfel weihen.

Beliebt waren auch die Verwandlungsgeschichten, die man Metamorphosen nennt; so die von der Bergnymphe Echo und dem Narziß. Echo liebt den schönen Narziß übermäßig, findet aber keine Gegenliebe und vergeht so in der Waldeseinsamkeit vor

Liebespein, daß ihr Körper ganz dahinschwindet und nur ihre Stimme noch übrig bleibt, die da märchenhaft sich regt, wenn wir in den Wald rufen. Narziß selbst aber ahnt nicht, wie schön er ist; da steht er über dem Wasser, sieht sein Spiegelbild, und in vergeblichem Begehren nach der eigenen Schönheit versiecht er und stirbt hin, und die Gräser des Ufers schmiegen sich über ihn. Als die Freunde ihn suchen, finden sie nur die Blume, die man Narzisse nennt.

Das Sterben vor Liebe ist im Märchen selbstverständlich. Aber auch Motive der Knabenliebe wurden gern verwendet, so wie man vom Tod des Orpheus, des frommen, weihevollen Sängers erzählte, der nach Eurydikes Tod kein Weib mehr berührte. Sein Liebling war Kalaïs, der Knabe. Da erbosten sich wider ihn die wilden Weiber Thraziens und überfielen und zerrissen den Sänger. Sein Haupt, dessen Lippen noch tönten, und seine Leier, die noch klang, schwammen, von Wellen getragen, über das Meer zur Dichterinsel Lesbos. Seitdem aber war es im barbarischen Thrazien Sitte, die Frauen zu tätowieren zum Schaden ihrer Schönheit. Ihre Missetat wurde als Erbsünde gerechnet; denn sie hatten den heiligsten der Männer umgebracht.

Die Werke der alexandrinischen Dichter, die diese Sachen erzählten, sind alle untergegangen; ihre Darstellung war nicht überzeugend genug, und in der Spätzeit, als man den Gehalt der antiken Literatur sichtete und siebte, wurden sie sämtlich beiseite geworfen. Aber die schönen Stoffe bewahrte man uns durch Nacherzählung auf, und sie haben auch noch moderne Dichter begeistert.

Das Bezauberndste, Lebensfähigste und Volkstümlichste endlich aber ist auch heute noch das Märchen von Amor und Psyche, das nicht nur Rafael, das auch unseren Max Klinger zu einem Meisterwerk seiner Illustrationskunst hinriß. Auch in ihm atmet die weich gestimmte Erotik, die dem alexandrinischen Zeitalter eigen ist. Das Märchen war jedoch in Prosa geschrieben, und wir ahnen nicht, wer es zuerst gestaltet hat.

Kehren wir indes noch einmal nach Alexandrien zurück, das, wie wir nicht vergessen, für viele jener alexandrinischen Dichter tatsächlich das Geisteszentrum war. Wir atmen noch einmal Großstadtluft und treten das Pflaster der Residenz, um uns im wirbelnden Getriebe der Volkshaufen dem Palasthof der Könige, der Ptolemäer, selbst zu nähern.

Theokrit hilft uns wieder; denn er hat denn doch nicht nur Hirtentöne, sondern verstand sich auch auf den eigentlichen Mimas, in dem sich auch das Leben der Stadtleute spiegelt, aber anders spiegelt als in der Komödie Athens.

Man versteht unter dem antiken „Mimus“ zweierlei: erstlich Volksstücke, die, das Leben grell nachäffend, von Clowns, Gauklern, aber auch von wandernden Artisten erlesener Kunst auf dem Jahrmarkt gespielt wurden, ohne Masken und mit dem buntesten Programm: rührsame Königsgeschichten, Parodien auf Göttersagen, Ulk und Schwänke. Es waren vielfach Stücke ganz ohne aufgeschriebenen Text, und die Mimen sprachen die Worte zum lebhaften oder ausgelassenen Spiel frischweg aus dem Stegreif, natürlich in ungebundener Rede. Etwas anderes ist das, was Theokrit uns gibt: mimische Gedichte in Versen, die gleichfalls frisch ins niedere Volksleben greifen, aber, zur Lektüre bestimmt, buchmäßig verbreitet und so zum Schatz der Literatur wurden; auch diese Gedichte mit Rollenverteilung. Und da sehen wir z. B. das junge Weib, das mit nächtlichem Spuk Zauberwerk treibt, um das Herz ihres Geliebten wieder zu bekehren, der nun schon zwölf Tage sich ihr nicht zeigte. „Morgen such' ich ihn auf, auf dem Turnplatz; jetzt sing ich das Zauberlied zur Hekate." Ein armes Vögelchen Wendehals (eine Bachstelze) wurde auf ein Rad gebunden, das Rad mit ihm wie ein Kreisel umgedreht und das Lied abgesungen mit dem Refrain; „Drehhals, dreh dich und ziehe den Mann, den bewußten, ins Haus mir." In die offene Flamme wird dabei Lorbeer geworfen, daß es kracht und knistert, ebenso ein Männerbild aus Wachs: denn so wie das Wachs schmilzt, soll er selbst, der elende, zerschmelzen, der nach einer Nacht der Wonne sie verlassen usf. In einem andern Stück tritt ein Mensch auf, der, von seinem Mädchen übel getäuscht, auswandern will und so heimatlos nach Alexandrien zu gehen beschließt, um als Soldat beim Ptolemäus, dem Herrn Ägyptens, den man ihm anpreist, in Stellung zu gehen. Endlich aber sehen wir auch das Adonisfest und wie es in Alexandrien gefeiert wird: ein Erlebnis mit wandelnden Figuren, wie im Lichtspiel.

Arsinoë, Berenikes Tochter, die Königin, hat das Fest bereitet; denn es ist ein Frauenfest. Adonis ist der göttliche Jüngling, der das blühende Jahr bedeutet und in jedem Herbst neu stirbt, um im Frühling aus dem Hades wiederzukehren; die Frauen trauern um den Toten; sie jauchzen, wenn er aufersteht. Die Göttin Aphrodite ist es, die den Adonis liebt, und im Schloßhof sind nun unter Baldachinen von Teppichen und Blumen die Statuen beider herrlich aufgebaut. Denn der Herbst naht; die Trauerfeier soll begangen werden und eine Berufssängerin dazu das melancholische Festlied singen; dann werden die Frauen der Stadt am andern Morgen das Adonisbild in klagender Prozession zum Meeresstrand hinaus tragen und es mit dem Gebetsruf: „kehre wieder" in der Flut versenken. Theokrit aber zeigt uns nun zwei zungenfertige Frauenzimmer, die nicht etwa mit im Zug gehen, denn sie sind zugewandert, sondern die hübsche Sache nur einmal mit ansehen wollen. Das darf man sich nicht entgehen lassen! Und da sehen wir nun, wie dazu die eine die andere aus dem Haus abholt, wie die sich noch erst umständlich wäscht und putzt; dabei schimpfen sie beide weidlich auf ihre Männer, die strohdummen Kerle, bis sie endlich mit ihren Mägden auf der Straße sind. Der kleine Sohn muß zu Hause bleiben. Und so geht es weiter unter ständigem Schwatzen. Die Straßen so breit; aber die schiebende Menge stopft sich, staut sich; solches Gewühl ist, und die Angst befällt die Frauen. Kavalleristen reiten hindurch. Das Pferd bäumt sich. Gottlob, es ging noch gut. Aber auf den Fuß werden sie getreten. Der neue Mantel reißt. Sie fassen sich an den Händen, um sich nicht zu verlieren. Ein fremder Mann nimmt sich ihrer gütig an, und sie bedanken sich schön. Ein anderer aber schimpft: „was schwatzt ihr Weiber? Elstern ihr! Schweigt endlich still, mit eurem erbärmlichen Dialekt." Die Frauen aber begehren auf; sie sprechen in dorischer Mundart; denn sie sind vom

Peloponnes her eingewandert; eine anständige Gegend! „Was sollen wir nicht peloponnesisch reden dürfen?"

Endlich sind sie am Schloßtor. Großes Schweigen. Die Sängerin erscheint. Horch, sie beginnt, und plötzlich ändert sich die Tonart des Gedichtes, und statt des höchst realistisch wiedergegebenen Geplappers hören wir in edlem Klang den Text des Festgesangs zum Lob der Königin Arsinoë, die den Trauergottesdienst so schön bereitete, dazu das Gebet an die hohe Göttin Aphrodite und den Scheidegruß an Adonis, der nun gestorben:

> Holder Adonis, du gehst von uns, und zum Acheron gehst du?
> Freundlich, Adonis, so wie du gekommen, so kehre uns wieder.

Die Sängerin ist verstummt, und das Gedicht bricht schroff ab. Wir hören nur noch, wie das eine der beiden Weiber die Zunge rührt; die beiden heißen Gorgo und Praxinoa, und Gorgo muß noch ihrer Seele Luft machen:

> Sag, wie geschickt das Ding ist, Praxinoa! Wahrlich, das Weib ist
> Glücklich. Was hat sie gelernt! Glückselig. Wie süß ihr Gesang tönt!
> Doch es ist Zeit nun nach Haus. Noch hat ja mein Mann nicht sein
> Frühstück.
> Puh! Der ist sauer wie Essig, und hungert er, komm ihm nicht nahe.
> Teurer Adonis, leb wohl und finde uns wohl, wenn du kehrest.

Sprudelndes Leben im derben Holzschnitt! Das ist Kunst; allerdings; völlig modern mutet sie uns an, mag uns auch Adonis und sein Kult noch so fremd sein. Der Verismus, dessen wir heut uns rühmen, bewegt sich in ihren inzwischen tief ausgefahrenen Gleisen. Der Erdenmensch ist sich gleich in allen Jahrtausenden.

Hiermit genug der Proben aus der Kunst des Hellenismus. Ich breche ab. Königskunst, Volkskunst, Gelehrtenkunst, wir haben alle drei gesondert am Werk gesehen. Reichte es aus, so fragen wir endlich, all dies Bilden und Dichten, um der seit Alexander neugestalteten Welt, dem Weltgriechentum, einen neuen Zeitgeist zu geben? Die Antwort ist meiner Darstellung selbst zu entnehmen.

Die Großtaten der Bildnerkunst weckten wohl Staunen bis zur Berauschung, und man pries die Künstler selig; aber der Stein wandert nicht und predigt nicht in seiner Stummheit und Schwere, und man wollte hören, hören und nochmals hören. Auch halfen die Bilder der Götter, die man immer mehr vermenschlichte, nur dazu, sie aus ihrer Höhe zu erniedrigen. Die Volksseele aber braucht irgendein Erhabenes, unermeßlich Hohes, das nicht ist wie wir. In der Weltgeschichte, die man erlebte, waltete, wie die klügsten Männer sagten, nichts als der blinde Zufall, die Tyche, dies froschkalte Gespenst. Wer konnte zu ihr ein Herz fassen? Auf der Bühne florierte die muntere Theaterdichtung Athens; aber ihr allzu menschliches Motto war der Ausspruch: ich bin nur Mensch, und nichts Menschliches soll mir fremd sein, der zu eben der Zeit gesprochen wurde, als man durch Alexander an das Übermenschliche gewöhnt war. Alexander war tot, aber der Zeitgeist hungerte weiter nach dem Übermenschlichen, nach dem wahrhaft Göttlichen in Menschengestalt, nach dem Wunder bis zur Betäubung. Und endlich das Bagatell, die alexandrinische Kleinkunst, zum Teil nur Gelehrtenpoesie – mochte darin auch manches wahrhaft Tiefe und Edle sich bergen: die Lektüre dieser Dichtungen war absichtlich erschwert durch hochgelehrte Anspielungen und preziösen Sprachausdruck; denn „mir ekelt vor dem Vulgären" war ja das Programm. Überdies aber waren die Gedichte in Dialekten (nicht nur Episch, sondern auch Dorisch, sogar Äolisch) abgefaßt, die die Klangschönheit steigern sollten, aber nur noch lokale Bedeutung hatten; das gilt auch vom Theokrit; keine deutsche Übersetzung kann das wiedergeben. Die Gedichte lockten nicht; denn sie waren wie gewisse Früchte in Stachelschale gepanzert. Alles überbot hierin das tolle Gedicht des *Lykophron*, das einzige Dichtwerk hochpolitischen Charakters, in dem einmal die ganze Weltgeschichte von Troja bis Rom aufgerollt wurde, das aber von Zeile zu Zeile mit so seltenen Vokabeln gespickt ist, daß auch der Dichter selbst dazu ohne Frage ein Lexikon brauchte.

Das überwältigend Große und Neue, worauf die Welt harrte, mußte nicht nur in die tiefsten Tiefen der Seele greifen, sondern es mußte auch im gemeinverständlichen Griechisch geschrieben sein. Die Philosophen waren noch da, und sie hatten den Begriff der Menschheit voll erfaßt. Würden sie das erlösende Wort finden? oder sollte es aus den Tiefen des Volks, vor dem es den Kallimachus ekelte, erstehen?

Unter der absoluten Monarchie hatten die politischen Diskussionen aufgehört. Die Denkenden und die Träumenden fragten nur noch nach Gott und Weltregierung, nach Weltentstehung und nach Unsterblichkeit. Unsterblichkeit ist Rettung des Ichs. Adonis, der Gottjüngling, von dessen Feier wir soeben hörten, mag uns zeigen, worauf es ankam, der in die Hölle fahrende und wieder auferstehende Gott: „freundlich, Adonis, o wie du gekommen, so kehre uns wieder". Dieser Adoniskult war nur eine der vielen Gestaltungen der vorchristlichen Religionen und hat in der Griechenwelt die so mannigfaltigen sonstigen Kulte nicht entfernt zu überwuchern vermocht. Die Idee aber, die ihm zugrunde liegt, ist ewig, und die Natur selbst predigt sie. Sie sollte in ganz anderer Gestalt die Menschheit erfassen, wenn in Galiläa der Gottessohn erstand, der sich den Menschensohn nannte, dem die Macht des schlichten Wortes zu Gebote stand und der zu denen, die sein Werk fortsetzten, das „gehet hin in alle Völker" sprach. Es handelte sich um Gotteskindschaft; es handelte sich um die Frage nach dem Ursprung des Bösen und seiner Überwindung. Ein Gebet für alle Völker sollte es geben, die hinfort gemeinsam das „Erlöse uns von dem Übel" sprachen.

***

Intermezzo

Zur Veranschaulichung sei hier noch das mimisch dramatische Gedicht des Theokrit von den am Adonisfest teilnehmenden Frauen, „die Adoniazusen“, in Übersetzung vollständig vorgelegt. Schon im Voraufgehenden habe ich es eingehend besprochen. Trotzdem oder gerade deshalb wird vielleicht mancher es gerne selbst lesen wollen. Wer ungeduldig nach dem Ende meines Buches strebt, wird über dies Intermezzo ohne Schaden hinwegblättern können.

Voraufgeschickt sei ein Namenregister der redenden und der sonst zum Verständnis in Betracht kommenden Personen.

***

PERSONEN:

Gorgo.
Praxinoa.
Diokleides, Gorgos Gatte.
Zopyrion, Kind der Praxinoa.
Phrygia und Eunoa, Mägde der Praxinoa.
Eutychis, Magd des Gorgo.
Erster Fremdling.
Zweiter Fremdling.
Alte Frau.
Die Festsängerin.

***

Gorgo erscheint vor Praxinoas Haustür.

Gorgo Ist noch Praxinoa drinnen?

Eunoa O Gorgo, wie spät! Ja, das ist sie.

Gorgo tritt ins Haus.

Praxinoa Daß du noch kamst, das erstaunt mich. Du, Eunoa, stell' ihr den Sessel. Drauf auch ein Kissen fürs Haupt.

Gorgo 'S geht ohne das, danke!

Praxinoa Nun setz' dich.

Gorgo Das galt eisernen Mut! Kaum, daß ich, Praxinoa, lebend Zu euch drang. So viel ist des Volks. So viel sind der Wagen. Ringsum nichts als Stiefel und nichts als Männer im Kriegsrock, Mühsam der Weg. Und du wohnst noch dazu mir so schrecklich entlegen.

Praxinoa Freilich, drum eben hat Er, der Verrückte, am Ende der Welt hier Uns den Winkel gekauft – denn kein Haus ist's –, damit nur wir beide Ja nicht benachbart wohnten, zum Tort mir, der ewige Neidhart.

Gorgo Sprich vom Gemahl doch, Beste, von deinem, nicht solcherlei Dinge Hier, wo der Kleine dabei ist. Sieh, sieh, Frau, wie er dich anblickt.

Praxinoa Lustig, Zopyrion, süßer! mein Jüngelchen. Pappa nicht meint' ich.

Gorgo Ja, er versteht dich, der Wurm, bei der Göttlichen! *(zum Knaben gewandt)* Nett ist Papachen!

Praxinoa Neulich war dieser Papa – denn von Neulich ist stets, was ich rede – Für mich Schmink' und Salpeter zu kaufen gegangen im Laden Und kam wieder mit Salz, kein Mensch, ein Goliath ist er!

Gorgo Ganz so wie Diokleides, mein Mann! Ruinierer des Geldes. Kauft' er da Zotteln vom schlechtesten Schaf, fünf Felle für sieben Drachmen, mir gestern; nur Hundshaar, Dreck. Ja, Plage auf Plage! Doch schnell, leg' nun den Mantel dir an und das Kleid mit den Spangen. Wollen zum Schlosse des Königs, der mächtig und reich, Ptolemäus, Gehn, den Adonis zu schau'n. Ich vernahm, ein prächtiges Schauspiel Ordnet' die Königin an.

Praxinoa Wer reich, macht alles mit Reichtum. Fein ist's, von dem, was man sah, zu erzählen den Leuten, die nichts sah'n.

Gorgo Zeit wohl wär' es zu gehn.

Praxinoa Fest feiert der Müßige täglich. Eunoa, nimm hier das Becken und stell' mir's mitten ins Zimmer. Du Fahrlässige! Pah! Weich liegen wohl möchte das Kätzchen? Spute dich, schneller das Wasser gebracht! Erst Wasser bedarf ich! Wie an dem Becken sie schleppt! Gib dennoch! Doch gieß' nicht so maßlos Wasser hinein. Heillose, wie kannst du das Kleid mir beschütten? Halt. Nun genug. – Wie's den Göttern gefiel, nun bin ich gewaschen. Wo ist der Schlüssel zur Lade, zur größeren? Bring' ihn sogleich her.

Gorgo Prächtig, Praxinoa, steht dir dies faltige Kleid mit den Spangen, Welches du trägst. Verrat' mir, wie teuer bekamst du's vom Webstuhl?

Praxinoa Mahne mich, Gorgo, nicht dran. Mehr als zwei Minen des puren Silbers betrug's. Und ich hab' mein Leben gesetzt an die Arbeit!

Gorgo Nun! und es ist dir nach Wunsche geglückt.

Praxinoa Das glaub' ich, ei freilich.
Bring' mir den Mantel nunmehr und den Hut. Und kleide mich sorgsam

Zu Zopyrion.

Dich, Kind, nehm' ich nicht mit! Der Bumann ist draußen. Das Pferd beißt.
Weine, solange du willst; doch du sollst dir die Glieder nicht brechen.
Geh'n wir. Du, Phrygia, nimm den Kleinen und spielet zusammen.
Ruf' auch den Hund in das Haus und schließe die Türe des Hofes.

Sie gelangen auf die Straße.

Gott, Gott, welch' ein Gewühl! *Wie* soll'n wir, *wann* soll'n wir hindurch nur
Durch den Tumult? Ameisengewimmel, unzählbar, unendlich.
Wahr ist's, du hast, Ptolemäus, gar prächtige Dinge vollendet.
Seit dein Erzeuger vereint ist Unsterblichen, schädigt kein Strolch mehr
Je die Wandernden, der anschleicht nach der Art der Ägypter,
Wie sie ihr Spiel einst trieben, aus Trug nur bestehende Menschen,
Unter sich gleich durch die Ränke, die bösesten, Schufte sie alle.
Gorgo, mein Engel, was nun? Was machen wir? Rosse des Königs
Kommen, die Ritter darauf. (Mein Freund, so tritt mich nicht immer!)
Aufrecht bäumt sich der Fuchs! wild, fürchterlich! – Eunoa, freche,
Stehst du und läufst nicht davon? – Unglücklich noch macht der den Reiter.
Wahrlich, es ist doch gut, daß der Kleine zu Hause geblieben.

Gorgo Mutig, Praxinoa, mutig. Wir sind ja schon hinten und sicher.
Jene sind weg, auf den Posten.

Praxinoa Ich selbst schon sammle mich wieder.
Pferde und Schlangen, die kalten, die fürcht' ich doch über die Maßen,
Schon als Kind. – Doch geschwind! Welch Haufen, der gegen uns herströmt!

Gorgo Mutter, vom Hofe zurück?

Die alte Frau kommt.

Alte Frau Ja, Kindchen.

Gorgo Und ist noch der Eintritt
Tunlich?

Alte Frau Es nahmen die Griechen auch Ilion ohne Versuch nicht!
Sicherlich, holdestes Kind, wer versucht, wird alles erlangen! *(ab)*

Gorgo Wie ein Orakel klang, womit uns die Alte verlassen.

Praxinoa Was weiß nicht solch' Weib! Auch wie Zeus hofiert mit der Hera.

Gorgo Sieh nur, Praxinoa, hier an den Toren die Masse der Menschen!

Praxinoa Gräßlich. Ach, Gorgo, so gib mir die Hand. Du Eunoa aber
Fasse die Eutychis an. Hab' Acht auf sie, daß du nicht abirrst.
Treten wir alle zugleich so hinein. Dicht, Eunoa, an uns!
(Ein Fremder kommt zu nah.)
Ach, ich Ärmste, o weh! Nun reißt gar das zarte Gewand mir,
Gorgo, mitten entzwei. Beim Jupiter, mög' es dir allzeit
Gut gehn, Mensch! Nur nimm doch, bitte, den Mantel in acht mir.

Erster Fremdling Zwar, ich kann nicht dafür. Doch versuch' ich es.

Praxinoa Dick ist der Haufen.
Stoßen sie nicht, wie die Schweine?

Erster Fremdling Nur Mut, Frau. Wir sind geborgen.

Praxinoa Mögest du, stets, Freund, jetzt und in Zukunft sein ein Geborgner,
Da du so für uns sorgst. – Wie trefflich der Mann! und wie höflich.
Eunoa steckt in der Klemme. So *zwinge*, du Ärmste, den Durchgang.
Brav! Drin sind wir nun alle! So sagt zur Maid, wer sie einschloß.

Die Frauen sind in den Schloßhof gelangt.

Gorgo Komm nun, Praxinoa! hier! und betrachte zuerst dir die Decken,
Teppiche, bunt, zart, reizend. Gewirkt wie von Göttinnen scheint es.

Praxinoa Herrin Athene, was waren für Frau'n dies, welche so wirkten?
Welch' ein Maler vermöchte so täuschende Bilder zu malen?
Wie sie so richtig gestellt sind und wie sie sich richtig bewegen!
Leben! kein bloßes Gewebe. Jawohl, der Mensch ist ein klug Ding,
Aber er selbst, wie herrlich zu schau'n auf dem silberen Lager
Liegt er. Des Barthaars Flaum färbt kaum ihm Schläfen und Wange,
Der noch im Orkus geliebt wird, der dreimal geliebte Adonis!

Ein anderer Fremder tritt heran.

Zweiter Fremdling Laßt, Unausstehliche, jetzo das ganz nutzlose Geschwätze,
Elstern ihr! Alles verderben sie uns mit der quetschenden Mundart.

Gorgo Pah! von wannen *der* Mensch? Wenn wir schwatzen, was kümmert denn *dich* das?
Suche dir, wem du befiehlst. Du willst Syrakusern befehlen?
Und damit du's nur weißt: wir sind von korinthischem Stamme

Gleich wie Bellerophon war! Drum reden wir peloponnesisch.
Dorischen Frau'n, wird, denk' ich, doch dorisch zu reden erlaubt sein.

Praxinoa Komme kein Herr mir, o süße Persephone, außer dem Einen,
Nie! Mich verlangt nicht danach. Streich' nicht mir den ledigen Scheffel!

Die Sängerin tritt auf.

Gorgo Schweige, Praxinoa, nun. Denn sie will den Adonis besingen,
Jene, die Sängerin dort, der Argiverin kundige Tochter;
Der auch das Lied vom Sperchis, das traurige, trefflich gelang jüngst.
Sicher, sie singt auch jetzt sehr schön; und da steht sie gerüstet.

Sängerin Hohe Gebieterin, du, die sich Golgos erkor und den Eryx
Oder Idaliums Hain, die mit Golde du spielst, Aphrodite!
Sieh den Adonis, den treu von des Acheron ewigem Wasser
Nach zwölf Monden zurück dir geführt sanftschreitende Horen!
Langsam nur schreiten die Horen, die lieblichen! Aber sie kommen
Allen ersehnt, und sie bringen den Sterblichen *etwas* für jeden.
Kypris, Dionas Tochter, du hobst, wie die Sage verkündet,
Zu der Unsterblichen Reih'n Bereniken, die sterbliche, aufwärts,
Und Ambrosia hast du geträuft in die Seele des Weibes.
Dir, du Namenreiche, du Tempelreiche, zum Danke
Will Berenikes Tochter, Arsinoë, Helenas Abbild,
Ehren mit mancherlei Gaben am heutigen Tag den Adonis.
Neben ihm liegen die hoch aus den Wipfeln gebrochenen Früchte,
Neben ihm zierliche Gärtchen, die sorglich umhegt sind in Körben
Puren Silbers. Auch syrische Myrrhen in goldenen Krüglein.
Kuchen sodann, derlei in der Pfanne die Frauen bereiten,
Wenn sie von Blumen ins schimmernde Mehl einmischen die Würze,
Und was da sonst ist, aus Süße des Honigs und lauteren Ölen,
Alles ist dorten: Geflügel sowohl wie wandelnde Tiere.
Grünende Laubungen sind, dicht schattend aus weichem Anis-Kraut
Hier ihm erbaut! und Amoren, die Knäblein, flattern darüber
Leicht wie ein Nachtigallvölkchen, und setzen sich hoch in die Bäume,
Fliegen umher, von Aste zu Ast, und erproben die Flügel.
Ach, und das Ebenholz! ach! und das Gold! Und aus Elefantbein
Weiß sind die Adler; sie tragen zum Zeus den Knaben, den Mundschenk!
Oben sind leuchtend in Purpur die Teppiche (weicher als Schlummer
Pflegt sie wohl rühmend zu nennen Milet und wer Samos bewohnet)
Zwei sind der Lager, das zweite gedeckt für den schönen Adonis.
Eins drückt Kypris, das andre Adonis mit rosigem Leibe,

Er, ihr junger Gemahl, kaum achtzehn, neunzehnjährig.
Noch nicht sticht sein Kuß, und noch schimmert ihm rötlich die Lippe.
Nun hat Kypris den Mann, den sie liebt. Sie freue sich seiner.
Doch wir werden am Morgen uns sammeln zur Stunde des Frühtaus,
Werden hinaus ans Gestad zu den schäumenden Wellen ihn tragen
Alle gelöseten Haars, tiefhängend die Schöße des Kleides,
Offen die Brüste. So heben wir dann den hellen Gesang an:
„Holder Adonis, du gehst von uns und zum Acheron gehst du,
Von Halbgöttern, so sagt man, der einzige! Nicht Agamemnon
Traf dies Los, nicht den Ajax, den großen, den zornigen Helden,
Auch nicht den Hekabesohn, aus zwanzig den trefflichsten, Hektor,
Nicht den Patroklos noch Pyrrhus, der siegreich kehrte von Troja,
Noch die Lapithen aus ältester Zeit und die Deukalionen
Oder des Kekrops Geschlecht und die ersten Pelasger in Argos.
Holder Adonis, sei gnädig anjetzt und aufs Neujahr hoffe!
Freundlich, Adonis, so wie du gekommen, so kehre uns wieder!"

Gorgo Sieh, wie geschickt das Ding ist, Praxinoa! Wahrlich, das Weib ist
Glücklich; was hat sie gelernt! Glückselig; wie süß ihr Gesang tönt!
Doch es ist Zeit nun nach Haus. Diokleides hat noch kein Frühstück.
Ach! der ist sauer wie Essig, und hungert er, komm' ihm nicht nahe.
Teurer Adonis, leb' wohl und finde *uns* wohl, wenn du kehrest!

***

Der Trieb zur Weltreligion

Es bleibt noch eins. Solange es Griechen gab, gab es eine griechische Philosophie, die geschäftig immer wieder baut und einreißt und baut, den Aufbau der Welt. Die Zeit der großen Muße unter den Königen begünstigte auch ihren Betrieb; er verzehnfachte sich, wurde ein Beruf für viele, und die Büchermassen, in denen man die Wahrheit fangen wollte, wuchsen zu Bergen an. Aber diese Weltweisheit lebte nicht nur in den Büchern, sondern auch in den Menschen; denn was sie gab, war Religion. Wer die Geistesarbeit der Zeit nach Alexander, deren Wirkung bis in unsere Tage reicht, erschöpfend würdigen will, hat vor allem auch von ihr zu reden.

Der Mensch ist das einzige Lebewesen, das dazu begnadet oder verurteilt ist, sich selbst zu denken. Er tastet an die Wurzeln des eigenen Seins mit der ewig zehrenden Frage: warum? Das Warum hallt und klirrt durch die Jahrtausende. Der Mensch hängt zwischen Himmel und Erde, bald hochgerissen, bald in die Tiefe gezerrt. Unser Wesen hängt an einem Zweck, aber wir können ihn nicht fassen; wir sehnen uns nach festem Grund, nach dem Boden der Ursache, auf dem wir stehen, aber er verbirgt sich uns. Wir schauen fragend wie in einen Spiegel, aber der Spiegel antwortet immer nur mit dunklem Wort.

Woher stammt das Böse? und wer erlöst uns von dem Übel? Gibt es einen Richter, der unsere Seelen faßt? und müssen wir zittern, wenn wir durch das Tor des Todes gehen?

Dies ist die Frage, die damals die Zeit im Tiefsten bewegte; sie ist so alt wie das Gewissen in der Menschenbrust, und unsere Kirche weiß darauf nun auch die Antwort. Mag der Tapfere sich seiner Siege freuen, das Genie der Ruhm umstrahlen, der Kaufmann mit Goldmünzen seine Krüge füllen, die schönen Frauen das Haus und den Nachwuchs hüten oder sich schmücken und in Perlen und Seide vor uns stehen, die Jugend, die noch keine Sorge und Enttäuschung kennt, jauchzend ihre Kraft erproben, von den Theaterrängen das Lachen der Leichtfertigkeit dröhnen, in den eleganten Höhlen der Wollust zwischen Spiegelwänden das Laster sich vergnügen, der Satz Sardanapals: „Laß uns schlemmen und lieben, denn morgen sind wir tot“, von Lippe zu Lippe gehen: der Kuß verwelkt, die Lippe verbleicht, die Frage aber bleibt, und es hat allezeit Männer und Propheten gegeben, die sie laut in das Volk rufen, so heut, so damals; damals vielleicht lauter als je, in einer Zeit, die die bleierne Gleichgültigkeit noch nicht kannte Es war damals noch nichts schal und abgestanden, die Tugendlehren immer noch frisch und jung; es gab noch keine Repetitionsstunden in der Schule der Völker, und es gab noch keine Laffen wie heut, die sich wie die Fliegen jenseits von Gut und Böse dünken.

Es gilt auch einmal das Selbstverständliche zu sagen. Bei einem unserer deutschen Ethiker lese ich: „Nicht ob moralische Übel vorhanden sind, ist die Frage – sie sind immer vorhanden, weil die Mehrheit schlecht ist –, sondern ob die Übel bekämpft werden oder nicht, ob die bessere Minderheit tätig ist oder untätig. Ist sie untätig, so verkommt sie selbst. Das Menschenbataillon hat eben wie jedes Bataillon mehr Gemeine als Offiziere. Erst wenn diese faul werden, steht es schlecht.“ In der Zeit, von der ich handle, war die Minderheit tätiger denn je.

Woher das Böse? Das naivere Griechentum hatte die Antwort leicht gehabt. Die Götter waren eben grausam; sie treiben unsere Herzen; sie hetzen Xerxes in den Krieg gegen Hellas, zu seinem Unheil, sie werfen Phädra in die sündige Liebe zum Stiefsohn und sie geht zugrunde; aber auch den Sieg des Guten bewirken sie, so wie Achill seinen Jähzorn bemeistert, weil Athene ihn an der Haarlocke faßt. Anders, aber doch ähnlich, denkt die entwickelte griechische Philosophie, die in Plato vor uns steht.

Und wir nähern uns den Philosophenschulen Athens. Ich entwickle nicht ihre nach der Weise des Aristoteles weit ausgebauten Systeme, sondern rede nur von dem, was uns hier angeht. Es gibt eine platonische, eine stoische Religion, so wie es ein Christentum gibt. Das Wort „Philosophie“, wie wir es heut brauchen, ist viel zu eng. Die Weisheit, zu der man Liebe faßte (philo-sophia), war eben letzten Endes Gotteserkenntnis, ihr Ergebnis erhabener Monotheismus, ihre Lehre Frömmigkeitslehre, ihr Ziel Glückseligkeit für die Seelen der Sterblichen. Der Verstand wirft sein kühles Schlaglicht durch die Unendlichkeiten; Gott aber verbirgt sich ihm, und schon Plato griff zur heißen Mystik und zum Traum, um für uns das Jenseits zu erschließen.

Seine Philosophie war zugleich theoretisch und praktisch gerichtet. Der Verstand fragt: gibt es ein Bleibendes in der Flucht der Erscheinungen? Die Dinge selbst, die uns umgeben und sich tausendfach wiederholen, haben keinen Bestand, sie haben kein Sein; sie haben nur das Werden, das im Vergehen endet. Schau durch sie hindurch. Bestand haben nur ihre Formen, die gleichsam hinter ihnen stehen und sich ewig gleich bleiben; das sind ihre Typen, die als Vorbild oder als Idee in jedem vergänglichen Exemplar sich unvergänglich neu darstellen. Nur die Ideen sind. Aber nicht allein die Dinge, auch unsere Handlungen, die wir vollziehen, haben ihre festen Formen, haben also ihre Ideen oder Typen; sie sind gerecht, sie sind gut und edel. Diese sittlichen Ideen sind die höchsten Werte im All, sie leben in uns und über uns ein ewiges Leben göttlicher Natur, und so führt uns schon das Bewußtsein des Sittlichen zu Gott selbst hinan; denn die höchste Idee oder Gestaltungsform im All ist das Gute, das Grundgute, und sie ist Gott, der für alles, was da gut, Urquell, Ursache und Urbild ist.

Und nun setzt die religiöse Erziehung ein. Plato redet von der Schönheit des Sinnlichen und Übersinnlichen und von der Liebe, dem Eros. Läutere diese Liebe in idealer Steigerung. Liebst du mit Hingabe deiner selbst den schönen Menschen? So liebe – weiter hinauf – die schöne Seele, liebe das Wissen und Lernen, strecke deine Sehnsucht noch höher und liebe die Schönheit selbst, das absolut Schöne, das an all dem Vorigen das Merkmal und göttlich und das zugleich das Gute sein muß; denn das absolut Gute kann nur zugleich auch schön und edel sein. Das ist die Liebe zu Gott in platonischer Fassung: ein geistiges Schauen in Inbrunst und Begeisterung; ein Rausch der Gottwonne soll dich erfassen, indem du den, der da das Gute und Gerechte ist, denkst.

Nach der Idee des Gerechten soll sich der Staat, nach der Idee des Guten der Einzelmensch gestalten.

Deine Seele ist unsterblich; das ist nicht Glaube, sondern Wissen; denn sie verursacht jedes Regen in dir, indem sie sich selbst bewegt; das sich selbst Bewegende aber hat nicht Ende noch Anfang. Daraus folgt aber, daß deine Seele schon bestand, bevor du lebtest, und dein Wissen von Gut und Böse ist nur das Erinnern deiner Seele, das sie aus ihrem früheren Dasein mitbrachte. Und nun setzt der Glaube, die platonische Phantastik ein, und er redet wie ein Seher von jenem Überhimmel, den noch kein Sänger besang, wo einst unsere Seele Gott selbst und alles Göttliche, die Ideen des Guten und Schönen und Gerechten selbst schaute. Was ist da Gott? Er ist das wahrhafte Wesen, rein geistig, d. h. stofflos und gestaltlos.

Wen nun so die Liebe zum Höchsten erfaßt hat, des menschlichen Begehrens sich entwöhnend, wie mit Weihen geweiht und mit dem Göttlichen im Umgang, der wird freilich vom Volk als irr gescholten, und sie merken nicht, daß der Enthusiasmus ihn faßte, d. h. daß er des Gottes voll ist. Aber er darf sich trösten; denn die Götter müssen ihn lieben.

Woher aber stammt nun das Böse? Gott ist es, der unsere Seelen schuf, und so ist er selbst der Urheber der Möglichkeit des Bösen; denn er gab uns auch die tierischen Triebe in die Seele, d. i. die ständige Versuchung, und wälzte so die Verantwortung von sich ab. Der Mensch ist für sich selbst verantwortlich; denn auch die Einsicht, den „Nûs“, gab ihm Gott, um durch ihn die Leidenschaften zu zügeln. So machte es Plato selbst. Einer seiner Diener war frech geworden; Plato sagt zu dem Burschen: „ich schlage dich nicht, denn ich bin im Zorn“; das heißt, man soll nicht in der Leidenschaft handeln.

Aber nicht nur das moralische Gesetz weist den Weg zu Gott im Sinne des Monotheismus, sondern auch der Sternenhimmel. Die Astronomie ist sein Herold und Verkünder, und Plato lernt den Gott begreifen als Weltschöpfer.

So dichtet Plato visionär den Schöpfungsakt, wie der Anfang der Bibel es tut, und sein Gott ist nicht nur reiner Geist, sondern auch Person, aber dabei kein Lokalgott, kein Griechengott mehr, sondern Weltgott, der All-Eine, der Erbauer und der Vater des All. Die Schleier fallen von den Geheimnissen. Dabei hat Plato – anders als die jüdische Dichtung – Scheu, die Menschengestalt Gottes deutlicher zu machen; er sagt nur, daß Gott baut, fügt und bildet, aber er verschweigt dabei sorglich die Hände. Auch nicht wandeln oder schweben, nur sprechen läßt er ihn, wie er in der Bibel spricht; sein Wort gebeut, und die beseelten Sternenwelten wölben sich, die Menschen, die Tiere entstehen. Daß auch die Sterne Seele haben, war, wie wir schon wissen, da sie sich selbst bewegen, dem ganzen Altertum selbstverständlich. Aber ihre Seelen gleichen nicht den Menschenseelen, denn sie kennen keine Irrung. So ist aber auch der ganze Makrokosmos, das All, ein atmendes Lebewesen, also beseelt, und Gott schafft die Weltseele, die sich von Himmel zu Himmel erstreckt, seine größte Schöpfung, indem er, wie es heißt, feinsten Urstoff verschiedener Art in einem Mischbecher oder Krater zusammenmischt. Und siehe, Gott freut sich seines Werkes, denn alles ist Vollkommenheit und die Welt ist glücklich – ohne den Menschen. Denn ach, den Menschen schuf Gott so, der grausame, daß er unserer Seele trüberen Stoff beimischte. Durch ihn selbst also kam in uns neben der Gottessehnsucht auch der Hang zur Schlechtigkeit. Der Mensch ist zum Kampf in die Welt gestellt; Gott selbst der Zuschauer: die Selbstversittlichung unsre Aufgabe. Rette, Mensch, deine höhere Natur!

Aber Plato hat als Orphiker noch größere Geheimnisse zu enthüllen, und er reißt von Himmel und Hölle den Schleier, ein Vorgänger Dantes. Wir schulden einst Rechenschaft von unsrem Lebenslauf; denn es gibt einen Richter, und sein Richtspruch ist unerbittlich wie das Naturgesetz. Sündenvergebung wäre vom Übel. Unsre Seelen bestanden, weil sie ja unsterblich sind, schon seit dem Weltbeginn, und je nach ihrer Tugend wandern sie aus einer Leibesgestalt in die andere. Und nun zeigt sie uns Plato auf ihrer Wanderung; denn ihm ward eine Offenbarung. Welches Wunder!

Von einem Toten, der vom Tode wieder auferstand, hat er sie vernommen; Plato nennt ihn uns; der Mann war ein Kleinasiate aus der Landschaft Pamphylien und hieß Er, der Sohn des Armenios; dieser Auferstandene erzählte, bevor er zum zweitenmal abschied, wie sein toter Leib auf dem Scheiterhaufen verbrannt worden: „da gelangte ich auf einen Wiesenplan und stand und sah über mir im Himmel zwei enge Himmelstore, die offen standen, und ebenso unter mir zwei Spalten im Erdgrund. Auf dem Plan selbst aber saßen die Totenrichter, von denen schon Orpheus wußte und die die Seelen sichten, und ich sah die Seelen selbst; die der gerecht Befundenen durften rechts hinan den Weg zum Himmel nehmen durch eins der Tore; ein Schreiben war ihnen umgehängt als Zeugnis ihrer Gerechtigkeit. Die Verurteilten dagegen mußten links nach unten in die Erdentiefe. So stiegen lange Züge von Seelen auf und ab. Aber siehe: der Plan füllte sich neu; denn aus dem zweiten der Himmelstore kamen die Seligen auf ihrer Wanderung herab und ebenso die Unseligen aus dem Abgrund der Erde, da wo er offen stand; nach langer Wanderung kamen sie zur Rast hierher, wo ihre Wege sich kreuzen, eine siebentägige Rast und Festfeier, und ich hörte, wie ein Reden unter ihnen begann; sie befragten sich gegenseitig und erzählten, die einen heulend und unter Tränen, denn sie litten viel in den Schlünden der Hölle, wo sie durch tausend Jahre keine Ruhe fanden, die aus dem Himmel aber voll Lobpreisen der unfaßbaren Schönheit dessen, was sie droben tausend Jahre lang schauen durften. Wehe dem, der gegen die Götter und gegen seine Eltern gefrevelt! Schwerere Qualen treffen ihn als jeden andern. Aber nein; da war ein Tyrann, der das Morden liebte; ihm erging es noch übler; zu einem Knäuel wurde er, Füße, Hände und Kopf, zusammengebunden, dann gepeitscht und in die Dornen gestoßen, dann in den tiefsten Tartarus geschleudert.

„Aber die Rast auf dem Wiesenplan ging zu Ende, und ich sah, das Wandern sollte neu beginnen. Da traten alle Seelen zu der großen Spindel des Weltalls, die sich dreht im Schoße der Notwendigkeit, wo in weißen Gewanden, mit Kränzen im Haar, die drei Parzen sitzen, die nie alternden Töchter der Notwendigkeit, die da die Weltenspindel drehen helfen. Es waren die Seelen, die jetzt neu ins Erdenleben zurückkehren sollten; ein neuer Umlauf, der mit Sterben endet, steht ihnen bevor, und sie mußten sich nun entscheiden und wählen, welches Leben sie in Zukunft leben wollten. Alle Lebensformen, die guten und schlechten, breiten die Parzen vor ihnen aus; die Tugend ist zu haben; sie ist herrenlos; wer sie nicht schätzt, muß die Folgen tragen; die Schuld ist bei dem, der jetzt schlecht wählt; die Parzen selbst sind schuldlos.

„Die Seele hat gewählt und sie soll nun wieder ins menschliche Leben treten; da muß sie zuvor noch aus dem Lethestrom einen Becher Vergessenheit trinken, und ihr entschwindet alsdann die Erinnerung an alles, was sie bisher jenseits des Grabes erlebt hat. Daher wissen die Sterblichen nichts von dem, was ich schaute. Nur in höchsten Augenblicken, wo ein Rausch der Erkenntnis sie faßt, dämmert es uns auf, das Wissen davon, daß wir einst schon das Göttliche selber schauten."

So berichtete Er, der Pamphylier, der Sohn des Armenios, der Auferstandene, und kehrte in seinen Tod zurück. Platos Darstellung aber schließt mit den Worten, die er seinen Sokrates sprechen läßt: „So wollen wir uns, wenn es nach mir geht, immer an den Weg nach oben halten und nach dem, was recht und gerecht ist, mit Einsicht trachten, auf daß es uns gut gehe und wir uns selbst und den Göttern lieb seien, sowohl hier im Leben als auch hernach, wenn wir auf der Wanderfahrt durch die tausend Jahre den Preis davontragen, den wir als Sieger ergreifen."

Das ist Platonische Offenbarung. Die Erinnerung ersetzt hier, was die moderne Seelenlehre Atavismus nennt. Nicht aus ihrem eigenen früheren Erleben hat die Menschenseele gewisse Grundtriebe und Grundvorstellungen, sondern als Erbe von den Toten, die wir beerben.

Auf den Theaterbühnen Athens spotteten die Komiker über Plato: „er läuft rastlos hin und her, der Weise, und kann die Wahrheit nicht finden." Aber er war der Wahrheit froh gewiß.

War hier nun die Weltreligion gefunden? Was er gab, war eine strenge Botschaft, Gerechtigkeit das Leitwort. Das wirkt erziehend, aber es ist nicht für die Vielen, der Kampf wider das Sinnliche: „Mitten in der Sinnlichkeit befreie dich aus ihr; hebe dich aus ihrem Ozean wie ein Triton mit deinem ganzen Körper; die Muscheln, der Tang muß abgeschüttelt werden von deiner Seele." Auch hat Plato nicht geglaubt, die Menge zu erfassen. Seine strenge Lehre sollte zunächst nur die Staatsmänner erziehen, die die Republiken und Monarchien leiten. Nur die philosophische Erziehung bringt solche Männer zur Reife, wenn schon Plato nicht leugnete, daß es auch Laien der Sittlichkeit geben kann, die schon allein durch gute Anlagen so leben, daß Gott sie liebt.

Der wunderbare Mann war nicht nur Dialektiker und Mathematiker, nicht nur Gottsucher und Träumer, er war auch Mann des Zugreifens und des Handelns, der in frohem Optimismus die herrschenden Personen in den Staaten zu packen, sofort seiner Lehre dienstbar zu machen suchte. Aber er tat es umsonst und starb hochbetagt mitten im Werk hinweg, ohne Alexander den Großen erlebt zu haben. Alexander, dürfen wir sagen, war Platos größter Schüler und das Ergebnis seiner Lehre. Sofern Alexander als Herrscher staatsmännische Ideale verfolgte, war er nicht das Erzeugnis des Aristoteles, sondern der platonischen Anleitung; denn Aristoteles beeinflußte den jungen Gewaltigen nur, solange er selbst noch Platoniker war, und hernach war es das zweite Ich Platos, *Xenokrates*, der dem Alexander eine Elementarlehre über das Königsein geschrieben hat.

Im übrigen aber ist Erziehung im Menschenleben, wie sich von selbst versteht, nicht Zweck, sondern nur Mittel; der letzte Zweck ist, wonach alle Menschheit sich aufdehnt, die Glückseligkeit. Es fragt sich nur, was uns wahrhaft beglücken kann. Nach Plato ist es nur das Bewußtsein, recht zu handeln. Das macht den Menschen innerlich froh, sicher und rüstig und verjüngt seine Kraft, so oft ihm die Guttat gelungen ist.

Aber er hatte nun doch nicht das letzte Wort gesprochen, erst recht nicht *Aristoteles*, der, wie wir schon wissen, die Natur an die Stelle des Weltschöpfers setzt. Der Globus des Weltalls rotiert und rotiert. Der Gott des Aristoteles hat ihm nur den ersten Stoß gegeben und verharrt seitdem als unfaßbares X in Ruhe von Ewigkeit zu Ewigkeit, da jede Art von Mühe seiner göttlichen Würde nicht zukäme.

Der Monotheismus aber hatte schon damit den Sieg erfochten. Dem widerstreitet nicht, daß es auch noch dienende göttliche Geister gibt. Warum soll der eine Gott und Allvater die Sterne nicht göttlich beseelen können, nicht auch einzelne erlesene unter den Menschen? Jeder Mensch ist sich selbst ein Problem, und das Problem wächst an Größe mit ihm selber. So wurde Alexander Gottes Sohn, wurden weiterhin die Könige und Kaiser im Auge der Völker zu Göttern; denn die Größe ist eben das Göttliche. Während für uns das Göttliche nur in sich eins sein kann, dachte der Südländer völlig anders; es war so teilbar für ihn wie jedes andere Element, wie das Wasser, das, unerschöpflich aus unergründlichen Bornen strömend, tausendförmig sich darstellt; modern gefaßt: „die Natur ist ein unendlich geteilter Gott". Trotzdem aber wuchs damals der Zug zum strengeren Monotheismus, zur Zusammenfassung des Weltwillens in dem Einen, der da, was ist, schafft, denkt, lenkt und richtet, in weiten Kreisen. So wie alle Länder der Welt in einer Hand, erst Alexanders, dann Roms lagen, so mußte es auch im Himmel sein.

Theologie und kein Ende! Der Staat aber existiert für die Philosophen, die nun folgen, kaum noch; alle Landesgrenzen sind für sie gefallen, und es ist nur noch die Menschheit oder doch Menschenexemplare jederlei Volks, für die sie reden. Das gilt von der Stoa so gut wie von Epikur, denen wir uns nunmehr zuwenden. Zur Trägerin des Monotheismus machte sich vor allem die Stoa; ja, sie ist es, die ihn noch straffer zog. Dem Epikur dagegen war die theologische Frage ziemlich gleichgültig; trotzdem ist es notwendig auch über ihn zu berichten.

Epikur, der frivole, der Schlemmer, der Lüstling! Den einen, die ihn nennen hören, läuft das Wasser im Mund zusammen, als würden Trüffeln und Lampreten aufgetragen, die andern bekreuzen sich wie vor dem Gottseibeiuns, als kröche die süße Sünde an sie heran. In der Tat war Epikur eine weiche Natur und ein bequemer Geist; man kann ihn sogar platt und trivial finden. Aber er war eine Weltgröße, und es gilt seinen Erfolg zu verstehen.

Ein Philosoph? Immerhin. Mehr aber noch ein Seelsorger. Er begründete die Sippe der Stillen im Lande. Die Leidenschaften zu unterdrücken, zu ersticken befehlen alle diese Philosophen verschiedenster Richtung, aber wie verschieden ist die Begründung! Um Epikur sammelten sich die friedseligen Naturen. Die Welt draußen hallt wieder von Kriegsgeschrei und Triumphgesängen, und der Ehrgeiz nach Ruhm und Erfolg peitscht die Seelen auf. All das ist zwecklos. Rege dicht nicht auf. In der Stille ist die Freude, und zur Freude leben wir. Welcher natürliche Mensch will das leugnen? Schieben wir also weg, was uns stört: den dummen Neid der Götter und den Dämonenspuk; Orakelstimmen Albernheit; Wunder und Zauber gibt es nicht; die Schrecken der Hölle Geschwätz. Die Weiber mögen das glauben. Es gibt nur Natur, und in der Natur ist alles natürlich; nach mechanischen Gesetzen vollzieht sich alles. Es ist Sünde zu glauben, die Götter plagten sich damit, in die Naturprozesse gewaltsam einzugreifen. Schau' um dich in Ruhe. Ob es donnert, die Erde bebt, Inseln im Meer versinken: das Gesetzmäßige vollzieht sich, weiter nichts. Lebe du selbst konfliktlos; die Stadtgassen mit ihrem Trara und Gefeilsche laß hinter dir; dem Landleben gelte unsere Liebe, und vertiefe und verschöne den flüchtigen Augenblick durch Freundschaft und mäßiges Leben. Das ist die Freude. Nicht Schlemmer, Epikur war in Wirklichkeit das Muster des Frugalen. Der Tod aber braucht dich nicht zu ängstigen; denn er tut nicht allzuweh, und dein Ich schläft ein und ist wie ein Licht erloschen, wenn er dich in seine Arme nimmt. Wenn der Tod da ist, sind wir nicht mehr da, und solange wir sind, ist der Tod nicht da, so daß er uns nichts angeht. So ist das Leben und Sterben eine Kunst, und ihre Richtschnur die Selbstbescheidung.

Vom Mechanismus, der die Natur beherrscht, sprach und schrieb Epikur in Ausführlichkeit. Dabei war er jedoch gar kein Naturforscher; durchaus nicht; denn zum Forschen gehört Beobachtung, Experiment und Studium, und dazu war der Mann viel zu gemächlich. Aber er hatte schon als frühreifer junger Mensch, angeblich schon vierzehnjährig, Demokrits Schriften entdeckt; da fand er die berühmte Atomenlehre, dieselbe, die in veränderter Gestalt unsere Physik noch heut beherrscht. Aus Atomen oder Molekülen setzen sich Erde und Wasser und alle Stoffe zusammen; indem sie leere Räume füllen, entsteht die Bewegung und jeder Wandel in der Natur. Das zu wissen, schien dem Epikur unendlich beruhigend; daher trug er, was er da gefunden, mit unwesentlichen Abwandlungen zeitgemäß in eignen Schriften aufs neue vor, und zwar auf das eindringlichste, und so ist es gekommen, daß Demokrit selbst bald in Vergessenheit geriet und die Neuzeit die bedeutsame Lehre aus Epikurs Händen empfangen hat (Gassendi war es, der Südfranzose, der im 16. Jahrhundert den Epikur gegen Descartes ausspielte). Im Grunde war es diesem Feind der Sorge ganz gleichgültig, wie sich die Naturprozesse im einzelnen erklärten, wenn sie nur irgendwie sich erklärten; aber er schrieb unablässig sein Leben lang und verbrauchte dazu unendlich viel Papier; anfangs ohne rechten Erfolg; seine Bücher lasen sich schlecht; denn er schrieb salopp, wiederholte sich auf das ermüdendste, und die Gelassenheit, das Sichgehenlassen, das seiner Person eignete, zeigte sich auch in seinem Stil. Dann merkte er selbst den Schaden, machte Auszüge aus seinen Büchern, um dann auch die wieder zu verkürzen. Es blieb immer noch Weisheit genug übrig.

Der Epikureer gleicht der Sonnenuhr: er zählt nur die heiteren Stunden. Schickt ein Freund ihm einmal etwas Käse zum Brot, da schreibt er ein zärtliches Dankbillet, und der Augenblick ist verschönt.

In der Tat: wer einmal, in weichem Schatten geborgen, in einem Garten jener südlichen Länder, sei es auch nur auf Capri oder bei Amalfi, gelebt hat, das Meer zu seinen Füßen, Lichtfülle auf den Höhen; sprießende Natur, Blumendüfte in Kräutern und Büschen; Friede, Friede; geräuschlose Wonnen; ein paar Feigen, etwas frisches Brot, eine Schale Landweins oder auch nur das Wasser, das man aus der sprudelnden Quelle schöpft – was will man mehr? Der Himmel auf Erden. Ob die Götter droben selig? Laß sie selig sein. Wir wagen sie nicht um uns zu bemühen. Wir beten sie an, weil sie noch seliger als wir sind und keine Krankheit kennen, aber erbitten nichts von ihnen. Wohl aber sammeln wir Freunde um uns und eine Freundin dazu. Epikur blieb, wie die meisten dieser Philosophen, unvermählt, aber seine Freundin war die ihm gleich gesinnte schöne Leontion, die mit ihm lebte. Starrten sie da in die Sonne, so dachten sie: wozu Astronomie treiben? Die Sonne soll ein riesiger Weltkörper, soll gar größer als der Erdenball sein? Welch ungemütlicher Gedanke! Beruhigen wir uns dabei, daß sie gar nicht viel größer ist, als wir sie wirklich sehen. Die Sinne sind doch nicht dazu da, um uns zu täuschen. Es ist erstaunlich, daß ein gebildeter Mensch im Zeitalter des Eudoxus und Archimedes wirklich noch so naiv denken konnte, und seine Schüler sprachen das nach.

Epikur der Gärtner. In der Tat lebte er mit seinen Schülern in einem Garten vor Athens Toren, den er für ein erhebliches Stück Geld angekauft hatte. Er stammte selbst aus echt athenischer Familie und hielt, von seiner kleinen Gemeinde umgeben, geruhig in seinem Standort aus, so oft auch Kriegsrumor und wechselnde Schicksalsschläge über seine Vaterstadt kamen. Ihn störte niemand in seinem Sanssouci, und sein Grundsatz war: nichts mit dem Staat zu tun haben! Militärdienst, Staatsämter, Parlamentsabstimmungen überlassen wir den Liebhabern.

Verhaßt waren ihm die Cyniker, die mit ihren rüden Manieren in den Stadtgassen sich hinstellten und wie er selbst Bedürfnislosigkeit predigten. Er verbot seinen Anhängern in dieser Weise agitatorisch auf die Masse zu wirken und gestattete nur gelegentlich ein Vorlesen der Schulschriften vor größerem Publikum, aber auch das nur auf Wunsch der Hörer. Man soll sich nicht aufdrängen. Aber es war, als hätte er für viele das erlösende Wort gefunden; er war der Befreier, und die Zahl seiner Anhänger wuchs auch auswärts; es hieß schließlich, ganze Städte könne man damit füllen. Begreiflich darum, daß sich in ihm, da man ihm huldigte, eine naive Eitelkeit einstellte, die man dem sonst so grundguten Menschen verzeihen muß. Es gibt viele Männer, die das gleiche trifft, wenn sie wider Erwarten und ohne allzu großen Geistesaufwand mit ihrer Lehre zu größeren Erfolgen gelangt sind. So übte Epikur denn auch gelegentlich gegen die andern Philosophen, die so viel gelehrter als er waren, eine medisante Zunge. Am ungemütlichsten war ihm Aristoteles. An die auswärtigen Freundesgruppen aber schrieb er zahlreiche Briefe (so wie später der Apostel Paulus Briefe an die Gemeinden schrieb), worin er mahnte und mahnte: Mäßigkeit! Die Freude besteht nicht im üppigen Leben. Bekämpfe dein Fleisch. Die Vernünftigkeit muß walten. Eine große Freundlichkeit herrschte in all diesen Schreiben, ein oft zärtlicher, karessierender Ton. Schön war sein Verhältnis zu seinen Brüdern und zu seinem Diener Mys („die Maus"), der ihn überlebte. Ja, alle Gesinnungsgenossen verband Freundschaft, wie heut die Mitglieder der Freimaurerlogen, und für den Genossen soll man alles, soll man auch sein Leben opfern. Die übrige Menschheit geht den Epikureer dagegen nichts an.

Und so ging es weiter; denn wir erinnern uns, daß sich noch in den folgenden Jahrhunderten friedliebende Seelen, aber immerhin Männer von führender Bedeutung wie die römischen Dichter Vergil, Horaz und Varius völlig Epikurs Gedanken hingaben, daß hernach noch die edelste der Frauen, Plotina, die Kaiserin, die Gattin des großen Trajan, als Epikureerin gelebt hat, eine der Stillen im Lande. Die Angst des Aberglaubens, der Todesschreck, war von ihnen genommen. Nichts ergreifender aber als der Epikurapostel *Lukrez*, der Römer, Ciceros Zeitgenosse, ein wahrhaft großer Dichter, der sogar in Versen die Lehre zu verkünden unternahm.

Ein Sanguiniker! Es ist merkwürdig zu sehen, wie Lukrez mit wahrer Leidenschaft die Leidenschaftslosigkeit predigt, indem er die Lehre in das Erhabene hebt, voll andächtigen Staunens über die Ordnung im Weltall, die nach mechanischen Gesetzen sich selber regelt, seit Ewigkeit. Die Natur selbst läßt er das Wort nehmen und zu dem Menschen, dem vor dem Tod graut, sagen: Was klagst du, Sterblicher, und seufzest, daß du sterben mußt? Das Leben stand dir ohne Entgelt zu Gebot; du warst sein Tischgast und bist gesättigt; was gehst du also nicht mit Gleichmut zur Ruhe? Es ist dahin, was du genossen, es ist dahin, was dich verdrossen! Willst du noch mehr bis zur Unlust? Entsage und gib gelassen denen Raum, die da nach dir kommen. Glaube auch nicht an die Fabel von den Tantalusqualen in der Hölle. Die Qualen der vergeblichen Begierden im Diesseits, das ist der Tantalus. Sisyphus wälzt den Stein den Berg hinan, der immer wieder zurückrollt: das ist der Ehrgeiz, der nach Macht, nach Ruhm verlangt und nie zum Ziel kommt. So hat Epikur unsere Seelen beschwichtigt, und er wäre ein Mensch wie wir? Nein, ruft Lukrez, ein Gott, ein Gott ist er, der uns den Trost gegeben, deus, deus ille! und wir sehen: geradezu zum Gott erhoben die Gläubigen den Mann, der ihr Seelenhelfer und Heiland war. „Sie huldigen wir mit Kniefall!" So bezeugt er selbst. Was würde erst geschehen, wenn ein besserer Heiland kam?

Endlich hören wir noch von Epikurs Ende. Er starb an einem Steinleiden, 72 Jahre alt. Das Leiden war sehr schmerzhaft, und er ließ sich am Todestag noch in eine Wanne mit warmem Wasser setzen und einen Trunk puren Weines reichen. Am selben Tag schrieb er auch noch an einen Freund und Schüler Idomeneo die Zeilen: „Ich verlebe heute einen glückseligen Tag, der mein letzter ist; der Körperschmerz ist groß, aber er wird aufgewogen in meiner Seele durch die Erinnerung an dich und unsere Gespräche. Du aber nimm dich der Kinder meines Metrodorus an.“ Dieser Freund Metrodorus war sieben Jahre vor Epikur gestorben.

Inzwischen predigten die *Cyniker*, die Nachfolger jenes Diogenes, der einem Alexander Rede gestanden, auf den Gassen weiter, und die Stoa bereitete sich vor, die stoische Philosophie, die nun eine neue Gotteslehre und dazu eine Pflichtenlehre brachte.

Die stolzen Leute mit dem Hunde-Ideal, die Cyniker, wie die Bettelmönche gingen sie mit leerem Ranzen herum, um Speisen zu sammeln; denn aller Erwerb ist sinnlos; ihr Reden ein Schelten in bellendem Ton und von einem Naturalismus, der oft ins Brutale ging und geradezu das Schamgefühl verletzte. Die Feineren unter ihnen aber schrieben auch, sie schrieben gelegentlich nicht ohne Witz, und einige Proben sind uns daraus erhalten. Wie treffend klingt es, wenn es da heißt, daß jeder von uns Menschen sein Rollenfach übernehmen muß; denn das Glück, die Fortuna, ist wie ein Theaterdichter; sie teilt die Theatermasken aus, die wir im Leben tragen sollen. Der Eine ist erster Schauspieler, der andere zweiter oder gar dritter. Es greife niemand zu der falschen Maske! Dann aber nimmt die Armut selbst das Wort und ruft: „Mensch, höre. Warum scheust du mich? Raube ich dir irgendein wirkliches Gut? raube ich dir die Mäßigkeit? den Gerechtigkeitssinn? die Tapferkeit? Du willst leben: wachsen nicht Kräuter genug wild am Weg? sind die Bäche nicht voll Wasser? Ist der Erdboden nicht breit genug, darauf zu schlafen? Ja, im Winter kannst du sogar in den Bädern (wo zeitweilig Heizung), im Sommer in den Tempelhöfen die Nacht verbringen. Schicke dich fein in die Umstände. Auch der Seemann kann den Wind nicht ändern; bei stiller See begnügt er sich darum mit Rudern; kommt der Wind, dann die Segel hoch! Man muß das Glück mit dem richtigen Griff fangen wie eine Schlange: fassest du sie an der falschen Stelle, so beißt sie dich; fasse sie unter dem Hals; da kann sie dir nichts antun.“ Das alles ist wirksam im Ausdruck. Dann aber das Verwelken der Vaterlandsliebe: Wer redet von Heimat? Das Leben in der Fremde ist ebenso gut. Wer redet von Vaterland? Ich gehe aus einem Staat in den andern, so wie ich als Seefahrer umsteige und die Schiffe wechsle. Und in der Heimat begraben sein: wozu? Es gibt überall einen Abstieg zum Hades.

Da kam ein junger Kaufmannslehrling aus Zypern nach Athen, um Waren abzuliefern. Er hörte die Cyniker auf der Gasse; die Predigt packte ihn, und er warf entschlossen Vaterland und Beruf beiseite. *Zeno* hieß er. Dieser Zeno ist es, der da in Athen der Begründer der Stoa wurde.

Zunächst machte er das bettelhafte Treiben jener Leute mit. Dann aber hob sich sein Lerntrieb, denn bei den Cynikern war für einen Gottsucher nichts zu finden; der

Schulbetrieb der Platoniker und Aristoteliker lockte ihn; es war freilich kostspielig da einzutreten; er mußte sich feine Kleider kaufen, einen Burschen zur Bedienung mitbringen und sich an leckeres Tafeln gewöhnen. Dann sprang er auf eigne Füße und begann ein vollständiges System mit Logik, Ethik, Physik auszubauen, das das aristotelische ersetzen sollte, bei dem wir jedoch nicht verweilen. Der religiöse Trieb war in Zeno mächtig erwacht, und Plato half ihm. Er griff sich den Weltenschöpfer Platos und die Weltseele Platos; wozu die beiden? und warf beide kühn zusammen, und siehe da, das All war Gott, der Pantheismus war fertig; es war die neue Religion der Stoa.

Der Mann war eine ziemlich garstige Erscheinung, von tief dunkler Haut, halbphönizisches Blut, aber wie mit Magnetismus geladen, eine neue Attraktion, und er stand alsbald von Schülern, die ihn z. T. übertrafen, umgeben; von allen Küsten kamen sie, auch fremdrassige aus Zypern, sogar aus Karthago, und wir sehen wieder, welch Weisheitshunger damals die Welt umtrieb. Denn es gab hier wieder mündlichen Unterricht, aber nicht etwa in Schulräumen; denn das Geld fehlte dem Mann, um ein Grundstück zu kaufen. So lehrte er mitten im Straßenlärm in einer öffentlichen Markthalle Athens; die Halle heißt griechisch „Stoa", und davon nannte sich nun auch seine Lehre. Aber er war durchaus nicht für Massenwirkung, und seine Stimme scholl nicht über die Krambuden und Wechslertische. Er hielt sich streng im Innern jener Halle zurück mit einer begrenzten Anzahl von Verständnisvollen, und wenn sich zu viele herandrängten, ließ er einen Burschen mit der Sammelbüchse herumgehen; dann stob schon alles auseinander.

Seine Schüler waren anspruchslos wie er; es heißt, er war wie von einer Wolke von Armen umgeben. Unter diesen haben *Kleanthes*, der Fromme, und *Chrysipp* als drittes Schulhaupt die stoische Weltlehre weiter ausgebaut. Es scheint, dieser Chrysipp war ein rechter Kauz; mit einer alten Haushälterin lebte er, ungesellig, aber arbeitsam wie ein Packesel, und lieferte den eigentlichen Ausbau des Systems in schier unzählbaren Büchermassen, die leider ebenso schlecht lesbar waren wie die Epikurs. Wenn er einmal zum Gelage mußte, war er stumm und zappelte nur mit den Beinen. Er gehörte zu denen, denen nur beim Schreiben die Gedanken kommen; die aber kamen ihm dann in Fülle, und da staunte man über die Spitzfindigkeiten seiner Beweisführung.

Man erzählte von diesen Leuten, auf Anfrage habe das delphische Orakel ihnen geraten, sie lebten am nützlichsten, wenn sie so blaß wie die Leichen würden; darnach seien sie auf das Bücherschreiben verfallen.

Aber was nützen, wo es sich um das Höchste handelt, Beweise und Begriffsspaltereien, die Kleinarbeit der Dialektik und Logik, wie Chrysipp sie brachte? Wirksam ist nur der große Impuls, die Wucht, das innerlich Überzeugende des Grundgedankens. Es handelt sich um Gottesnähe. Bei Epikur fehlte sie völlig; auch der Platoniker ringt sich zu ihr nur schwer empor. Der Pantheismus hat sie, gibt sie; es ist die Lehre des großen Heraklit, die Zeno wiederaufnahm. Da ist kein Gott mehr, der nur von außen stieße; das ganze All selbst ist er, er, nach dem du fragst; im Größten und im Kleinsten umgibt dich dein Gott; er atmet im All; aber er umgibt dich nicht nur, auch in dir selbst ist er, du ein Teil von ihm; deine Seele nur seiner heiligen Gottesseele Ausfluß, und sie kehrt im Tod zu ihm zurück wie das verirrte Kind in den Schoß des Vaters. Es war, als hätte man jetzt erst Gott gefunden. Denn die Heimatlosigkeit der nach Platos Lehre rastlos durch die Äonen wandernden Menschenseele hört auf. Jetzt hat sie Heimkehr: unser Tod ist die Heimkehr, unser Leben war nur eine kurze Reise in der Fremde.

Um so unbedingter aber ist nun die sittliche Forderung: Mensch, halte den Gott rein in dir. Voll Energie ist die stoische Moral; sie hat etwas Mannhaftes, Starres bis zum Heroischen; denn der Stoiker entzieht sich nicht in bequemer Isolierung dem Staat und den Bürgerpflichten, sondern nimmt auch die Aufgaben des Gemeinschaftslebens, wennschon er sie als Last empfindet, tapfer auf sich, eine praktische Tendenz, die sich im Laufe der Folgezeiten immer mehr steigerte. Aber wie ein Felsblock unerschütterlich steht der Stoiker in der Brandung; das bleibt die Forderung, und so kam eine Pflichtenlehre zur Ausbildung, die mit Sorgfalt bis zur Pedanterie möglichst alle Fälle der Lebenskonflikte vorsieht; die christlichen Kirchenväter haben vieles davon übernommen. Denn es ist heilige Pflicht in jeder Lebenslage, das Göttliche in uns zu retten. Nur durch Tugendstreben geschieht dies, und nur das allein schafft Glückseligkeit. Dabei ist die gesellschaftliche und ethische Gleichwertung der Frauen mit den Männern eine unbedingte Forderung des Stoikers. Zu den Sternen aber blickt er mit Stolz empor, die auch wie wir beseelt sind und die nie fehlgreifen; denn den göttlichen Sternen fehlt die Versuchung; sie sind also nie Sieger; nur der Mensch ist Sieger im sittlichen Kampf, in der ganzen Schöpfung er das einzige Wesen, das sich solcher Triumphe rühmen kann.

Neben dem Stolz aber steht die Bescheidenheit, wie auch Sokrates sie hatte. Einen Menschen, der die volle Weisheit, d. h. die volle Tugend hätte, gibt es nicht; unser Ideal wird nie erreicht, und einen Gottmenschen wird man darum auch nie erleben. Nur das Streben ist unser Los; also streben wir. Gott sieht es. Damit ist die jagende Unruhe in unsern Seelen gestillt.

Man begreift hiernach, daß nun auch Zeno, Kleanthes und Chrysipp selbst nie vergöttlicht worden sind und daß man nie versucht hat, ihr Leben als ein musterhaftes Vorleben für andere programmäßig zu schildern und auszuschmücken. Ihre Grundsätze sollten allein genügen. Aber nicht Grundsätze machen eine neue Zeit, sondern Menschen.

So war es denn doch ein Glück, daß in den Folgezeiten auch Männer, die als hervorragende Tatmenschen im Buch der Geschichte stehen, von ihrer Lehre ergriffen wurden, und es waren viele. Ich rede nicht von der das Ich auflösenden pantheistischen Stimmung, in deren Dämmerung fromme Gemüter schwelgen, die auch den Träumenden erfaßt und die bis heute beseligend durch unsere lyrische Dichtkunst geht:

Gott in der Natur! So klingt es oft in Goethes Versen; schon bei Angelus Silesius; und wenn Eichendorff singt: „es war als hätte der Himmel die Erde still geküßt... und meine Seele spannte weit ihre Flügel aus, flog durch die stillen Lande, als flöge sie nach Haus“, ein nach Hausekommen der Seele auf Flügeln der Sehnsüchtigkeit, indes Himmel und Erde ineinanderfließen, was ist dies anders als das Vorgefühl der Heimkehr zu Gott, der das in Frühlingswonnen treibende All erfüllt, der Heimkehr, wie schon der Stoiker jener alten Zeiten sie sich dachte? Ja, auch in unser deutsches Kirchenlied

Luft, die alles füllet,
Drin wir immer schweben,
Aller Dinge Grund und Leben,
Meer ohn' Grund und Ende,
Wunder aller Wunder,
Ich senk' mich in dich hinunter.
Ich in dir,
Du in mir;
Laß mich ganz verschwinden,
Dich nur sehn und finden.

Vielleicht hatte auf solche Wendungen des Paulus Wort: „denn in ihm leben, weben und sind wir“ eingewirkt. Paulus aber bediente sich hierbei, wie oben angedeutet ist, absichtlich eines Lehrsatzes der Stoa.

drang das pantheistische „ich in dir, du in mir“, das an Gott sich richtet.

Aber nicht hieran, ich denke vielmehr an die moralische Wirkung der stoischen Religion, die sofort eintrat, als sie zu Worte kam, und Könige, Feldherrn, die ausgezeichnetsten Männer, ja, scheinbar ganze Staaten erfaßte; ihre Lehre das moralische Knochengerüst der starken Seelen, die die Welt verwalteten. Dies begann sogleich mit dem König Mazedoniens, Antigonus Gonatas, der den Zeno verehrungsvoll in Athen persönlich aufsuchte und ihm, dem mittellosen, damit er seine Weisheit verbreite, Hilfsschreiber zur Verfügung stellte; dann aber geht das weiter zu den großen Römern, Cato, dem Stoiker, zu Seneca, zu den römischen Juristen wie Ulpian, zu Kaiser Mark Aurel, dem edelsten der Edlen auf dem Kaiserthron; der ganze römische Senat schien lange Zeit eine Gemeinde der Stoiker. Soll ich noch Friedrich den Großen nennen? In der Tat: auch noch in unserer modernen Zeit ist es der stoische Gedanke, der dem Kämpfer zur Selbstbehauptung hilft. Auch Friedrich der Große stand wie ein Felsblock in der Brandung. Mark Aurels Schriften, jene Selbstermahnungen, die uns noch heut ergreifen, hatte er in den Händen. Er war vom Stoizismus durchtränkt.

Kann auch ein Christ, der wider das Böse kämpft, ein Stoiker sein? Wir bejahen die Frage; denn die Geschichte lehrt es, und manche energische Natur unter uns ist es noch, ohne es selbst zu wissen. Dies führt uns auf das Problem, das noch übrig: woher stammt das Böse?

Kleanthes, Zenos Schüler, der Fromme, erhalte das Wort. Er war ein Mann echt griechischer Abstammung, den Zeno aus dürftigsten Verhältnissen heranholte, der nachts in Athen als Wasserträger die Pflanzungen begoß, um sich seinen Unterhalt zu verdienen, oder beim Müller die Handmühle trieb, der aber strebsam, gedankenreich und des edlen Wortes wohl mächtig war. Von ihm haben wir sein Gebet an Gott, den er Zeus nennt, aber den „vielnamigen"; ein Gebet in Hymnenform und in wohllautenden Versen. Da heißt es gleich: „alle Menschen, Vielnamiger, sollen dich anrufen"; alle; es ist also der Gott der Menschheit. Und es geht weiter: „denn du hast uns geschaffen; bei dir ist die Kraft und Herrschaft. Dein ist das Wort, das durch das ganze All wandert (griechisch der „Logos", v. 12). Im Himmel und auf Erden geschieht nichts ohne dich, nur die Missetaten der schlechten Menschen ausgenommen (v. 17). Aber auch das Ungerade weißt du gerade zu machen und rettest in der Unordnung die Ordnung und wahrst so die Harmonie des Alls, damit nichts sei, was du nicht lieben kannst. Unglücklich die, die von Gottes Gesetz abirren aus falschem Ehrgeiz oder aus Sinnenlust. Aber du, Zeus, errette uns aus unserer Torheit (v. 31); gib uns, Vater, Teil an deiner Gerechtigkeit, auf daß du uns loben kannst, wie wir dich loben, preisend deine Werke in Ewigkeit; denn es gibt für die Sterblichen und die Unsterblichen kein größeres Ehrenamt als dir und deinem Weltgesetz zu lobsingen."

Wer spürt es nicht? Dies Gebet ist persönlichstes Erleben; zum „Vater" ruft es, ein stoischer Vorklang des Vaterunsers. Auch das „dein ist die Kraft" klingt an unser Gebet an, und „errette uns aus der Torheit", entspricht dem „erlöse uns von dem Übel". Ja, auch vom „Wort" spricht Kleanthes, vom „Logos", der als Vertreter Gottes durch das Weltall geht und wirkt.

Das Übel aber? woher das Böse? Wir selbst sind dessen Ursache, nicht der Schöpfer; denn wir leben im „Fleisch". Gottes Wirken geht nur dahin, das Böse oder die Unordnung, die wir in seine Welt tragen, wieder auszugleichen, so daß die ewige Harmonie seiner Schöpfung nicht leidet. Ganz ähnlich dachte auch noch der Kirchenvater Augustin vom Bösen, das der Mensch in Gottes Welt trägt: „die Ungerechten sind da, aber sie stören nicht; sie sind nur gleichsam die Schatten im Licht; mit ihnen zusammen ist das All schön, obschon sie selbst häßlich sind".

Dichterisch sagt Kleanthes, Zeus hält die Welt in seinen Händen (v. 9); das ist aber nicht ernst gemeint; denn die Stoa besteht darauf, daß Gott nicht menschliche Gestalt habe. Gleichwohl redet Gott zu uns, weil er uns liebt, und daher sollen wir an bedeutsame Träume und Orakelstimmen glauben, sollen auch in den Sternen lesen; denn welches Mittel hätte Gott sonst, sich uns mitzuteilen? Das kulturgeschichtlich Wichtigste aber endlich ist, daß diese Männer schon – auch dies nach dem Vorgang des großen Heraklit – die Tempel ablehnen, die Götterstatuen und das Opfern mit Hohn verwerfen. Denn Gott ist ein Geist, und man kann ihm nicht nahen mit äußerlichen Gebärden. Eben dasselbe hören wir in der Apostelgeschichte aus dem Mund des Apostels Paulus. Er trägt es den Athenern vor, um sie auf Christus hinzuführen: „Gott, der ein Herr ist Himmels und der Erden, wohnet nicht in Tempeln, mit Händen gemacht; sein wird auch nicht von Menschenhänden gepfleget, als der jemandes bedürfe, der selbst jedermann Leben und Odem allenthalben gibt...; und zwar, er ist nicht ferne von einem jeglichen unter uns; denn in ihm leben, weben und sind wir". Genau so redeten die stoischen Pantheisten selbst, und Paulus kommt ihnen mit diesen Worten geschickt entgegen.

Man fühlt, wenn man das alles hört: es bereitete sich Neues vor mit weit ausgreifender Nachwirkung in der Welt der Frommen.

Zeno, der zugewanderte Fremdling, hatte in Athen so viel Sympathie geerntet, daß die Stadt ihm mit dem goldnen Ehrenkranz dankte, ja, sein Standbild errichten ließ. Die Stadt selbst hatte sich jetzt zum wahren Hochsitz der Philosophie und der religiösen Aufklärung erhoben. Wie in Überstürzung und im Wettbewerb hatten sich dort in den etwa dreißig Jahren nach Alexanders des Großen Tod, zwischen 320 und 290 v Chr., die Lehren Epikurs und Zenos neben der berühmten Akademie und dem Peripatos aufgetan. Welcher Reichtum! War damit nun aber ein neuer Glaube internationalen Wertes gewonnen, in dem alle Völker sich einen konnten, eine monotheistische Religion, die – mit Ausnahme der göttlich beseelten Sterne – das bunte Vielgötterwesen in den Vorstellungen der Masse zu beseitigen imstande war und Ersatz bot für das Altgewohnte, das man heilig hielt? Gewiß, gewiß, die Welt harrte auf sie. Wer sich in das Getriebe jener Zeiten mit ihrer Umwertung so vieler Werte eingefühlt hat, muß diesen Eindruck unbedingt gewinnen. Aber jene Philosophen und Gottsucher gingen nicht einig vor; denn sie waren sich selbst nicht einig, betonten ihre Differenzen und zankten sich weidlich. Alle haben Recht und alle haben Unrecht! sagte sich achselzuckend der Zuschauer, der unbeteiligt daneben stand. Und was ist Wahrheit? Die Skepsis erhob sich in der Tat damals sogleich. Mit der Philosophie ist nichts zu machen. Nichts verfiel dem trivialen Spott so leicht wie gerade der Gott der Stoa; denn das Weltall hatte ja, wie man glaubte, Kugelform; war nun Gott das All, so war Gott rund wie die Kugel. *Pyrrhon* war der Wortführer der Skepsis, der Kunst des Zweifels, die hernach manche geistreiche Leute von ihm übernahmen, er selbst ein Mann, der nichts schrieb, weil er nichts glaubte, der aber streng enthaltsam und tugendsam wie ein indischer Anachoret und Fakir lebte. Er war in Alexanders Gefolge mit in Indien gewesen und hatte sich dort mit der Denkweise des Brahmanentums eng befreundet.

Solche Zweifel drangen freilich ans Volk nicht heran. Die Volksmassen sind immer zum Glauben bereit und für jede Suggestion und lockende Lehre zu haben. Aber – um vom Epikur ganz abzusehen –, was sollten diese Menschen mit dem Gott der Stoa, was sollten sie mit der gleichsam hocharistokratischen Ethik der Stoa anfangen, die die Seele mit Pflichten knebelt? Es handelte sich um das Arbeitervolk; Schiffer und Höker und Ackerbauer, Müller und Bäcker und ihre Weiber dazu, wie hätten solche Leute Zeit gehabt, an den Gott in sich zu denken? wie hätten sie zu der peinlichen Selbstbeobachtung Zeit gehabt, die dazu gehört, um sich im Sinne jener Idealisten sittlich rein zu halten? Dazu kommt, was nie zu vergessen ist, die enorme Masse der Unfreien in den Städten, das sog. Sklaventum, das damals stark angewachsen, vielerorts vielleicht annähernd zwei Drittel der Volksmasse bildete. Der Mensch, der in der Arbeit steckt, lebt eben vor sich hin, so anständig er kann. Er ist Laie in der Tugend, er braucht die Leidenschaft und kann nicht wieder Priester, wie der Eremit oder wie die, die als Arbeitgeber zur Selbstpflege mehr Muße haben, planmäßig nach Vollkommenheit streben.

So haben jene Philosophen denn auch an eine Massenpropaganda, die obendarein organisiert sein will, gar nicht gedacht. Wir sahen, wie diese von ihnen im Gegenteil ausdrücklich abgelehnt worden ist. Ihre Botschaft war keine frohe Botschaft; sie schmeckte zu sehr nach Erziehung, sie war zu herbe für die Menge. Vor allem aber fehlte noch eins; mochten die stoischen, die platonischen Vorträge und Gespräche bei noch so vielen Andacht wirken, sie schlossen sich doch nie an den Gottesdienst an, und der Kultus wurde durch sie nicht veredelt. Eine Volksreligion ist ohne Kultus undenkbar. Aber so blieb es vorläufig: die griechische Predigt war ohne Gottesdienst, der griechische Gottesdienst war ohne Predigt, und das war der Mangel. Auf alle Fälle aber will das Volk in der frommen Gewöhnung der äußerlichen Gebärden bleiben und freut sich beim Aufspringen der Tempeltüren das schöne Gottesbild mit Augen zu sehen, das zur Feier frisch gewaschen ist und gar in farbig schimmernden Gewändern strahlt wie unsere Madonnen- und Heiligenbilder. Wie unsere Frommen Hand oder Fuß des Bildes küssen, so geschah es auch damals. Dazu kommen die Prozessionen. Das Volk liebt es so feierlich im Zuge zu wandeln, heiligen Gesang zu hören und nach dem Opfer einmal festtäglich von etwas Fleischspeise sich zu nähren, die man dem Opfertier entnahm: ein Gottesdienst, der freilich kostspielig war. Aber dafür gab es den Tempelschatz, den fromme Generationen seit langem aufgehäuft hatten, und die Tempelbesucher steckten immer wieder ihr Stück Geld in den Gotteskasten, wie es Eltern und Voreltern getan.

* * *

So war es. Aber das Alte, das Bodenständige genügte gleichwohl nicht mehr, und nun geschah das Unerwartete, daß nicht aus Hellas, nicht aus Athen, daß vielmehr aus dem Osten das Neue kam. Es sprangen überall neue Quellen auf. Ex oriente lux: Licht und Lichtglauben aus dem Osten. Alexander hatte Asien nicht umsonst erschlossen. So wie aus Ägypten der Isisdienst vordrang mit seinem magischen Zauber und heiligen Weihen, ein seliges Leben verkündend jedem, der richtig fastete und betete, so kam jetzt aus Persien die Religion Zoroasters nach Syrien und Kleinasien, die Religion, in deren Grundanschauungen wir, ohne es zu wollen, noch heute leben.

Es war, als hätte sich das Hochplateau Asiens gesenkt und die Flut des Griechentums trat über, aber rückflutend schlürfte es allerlei Träume und Offenbarungen wie Perlen und Goldsand aus den Wüsten und Paradiesen der Fremde mit ein.

Der Verstand müht sich umsonst an die Wurzeln unseres Seins zu tasten. Es war eine Inflation von Weisheit eingetreten; die Nachfrage stockte, und die Mystik setzte jetzt ein, die Mystik froherer Botschaften, denen die Weisheit eine Torheit ist; der Glaube an Dinge, die kein Verstand der Verständigen sieht, schwang seine Fahne, und die Massen flogen ihr zu. Schon Plato hatte solcher Mystik Raum gegeben; aber sie kam jetzt mit ganz anderer Wucht aus der Volksmasse selbst und in volkstümlicher Sprache, um sich erst Vorderasien, dann den Okzident zu gewinnen.

Der Teufel tritt auf. Es handelt sich auch hier wieder um die Frage: woher das Böse?, und die Antwort lautet jetzt völlig anders als bisher. Der Grieche kannte nur den Monismus oder die völlig einheitliche Weltordnung, die er den Kosmos nannte; der Perser lehrt die gespaltene Welt, den Dualismus, den Streit; hier Gott, dort der Satan; das Himmelreich und des Satanas Reich in ewigem Kampfe. Der Schöpfer dieser kühnen neuen Lehre war *Zarathustra*, den die Griechen *Zoroaster* nannten. Seine Religion war Licht- oder Feuerreligion. Sie war das große Geschenk, das die Welt von Persien empfangen hat; ihre Urkunde das Avesta, die heilige Schrift der Parsen.

In Persien blühte der Lichtkult. Es war ja das Land des ewigen Morgens, wo zwischen den Hochgebirgen täglich die Sonne sich fängt, Persien das Kronland, das Thronland der Sonne, der Sitz ihrer Allmacht: Glutfülle, Feuerglast, unendliche atmosphärische Reinheit, Verklärung; die Seele aufgesogen vom unendlichen Glanz. Die schwarze Nacht selbst durch das Licht besiegt; denn der Mond geht sonnenhaft auf, der sie taghell macht und die Schatten verjagt. Des Mondes Feind ist die Finsternis, die ihm auflauert, ihn unheimlich verschlingt und frißt; siegreich aber kehrt er wieder und verjüngt sich immer neu zu vollem Glanze. Was soll das Urwesen der Dinge da anders sein als Licht und Feuerfunke? Das ist Gott; die Seele selbst, der Menschengeist ätherleicht und durchsichtig, aber warmblütig hochtreibend wie die aufschlagende Flamme. Nur in Persien, der großen Sonnenfalle, konnte die Lichtreligion entstehen.

Schon Plato weiß von ihr; er meint, 8000 Jahre vor Xerxes habe Zoroaster gelebt (denn alle geheimnisvollen Offenbarungen rückte man möglichst an den Anfang der Zeiten); im hohen Alter zeigte Plato sogar den Einfluß seiner Lehre. Seit Alexanders Tod aber drang die persische Religion wirklich in den Völkern allmählich, aber unaufhaltsam vor – es war offenbar eine planvolle Propaganda –, gewann breiten Boden im kleinasiatischen Kappadozien, Cilicien. Ja, bis Pergamum, zu den Attaliden drang ihr Einfluß; denn der große Zeusaltar Pergamums war die Nachahmung der heiligen Feuerstätten der Perser, der Gigantenkampf, der bedeutsam im Relief ihn schmückte, der Kampf des Guten mit dem Bösen, den Zeus schon einstmals siegreich bestand, der aber nicht aufhört und gleichsam immer aktuell ist. So war denn auch die stoische

Philosophie, die eben damals auch gerade in Pergamum ihren Sitz hatte und deren führende Geister z. T. Asiaten gewesen waren, wie ich glaube, davon beeinflußt. Denn der Gott, von dem die Stoa redet, ist seinem Wesen nach Lichtseele, Feuerseele, nach der alten Lehre Heraklits, die man unter dem persischen Einfluß jetzt wieder aufnahm.

Dieselben Stoiker lehrten, man solle Gott nicht in Tempeln anbeten; auch das war persisches Dogma; darum hatte Xerxes die Tempel auf Athens Akropolis zerstört.

So drang Zoroasters Einfluß aber auch in das weit verstreute Judentum Vorderasiens und so endlich auch in unser Christentum.

Der Zweikampf des Guten und Bösen geht durch die Ewigkeit. Jesus nahm den Zweikampf auf, um ihn als Sieger der Nachwelt weiterzugeben.

Diese Grundanschauung, in der wir heute leben und die von all unsern Kanzeln tönt, ist also nicht etwa semitischen Ursprungs, sondern arisch. Denn die Perser und Baktrer waren Arier. Sie ist auch dem religiösen Denken des Urgermanentums nächstverwandt, in dessen Sagen gleichfalls das Edle unausgesetzt mit dem Gemeinen ringt, die Sonnenhelden Drachentöten und der Fenriswolf Wotan selbst bedroht.

Schon Zarathustra galt als Heiland und Erlöser, eine Parallelfigur zu Buddha, und es handelt sich nicht nur um seine Lehre, sondern auch um seine Person. Er lebte in Ost-Iran, in Baktrien und zwar wohl nur etwa 200 Jahre vor des Sokrates Zeit und etwa gleichzeitig mit Buddha. Von Buddha hatten Indien und China ihre Heilslehre, von Zarathustra die Länder des Sonnenuntergangs. Ursprünglich hatte in Baktrien und Persien, wie in allen Völkern, eine Naturreligion geherrscht; als große Götter galten da Ahura-Mazda, d. i. der weise Herrscher, und Mithra, der Sieger. Zarathustra aber drängte zum Monotheismus, und Ahura-Mazda wurde ihm der heilige Geist, der den Himmel als Gewand trägt, er selbst aber, dieses Gottes Verkünder, war der Heiland. Licht strahlte aus dem Kinde, als Zarathustra geboren wurde. Die Priester alten Glaubens fürchteten sich vor dem Kinde und wollten es umbringen, aber siehe, ihre Hand verdorrte. Die Mutter, die ihn gebären sollte, sah schon vorher im Traum seine ganze göttliche Laufbahn voraus. Durch den Himmel führt ihn seine Reise, und Ahura-Mazda selbst erscheint ihm in seiner Heiligkeit und offenbart ihm Lehre und Gesetz, die er verkünden soll. Darauf fährt Zarathustra zur Hölle und bedroht Ahriman, den Satan, der dort herrscht, im Reich der Finsternis. Auch auf den Paradiesberg wird er entrückt; Heilungswunder vollführt er. Durch einen Strom wandelt er, und siehe: das Wasser netzt und berührt ihn nicht. Auch heißt es, daß er auf einem Berge lebte, der in Feuerflammen stand; aus dem Feuer trat er unbeschädigt und freundlich hervor, wenn man dorthin kam, um anzubeten.

Neben Ahura-Mazda, dem Schöpfer alles Guten, steht also seit Urbeginn Ahriman, der Schöpfer alles Argen; das ist die Lehre; jeder von beiden will den andern besiegen, und jeder hat sein Reich, Himmelreich und Reich der Hölle: Wahrheit und Lüge; Leben und

Untergang. Für das eine streiten alle Engel, vor allem sechs Erzengel, die unsterblichen Heiligen, für das andere die Dämonen oder Teufel, die uns Menschen schädigen, krankmachen, aber auch um das ewige Heil betrügen. Der Mensch aber steht nun zwischen beiden Reichen mitten inne; ihre Grenze geht gleichsam durch unser Herz; in unsern Herzen spielt sich täglich der Grenzstreit der Weltprinzipien des Guten und des Bösen ab. Der Böse setzt sich fest in uns; wir müssen ihn loswerden. Es gilt den Teufel aus der Welt zu schlagen, und jeder von uns soll zum Siege des Reinen und Heiligen helfen.

Das ist es, was Zarathustra im Dienst des Gottes, der sich ihm offenbarte, der Welt verkündet hat, und in froher Zuversicht glaubt er an den endgültigen Sieg des Himmelreichs. „Denke Gutes, rede Gutes, handle gut, und halte dich rein, innen und außen"; das ist's, womit wir siegen, und zwar bald. Denn das Reich der Vollendung ist nahe (so geht die frohe Botschaft weiter); da werden, die da gläubig sind, im Paradiese leben. Dem voraus aber wird das Weltgericht gehen am jüngsten der Tage. Da werden die Toten auferstehen; die Ungläubigen in die ewige Finsternis wegstürzen, die da recht glauben, zu den goldenen Sitzen des Herrn Einlaß finden, wo die Erzengel, die unsterblichen Heiligen wohnen, und werden in verjüngtem Leibe selig sein.

Wer aber wird am jüngsten Tag, den Zarathustra als nahe verkündete, die Auferstandenen richten? Er selbst wird des Amtes walten, der Heiland zugleich der Richter, und wird als solcher den Sieg des Guten vollenden. So hören wir die Gläubigen von ihm reden: „Auf den Heiland, der da ›Sieghaft‹ heißt, und auf seine Genossen wird, auf daß er die Welt vollkommen mache, die göttliche Glorie, die wir verehren, übergehen. Zugrunde geht da endlich die bübische Welt mitsamt dem bübischen Oberhaupt, dem Herrn der Lüge."

Vergleicht man hiermit die Heilsverkündigungen der jüdischen Propheten, eines Jesaias oder Hesekiel, so wird man den wesentlichen Unterschied bemerken; diese waren eng national stets nur für die Juden gedacht; die Verkündung Zarathustras knüpfte zwar auch an die örtlichen Verhältnisse seiner Heimat an, trotzdem aber war sie vielmehr allgemein menschlich gedacht und paßte für jedes der Völker. So erhob sie denn der große Darius, der Perserkönig, zur Reichsreligion. Drachentötend ließ Darius sich selbst im Riesenbilde darstellen, d. h. als Vorfechter des guten Gottes und Sieger im Kampf wider das Böse. Im Königspalast des Xerxes zu Persepolis wurde die Religionsurkunde, die heilige Schrift, die Zarathustras Lehre enthielt, aufbewahrt. Damals, als Alexander der Große den Palast zerstörte, soll sie verbrannt sein. Aber die Lehre fand weiter mündliche Verbreitung; eine Missionstätigkeit setzte ein, die nach Westen ging; Lehrschriften in griechischer Sprache wurden für die Völker des Westens abgefaßt; d. h. das Weltgriechentum half. Dabei hielt die Lehre sich nicht rein; die alte Naturreligion saß in der Volksmasse zu fest, und Mithras kam als Sonnengott zu erneuter Bedeutung. Vor allem hängte sich aller Spuk und Zauber und Aberglauben daran; denn der

Teufelsglaube war nun da, die vierte Dimension war damit erschlossen, die Geister gingen um und ließen sich beschwören, und das Unheimliche wurde zum Bedürfnis, der Spiritismus, die Magie und das Wunder.

Ein religionsgeschichtliches Ereignis ersten Grades war es nun, daß Zarathustras Verkündung auch in das Judentum drang und mit der Messiasverkündigung der Propheten Israels verschmolz. So ist hier der Ort, auch noch der Geschichte des Jordanlandes in Kürze zu gedenken.

Die Ruhmeszeit Davids und Salomos, die Jerusalem zum Thronsitz Jehovas erhob, war längst vorüber. Unter Assyriern, Babyloniern und Persern war Palästina wieder und wieder zum Vasallenstaat herabgesunken; auch nach Alexanders des Großen Tode blieb es so; das jüdische Volk hatte sich daran gewöhnt und unterwarf sich ohne ernstlichen Widerstand bald den Ptolemäern, bald den Seleuciden, die sich um diese Grenzgebiete stritten: es wartete mit verhaltener Ungeduld auf seine Zukunft – es hatte das Warten gelernt – und hatte sich seit Esras Gesetzgebung als sog. Gottesstaat konstituiert; d. h. man wollte keinen irdischen König jüdischen Blutes, sondern Jahwe, der Landesgott, selbst sollte der König sein, der Hohepriester Gottes Vikar und Stellvertreter. Gott selbst als König würde dem Volke zu seinem Recht verhelfen und die Hohenpriester nicht Dynastenpolitik, sondern nur vaterländische Politik treiben. Darum duldete man die Fremdherrschaften von Generation zu Generation und zahlte dem gern geschmähten Oberherrn die Tribute ohne Murren.

Die Juden waren nun also das Volk ihres Gottes, sie waren das Gottesvolk; denn der Name Jahwe wurde damals beseitigt; man sprach nur noch von Gott dem Herrn und dachte sich den alten jähzornigen Nationalgott, der auf dem Vulkan des Sinai hauste, nunmehr als Weltengott ganz so, wie auch der Zeus bei den Griechen, Ahura-Mazda bei den Persern zum Weltengott geworden war. Dabei streckte das unruhige Volk aber nach außen weithin seine Fühler aus (seit der großen Völkermischung, die Alexander bewirkte, war auch das Judentum aus seiner Isolierung gehoben), ein Massenauswandern, das in alle Städte der sog. Heiden ging und sich überall fest einsenkte wie wucherndes Wurzelwerk, anpassungsfähig für alles Fremde. Die Juden hatten ihr kaufmännisches Talent längst entdeckt und sich in eng geschlossenen Gruppen überall, wo es lohnte, angesiedelt, in den Großstädten Persiens, Ägyptens, Cyperns, Kleinasiens, bald auch in Rom selbst, das als neue Kraftzentrale der Kulturwelt alle Gewinnsüchtigen mächtig anzog. Der Zionismus aber hielt die Zerstreuten zusammen, und von allen Orten kamen sie nach Jerusalem alljährlich in großer Zahl zu den heiligen Festen gepilgert und trugen den weltkundigen Geist, ihre Weltkenntnis mit dorthin; denn daß sich viele von ihnen in das fremde Gedankenleben und die Hochkultur des Weltgriechentums einfühlten, konnte nicht ausbleiben.

So wäre es vielleicht noch Jahrhunderte friedlich weitergegangen, wäre im Lande nicht in Gegenwehr gegen tyrannische Vergewaltigung der religiöse Fanatismus erwacht. Aber das große Syrerreich der Seleuciden sah sich gefährdet; ihr Machtgebiet drohte wiederholt auseinander zu fallen, und der König Antiochus Ephiphanes, der in Antiochien saß, beschloß, um sein Reich zu retten oder zu kräftigen, die Einheit seiner Teile straffer zu ziehen, die fremden Elemente auszusondern. Das traf zunächst die griechischen Philosophen, die sich sektenweise im Land breitmachten. Die Wut des Königs richtete sich gegen sie, besonders gegen die Epikureer, und er ging mit einer Hetze grausam gegen sie vor. Denn ihr Überhandnehmen schien staatsgefährlich. Der Ukas des Antiochus ist uns im Wortlaut erhalten: alle sogenannten Philosophen werden über die Grenze gewiesen unter schwerer Strafandrohung. Gehängt werden sollen die Jünglinge, die ihnen noch weiter nachlaufen, aber auch ihre Väter sollen es büßen.

So beschloß der König nun auch die Sonderstellung der jüdischen Religion aufzuheben, den Tempel Jehovas für griechische Götterdienst, für die syrische Staatsreligion in Beschlag zu nehmen. Und es geschah: Antiochus selbst betrat im Jahr 169 v. Chr. profanierend das Allerheiligste. Mit Todesstrafe wurde auch hier gedroht, die Tempelschätze weggeführt, der Widerstand mit blutiger Gewalt gebrochen, bis der siegreiche Makkabäeraufstand losbrach. Die Söldner des Syrerkönigs widerstanden der Volkswehr nicht. Der Erfolg der Aufständischen übertraf alle Erwartung. Antiochus starb, die Zentralmacht Syriens wurde schwächer und schwächer, und die Juden nährten neue Hoffnung; ihr Machthunger wuchs. Es waren die alten Aspirationen: hatte das kleine Mazedonien unter Alexander sich die Welt erobert, warum sollten es die Juden nicht können, wenn nur der rechte Führer kam? Ein Gottessohn? Warum kam er nicht? Und die Sehnsucht nach dem Messias, die heimlich von jeher in allen Herzen brannte, flammte neu empor.

Damals entstand nun auch die große Sensation, das religionspolitische Buch vom Propheten *Daniel*. Das Buch scheint früh auch ins Griechische übersetzt worden zu sein, und es erzählt, wie wir uns erinnern, von jenem Daniel, dem Juden, der in Babylon einst dem Nebukadnezar seine Träume, dem Belsazar das Menetekel deutete, dem sich aber auch in eigenen Traumgesichten die Zukunft der Völker erschließt: ein Buch, in dem auf diese Weise, aber in mystischer Rätselsprache, die ganze Weltpolitik aufgerollt wird, wo die Weltreiche, die da bestanden und untergingen, als fabelhafte Tiere auftauchen, sich verschlingen und untergehn und im Hinblick auf den Fall des Antiochus Epiphanes den Juden der zukünftige Heiland, des Menschen Sohn, der da vom Himmel kommt, verkündet wird. Da erscheint zum ersten Mal in den Büchern des Judentums auch das jüngste Gericht oder das Weltgericht und der Weltenrichter, die Vorstellung von Auferstehung und von einem ewigen Leben nach dem Tode. Nicht die Lehre Platos, die Lehre Zarathustras war in das Judentum eingedrungen. Voll davon ist dann gar das in den Kanon des Alten Testaments nicht aufgenommene Buch Henoch.

Das echte Judentum hatte nichts von Auferstehung und jenseitigem Leben, nichts von Himmelreich, in das die Guten eingehen, gewußt. Hiob, der gerechte, verdiente wohl die

Krone des Lebens; aber er findet in all seinem Leiden keinen Trost außer dem Bewußtsein der eignen Unschuld; auch die Psalmen wissen von einem Ausgleich nach dem Tode noch nichts und sind ratlos, wenn die Guten leiden und die Gerechten verfolgt werden. So wußte man bisher auch vom Teufel nichts, der mit ebenbürtiger Macht wider Gott steht. Wie die Griechen, dachten sich auch die Juden gegebenenfalls, daß Gott selbst es ist, der die Menschen in die Sünde treibt. Lautet doch auch noch im Vaterunser die fünfte Bitte: „Führe uns nicht in Versuchung". Der Name des Satan taucht zwar im Alten Testament schon auf, aber er ist bei den Juden noch ein Diener Gottes, der da vor Jahwe tritt, um die Menschen vor ihm zu verleumden. Eben daher heißt der Böse hernach im Griechischen „Diabolos", d. i. der Verleumder, französisch „diable", woraus unser deutsches Wort „Teufel" (niederdeutsch in treuerer Lautform „Deubel") hervorging.

Seit dem 2. Jahrhundert v. Chr. wird der Satan bei den Juden nun aber mit Ahriman gleichgesetzt und wie bei den Persern zu einem Fürsten der Finsternis und des Argen, der tausend böse Geister als Helfer hat, wie Gott seine himmlischen Heerscharen. Ebenso wird bei ihnen jetzt erst in den einflußreichen Kreisen der Pharisäer der Glaube allgemein an eine Auferstehung der Gerechten im Fleisch und in verjüngten Leibern, wie bei den Persern. Nur die rückschrittlichen Kreise, die sog. Sadduzäer, gingen nicht mit und bestritten die Auferstehung ausdrücklich. Damit war die jüdische Religion völlig verwandelt; sie war auf einen ganz andern Boden gestellt, und der Ehrgeiz der Frommen konnte sich endlich auch auf das Jenseits werfen. Man hoffte wohl immer noch auf einen Sieg über die ungläubigen Völker auf Erden, und die Orthodoxen schlossen sich von den Andersblütigen, die die Beschneidung nicht annahmen, noch strenger ab als bisher; aber das Interesse richtete sich jetzt vielmehr auf die Zukunft der Einzelseele: was wird aus dir und mir? Ob Israel geknechtet ist oder nicht: jeder sorge zunächst für sein eignes Seelenheil. Je universaler Gott wird, je siegreicher wird auch das bloße Menschentum im Juden. Um des Seelenheils willen übt sich nun jeder einzelne in guten Werken und schlägt sich in Fesseln schwer zu erfüllender Gebote.

Hatte Daniel falsch prophezeit? Das Weltende wurde verkündigt und wieder verkündigt, aber es kam nicht; man sollte sich gerüstet halten auf das nahe Erscheinen des Heilandes und Messias, der da kommt wie ein Dieb über Nacht; aber der Heiland blieb aus. Die Königreiche des griechischen Orients zerfielen, Roms schwere Hand legte sich über Asien; Pompejus nahm Jerusalem. Der fromme Eifer der Pharisäer unter der Führung der Schriftgelehrten steigerte sich noch. Diese Verfechter einer neu entstandenen Orthodoxie glaubten nun unbedingt an das Himmelreich und an das Reich des Satans, zwischen denen sie selbst mitten inne standen, als rechte Lehrlinge und Proselyten Zarathustras. Auch den Erzengel Michael, der den Drachen tötet, schaute jetzt die Phantasie der Juden; es ist die allegorische Drachentötung, von der auch der große König Darius wußte. In den Missetätern und in den Kranken treiben tausend Teufel jetzt sich um, und Ahriman ist es, der unter des Satanas oder Beelzebubs Namen als Versucher an die Männer Gottes herantritt, um sie zu Fall zu bringen. So sagt auch Jesus, als einer seiner Jünger ihn mit irdischen Gedanken bedrängt: „tritt hinter mich, Satan", und Paulus: „wir wollen nicht übervorteilt werden vom Satan; wir wissen nicht, was er im Sinn hat".

Bei alledem lebte die eine der Prophezeiungen des Buches Daniel in aller Herzen; im 7. Kapitel des Daniel, da sieht der Prophet ein Traumgesicht in der Nacht, von den vier Tierungeheuern, die die Weltreiche bedeuten und aus dem Meer aufsteigen: „Ich sahe, daß Stühle aufgeschlagen wurden, und der *Alte* setzte sich, dessen Kleid war schneeweiß und das Haar auf seinem Haupt wie reine Wolle; sein Stuhl war eitel Feuerflammen und desselbigen Räder loderndes Feuer." Und die Tiere kommen um und werden ins Feuer geworfen. „Und ich sah des Nachts in demselben Traumgesicht: es kam einer auf des Himmels Wolken wie *eines Menschen Sohn* zu dem Alten und ward vor ihn gebracht. Der gab ihm Gewalt, Ehre und Reich, daß ihm alle Völker, Leute und Zungen dienen sollten. Seine Gewalt ist ewig, und sein Königreich hat kein Ende".

Des Menschen Sohn – d. h. der Mensch von rein menschlicher Natur –, der in des Himmels Wolken vor Gott stand und dem der uralte heilige Vater Gewalt über alle Völker gibt, wer wird es sein? und wie bald wird er erscheinen?

In Rom machte man sich um die Messiashoffnungen des sonderbaren Hebräervolks keine Sorgen. Man hatte einen Vasallenfürsten, den fremdblütigen Idumäer Herodes, zum Judenkönig gemacht, der sich mit den Priestern des Priesterstaats übel stand, aber übrigens als hellenisierter Semit großzügig und üppig in Jerusalem ein rechtes Sultanleben führte. In Rom selbst aber hatte Cicero, der Redner, der größte Publizist, den das Römertum besaß, den vornehmen Kreisen des Westens die griechische Philosophie erschlossen, und viele trieben dort jetzt auch eine heilsame Seelengymnastik auf Grund der strengen stoischen Lehre; das betraf die Charakterbildung und die sittliche Führung im Leben. In bezug auf unser menschliches Wissen aber – was sind die Götter? gibt es ein Fatum? – endeten auch bei Cicero alle Gedankengänge in berechtigtem Zweifel und einer klugen Zurückhaltung des Urteils. Die Philosophie war nur dazu da, die Grenzen unserer Erkenntnis aufzudecken, und es ist erziehend, sich in der Kunst des Zweifels zu üben.

Aber das berührte nicht die Praxis des Gottesdienstes. Der Kaiser Augustus, der im Jahre 31 v. Chr. die Welt dauernd in seine Hand nahm, erneuerte aller Aufklärung zum Trotz in beflissener Pietät alle alten, z. T. schon arg verfallenen Gottesdienste, indem er die Hauptstadt mit Marmortempeln in Fülle schmücken ließ. Der Jupiter Roms war jetzt nicht nur Reichsgott, sondern auch Weltengott; er war dasselbe wie der Zeus des Plato und des Kleanthes. Ja, Augustus tat mehr; durch die Bürgerkriege, die den Okzident seit der Zeit des Marius und Sulla unaufhörlich erschüttert hatten, waren die führenden Familien Roms entnervt und verroht, die alte Römertugend schien vernichtet, und der Kaiser bemühte sich, durch Ehegesetzgebung und sogar durch Vorlesen moralischer

Lehrschriften, das ist durch Predigt, den Tiefstand der Gesellschaft im Großstadtleben neu zu heben. Ein zielloser Trieb und Drang nicht nur zur Rettung des Altheiligen, sondern auch zur inneren Erneuerung und Verjüngung war auch hier, im Zentrum der Welt, deutlich fühlbar und setzte kraftvoll ein. In edlen Tönen klingt es zu uns herüber aus den Dichtungen des Horaz und Vergil. Aber all das betraf und beschäftigte immer nur die obere Schicht der sog. gebildeten Klasse und der Arbeitgeber. Die Masse der kleinen Leute, der Tagelöhner, der Dienenden, der Millionen Unfreien und ihrer Familien, auf denen überall das Kulturleben ruhte, wurde wenig davon berührt. Auf die Masse aber kam es an.

Über 40 Jahre lang beherrschte so Augustus von Rom aus in Frieden die Welt; man konnte sagen: das Werk, das Alexander geplant hatte, war durch ihn verwirklicht, aller Grenzhader aller Länder und Völker endlich und für lange geschlichtet und beigelegt. Die Straßen wurden leer von Militärtransporten und marschierenden Legionen, die Kriegsflotten schliefen in den Häfen, die Festungsmauern verfielen, und die Missionare und frommen Pilger konnten sicher und zielbewußt über Meer und Land ziehen, um ihrerseits zu erobern: ein Erobern der Herzen und der Gewissen.

Inzwischen war im Orient *Jesus* geboren, der Zimmermannssohn und Erlöser aus Nazareth in Galiläa. In dem friedevoll schönen Lande der Dörfer und Rebengärten und des Kleingewerbes, der Landleute und Fischer, das still eingebettet liegt zwischen den erhabenen Hochgebirgen, wandelte er, da er erwachsen, lehrend und Wunder tuend mit den Jüngern, die er berufen, und betete und predigte auf den Bergen und an den Ufern des Sees Genezareth, fern abgerückt von Jerusalem und dem politisch ehrgeizigen Fanatismus des jüdischen Kernlandes; denn Galiläa liegt von Judäa durch die nur halbwegs jüdische und stark hellenisierte Landschaft Samarien völlig abgetrennt. Mit um so offenerem Auge sah Jesus von dort auf das irrgläubige und auf das heidnische Wesen, das sein Heimatgelände rings umgab. Er durfte den Samariter preisen, der da anders als das Pharisäertum den rechten Herzschlag für seinen Nebenmenschen hat. Auch seine Jünger waren vorwiegend Galiläer. Der griechischen Sprache war er mächtig. In den heiligen Büchern seines Volkes belesen wie der beste Schriftgelehrte, stand er doch seelisch hoch erhaben über dem Pharisäertum, dessen Getriebe er lange abwartend zugeschaut. Da hatte sich in seiner Hand das Buch des Propheten entrollt, er hatte die Verkündigung Daniels gelesen und darin sich selbst und seinen Gott erkannt. Die Berufung kam ihm aus der Höhe, die Berufung, des Menschen Sohn, d. h. der echte Mensch zu sein, der der Erdenwelt das Himmelreich brächte. Sein Ich wurzelte ganz in Gott; aus dem starken Kontakt mit ihm zog er überströmend mit liebenden Herzen Willenskraft, Machtgefühl und den Glauben an das Wunder, der ihm selbst Wunderkräfte verlieh, und er fühlte sich nun als Gottes Sohn, ein Erbe der Allmacht, nicht aber, daß er sich dienen lasse, sondern er diene der Mitwelt bis in den Tod.

Die Verheißung des Prophetenbuchs lautete dahin, daß des Menschen Sohn Herr sein solle über alle Völker und Länder; das war es, worauf somit die Juden, die Jesus umgaben, voll Rassenehrgeiz hofften und harrten: den jüdischen Priesterstaat unter eines Messias Führung siegreich über die Erde auszubreiten, d. h. Roms Reich in Asien zu zertrümmern. So rief denn das Volk hoffend und huldigend hinter Jesus her, als er in Jerusalem einzog: „gelobet sei das Reich unsres Vaters David", als wäre er der aus Davids Samen entsprossene gottgewollte König der Juden. Es war ein großes Mißverstehen. Jesus widersprach nicht – die Menge läßt sich nicht überschreien –, aber er streckte die Arme seiner Seele über die Wolken und wußte: mein Reich ist nicht von dieser Welt. Sein Leben war nicht nur Lehre und Gebet, nicht nur Lieben und Vergeben, sondern auch Kampf, ein tödliches Ringen. Er kämpfte wider die Orthodoxie der Selbstgerechten in der Tugend, gegen die Leute, die da aus Feigheit und Angst vor dem Gericht das frische warme Leben im armseligen Werkdienst vergeuden. Als er streitbar und in gerechtem Zorn, er, der eine wider die vielen, die Krämer, die da ihre Ware zum Werkdienst feilboten, aus dem Tempel der heiligen Stadt jagte, gab es hellen Aufruhr. Er verfiel als des Aufruhrs Urheber dem Gericht der römischen Staatsgewalt und wurde gekreuzigt als politischer Frevler, da man ihm die Frage „bist du der Juden König?" stellte und errätselnd und für den Profanen unverständlich das „du sagst es" sprach. Das Mißverstehen blieb. Aber in den Herzen seiner erlesenen Jünger war er zu einer Macht geworden, und sie erhoben sich zur Größe und zu dem kühnen Werk der Verkündigung und begannen sogleich planvoll die Mission; sie ging alsbald über Palästina hinaus, und die ferne Welt hörte von Stadt zu Stadt bis nach Rom von ihm, dem Sohn Gottes, der vom heiligen Windhauch (Pneuma) gezeugt, dem Satan, dem Versucher, widerstanden und gestorben und auferstanden und zum Himmel erhoben, der Wunder über Wunder getan und in Sprüchen, Streitreden und Gleichnissen, wie noch kein Ohr sie gehört, die helfende Liebe gepredigt und das Erbarmen und dazu einen Gottesdienst ohne äußerliche Gebärden (denn Jesus betete nicht in Tempeln, von Menschenhänden gemacht) und der, er selbst, als Richter wiederkehren würde am jüngsten Tag, bald, bald, in seiner Herrlichkeit, um endlich in die Trübnis der verwahrlosten Erdenwelt das Himmelreich zu bringen, das Gottesreich des Guten und Reinen hernieder zu ziehen in die Menschenherzen. Und man erzählte mehr: der Vorhang im Tempel, der das Allerheiligste verhüllte, zerriß, da der Mann der Wunder am Kreuz verlechzend das Haupt zum Tode neigte, und der Erdgrund bebte und die Toten standen auf aus ihren Gräbern, und als auch er selber auferstanden, sandte er die Jünger, denen er im verjüngten Leibe erschien, hinaus, um das Wort zu bringen allen Völkern.

Das Gerücht von Auferstehungen drang sogar bis zu Plinius; er weigert sich aber darüber das Genauere mitzuteilen, da er nur Naturgeschichte schreibe.

Aber auch *Paulus*, ein römischer Bürger jüdischen Blutes aus der Stadt Tarsus in Kleinasien, also nicht Galiläer, ein Mann, der voll eingelebt war in die Bildungsbereiche des Weltgriechentums (denn in Tarsus blühte das hellenistische Gelehrtentum wetteifernd mit Alexandrien), auch dieser Paulus wurde visionär zum Aposteldienst berufen, und allen Rassenehrgeiz von sich werfend zog er aus, um die frohe Botschaft von Stadt zu Stadt zu bringen. Allerorts wurde bei der Mission, die rasch und planvoll weiterging, an die jüdischen Gemeinden in der weiten Diaspora angeknüpft; aber auf die Nichtjuden zielte die Predigt; denn nur bei ihnen, den Völkern hellenistischen Geistes, war für die neue freie Menschheitslehre der rechte Boden und offnes Feld; sie hatten gleichsam wie jener Joseph von Arimathia, der des Leichnams Jesu wahrnahm, auf das Reich Gottes gewartet.

Lichtreligion! In der Ethik gibt es nur Licht oder Finsternis, keine Dämmerung. „Ich bin das Licht der Welt", und „wer Arges tut, der haßt das Licht", sagt Jesus, und „die Finsternis wird überwunden", so verkündet Paulus den Korinthern. Was vom Sonnenland Baktrien her unter Zarathustras Namen wie ein phantastisch zeitenfernes Märchen klang, war nun greifbare Wirklichkeit. Man hatte den Erlöser, den so lang verheißenen, nun endlich auch wandeln sehen. Die Worte, die er gesprochen, wurden alsbald in der natürlichen Volkssprache aufgeschrieben, und sie klangen so schön und neu, klar faßlich und stark und schlagend wie nichts anderes.

Begreifen wir nun und nach allem, was ich vorausgeschickt, daß die propagandistische Predigt, die nur mündlich geschah, weithin durch Kleinasien, in Korinth, in Mazedonien, in Alexandrien wie in Rom unmittelbar wirkte und die unteren Volksmassen vielfach geradezu spielend gewann? Die Gottesferne war vorüber. Hier war nicht nur Gottesnähe, sondern Gotteskindschaft; eine Lehre, nicht für die Weisen, sondern für die Toren.

Die Herden sind es, die den Hirten brauchen. Christus war der Seelsorger der Majoritäten. Die Arbeiterbevölkerungen in den Großstädten wurden zuerst gewonnen. An das Gesinde wandte sich Paulus. Auch in der lateinischen Stadt Rom waren unter den Sklavenschaften massenhaft griechisch redende Asiaten, deren Psyche dem Gedankenleben des Orients immer weit offen stand. An die Massen der Bedürftigen, der kleinen Leute, vor allem an die Unfreien, auf denen die Roharbeit des antiken Kulturlebens lastete, an die Millionen der bisher geistig Unversorgten wandte sich das neue Evangelium: „selig sind, die da geistig arm sind. Richtet nicht, auf daß ihr nicht gerichtet werdet". Das gewann jene Majoritäten, die nicht wissen, sondern glauben wollen, nicht begreifen, sondern schauen, die nicht Strenge, sondern Milde und eine elastische Ethik brauchen, die endlich auch die ständigen Unkosten im Gottesdienst nicht wollen, sondern sorgenlosere Andacht. Das führte in den Quartieren der Großstädte rasch zu einem engen Zusammenschluß derer, die bisher im Großbetrieb der Geisteskultur wie Stiefkinder seitab standen: Gemeinschaftsleben, Verbrüderung; das Kreuz die Erkennungsmarke. Die Gottes und Menschenliebe war das neue Gebot, und der Glaube sicherte die Seligkeit.

Welcher Glaube? Es war ein Glaube, der alle andern überbot. Sündenvergebung. Welche Entlastung! Jesus kann die Pharisäer, er kann die Orthodoxen, er kann die

Gerechten und Tugendstolzen nicht brauchen. Mit den Gewinnlern, den Zöllnern hatte er sich zu Tisch gesetzt, und die Sünderin mag nunmehr sich aufrichten. Wo Reue ist, da ist Schulderlaß. Das Leben fleckt zwar, und wer berufsmäßig im gemeinen Getriebe steckt, den springt aus allen Winkeln spukhaft die Sünde an. Wer ist wach genug, sich ihrer zu erwehren? Nun aber hieß es: das Opfer Jesu wäscht sie hinweg. „Gott sei mir Sünder gnädig“, betet der Zöllner, und Gott wird ihn erhören. Die Stoiker und Platoniker wußten von Vergebung nichts; sie verwarfen sie; denn für sie war die Tugend ein Wissen und ein Können. Für die Laien der Tugend war jetzt das Christentum gekommen.

Und nun hieß es gar: „Jesus ist für dich gestorben“, ein Ersatzopfer, an das Jesus selbst gewiß nicht gedacht hatte. Darin unterschied sich seine Gestalt von der Zarathustras: Zarathustra schritt durch kleine Leidensstationen in den Tod.

Und was ist endlich die Liebe zu Gott? Auch hierbei dürfen wir nicht an Plato zurückdenken, der von solcher Liebe gleichfalls redete. Bei Plato aber steht der „Eros“, im Evangelium dagegen die „Agápe“. Wir übersetzen beides mit „Liebe“, und das führt irre. Der fromme Athener meint die brünstige Hingabe des Ichs, das sich selbst verliert in den Gegenstand seiner Liebe. Christus meint nur die schlichte Verwandtenliebe und Pietät, die Kinder und Eltern verbindet; denn Gott ist eben unser Vater, und die Gotteskindschaft spricht auch hier. Nur an sie ist gedacht, und jedes pantheistische Verschwimmen des Ichs, jede mystische Versenkung in das Wesen des Urgrunds aller Dinge liegt der Forderung, die die christliche Lehre stellt, völlig fern. Alle Mystiker sind viel mehr Orphiker und Platoniker als Christen.

Dies die Lehre. Vielleicht sollte man nun glauben, daß es wie ein lachender neuer Frühling über die Erde und durch alle Herzen ging. Aber hinter der freundlichen Lehre stand die Drohung: bereitet euch! der jüngste Tag ist nahe herbeigekommen! Heulen und Zähneklappern wird in der Hölle sein! und die gläubig Gewordenen harrten von Jahr zu Jahr auf den Richter in den Wolken mit Angst und Zittern. Die Superstition war groß in jenen Südländern und der scheue Glaube an das Wunder. Das Unerhörte schien jetzt das Alltägliche. Um so enger schloß man sich zusammen.

Die Befreiungstat Jesu schien vergebens; denn ein neuer Zwang bereitete sich vor, der Glaubenszwang.

Das Vereinswesen hatte sich im griechischen Bürgerleben längst entwickelt. So organisierten sich nun auch die christlichen Gemeinden in den Städten auf das geschickteste, in sich abgeschlossen, aber werbefähig, nirgends rascher als in Kleinasien, auffallend früh aber auch in Rom. Nicht der Heidenapostel Paulus, sondern die sogenannten Judenapostel vollführten weitsichtig das Wichtigste, die Gründung einer römischen Gemeinde.

Dabei wurde die Volkspredigt, die bei den Griechen bisher nur die Cyniker ausübten, eingeführt. Ja, diese Predigt wurde zum Bestandteil des Gottesdienstes erhoben, bis zum

Zungenreden der Verzückten; nichts wirksamer als das. Wie Grundwasser stieg die neue Lehre, die zukünftige Weltreligion, hoch, um im Zeitraum von wenigen Jahrhunderten das ganze Leben zu überfluten. Von den Dienenden stieg es in den Familien zu den Hausherrn hinauf und weiter zu den Spitzen der Gesellschaft und in die Kreise der Hochgebildeten. Die Geschlossenheit der Christenheit blieb; es entstand ein Priestertum und eine von Priestern geführte Kirche, als Staat im Staat, eine der größten Schöpfungen der Antike, und sie war es, die allmählich sich das römische Weltreich mitsamt dem Kaisertum unterwarf. Den Abschluß gab Augustinus, als er im 5. Jahrhundert n. Chr., da schon die Vandalen gegen Afrika anrückten, seinen „Gottesstaat" schrieb.

Damals ist das Christentum unmittelbar zu uns Germanen gekommen, diese so völlig exotische Religion, die ihrem Wesen nach aus Baktrien, aus dem fernsten Hochasien stammte. Sie kam mit ihren Dogmen, mit ihrer Ethik; aber wir vergessen nicht, daß die reiche griechische Philosophie der Kirche hat helfen müssen, um in aller Sorgfalt die Dogmatik zu bauen, die Ethik auszubilden, und vieles von dem, was einst Plato und Aristoteles, was die Stoa gewirkt hatte, blieb auch für die Christen unverloren.

Aber die Kirche brachte uns noch mehr: den Ritus und Dienst der äußerlichen Gebärden; kein Gepränge prangend genug. Und auch Christus selbst genügte nicht. Bald genug hatten die Madonna und die Heiligen sich die Altäre in den Gotteshäusern erobert. Das war nicht Polytheismus, aber ein Polytheismusersatz, nach dem die Volksphantasie der Südländer triebhaft verlangte.

Und dies ist die Kirche, die uns noch heute umfängt; ganze Völker hat sie in ihre Hürden eingefangen. Aber sie ist nicht das Himmelreich, das Jesus verheißen; auch Augustins idealer Gottesstaat war nicht die Kirche, und wir beten auch heute noch täglich das „dein Reich komme" umsonst. Dieselbe Kirche ist es heut, die die Sünden vergibt in Gottes Namen. Ob sie damit die Sitten der Völker gebessert hat? Die Antwort auf solche Frage verstummt in uns, als fürchte sie zur lauten Anklage zu werden.

Mag es mit ihr stehen, wie es will: es ist gut, immer noch auf Jesus selbst zu schauen. Es ergreift die Seele in ihren Grundfesten, wenn in unsern Domen Sebastian Bachs Orgel aufrauscht und wir die Passion neu erleben und die Altstimme klagend das „O Golgatha" über die Gemeinde ruft und wie aus Wolken hoch über dem schwer wuchtenden Doppelchor das Lied vom Lamm Gottes ertönt: „o Lamm Gottes, unschuldig am Stamm des Kreuzes geschlachtet". Der Deutsche ist es, der diese Stimmungen in brünstiger Andacht am tiefsten empfindet; denn er hat für sie die wahrhaftigste Tonsprache gefunden. Aber es ist nicht nur die Passion Jesu, der wir heute nachzusinnen haben. Denn wir Deutsche stehen als Volk mitten im feindlichen Leben, und die Not bedrängt, wie nie, unser Vaterland, und der Haß und Neid der Nachbarvölker will uns in Ketten legen, und die Vaterlandslosigkeit im eignen Hause zehrt schmählich an unsern Kräften. Denken wir an Michael, den Erzengel, der im Buch der Offenbarung Johannis den Drachen tötet. Gleiche ihm, mein deutsches Volk. Wie oft ist an dich schon dieser Ruf ergangen! Es ist ein Symbol, das durch die Jahrtausende zu uns wandert. Stelle dich neu in das Sonnenbad des Heiligen und werde wieder würdig für das Gottesreich des Lichts zu kämpfen, indem du dich selbst befreist.

Wir sind freilich keine Heiligen; aber es ist ein Trost, daß sich der Ruf Jesu nur an die Laien in der Tugend und nicht an die Gerechten wendet. Jesus selbst war ein Feuergeist, und er fordert nicht Flucht aus der Welt, sondern mannhaften Sinn und echte Leidenschaft von seinen Jüngern. Er selbst suchte den Konflikt und trieb mit Geißeln die Wechsler und Krämer aus dem Tempel. Sein Reich war nicht von dieser Welt; aber er sagt: „wäre mein Reich von dieser Welt, meine Diener sollten darum kämpfen". Seine Diener sollten es. Vergessen wir es nicht. Es ist nichts Weichliches in dieser hoffnungsfrohen Lichtreligion. Das Weltreich Roms, das einst alle Völker entwaffnete und in dem Jesus ins Leben trat, existiert nicht mehr. Träte heut aus des Himmels Wolken des Menschen Sohn in unsere waffenklirrende Gegenwart und in die Niederung dieses durch Nationalfeindschaft zerrissenen Völkerlebens, des könnten wir gewiß sein: er würde segnend über jede Nation die Hände heben, die da, Mann an Mann geschlossen und mit Hingabe ihrer letzten Kraft, für Haus und Herd und für ihre Ehre kämpft. Denn unser Reich ist von dieser Welt. Wer Pazifist ist, ist Epikureer, eine gute Schule für den Kämpfer dagegen ein richtig verstandenes Christentum.

* * *

Doch wozu hier diese Töne? Der Zweck dieses Buches ist ohne sie erfüllt, und der Vorhang mag fallen, da die Darstellung zu Ende ist.

Dies Buch wollte zeigen den ersten Vollsieg der internationalen Idee oder des Kosmopolitismus in der Weltgeschichte, der programmäßig den Nationalismus zu Boden tritt; es wollte zeigen den Untergang des begabtesten Volkes der Vergangenheit, das da zuerst den Staatsgedanken und alle politischen Theorien entwickelt hat und doch, in den Kampf ums Dasein geworfen, schmählich scheiterte. Unendlich schöpferisch und geistverschwendend lebte es sich aus, jenes Griechenvolk, aber nur seinen Talenten ergeben, durch den Konkurrenztrieb haltlos auseinandergerissen und in hundert Parteien und Sektierungen zerspalten, bis es, politisch entmündigt, das Recht auf Selbstbestimmung verlor und, immer noch hochgeistig arbeitend und fruchtbar erfinderisch, als Dienervolk für die Zwecke der Fremdherren lebte, die da wußten, daß die Freiheit nur da ist, wo die Macht ist.

Nicht der Druck der Massen aber, die großen Tatmenschen und Inhaber der Macht allein sind es gewesen, die damals, ob zum Heil der Menschheit oder nicht, das völkernivellierende Programm verwirklicht haben, das dem Gehirn staatsgeschäftsfremder Weltbeglücker und Ideologen entsprungen war.

Anmerkung über Alexanderbildnisse

In Betreff der erhaltenen Alexanderbildnisse verweise ich auf Fr. Koepp „Alexander der Große“, J. J. Bernoulli „Die erhaltenen Darstellungen Alexanders des Großen“ und M. Bieber im Arch. Jahrbuch 40 (1925) S. 167 ff. Nur ein Alexanderkopf, die sog. Azaraherme in Paris, ist durch Namensbeischrift hinlänglich gesichert; dazu kommen die Münzbilder. Bei allen andern Darstellungen sind wir auf Vermutungen, die allerdings oft einen hohen Grad von Gewißheit erreichen, angewiesen. Am sichersten ist da die Deutung des Alexandermosaiks Pompejis, sowie des behelmten Kopfes, der von M. Bieber besprochen ist. Bernoulli verhält sich bei der Beurteilung der Bildwerke skeptischer, als mir richtig scheint. Sein Zweifel regt sich besonders da, wo die Andeutung der Königsbinde fehlt; gewiß mit Unrecht. Denn schon jenes Alexandermosaik zeigt uns den König ja barhäuptig ohne Binde in der Schlacht (er hat im Kampf den Helm verloren; s. oben; vgl. dazu Labienus capite nudo im Gefecht, im Bellum Africanum c. 16); im übrigen ist auf die Tatsache aufmerksam zu machen, die Plutarch im Antonius c. 54 erwähnt, mazedonische Sitte sei, daß der König das Diadem um den Hut trage. Wo also der Hut fehlt, kann auch das Diadem fehlen, wie dies ja auch das Mosaik zeigt; anders freilich die herkulanensische Reiterstatuette bei Koepp Abb. 2–4.

Einer etwas eingehenderen Besprechung möchte ich hier nur die bekannte Alexanderstatue in der Münchener Glyptothek (Koepp Abb. 5, Bernoulli Fig. 10) unterziehen, die ohne Frage ganz unrichtig ergänzt ist und infolgedessen bisher entweder gar nicht oder nicht richtig gedeutet wird. Ergänzt sind an der Statue das aufgestellte r. Bein mitsamt dem stützenden Felsblock, sowie beide Arme bis über den Ellenbogen hinauf. Trotzdem ist sicher und anerkannt, daß das r. Bein hochgestellt war.

Mit Recht sagt Bernoulli S. 48: „Die Arme gingen in ziemlich paralleler, nur leicht sich nähernder Richtung abwärts, um sich, wie es scheint, in der Gegend des rechten Knies in einer gemeinsamen Handlung oder in einem Motiv der Ruhe zu begegnen.“ In Bezug auf dieses Motiv selbst aber verzweifelt er. Die Aufklärung jedoch gibt m. E. die Stellung des hochgestellten Beins, sodann das gewiß nicht zwecklose Vorhandensein der abgelegten soldatischen Rüstung, Harnisch und Schwert, und vor allem die Richtung des Kopfes. Diese Richtung beweist, daß der Dargestellte nicht etwa, wie man vorschlug, mit der Anlegung seiner Beinschienen beschäftigt war. Denn der Blick des Mannes sieht ins Weite.

Das Motiv des aufgestützten Fußes haftet sonst an Poseidon; so schon auf Vasenbildern (Mon. d. Inst. I 4, 14). In Alexanders des Großen Zeit selbst entstand die Poseidonstatue, die dies Motiv zeigte, die man dem Lysipp zugeschrieben hat (s. dagegen Bulle in Roschers Mythol. Lexikon III S. 2890) und von der die Kolossalstatue im Lateran eine Replik ist. Doch ist diese nicht ganz getreu; denn der lateranische Poseidon hält den

Kopf zu sehr lässig vorgeneigt; die Münze des Demetrius Poliorketes dagegen, die das Bildwerk wiedergibt, verrät, daß der Gott vielmehr spähend vorwärts schaute. Richtiger zeigt die Kopfhaltung also die Poseidonstatue von halber Lebensgröße in Dresden. Der Gott überschaut wach die Meeresweiten. Und dem entspricht nun der etwa gleichzeitig entstandene Münchener Alexander; auch er späht in die Weite angespannt hinaus.

Auf alle Fälle ist die Münchener Statue kein Bild in Ruhe, sondern in Aktion, sowie die reitende Statuette Herkulanums Alexander nicht bloß reitend, sondern als Reiter kämpfend und in Aktion zeigt, eine Momentaufnahme, ein Werk der Illustrationsplastik, und beide Stücke, die Alexander vorführen, zählen zu den dramatisch gedachten Bildwerken. Es frägt sich nur, welches Drama, welche Aktion der eigentümlichen Haltung des Münchener Alexander zugrunde liegt.

Die Historiker müssen uns Auskunft geben, und ich finde bei Curtius VIII 8, 2 folgende kurze Schilderung, die die trefflichste Hilfe bringt, als wäre sie zur Erklärung der Statue selbst geschrieben, da sie uns wirklich den spähenden Alexander zeigt; er hebt da den Vorhang seines Zeltes, der aus Fellen besteht, tut dies immer wieder und verbringt so wachend die Nacht, indem er die Wachtfeuer des Feindes unausgesetzt beobachtet und sich aus ihnen festzustellen bemüht, wie stark die feindliche Heeresmasse. noctem vigiliis extraxit saepe pellibus tabernaculi adlevatis ut conspiceret hostium ignes e quibus coniectare poterat, quanta hominum muiltitudo esset. So wachte er allein für sein Heer, das schlief, um Ausschau zu halten. Daß Alexander das nicht nur das eine Mal, sondern oft getan hat, zeigt Curtius IV 12 fin. u. IV 13, verglichen mit Arrian III 10 u. Plutarch Alex. 31.

Und dies eben ist m. E. dargestellt; es war denkwürdig genug, und der Künstler hat es verewigt; Alexander horcht hinaus und späht hinaus nach dem Feind. Weil es Nacht, hat er das Diadem, hat er die Waffen, Harnisch und Schwert abgelegt, welche Waffen trotzdem zur Verdeutlichung der Situation mit abgebildet worden sind. Wir hören ausdrücklich, daß Alexander seinen thorax nur selten trug und angeblich nur einmal, am Morgen vor der Schlacht bei Gaugamela, wirklich angelegt hat (Curtius IV 13, 25). Daher hebt er nun aber auch den Kopf in einer Haltung, die eben das Spähen in die Weite zum Ausdruck bringt, hebt daher auch aufstützend das Bein, ein Zeichen der Erregtheit; er möchte, wenn es anginge, sich noch höher aufstellen, um noch besser und weiter sehen zu können. Damit scheint mir alles erklärt. Ein historischer Moment von Bedeutung aus Alexanders Leben ist in dem Bildwerk festgehalten: Alexander wacht für sein Heer.

Die Faltung der Hände um das Knie ist, wie schon Bernoulli's Bemerkung nahe legt, durch die Richtung der Oberarme nahezu erzwungen, ein Motiv, das auch sonst belegbar ist; ich verweise auf das schöne Vasenbild eines Kraters aus Caere (Mon. Inst. VI 26; Baumeister Nr. 781), wo es den vor Achill sitzenden Odysseus zeigt. In unserm Fall ist damit Sammlung ausgedrückt und die Tatsache, daß der Dargestellte in der Haltung, die er angenomen hat, längere Zeit beharren wird. So ergänzt sich die Münchener

Alexanderstatue auf das natürlichste, in der Weise, wie es die hier beigegebene Skizze zeigt, die nach meinem Entwurf von Frau Prof. Frida Stengel gezeichnet ist. Über sonstige Figuren mit ineinandergelegten Händen, die eben gleichfalls geistige Sammlung ausdrücken, habe ich „Die Buchrolle in der Kunst" gehandelt. Vor allem sei noch das Relief im Louvre, das Odysseus mit Tiresias darstellt (bei Baumeister Nr. 1255), verglichen, wo der hinhorchende Odysseus just so wie Alexander das eine Bein hochstellt und über dem Knie zwar nicht die Hände, aber die Unterarme kreuzt und aufstützt. Bei Frauen bedeutete das Händefalten über dem Knie etwas Ungünstiges; es diente dem veneficium (Plin. n. hist. 28, 59).